水泥混凝土路面结构力学分析软件 KENSLABS

蒋　鑫　邱延峻　古含焱　著

科 学 出 版 社
北　京

内 容 简 介

KENSLABS 为美国肯塔基大学 Yang H. Huang 教授研发的一款水泥混凝土路面结构有限元分析软件，其功能强大，特色鲜明，在国际水泥混凝土路面结构电算领域占有重要地位。本书主要从应用层面出发，密切结合 Huang 教授所著 *Pavement Analysis and Design* 一书，全面、深入探索了该软件的相关技术细节。全书主要内容包括：按照该软件使用逻辑流程，重新整理了数据输入卡片填写、变量含义说明等，同时更正补充了原书中的个别错误、疏漏之处；以 DOS 版本的 5 个算例、Windows 版本的 6 个算例为准，详细讲解了该软件的使用步骤，给出了每个算例数据输入文件、结果输出文件的注释；指出了该软件 DOS、Windows 两个版本的不同之处，阐述了实际应用中的若干心得体会及注意事项，梳理了诸多输入参数之间的逻辑关系；提供了 *Pavement Analysis and Design* 一书第 5 章末需应用 KENSLABS 求解的若干习题的完整数据输入文件。

本书适合从事水泥混凝土路面工程的科学研究人员、工程技术人员及相关专业的高等院校师生参考使用，可指导读者切实掌握、熟练运用 KENSLABS 这一性能优越的电算软件，并有助于读者更为深刻地理解水泥混凝土路面结构有限元分析的原理与算法。

图书在版编目(CIP)数据

水泥混凝土路面结构力学分析软件 KENSLABS / 蒋鑫，邱延峻，古含焱著. —北京：科学出版社，2021.11

ISBN 978-7-03-069865-0

Ⅰ. ①水… Ⅱ. ①蒋… ②邱… ③古… Ⅲ. ①水泥混凝土路面-结构力学-应用软件 Ⅳ. ①U416.216

中国版本图书馆CIP 数据核字（2021）第 191750 号

责任编辑：朱小刚 / 责任校对：彭 映
责任印制：罗 科 / 封面设计：陈 敬

科学出版社出版
北京东黄城根北街16 号
邮政编码：100717
http://www.sciencep.com

四川煤田地质制图印刷厂印刷
科学出版社发行 各地新华书店经销

*

2021 年 11 月第 一 版 开本：787×1092 1/16
2021 年 11 月第一次印刷 印张：22 1/2
字数：520 000

定价：198.00 元

（如有印装质量问题，我社负责调换）

前　言

有限元法已成为水泥混凝土路面结构力学分析的有效工具，并涌现出 FEAFAA、EverFE、ILLI-SLAB、KENSLABS 等基于该方法开发的水泥混凝土路面结构分析专用软件，在这些专用软件中，由美国肯塔基大学 Yang H. Huang 教授主持研发的 KENSLABS 无疑是其中一颗璀璨的明珠。该软件于 20 世纪 70～80 年代初见雏形，并获得持续发展与改进。1985 年 Huang 教授在第三届水泥混凝土路面设计与修复国际会议上发表“A computer package for structural analysis of concrete pavements”一文，介绍了 KENSLABS 程序；1993 年、2004 年 Huang 教授在其所著 *Pavement Analysis and Design* 一书第一版、第二版中分别较为全面地介绍了 KENSLABS 软件 DOS 版本、Windows 版本的算法原理，并随书附有该软件的安装磁盘、光盘，从而进一步扩大了该软件的学术影响力。

近年来，诸多土木类、交通类高校开设路面分析与设计等研究生课程，并选用 Huang 教授所著 *Pavement Analysis and Design* 及 KENSLABS 软件作为教学资源，但因 KENSLABS 的背后凝聚着丰富的计算力学、数值分析、程序设计等方面的专门知识，是现代高科技的智慧结晶，学习运用难度大，可能存在误用、滥用的风险。*Pavement Analysis and Design* 第一版虽在附录 C.4 中简要列出了 5 个算例，但缺少这些算例运用流程的详细讲解，第二版则直接删除了算例描述，用户主要通过安装 KENSLABS 软件后研读软件帮助文档中所含 6 个算例来学习。

在此背景下，作者结合开设路面分析与设计等研究生课程的教学实践，并在指导研究生利用 KENSLABS 开展科学研究、承担工程咨询、完成学位论文的基础上，主要从应用层面出发，密切结合 *Pavement Analysis and Design* 第一版、第二版所附算例，深入探索该软件的相关技术细节，编撰而成本书，以供从事水泥混凝土路面工程的研究人员参考使用。

本书具有如下几个突出特色：

(1) 主要以第一版(即对应 KENSLABS 的 DOS 版本)所附 5 个算例、KENPAVE 安装后(即 *Pavement Analysis and Design* 第二版)所附 6 个算例为准，详细介绍该软件使用步骤，给出每个算例数据输入文件、结果输出文件的注释，颇具可操作性。读者若能深入钻研这些算例，无疑对理解软件算法原理，并将它们正确、灵活地运用于自身科研工作具有重要的启发与指导意义。

(2) 全面涵盖 KENSLABS 的 DOS 版本与 Windows 版本，先介绍 DOS 版本，后介绍 Windows 版本，并指出两者的不同之处，经过纵向比较，读者定会感受到前辈们在路面力学软件发展更新中的不懈努力。

(3) 按照软件使用逻辑流程，重新梳理、组织数据输入卡片的填写、变量含义说明等，同时更正补充书中个别错误、疏漏之处，并结合算例，阐述实际应用中的若干心得体会及注意事项。

(4) *Pavement Analysis and Design* 一书第 5 章末附有若干需应用 KENSLABS 求解的习题，虽列出了参考答案数据，但未给出数据输入文件，本书于附录 B 提供了这些习题完整的数据输入文件，可供研究人员进一步参考。

建议读者紧密结合 *Pavement Analysis and Design* 第一版、第二版，在理解该软件算法原理的基础上，按照本书所述，一步一步亲自上机操作；同时深入研究所附输入、输出数据文件，本书给出了这些数据文件的详细注释。希望本书的出版可为读者切实掌握、熟练运用 KENSLABS，更为深刻地理解基于有限元法的水泥混凝土路面力学分析原理提供有益指导，并有助于相关人员研发功能更为强大、性能更为优越的水泥混凝土路面结构力学分析专用软件。

本书适合从事水泥混凝土路面工程的研究人员及高等院校师生参考使用，并与《沥青路面结构力学分析软件 KENLAYER》形成姊妹篇。因水平有限，书中尚有不足或疏漏之处，欢迎读者不吝赐教，以方便再版时修订完善。

本书相关研究工作得到四川省科技计划项目(项目编号：2019YFS0492)的支持，西南交通大学研究生教材(专著)建设项目对本书出版予以资助，谨致谢意。

蒋鑫
于西南交通大学
2021 年 5 月

目　录

第 1 章　绪论……1
1.1　KENSLABS 发展及应用简介……1
1.2　本书主要内容……2

第一篇　基于 DOS 版本的 KENSLABS 剖析

第 2 章　概述……7
2.1　程序简介……7
2.2　程序安装……7
2.3　程序使用方法及流程……8
2.4　SLABSINP 键盘基本操作说明……13
2.5　输入参数说明……14
2.6　输出参数说明……22
第 3 章　液体地基上完全接触板的翘曲……25
3.1　问题描述……25
3.2　KENSLABS 计算实现……25
3.2.1　新建数据输入文件……25
3.2.2　输入模型参数……26
3.2.3　保存与退出……32
3.2.4　计算输出……33
3.3　计算结果……34
3.4　数据输入与结果输出文件释义……35
3.4.1　数据输入文件……35
3.4.2　结果输出文件……36
第 4 章　液体地基上部分接触板的翘曲……42
4.1　问题描述……42
4.2　KENSLABS 计算实现……43
4.2.1　新建数据输入文件……43
4.2.2　输入模型参数……43
4.2.3　保存与退出……45
4.2.4　计算输出……45
4.3　计算结果……46
4.4　数据输入与结果输出文件释义……47
4.4.1　数据输入文件……47
4.4.2　结果输出文件……48
第 5 章　固体地基上完全接触的两块板……55
5.1　问题描述……55
5.2　KENSLABS 计算实现……56

5.2.1 新建数据输入文件 …… 56
5.2.2 输入模型参数 …… 57
5.2.3 保存与退出 …… 64
5.2.4 计算输出 …… 65
5.3 计算结果 …… 66
5.4 数据输入与结果输出文件释义 …… 67
5.4.1 数据输入文件 …… 67
5.4.2 结果输出文件 …… 68
第 6 章 承受三个荷载组并分为两个时期的损伤分析 …… 76
6.1 问题描述 …… 76
6.2 KENSLABS 计算实现 …… 78
6.2.1 新建数据输入文件 …… 78
6.2.2 输入模型参数 …… 78
6.2.3 保存与退出 …… 86
6.2.4 计算输出 …… 87
6.3 计算结果 …… 88
6.4 数据输入与结果输出文件释义 …… 89
6.4.1 数据输入文件 …… 89
6.4.2 结果输出文件 …… 90
第 7 章 层状地基上部分接触的四块板 …… 101
7.1 问题描述 …… 101
7.2 KENSLABS 计算实现 …… 102
7.2.1 新建数据输入文件 …… 102
7.2.2 输入模型参数 …… 102
7.2.3 保存与退出 …… 115
7.2.4 计算输出 …… 115
7.3 计算结果 …… 116
7.4 数据输入与结果输出文件释义 …… 117
7.4.1 数据输入文件 …… 117
7.4.2 结果输出文件 …… 120

第二篇 基于 Windows 版本的 KENSLABS 剖析

第 8 章 概述 …… 143
8.1 程序简介 …… 143
8.2 安装与使用入门 …… 143
8.3 输入参数说明 …… 151
8.4 输出参数说明 …… 157
第 9 章 液体地基上完全接触板的翘曲 …… 160
9.1 问题描述 …… 160
9.2 KENSLABS 计算实现 …… 160
9.2.1 新建数据文件 …… 161
9.2.2 输入基本参数 …… 161
9.2.3 输入翘曲参数 …… 162

9.2.4 输入板块参数……163
9.2.5 输入其他可选参数……165
9.2.6 输入地基参数……166
9.2.7 输入 Data Set 2 参数……167
9.2.8 保存与退出……168
9.2.9 计算输出……168
9.3 计算结果……169
9.4 数据输入与结果输出文件释义……170
9.4.1 数据输入文件……170
9.4.2 结果输出文件……172
第 10 章 液体地基上部分接触板的翘曲……185
10.1 问题描述……185
10.2 KENSLABS 计算实现……186
10.2.1 第 1～6 步……186
10.2.2 输入 Data Set 2 参数……188
10.2.3 保存与退出……189
10.2.4 计算输出……189
10.3 计算结果……190
10.4 数据输入与结果输出文件释义……191
10.4.1 数据输入文件……191
10.4.2 结果输出文件……193
第 11 章 固体地基上完全接触的两块板……212
11.1 问题描述……212
11.2 KENSLABS 计算实现……213
11.2.1 新建数据文件……214
11.2.2 输入基本参数……214
11.2.3 输入板块参数……215
11.2.4 设置均布荷载……218
11.2.5 输入地基参数……219
11.2.6 输入接缝参数……219
11.2.7 保存与退出……220
11.2.8 计算输出……220
11.3 计算结果……221
11.4 数据输入与结果输出文件释义……222
11.4.1 数据输入文件……222
11.4.2 结果输出文件……223
第 12 章 承受三个荷载组并分为两个时期的损伤分析……233
12.1 问题描述……233
12.2 KENSLABS 计算实现……235
12.2.1 新建数据文件……235
12.2.2 输入基本参数……236
12.2.3 输入板块参数……236
12.2.4 设置均布荷载……239
12.2.5 输入其他可选参数……241

12.2.6 输入地基参数…………………………………………………………242
12.2.7 输入地基季节调整系数……………………………………………243
12.2.8 输入损伤分析参数……………………………………………………244
12.2.9 保存与退出………………………………………………………………246
12.2.10 计算输出 ………………………………………………………………246
12.3 计算结果……………………………………………………………………247
12.4 数据输入与结果输出文件释义……………………………………………248
12.4.1 数据输入文件…………………………………………………………248
12.4.2 结果输出文件…………………………………………………………249
第 13 章 层状地基上部分接触的四块板…………………………………………258
13.1 问题描述……………………………………………………………………258
13.2 KENSLABS 计算实现………………………………………………………259
13.2.1 新建数据文件…………………………………………………………259
13.2.2 输入基本参数…………………………………………………………260
13.2.3 输入翘曲参数…………………………………………………………260
13.2.4 输入板块参数…………………………………………………………261
13.2.5 输入其他可选参数……………………………………………………267
13.2.6 输入地基参数…………………………………………………………268
13.2.7 输入接缝参数…………………………………………………………269
13.2.8 输入 Data Set 2 参数…………………………………………………270
13.2.9 保存与退出……………………………………………………………272
13.2.10 计算输出 ……………………………………………………………272
13.3 计算结果……………………………………………………………………273
13.4 数据输入与结果输出文件释义……………………………………………274
13.4.1 数据输入文件…………………………………………………………274
13.4.2 结果输出文件…………………………………………………………277
第 14 章 受均布力、集中力和力矩作用的筏板基础……………………………295
14.1 问题描述……………………………………………………………………295
14.2 KENSLABS 计算实现………………………………………………………296
14.2.1 新建数据文件…………………………………………………………296
14.2.2 输入基本参数…………………………………………………………297
14.2.3 输入翘曲与接触状况参数……………………………………………297
14.2.4 输入板块参数…………………………………………………………298
14.2.5 设置均布荷载…………………………………………………………301
14.2.6 设置集中力和力矩……………………………………………………302
14.2.7 输入其他可选参数……………………………………………………303
14.2.8 输入地基参数…………………………………………………………304
14.2.9 保存与退出……………………………………………………………305
14.2.10 计算输出 ……………………………………………………………305
14.3 计算结果……………………………………………………………………306
14.4 数据输入与结果输出文件释义……………………………………………307
14.4.1 数据输入文件…………………………………………………………307
14.4.2 结果输出文件…………………………………………………………308

第三篇　KENSLABS 软件应用的再思考

第 15 章　KENSLABS 应用的进一步说明 …… 321
15.1　前处理中需要注意的一些问题 …… 321
15.1.1　模型范围 …… 321
15.1.2　坐标体系 …… 321
15.1.3　单元剖分 …… 322
15.1.4　板块、接缝和单元编号 …… 323
15.1.5　材料模型及其参数 …… 323
15.1.6　初始条件与边界条件 …… 324
15.1.7　荷载 …… 324
15.1.8　6 个典型算例前处理再思考 …… 325
15.2　计算求解中需要注意的一些问题 …… 327
15.3　计算结果后处理需要注意的几个问题 …… 327
15.3.1　计算结果输出形式 …… 327
15.3.2　计算结果阐释 …… 329
15.4　数据输入卡片填写的再思考 …… 330
15.4.1　Windows 版本与 DOS 版本数据输入卡片填写比较 …… 330
15.4.2　输入参数之间的逻辑关系 …… 331
15.5　软件应用层面若干有待完善之处 …… 332

附录 A　KENSLABS DOS 版本数据输入文件编写说明 …… 334
附录 B　*Pavement Analysis and Design* KENSLABS 程序习题输入文件 …… 337
主要参考文献 …… 348

第1章 绪 论

1.1 KENSLABS 发展及应用简介

作为主流的路面结构形式之一，水泥混凝土路面结构的力学分析颇具挑战，这些挑战性主要体现在：水泥混凝土路面结构由面层、基层、底基层、垫层、土基等组成，筑路材料包括水泥混凝土、无机结合料、细粒土、粒料、钢筋等，各种材料工程特性复杂，彼此差异甚大；水泥混凝土面层呈块状，横向、纵向分别通过传力杆、拉杆予以联系；直接承受复杂轮载的重复作用，轮载作用位置并不确定；暴露于自然环境中，深受气温、降水等的影响，如设计、施工不当，易产生开裂、断板、上拱、唧泥、脱空、传力杆失效等病害，严重制约其路用性能。

1926 年，Westergaard 发表“Stresses in concrete pavements computed by theoretical analysis”一文，奠定了水泥混凝土路面结构力学分析的理论基础。但早期刚性路面的荷载应力分析及设计方法存在诸多问题与不足。20 世纪中期，随着有限元法的创建以及电子计算机技术的迅猛发展，人们更多地使用有限元法来预测水泥混凝土路面结构的力学响应，从而更深入地理解路面结构行为，发展更为有效的路面设计方法，并科学揭示路面破坏机制。水泥混凝土路面结构的数值分析离不开相应的电算软件，由美国肯塔基大学 Yang H. Huang 教授主持研发的、基于有限元法的 KENSLABS 无疑是一款划时代的标志性软件。

该软件于 1973 年开始研究，并获得持续发展与改进。1985 年 Huang 教授在第三届水泥混凝土路面设计与修复国际会议上发表“A computer package for structural analysis of concrete pavements”一文，介绍了 KENSLABS 程序；1993 年，Huang 教授在其所著 *Pavement Analysis and Design* 一书中更为全面地介绍了 KENSLABS 软件 DOS 版本的算法原理(Huang，1993)；2004 年，*Pavement Analysis and Design* 第二版出版(Huang，2004)，KENSLABS 由早年的 DOS 版本调整为 Windows 版本，与基于弹性层状体系理论的 KENLAYER 软件整合并命名为 KENPAVE。值得一提的是，这些程序中的“KEN”字样表示肯塔基州或肯塔基大学，当时美国不少大学开发的路面力学专业软件通常都采用类似的命名方法，如 MICHPAVE(美国密歇根州立大学开发的轴对称非线性有限元程序，用于沥青路面结构分析)、ILLIPAVE(美国伊利诺伊州立大学开发的轴对称非线性有限元程序，用于沥青路面结构分析)；而“SLABS”字样则表示用于水泥混凝土路面分析。

KENSLABS 软件可考虑多块板，每块板可有不同的厚度与平面尺寸；可考虑单层板或双层板；地基模型可选用稠密液体地基、固体地基或层状地基；可考虑轮载、温度梯度等荷载的作用；可考虑部分接触(板底脱空)问题等。尤其需要指出的是，Huang 教授著作 *Pavement Analysis and Design* 第一版相应的中文版《路面分析与设计》于 1998 年由人民交通出版社出版(黄仰贤，1998)，积极促进了该软件在国内的应用。关于该软件的正确性、可靠性等，Huang 教授已通过与解析解、影响图、ILLI-SLAB 计算程序等的比较，充分予以证实，详见 *Pavement Analysis and Design* 一书，此处不再赘述。

国内应用此软件的代表性研究工作主要包括：倪富健等(2002)应用 KENSLABS 程序的单块板常规分析计算功能，计算了不同路面结构在不同轴载作用下的板底拉应力和温度应力。冯光乐等(2004)应用 KENSLABS 程序的多块板、双层板、固体地基、温度翘曲、初始间隙等特性，分析了面层和基层底的弯拉应力。丘概新(2012)应用 KENSLABS 程序的接缝模拟功能，分析了传力杆直径对路面传荷性能的影响。刘竹君(2015)应用 KENSLABS 程序的初始间隙、接缝模拟、温度翘曲、损伤分析等特性，研究了板底脱空情况下水泥混凝土路面力学响应和设计寿命。杨鑫玮(2016)采用 KENSLABS 程序计算分析了温度、板厚、轴载三个因素对两种高性能混凝土路面结构力学响应的影响。蒋鑫等(2017)利用 KENSLABS 程序探讨了板底脱空对水泥混凝土路面接缝传荷的影响。吴玉(2017)、Wu 等(2017)应用 KENSLABS 程序的地基季节调整系数功能，探讨了土基模量衰变对水泥混凝土路面结构轮致损伤的影响。Gu 等(2019)较为系统地比较了 KENSLABS 与 EverFE 两款用于水泥混凝土路面结构分析的专用有限元程序。古含焱(2020)考虑路基填挖方土体回弹模量与沉降变形的不均匀性，利用 KENSLABS 程序分析了半填半挖路基水泥混凝土路面结构的力学行为。

1.2 本书主要内容

虽然 KENSLABS 是一款出色的水泥混凝土路面结构有限元计算分析程序，但对于初次接触的用户来说难以上手，原因如下：

(1) KENSLABS 的 DOS 版本含有 5 个算例，有关的数据文件在随书磁盘中，*Pavement Analysis and Design* 一书尽管在第 4、5 章、附录 C、附录 D 中有所介绍，但限于篇幅，并未详细提供使用手册，读者需将这些数据文件打印出来，研究其内容，在 KENSLABS 上运行，观察其输出，方对其有一定感性认识。

(2) KENSLABS 的 Windows 版本含有 6 个算例，*Pavement Analysis and Design* 第二版也于第 4、5 章介绍了该程序，附录 C 关于 KENPAVE 的介绍则比较简略，读者主要通过安装 KENSLABS 后研读软件帮助文档方可初步入门。

(3) 一般情况下有限元软件的使用多遵循前处理、计算求解、后处理的流程，核心工作是前处理(即模型建立)，包括计算模型范围、单元类型及网格剖分、材料模型及参数、边界条件、初始条件、荷载等内容，但 *Pavement Analysis and Design* 一书暂未按此通用流程介绍该程序的使用。

本书主要从应用层面(尤其是模型建立、计算结果处理与阐释)出发，详细解读基于 DOS 版本和 Windows 版本的 KENSLABS 程序标准算例，包括数据输入文件的编写、注意事项等，可大大降低用户的使用门槛，同时加深读者使用有限元法开展水泥混凝土路面结构力学分析的认知深度。

本书所使用的安装程序可以在 *Pavement Analysis and Design* 第一版、第二版的随书磁盘、光盘中获取，分别为 DOS 版本和 Windows 版本。为便于读者更加深刻地了解 KENSLABS 程序的功能及使用方法，程序附有数个标准算例供读者学习参考(DOS 版本、Windows 版本分别含有 5 个、6 个算例)，所有算例数据输入文件均包含在随书磁盘、光盘中。关于这些算例的简要描述，对于 DOS 版本，见《路面分析与设计》附录 C.4；对于 Windows 版本，则见 KENPAVE 程序安装后主界面的 EDITOR→Editor Screen→Examples→Kenslabs 中。表 1-1 为其 DOS、Windows 两个版本所有算例的简介汇总。

表 1-1　两个版本的算例设置

算例序号	DOS 版本	Windows 版本	详见本书章节
1	液体地基，完全接触，温度翘曲	Set1：液体地基，完全接触，温度翘曲 Set2：固体地基，完全接触，温度翘曲	第 3 章和第 9 章
2	液体地基，部分接触，温度翘曲	Set1：液体地基，部分接触，温度翘曲 Set2：固体地基，部分接触，温度翘曲	第 4 章和第 10 章
3	固体地基，完全接触，两块板，双轴轮载	固体地基，完全接触，两块板，双轴轮载	第 5 章和第 11 章
4	固体地基，三个荷载组，两个时期，损伤分析	固体地基，三个荷载组，两个时期，损伤分析	第 6 章和第 12 章
5	层状地基，部分接触，温度翘曲，四块双层板，单轴荷载	层状地基，部分接触，温度翘曲，四块单层板，单轴荷载	第 7 章和第 13 章
6	无	固体地基，筏板基础，均布荷载，集中力和集中力矩	第 14 章

第一篇

基于 DOS 版本的 KENSLABS 剖析

第 2 章　概　　述

2.1　程 序 简 介

DOS 版本的 KENSLABS 采用 Fortran77 语言编写，适用于 Windows95、98 等操作系统，其功能的优越性和独特性在同期专业有限元程序中处于领先地位。

程序有但不限于如下功能：

(1) 最大容量可分析 9 块接缝能传递剪力和弯矩的路面板。接缝部分采用剪切弹簧常数或者需提供传力杆尺寸、间距、弹性模量和泊松比，以及接缝宽度和传力杆支承模量等参数，来计算剪切弹簧常数。传力杆可以不等间距布设，对沿接缝的每一个节点赋值 0、1 或多个传力杆。采用确定的力矩弹簧常数来计算弯矩的传递。传力杆的松动可以用传力杆与混凝土之间的间隙来模拟。此间隙值也用于计算剪切弹簧常数，但不会用于力矩弹簧常数的计算。

(2) 每块板可有不同的厚度和尺寸。在同一块板中，板厚度可以由一个节点至另一个节点进行变化，即板厚可以是不均匀的，但相邻的板必须具有相同的宽度。

(3) 面板可以是双层板，也可以是结合式或分离式的两个刚性层。每层具有各自的弹性模量和泊松比。面板的刚度矩阵是两层板刚度矩阵之和。

(4) 荷载可以是矩形均布荷载或作用在某些节点上的集中力，每个均布荷载均可有不同的接触应力。

(5) 若计算模型关于一个轴或两个轴对称，则只需考虑板体系的 1/2 或 1/4，以方便前处理建模过程，同时可节约计算机时和存储空间。

(6) 可分析温度翘曲以及板与地基间的间隙对应力和挠度的影响。

(7) 可假设板与地基之间所有的节点都接触，或者有些指定点不接触；接触条件还可通过迭代自动判别。

(8) 程序可分析液体地基、固体地基或层状地基上的板。

2.2　程 序 安 装

如图 2-1 所示，KENSLABS 程序包中包含 SLA1.DAT、SLA2.DAT、SLA3.DAT、SLA4.DAT、SLA5.DAT 共 5 个算例的数据输入文件，1 个 SLABS.TXT 结果输出文件以及 SLABSINP.EXE 输入程序和 KENSLABS.EXE 计算输出程序。该程序包无须安装，将 SLABSINP.EXE 和 KENSLABS.EXE 两个可执行文件复制至本地磁盘的任意目录下双击即可运行使用。其中 SLABSINP.EXE 用于创建数据输入文件(*.DAT 文件)，KENSLABS.EXE 用于计算并生成 SLABS.TXT 结果输出文件。

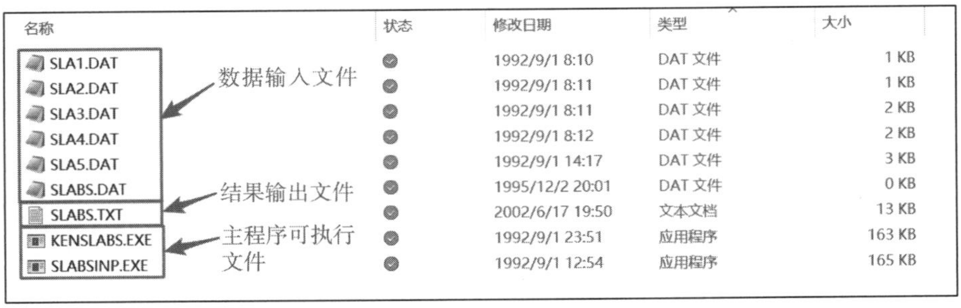

图 2-1　KENSLABS 的 DOS 版本程序包

2.3　程序使用方法及流程

下面简要介绍使用 SLABSINP.EXE 输入程序创建 / 修改一个数据输入文件的过程。

(1) 双击 SLABSINP.EXE，打开输入程序，进入程序启动页，如图 2-2 所示。按回车 (Enter) 键跳过，然后进入输入程序主菜单，如图 2-3 所示。

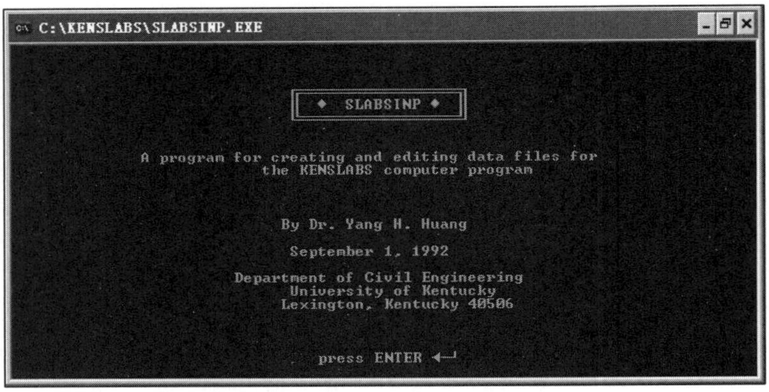

图 2-2　SLABSINP.EXE 程序启动页

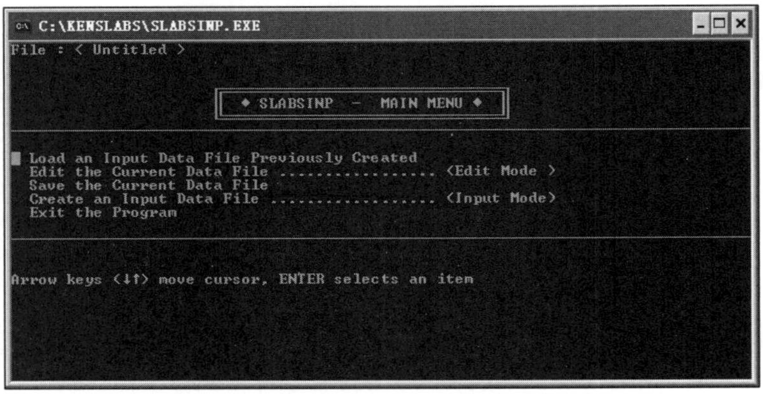

图 2-3　输入程序主菜单

(2)创建新的数据文件。如图 2-3 所示的输入程序主菜单(SLABSINP-MAIN MENU)，注意到程序界面下方的提示“Arrow keys〈↓ ↑〉move cursor，ENTER selects an item”，即使用键盘的下上方向键来移动屏幕上的光标，用 Enter 键来选择一个选项。选择第 4 个选项“Create an Input Data File”，即新建一个数据输入文件。选中后按 Enter 键确认选择，程序会跳转至如图 2-4 所示界面。注意到屏幕下方的提示“Arrow keys〈↑ ↓〉move cursor，ESC returns to CONTROL MENU，D deletes a data set，Press ENTER to input/edit a data set”，即使用键盘的上下方向键来移动屏幕上的光标，ESC 键返回控制菜单，D 键删除一个 DATA SET，Enter 键输入或编辑一个 DATA SET。

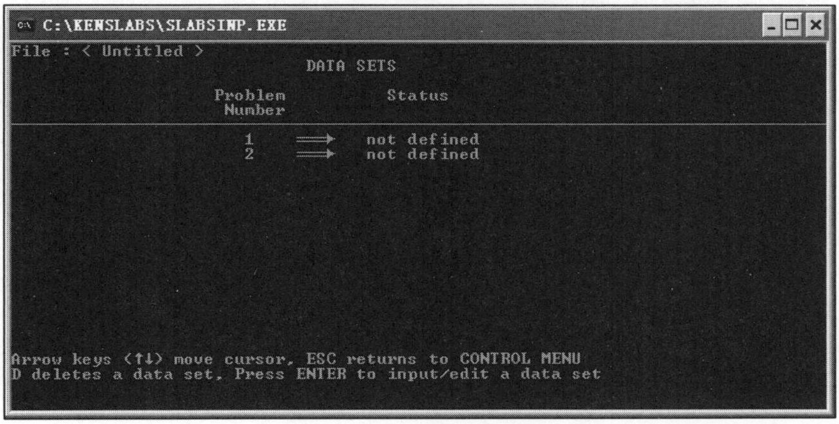

图 2-4　创建一个 DATA SET

(3)保存数据文件。将模型所有参数输入程序中后，按 Esc 键直到返回输入程序主菜单，选中第 3 个选项“Save the Current Data File”后按 Enter 键，如图 2-5 所示，设置文件名(含扩展名)即可，如“SLA1.DAT”。

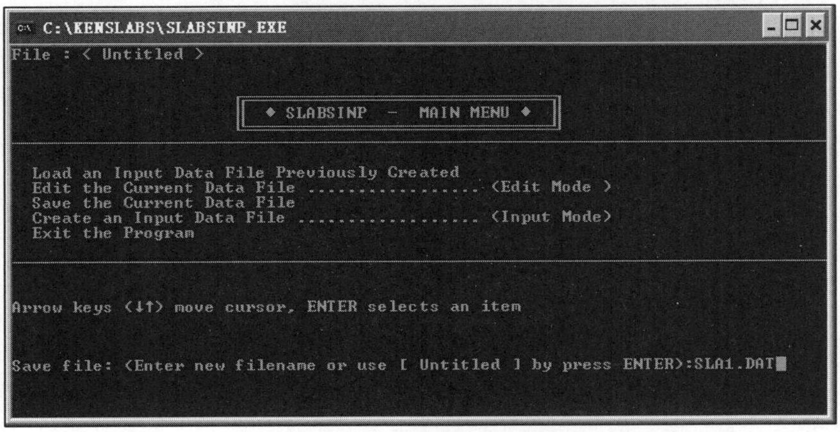

图 2-5　保存输入数据文件

(4) 修改数据文件。若需要编辑修改已有的数据文件，则需要在主菜单中选择第 1 个选项“Load an Input Data File Previously Created”。如图 2-6 所示，输入一个已有数据文件的文件名，如“SLA1.DAT”，按 Enter 键即可载入“SLA1.DAT”文件。

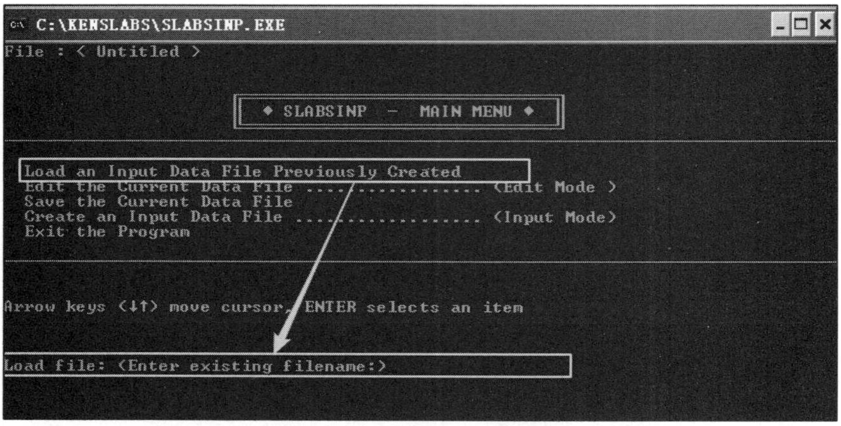

图 2-6 已有数据文件加载

载入完成后，程序自动返回主菜单，此时再选中第 2 个选项“Edit the Current Data File”，如图 2-7 所示。按 Enter 键确认，即可开始修改已载入的当前数据文件。

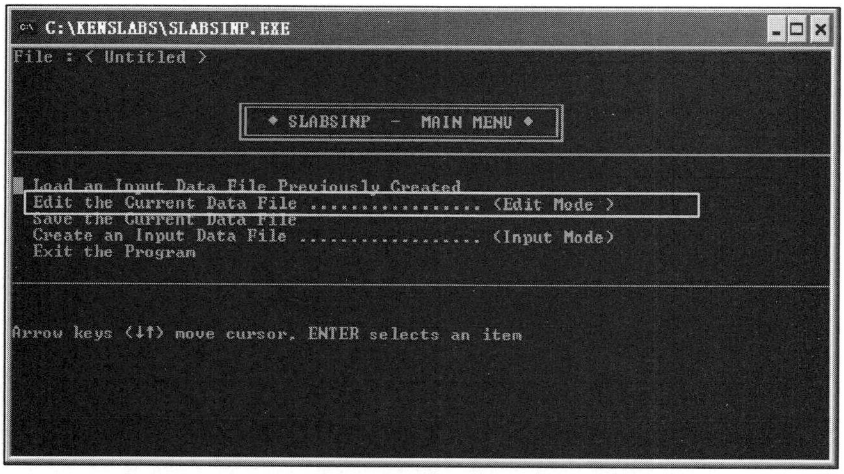

图 2-7 修改数据文件

(5) 退出输入程序。修改并保存完成后，选择主菜单中第 5 个选项“Exit the Program”。如图 2-8 所示，程序将提示“Do you wish to exit<Y/N>?”，即确认是否退出，输入“Y”表示确定退出，“N”表示取消。输入后按 Enter 键确认。

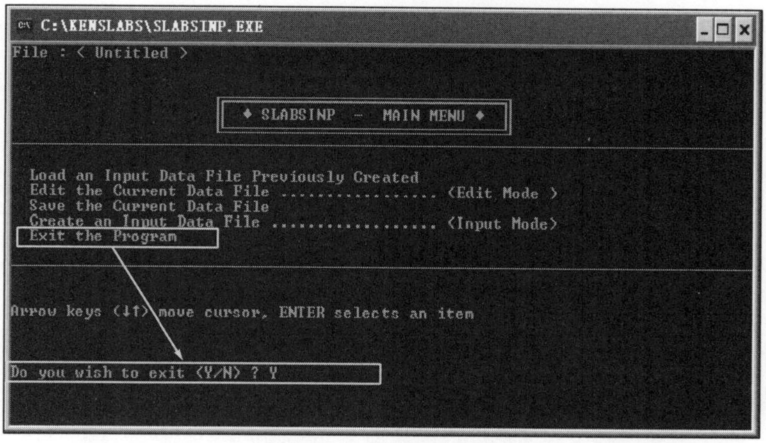

图 2-8　退出输入程序

使用 KENSLABS.EXE 执行计算并生成结果输出文件的过程如下。

(1) 双击 KENSLABS.EXE，进入计算并生成结果输出文件程序，如图 2-9 所示。程序会提示“INPUT THE DATA FILE NAME：”，键入数据输入文件的文件名。需要注意的是，文件名区分字母大小写且文件扩展名也需一并输入，如“SLA1.DAT”。

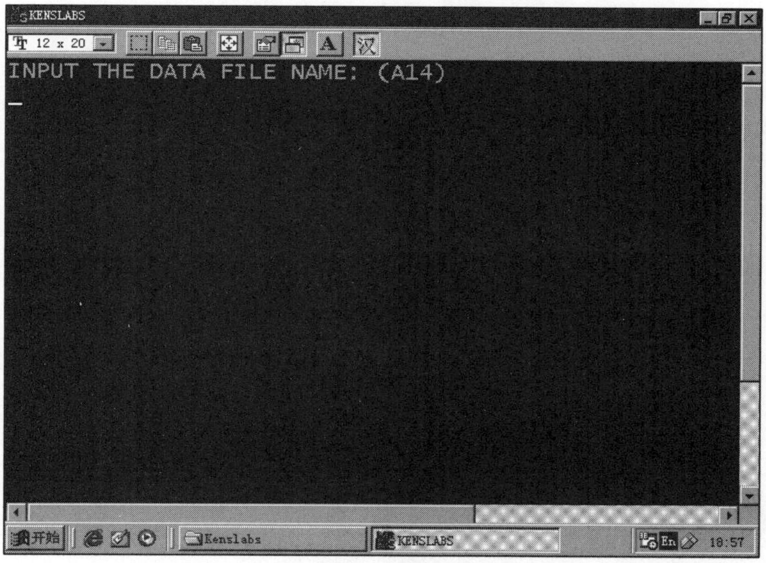

图 2-9　计算输出程序界面

(2) 键入数据输入文件的文件名，如“SLA1.DAT”。输入完成后按 Enter 键即可开始计算输出。计算输出完成后，如图 2-10 所示。

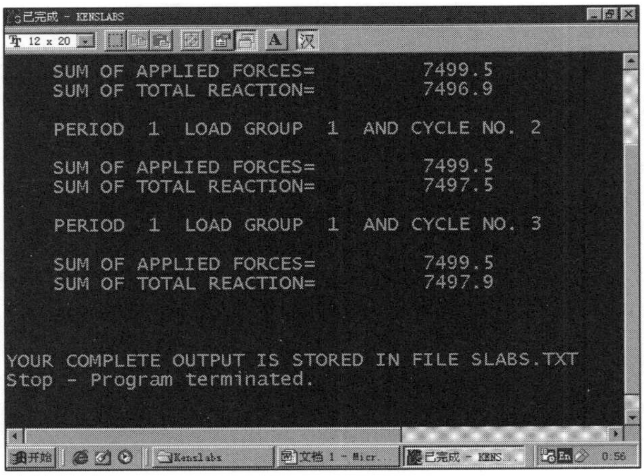

图 2-10　计算输出完成

如屏幕中的提示“YOUR COMPLETE OUTPUT IS STORED IN FILE SLABS.TXT”，结果被输出保存至 SLABS.TXT 文件中，程序每次计算都会将结果固定保存在这个文件中，并且替换之前所保存的内容。

(3) 查看输出文件。进入程序包目录中，找到计算输出文件 SLABS.TXT，可用任意文本查看器(如记事本)打开查看。打开该文件，如图 2-11 所示。由于每次计算都会替换掉此文件中的全部数据，因此若需要保留本次计算结果，需及时更改文件名或将 SLABS.TXT 文件剪切、复制至别处。

```
NUMBER OF PROBLEMS TO BE SOLVED (NPROB) =    1


**********************************************************************************************
*                                                         *
*    EXAMPLE NO. 1: WARPING OF SLAB ON LIQUID FOUNDATION WITH FULL CONTACT                   *
*                                                         *
**********************************************************************************************

TYPE OF FOUNDATION (NFOUND)            =   0
TYPE OF DAMAGE ANALYSIS (NDAMA)          =   0
NUMBER OF PERIODS PER YEAR (NPY)        =   1
NUMBER OF LOAD GROUPS (NLG)            =   1
TOTAL NUMBER OF SLABS (NSLAB)          =   1
TOTAL NUMBER OF JOINTS (NJOINT)        =   0


ARRANGEMENT OF SLABS

SLAB NO.   NO. OF NODES (NX)    NO. OF NODES (NY)      JOINT NO. AT FOUR SIDES (JONO)
         IN X DIRECTION       IN Y DIRECTION           LEFT  RIGHT  BOTTOM   TOP
   1            7                   7                 0    0    0    0


NUMBER OF LAYERS (NLAYER)-------------------------------------=   1
```

图 2-11　输出文件示例

以上为应用 KENSLABS 进行水泥混凝土路面结构分析的流程，如图 2-12 所示。不难看出，其中核心工作是准备、填写计算分析所用的输入数据(即形成“*.DAT”数据文件)，这些数据包括板块信息(如板块数量、板块层数、板与板之间的位置关系、两层板块间层间结合关系、板块平面尺寸、厚度、弹性模量、泊松比、热膨胀系数、重度、抗弯拉强度等)、土基信息(如地基类型、地基各层厚度、地基反应模量、弹性模量、泊松比、地基是否均匀、地基季节调整系数、初始间隙值等)、接缝信息(如剪切弹簧常数、力矩弹簧参数、接缝宽度、传力杆的弹性模量、泊松比、直径、间距等)、荷载信息(如矩形均布轮载的位置与分布范围、垂向集中力的大小及作用位置、如何考虑重力、板底与板顶温度差等)、有限元信息(如节点坐标)等。

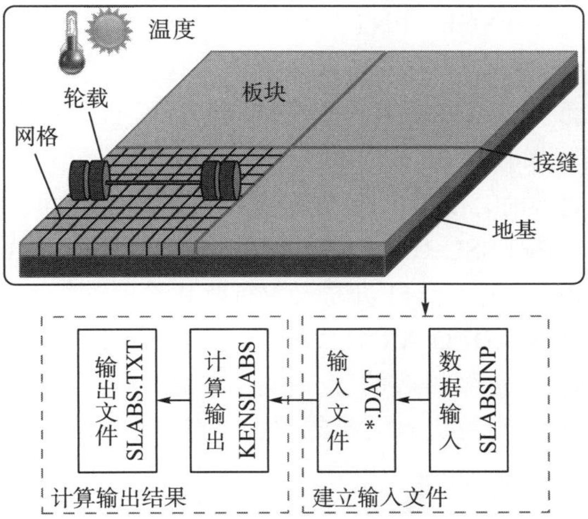

图 2-12　应用 KENSLABS 进行水泥混凝土路面结构分析的一般计算流程

将以上数据根据需要输入 SLABSINP 输入程序中，完成后即可将其保存为“*.DAT”数据输入文件以供计算输出程序使用。然后用 KENSLABS 程序计算输出即可得到输出文件，DOS 版本的 KENSLABS 程序统一存盘命名为 SLABS.TXT 文件。

当然高级用户也可完全不借助 SLABSINP.EXE 程序予以辅助，而按照给定格式直接手工形成或按需修改某一既有数据输入文件而生成“*.DAT”文件，关于 KENSLABS 软件 DOS 版本数据输入文件的编写说明详见本书附录 A。

2.4　SLABSINP 键盘基本操作说明

使用 SLABSINP.EXE 程序可协助创建或编辑数据输入文件。由于是 DOS 程序，不支持鼠标操作，故采用键盘进行操作，本节介绍该程序的键盘基本操作方法。

SLABSINP 程序界面的下方设有操作提示，用户可以根据提示进行操作。在程序主菜单中，可用向上键(↑)或向下键(↓)将光标上下移动至任意项目上，再按 Enter 键，屏幕上显示该项目数据输入界面。数据输入界面的许多项目都有默认值，可根据实际情况进行修改。将光标移动至这些值上，字段将高亮显示。用户可以输入自定义的数据或覆盖原来的值，不做修改则保留屏幕上显示的值。然后按 Enter 键，光标移至下一项目。也可以使用上(↑)、下(↓)、左(←)、右(→)键，将光标移至任何字段，进行所需要的修改，而不用按 Enter 键。对于超过一个屏幕的长表格，可用 PgDn 键快速翻至下一页，或用 PgUp 键快速翻至上一页。在所有字段正确填好后，按 Esc 键返回上一级菜单。

当发现需要新增一行数据时，可使用字母 I 键插入一行，而相应地，若需要删除一行则可用字母 D 键。例如，在“X COORDINATES OF FINITE ELEMENT MESH”(有限元网格的 x 坐标)界面中，若输入的 x 坐标数量(NX)为 3，界面中则有三个数据行供用户键入 x 坐标。只要将光标移至任意行，并按 D 键，即可删除一行，界面中的数据行立即减少至两行，且“SLAB ARRANGEMENT”界面中的 NX 也自动更改为 2。同理，若想在第二行和第三行之间增加一行，只需将光标移至第二行，并按 I 键，增加的一行会成为第三行，并立即呈现在界面上，原来的第三行变成第四行，且“SLAB ARRANGEMENT”界面中的 NX 也自动更改为 4。

当对已有数据进行更改时，使用字母 X 键进入数据编辑界面。例如，当在“LOADED AREAS AND CONTACT PRESSURES”(受荷面积与接触压力)界面时，输入荷载作用面积数量(NUDL)，并按 Enter 键，会自动进入均布荷载设置的辅助界面。然而，若需要编辑这些参数，只需进入“LOADED AREAS AND CONTACT PRESSURES”(受荷面积与接触压力)界面，将光标移至需要修改的行，再按 X 键，即可进行编辑。当然，重新输入同样的值，然后按 Enter 键，也可进入同样的界面。键盘按键及其功能汇总如表 2-1 所示。

表 2-1 按键及其功能

按键	功能	按键	功能
Enter	选择当前光标选中的选项或将光标移动至下一行	I	在光标选中行的下方插入一行
方向键	移动光标至任意项目或字段上	X	进入光标选中字段的辅助屏幕进行编辑
Esc	返回上一级界面	PgDn	当数据超过一个屏幕时，翻至下一页
D	删除光标选中的行	PgUp	当数据超过一个屏幕时，翻至上一页

2.5 输入参数说明

Pavement Analysis and Design 一书按照字母顺序排列给出了输入参数的含义，这样安排主要是从便于查找输入参数的角度出发。图 2-13 为 SLABSINP 流程图，图中给出了所有输入参数在菜单和对话框中的逻辑位置，便于用户查找输入参数符号所代表的含义，本书即按照此流程详细讲解输入参数，从而利于读者深刻理解这些输入参数在计算分析中所发挥的作用。在使用 SLABSINP 输入程序的过程中，用户可以根据屏幕中每一个参数的缩写名称“〈***〉”以及参数在该流程图中的逻辑位置，便捷地查询参数含义。以“Type of foundation <NFOUND>”为例，程序提示该处需设定地基类型，以“NFOUND”为关键字，在“General Information”菜单下查找到该关键字，即可知晓该处填入 0 代表液体地基，填入 1 代表固体地基，填入 2 则代表层状地基。

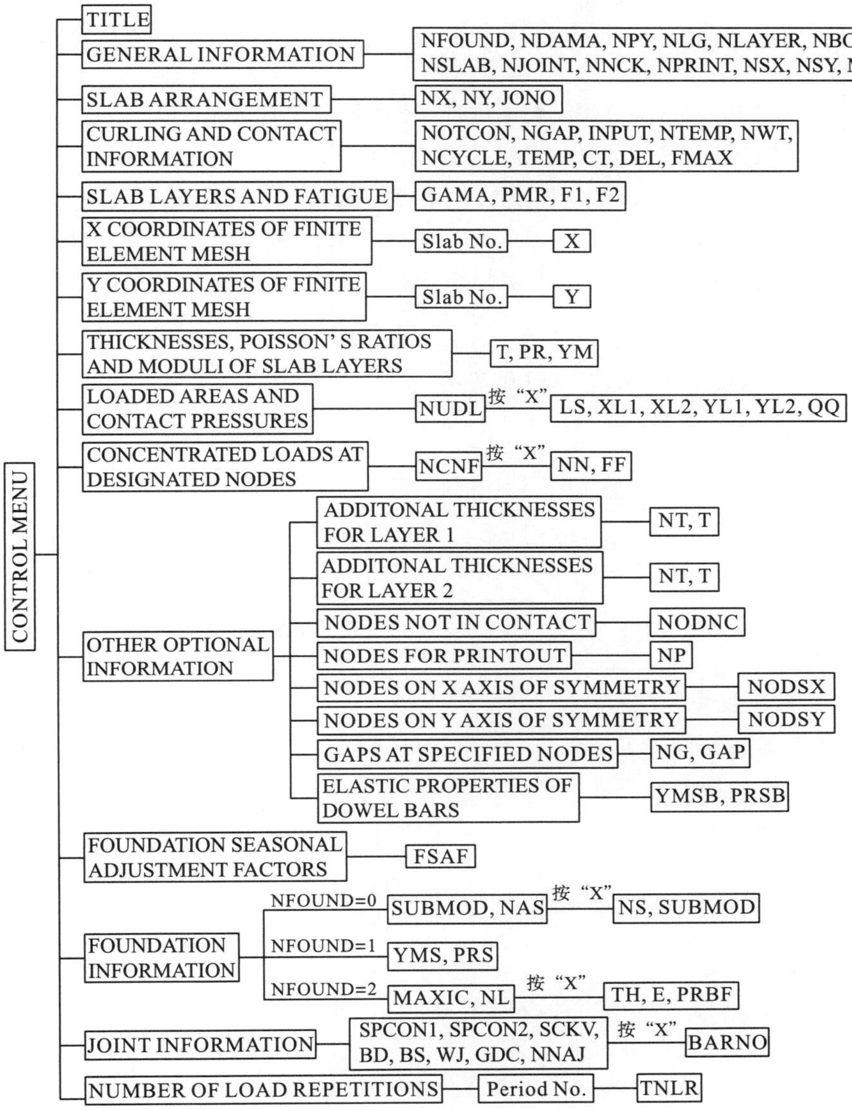

图 2-13　输入参数在 DOS 版本程序中的位置框图(Huang，1993)

1. TITLE——标题

KENSLABS 的 DOS 版本程序限制标题长度不超过 80 列，即不超过 80 个字符(含空格)。

2. GENERAL INFORMATION——一般信息

NFOUND——地基类型。0 代表液体地基，1 代表固体地基，2 代表层状地基，程序默认值为 0。

NDAMA——损伤分析开关。0 代表不进行损伤分析，1 代表根据美国波特兰水泥协会(Portland Cement Associate，PCA)疲劳准则进行损伤分析，2 代表根据用户给定的疲劳系数进行损伤分析，程序默认值为 0。应注意，NDAMA=1 或 2 时，需要 NPRINT=3；若需打印所有荷载组在所有时期的详细数据，则 NDAMA 应设为 0，NPRINT 设为其他任意值；若开展损伤分析，则不能打印输出所有节点的详细数据。

其中，PCA 疲劳准则如下：

$$
\begin{cases}
\log N_f = 11.737 - 12.077\left(\dfrac{\sigma}{S_c}\right), & \dfrac{\sigma}{S_c} \geqslant 0.55 \\
N_f = \left(\dfrac{4.2577}{\dfrac{\sigma}{S_c} - 0.4325}\right)^{3.268}, & 0.45 < \dfrac{\sigma}{S_c} < 0.55 \\
N_f = \text{不限}, & \dfrac{\sigma}{S_c} \leqslant 0.45
\end{cases}
\tag{2-1}
$$

式中，N_f——允许重复作用次数；

σ——路面板的弯拉应力；

S_c——混凝土的抗弯拉强度。

用户自定义准则如下：

$$
\log N_f = f_1 - f_2\left(\frac{\sigma}{S_c}\right) \tag{2-2}
$$

式中，f_1、f_2——用户自定义参数。

NPY——一年内的时期数，最大值为 24，最小值为 1，程序默认值为 1。

NLG——均布荷载组数，最大值为 24，最小值为 1，程序默认值为 1。若仅考虑温度翘曲，则 NLG 仍应填为 1。对于分两步求解的案例，第 1 步求解由于板重、温度翘曲和初始间隙产生的间隙和预压值，取 NLG=1；第 2 步求解轮载作用下的应力和挠度，NLG 取实际均布荷载组数。同时应注意，NLG 并非荷载面积作用数目(NLG≠NUDL)，每个荷载组可有不同的荷载作用面积数目。

NLAYER——面板的层数，可取 1 或 2，即分别为单层板或双层板，程序默认值为 1。

NBOND——当面板为双层板时，0 代表两层板完全分离，1 代表两层板完全结合，程序默认值为 0；若为单层板，则此项应为 0。KENSLABS 可以计算结合式或是分离式的双层板，这两层可以是波特兰水泥混凝土(Portland cement concrete，PCC)上加铺热拌沥青混合料(hot mix asphalt，HMA)，或者是水泥稳定基层上加铺 PCC。对于后一种情况，水泥稳定基层可以看成是第二层板，或者是第一层地基。若看成地基，则假设混凝土板和地基之间是光滑的。

NSLAB——板块的数量，最大值为 9，程序默认值为 1。若考虑对称性，取为 1/2 结构或 1/4 结构，NSLAB 应为参与计算的板块数量。以单块板为例，若取为 1/2 或 1/4 结构，则 NSLAB 仍取为 1，不能取为 0.5 或 0.25。且当为双层板时，板块数量仅指上层板块（或下层板块）的数量，并非上层板块（或下层板块）数量乘以 2。

NJOINT——接缝的数量，最大值为 12，最小值为 0（无接缝），程序默认值为 0。

NNCK——当用迭代法求解联立方程组时，用于检查收敛情况的节点号，程序默认值为 1。如果可能，采用最大荷载下的节点号。此节点还用于检查 FMAX，即使不需迭代也必须给出此节点号。

NPRINT——需要计算输出应力的节点数量，程序默认值为 0。若 NPRINT 为 0，则计算输出每个节点的应力。若需要开展损伤分析，则 NPRINT 需为 3，必须指定单轴、双轴或三轴作用下纵缝边缘三个节点，即每个轴载纵缝边缘一个点，如第 6 章算例中的节点 1、19 和 37，根据这三个点的应力开展损伤分析。

NSX——对称轴 x 上的节点数量，最大值为 50，程序默认值为 0。若 x 轴不是对称轴，则此项应为 0。若对称轴 x 是接缝，则此项应为 1。

NSY——对称轴 y 上的节点数量，最大值为 50，程序默认值为 0。若 y 轴不是对称轴，则此项应为 0。若对称轴 y 是接缝，则此项应为 1。

MDPO——详细输出指示开关。0 代表否，1 代表是，程序默认值为 0。在多数情况下，将 MDPO 赋 0 即可。为了调试程序，或对 KENSLABS 不熟悉的用户希望校核所有中间结果，以便肯定程序使用正确，可将 MDPO 赋 1，给出较详细的输出。

3. SLAB ARRANGEMENT——板块布置

SLAB ARRANGEMENT —— NX, NY, JONO

NX——各板块 x 方向上的节点数量，最大值为 15。

NY——各板块 y 方向上的节点数量，最大值为 15。

JONO (Left)——各板块左边的接缝号。0 代表不是接缝（无接缝），i 代表左方是接缝且接缝编号为 i，$1 \leqslant i \leqslant 12$。

JONO (Right)——各板块右边的接缝号。0 代表不是接缝（无接缝），i 代表右方是接缝且接缝编号为 i，$1 \leqslant i \leqslant 12$。

JONO (Bottom)——各板块下边的接缝号。0 代表不是接缝（无接缝），i 代表下方是接缝且接缝编号为 i，$1 \leqslant i \leqslant 12$。

JONO (Top)——各板块上边的接缝号。0 代表不是接缝（无接缝），i 代表上方是接缝且接缝编号为 i，$1 \leqslant i \leqslant 12$。

4. CURLING AND CONTACT INFORMATION——翘曲与接触信息

CURLING AND CONTACT INFORMATION —— NOTCON, NGAP, INPUT, NTEMP, NWT, NCYCLE, TEMP, CT, DEL, FMAX

NOTCON——初始时假设板与地基不接触的节点数量，最大值为 420，程序默认值为 0。若 NCYCLE=1，则这些节点总不接触；若 NCYCLE＞1 且 NFOUND=0，则这些节点根据计算结果来确定接触或不接触；当 NCYCLE＞1 且 NFOUND≠0 时，NOTCON 应恒为 0。

NGAP——板与地基间有间隙的节点数量，最大值为 420，程序默认值为 0。若无间隙或 NCYCLE=1，则此项应为 0。

INPUT——从前问题中得到间隙和预压值的开关。0 代表否，1 代表是，程序默认值为 0。

NTEMP——温度翘曲情况的开关。0 代表不考虑温度翘曲，1 代表考虑温度翘曲，程序默认值为 0。

NWT——面板自重是否考虑的开关。0 代表不考虑自重，1 代表考虑自重，程序默认值为 0。

NCYCLE——检查地基接触情况的最大循环次数。完全接触或不需迭代时取 1，部分接触或需迭代时取 10，程序默认值为 1。为了简化程序，当一年内的时期数（NPY）或均布荷载组数（NLG）大于 1 时，NCYCLE 必须等于 1。

TEMP——板底温度减去板顶温度得到的温度差，单位为℉①，程序默认值为 0。若面板四边向上翘曲，则此项应为正值；若面板四边向下翘曲，则此项应为负值。

CT——混凝土的热膨胀系数，程序默认值为 5×10^{-6}℉$^{-1}$（9×10^{-6}℃$^{-1}$）②。

DEL——用迭代法求解联立方程组时的允许精度，建议取 0.001。虽然用高斯消去法求解时不需要 DEL，但是仍建议此项为 0.001，以便程序因存储不足自动改为迭代法求解时使用。

FMAX——在节点 NNCK 处的最大允许竖向位移。对于路面，建议取 1in③；对于筏板基础，建议取较大值（如 10in，即 25.4cm）。当程序发现竖向位移大于 FMAX 时，则可能有错误，程序将自动停止。

5. SLAB LAYERS AND FATIGUE——面层板与疲劳

SLAB LAYERS AND FATIGUE — GAMA, PMR, F1, F2

GAMA——各层板混凝土的重度，单位为 pci④。当 NWT=1 时，重度将用于计算节点力。若只有一层板，则应假设 GAMA（2）=0，即视第二层板重度为 0。程序默认 GAMA（1）=0.0868pci（23.562kN/m^3）。

PMR——各层板的抗弯拉强度，单位为 psi⑤，程序默认值为 600psi（4.1MPa）。

---

① 华氏温度 F 与摄氏温度 C 之间的换算关系为 $F=1.8C+32$；华氏温度差（$\Delta F=F_1-F_2$）与摄氏温度差（$\Delta C=C_1-C_2$）之间的换算关系为 $\Delta F=F_1-F_2=(1.8C_1+32)-(1.8C_2+32)=1.8(C_1-C_2)=1.8\Delta C$。

② 在 $\Delta F=1.8\Delta C$ 温度差作用下，长度 L 产生的长度变化为 ΔL，则热膨胀系数 α_F（华氏温度）与 α_C（摄氏温度）之间的关系为 $\alpha_F=\dfrac{\Delta L}{L\cdot\Delta F}=\dfrac{\Delta L}{L\times1.8\Delta C}=\dfrac{\alpha_C}{1.8}$。

③ 1in=2.54cm。

④ 1pci=271.447kN/m^3。

⑤ 1psi=6.895kPa。

F1——各层板疲劳系数，或当应力比为 0 时，允许重复作用次数的对数值，程序默认值为 0。

F2——各层板疲劳系数，或重复作用次数对数值与应力比曲线的斜率，程序默认值为 0。

6. X COORDINATES OF FINITE ELEMENT MESH——有限元网格的 x 坐标

Slab No.:

X——各板块 x 方向网格线的局部坐标，单位为 in；从 0 开始，由左向右增加，共计 NX 个。

7. Y COORDINATES OF FINITE ELEMENT MESH——有限元网格的 y 坐标

Slab No.:

Y——各板块 y 方向网格线的局部坐标，单位为 in；从 0 开始，由下至上增加，共计 NY 个。

8. THICKNESSES，POISSON'S RATIOS AND MODULI OF SLAB LAYERS——板的厚度、泊松比和模量

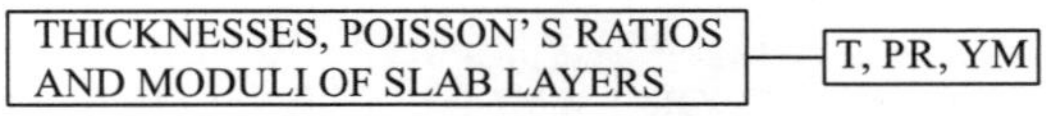

T——各层面板的厚度，单位为 in。若有温度翘曲，则该厚度是确定初始翘曲的厚度。若该层板的厚度不均匀，则不均匀部分的厚度将在后续读入。

PR——各层板的泊松比。

YM——各层板的弹性模量，单位为 psi。

9. LOADED AREAS AND CONTACT PRESSURES——受荷面积和接触压力

NUDL——每个荷载组中均布荷载作用面积的个数，最大值为 60。一个荷载分布在几个单元上仍看成一个荷载作用面积。

LS——其上作用有均布荷载的板块编号。

XL1——各个荷载作用面积在局部坐标系中的左边界 x 坐标，单位为 in。

XL2——各个荷载作用面积在局部坐标系中的右边界 x 坐标，单位为 in。

YL1——各个荷载作用面积在局部坐标系中的下边界 y 坐标，单位为 in。

YL2——各个荷载作用面积在局部坐标系中的上边界 y 坐标，单位为 in。

QQ——各个荷载作用面积的轮胎接触压力，单位为 psi。

10. CONCENTRATED LOADS AT DESIGNATED NODES——指定节点的集中力荷载

NCNF——垂向集中力的数量，最大值为 24。

NN——作用有集中力的节点号。

FF——各节点作用的集中力，单位为 lb[①]，以作用向下为正。

11. OTHER OPTIONAL INFORMATION——其他可选信息

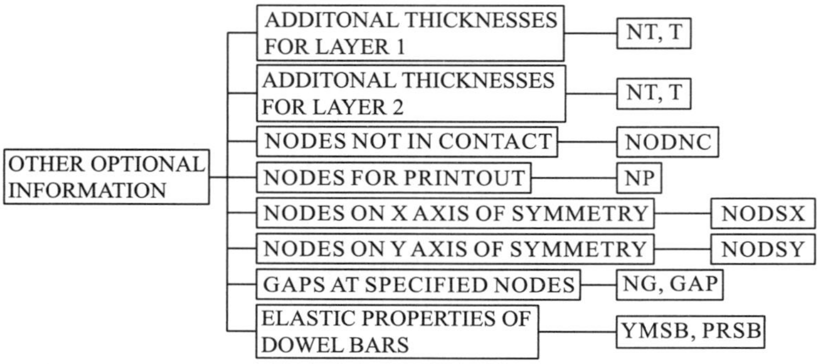

ADDITONAL THICKNESSES FOR LAYER 1：第 1 层板中的附加厚度。

NT——板厚与给定值不同的节点号。

T——NT 处的板厚，单位为 in。

ADDITONAL THICKNESSES FOR LAYER 2：第 2 层板中的附加厚度。

NT——板厚与给定值不同的节点号。

T——NT 处的板厚，单位为 in。

NODES NOT IN CONTACT：初始条件下假设板与地基不接触的节点。

NODNC——初始时假设板与地基不接触的节点号，共计 NOTCON 个。这些节点的初始地基反力为 0。

NODES FOR PRINTOUT：

NP——需要计算输出应力的节点号。

NODES ON X AXIS OF SYMMETRY：对称轴 x 上的节点。

NODSX——对称轴 x 上的节点号，共计 NSX 个。若对称轴 x 是接缝，则此项应为 x 轴上任意一个节点号。

NODES ON Y AXIS OF SYMMETRY：对称轴 y 上的节点。

① 1lb=4.448N。

NODSY——对称轴 y 上的节点号，共计 NSY 个。若对称轴 y 是接缝，则此项应为 y 轴上任意一个节点号。

GAPS AT SPECIFIED NODES：特定节点初始间隙。

NG——给定面板与地基之间有间隙的节点号，共计 NGAP 个。

GAP——各节点处面板与地基之间的间隙值，单位为 in，共计 NGAP 个。

ELASTIC PROPERTIES OF DOWEL BARS：传力杆弹性属性。

YMSB——传力杆的弹性模量，单位为 psi，程序默认值 29×10^6psi(200GPa)。

PRSB——传力杆的泊松比，程序默认值为 0.3。

12. FOUNDATION SEASONAL ADJUSTMENT FACTORS——地基季节调整系数

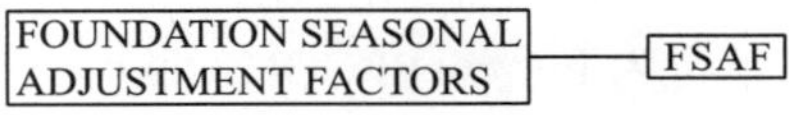

FSAF——各个时期地基季节调整系数，程序默认值为 1。不考虑季节修正时，此项应为 1。

13. FOUNDATION INFORMATION——地基信息

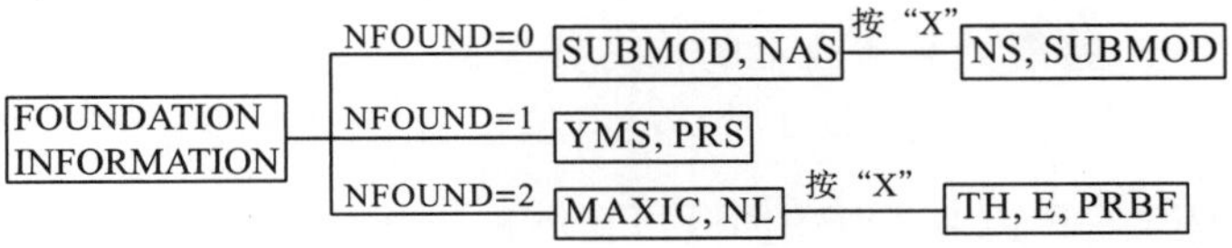

NFOUND=0：

SUBMOD——液体地基的地基反应模量，单位为 pci。若考虑地基不均匀，则此项为均匀部分的模量，非均匀部分的模量将在后续读入。

NAS——读入附加地基反应模量的节点数量，若模量均匀，则赋值为 0。

NS——地基反应模量不均匀的节点号。

SUBMOD——NS 处的地基反应模量，单位为 pci。

NFOUND=1：

YMS——固体地基的弹性模量，单位为 psi。

PRS——固体地基的泊松比。

NFOUND=2：

MAXIC——层状地基(Burmister 地基)数值积分最大循环次数，建议取 30。

NL——层状地基(Burmister 地基)的层数，最大值为 6(包括最下一层半无限体)，每层序号自上而下编排。

TH——各 Burmister 层的厚度(单位为 in)，最下方的一层默认为厚度无限，无须输入。

E——各 Burmister 层的弹性模量，单位为 psi。

PRBF——各 Burmister 层的泊松比。

14. JOINT INFORMATION——接缝信息

JOINT INFORMATION — SPCON1, SPCON2, SCKV, BD, BS, WJ, GDC, NNAJ —按“X”— BARNO

SPCON1——各接缝传递剪力的剪切弹簧常数，单位为 psi。若用传力杆，则 SPCON1 赋值为 0。

SPCON2——各接缝传递弯矩的力矩弹簧常数，单位为 in·lb/in。若是对于 y 轴的弯矩，则程序会将 SPCON2 修改为 SPCON3。

SCKV——传力杆的支承模量，或钢与混凝土的 K 值，单位为 pci，其值在 300000～1500000pci(81.4～407GN/m^3)。若 SPCON1 非 0(即不用传力杆)，则此项应为 0。

BD——传力杆的直径，单位为 in。若 SPCON1 非 0，则此项可为 0 或任意值。

BS——传力杆的间距，单位为 in。若 SPCON1 非 0，则此项可为 0 或任意值。

WJ——各接缝的宽度，单位为 in。若 SPCON1、SPCON2 非 0，则此项可为 0 或任意值。

GDC——传力杆与混凝土之间的间隙，单位为 in。此参数用于计算剪力弹簧常数，但不能用于计算力矩弹簧常数。

NNAJ——各条接缝的节点数。若某接缝处 NNAJ 非 0，则必须给出 BARNO。

BARNO——接缝处某节点上的传力杆数量。此项一般是根据传力杆间距自动计算的，但当 NNAJ 非 0 时，必须给出 BARNO。

15. NUMBER OF LOAD REPETITIONS——荷载重复作用次数

NUMBER OF LOAD REPETITIONS — Period No. — TNLR

Period No.:

TNLR——每个时期每个荷载组总的或预期的荷载重复作用次数。

2.6 输出参数说明

程序计算完成后会生成一个 SLABS.TXT 文本文件，该文件中给出了需要计算输出的结果。以下按参数名的首字母顺序对输出文件中出现的输出参数变量含义进行必要的解释。在查看 SLABS.TXT 结果输出文件的过程中，用户可以根据文件中每一个参数的缩写名称“<***>”查找其具体含义。

BEARS——传力杆与混凝土之间的支承应力(bearing stress)，单位为 psi。

CI——开裂指数或损伤率。

CURL——由于温度翘曲各节点的初始翘曲量，单位为 in。

DF——当用迭代法求解联立方程时，指定节点两次迭代的挠度差，单位为 in。

FAJ2——沿接缝各节点的弯矩，单位为 in·lb。若不传递弯矩，则该值等于 0。

FAJl——沿接缝各节点的剪力，单位为 lb。

FAJPD——一个传力杆的剪力，单位为 lb。

FOSUM——作用力之和，单位为 lb。

F——板各节点的竖向挠度，单位为 in。

GAP——各节点的间隙或预压值，单位为 in。对于液体地基，间隙为正，预压值为负；对于固体或层状地基，间隙为正，预压值为零。

IC——检查位移收敛性的迭代次数。

INITEN——每块板起始单元或最小单元号。

INITNP——每块板起始节点或最小节点号。

ISEN——每个接缝两侧起始单元号。

ISNN——每个接缝两侧起始节点号。

LASTEN——每块板最后单元或最大单元号。

LASTNP——每块板最后节点或最大节点号。

LFEN——每个接缝两侧最后单元或最终单元号。

LFNN——每个接缝两侧最后节点或最终节点号。

MAJOR——板的最大主应力，单位为 psi。

MAX.SHEAR——板的最大剪应力，单位为 psi。

MINOR——板的最小主应力，单位为 psi。

NB——半带宽。

NCY——检查板与地基接触情况的循环次数。

NDTY——节点类型。对接缝处次级节点赋值 0，对初级节点根据接缝处板的数目赋值 2、3 或 4。次级节点比接缝另一侧初级节点具有较大的节点号。对于固体和层状地基，在生成相邻板地基柔度矩阵和重分布刚度矩阵时，这些参数用于减少节点数目。若节点不在接缝上，则 NDTY 应赋值 1。

NE——作用有均布荷载的单元号。

NPOP——接缝另一侧节点号。节点不在接缝上时赋值 0，当三块或四块板交会在接缝处时赋值初级节点号。此参数用于地基柔度矩阵的叠加，然后将地基的刚度矩阵重分布给板的刚度矩阵。

NPSM3——三板交会时的节点号。

NPSM——四板交会时的节点号。

NTSM3——三板交会的次数。

NTSM——四板交会的次数。

PRESSURE——各节点反作用压力，单位为 psi。

QQ——均布荷载的接触压力，单位为 psi。

ROTAT.X——板绕 x 轴转角。

ROTAT.Y——板绕 y 轴转角。

SDIF——多轴荷载的应力差，单位为 psi。

SHEARS——传力杆的剪力，单位为 lb。

SMAX——最大应力，单位为 psi。

SPCON——传力杆接缝的当量弹簧常数，单位为 psi。

STRESS X——x 方向应力，板底受拉时为正，单位为 psi。

STRESS XY——xy 平面的剪应力，单位为 psi。

STRESS Y——y 方向应力，板底受拉时为正，单位为 psi。

SUBD——固体或层状地基的位移，单位为 in。接缝处交会的所有节点的地基位移是相同的，因为实际上在地基上只是一个点。

SUBR——各节点地基反力，单位为 lb。

SUBSUM——地基反力之和，该值应近似等于作用力之和 FOSUM，单位为 lb。

SUMCI——所有时期所有荷载组的开裂指数之和。

SUMP——固体或层状地基反力和预压值之和，单位为 lb。若 SUMP 为负，则板与地基不接触。

XDA——荷载作用面积在无量纲 x 坐标的左和右的界限。若荷载作用面积覆盖单元的整个长度，则 XDA 为-1～1；若荷载作用面积覆盖长度的 1/4，则 XDA 为 0.5～1。

XN——以每块板左下角为原点的 x 局部坐标，单位为 in。

XO——以板 1 左下角为原点的 x 整体坐标，单位为 in，考虑对称性时为简化结构的 x 整体坐标。

YDA——荷载作用面积在无量纲 y 坐标的下和上的界限。若荷载作用面积覆盖单元的整个宽度，则 YDA 为-1～1；若荷载作用面积覆盖宽度的 1/4，则 YDA 为-1～-0.5。

YN——以每块板左下角为原点的 y 局部坐标，单位为 in。

YO——以板 1 左下角为原点的 y 整体坐标，单位为 in，考虑对称性时为简化结构的 y 整体坐标。

第 3 章　液体地基上完全接触板的翘曲

3.1　问 题 描 述

液体地基上的单块板体系，地基反应模量为 200pci(约 54.3MN/m^3)，面板几何尺寸为 300in(7.62m)长×144in(3.66m)宽×8in(203mm)厚，承受 20℉(11.1℃)的温度差的作用。混凝土的弹性模量取 4×10^6psi(约 27.6GPa)，泊松比取 0.15，热膨胀系数取 5×10^{-6}℉$^{-1}$(9×10^{-6}℃$^{-1}$)。要求在不考虑自重时求板中心和长边中心的温度应力。

由于模型具有对称性，因此仅需取 1/4 结构，如图 3-1 所示。图中还给出了节点编号、节点坐标等信息。其中阿拉伯数字如 10 等表示节点编号；带圆圈的数字如⑩等表示单元编号。

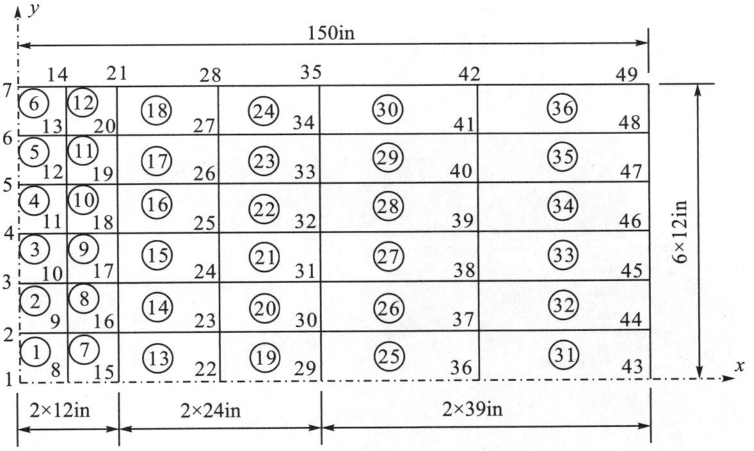

图 3-1　有限元模型示意图(1in=25.4mm)

3.2　KENSLABS 计算实现

3.2.1　新建数据输入文件

首先，运行 SLABSINP.EXE 程序，进入该程序主菜单，如图 3-2 所示，选择第 4 个选项以创建一个新的数据输入文件。

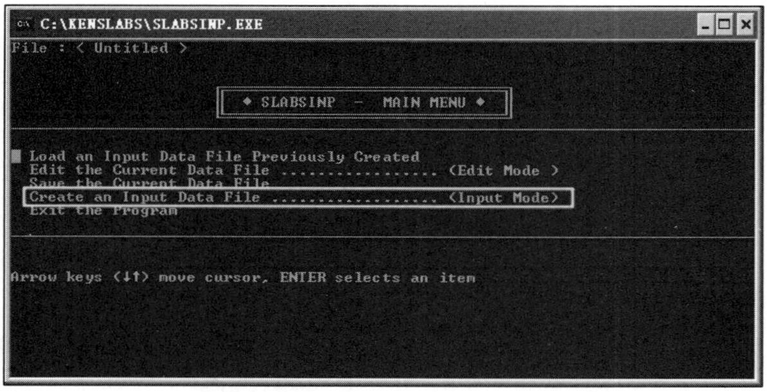

图 3-2 新建数据输入文件

3.2.2 输入模型参数

KENSLABS 程序中，一个数据文件中可以有两个问题，这两个问题可以是相互独立的，也可以是有继承关系的。在输入 Problem Number 1 后，若再激活 Problem Number 2，此时默认 Problem Number 2 与 Problem Number 1 的参数相同。本章只需要在 Problem Number 1 中输入参数。如图 3-3 所示，选择第 1 个选项即可进入参数输入界面，本章问题的基本输入流程也如图 3-3 所示。

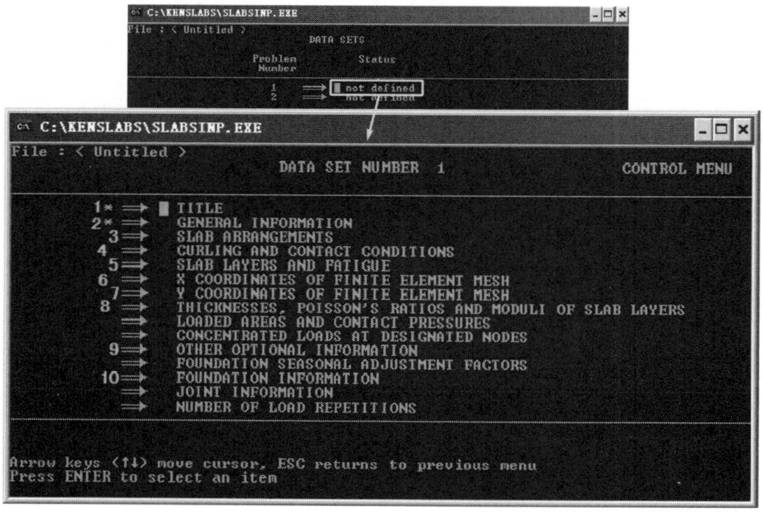

图 3-3 参数输入流程示意图

1. 输入标题

在控制菜单中，选择 TITLE 选项，进入如图 3-4 所示的标题输入界面。程序允许标题为空，但是建议用户在标题中予以简要描述。对于本章问题可以“EX.1：CURLING OF SLAB ON LIQUID FOUNDATION WITH FULL CONTACT”为标题。完成后按 Esc 键返回控制菜单，光标将自动跳至下一步。

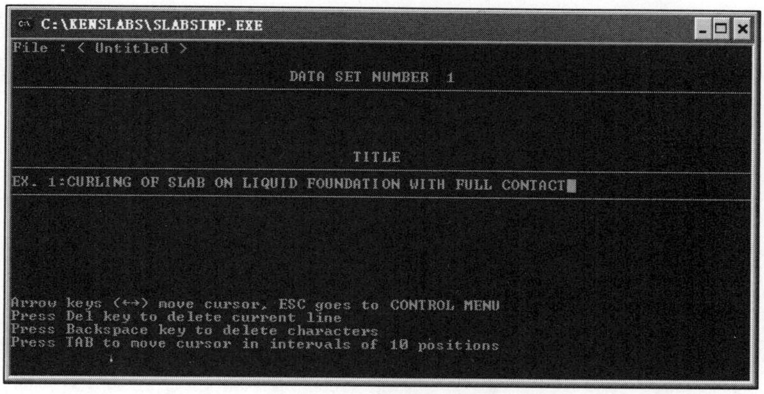

图 3-4　输入标题

2. 输入一般参数

在控制菜单中，选择 GENERAL INFORMATION 选项，进入如图 3-5 所示的一般信息输入界面，设置相关基本参数。程序中有部分默认值与本模型一致，可直接采用，仅需做图中所示的修改。

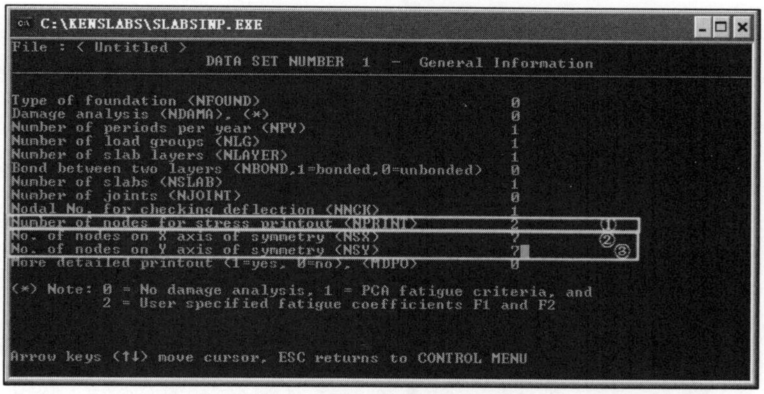

图 3-5　基本参数输入

(1) 计算输出应力的节点数量。本章问题中需要计算输出 1 号节点(板中心)以及 7 号节点(长边中心)应力，因此 NPRINT 输入 2。

(2) 对称轴 x 轴上的节点数量。本章问题中有限元模型关于 x 轴对称，且 x 轴上有 7 个节点，因此 NSX 输入 7。

(3) 对称轴 y 轴上的节点数量。本章问题中有限元模型同时也是关于 y 轴对称的，且 y 轴上有 7 个节点，因此 NSY 输入 7。

完成后按 Esc 键返回控制菜单，光标将自动跳至下一步。

3. 输入板块布置参数

在控制菜单中，选择 SLAB ARRANGEMENTS 选项，进入如图 3-6 所示的网格及板块布置参数输入界面，设置相关基本参数。本章问题中没有接缝，因此仅需做图中所示的修改。完成后按 Esc 键返回控制菜单，光标将自动跳至下一步。

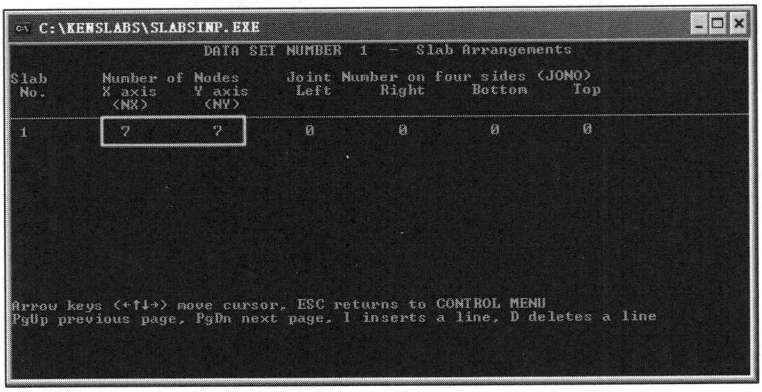

图 3-6 网格及板块布置参数输入

4. 输入翘曲和接触状况参数

在控制菜单中，选择 CURLING AND CONTACT CONDITIONS 选项，进入如图 3-7 所示的翘曲和接触状况参数输入界面，设置相关基本参数。由于本章问题设定为不计自重且完全接触，因此仅需做图中所示的修改。

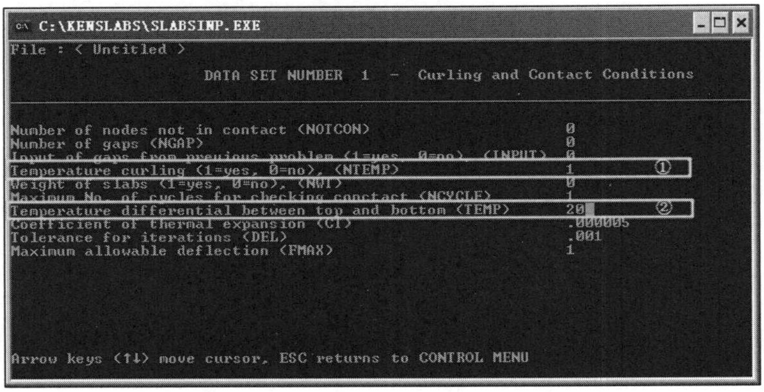

图 3-7 翘曲和接触状况参数输入

(1)温度翘曲。考虑温度翘曲作用下的温度应力，则将 NTEMP 修改为 1。

(2)温度差。输入板底与板顶的温度差，根据本章问题，TEMP 修改为 20。

其余选项保持默认即可，完成后按 Esc 键返回控制菜单，光标将自动跳至下一步。

5. 输入板的重度、抗弯拉强度和疲劳参数

在控制菜单中，选择 SLAB LAYERS AND FATIGUE 选项，进入如图 3-8 所示板的重度、抗弯拉强度和疲劳参数输入界面。本章问题中不需要这部分参数，但其中有默认值，虽然不做修改也不会影响计算结果，但为了避免引起误解，建议如图 3-8 所示抗弯拉强度(PMR)、疲劳系数 F1、F2 均修改为 0，同时因不考虑自重，板块重度 GAMA 设置为 0。完成后按 Esc 键返回控制菜单，光标将自动跳至下一步。

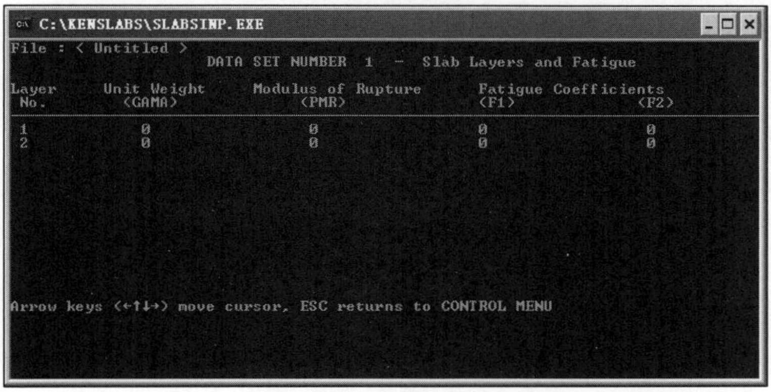

图 3-8　板的重度、抗弯拉强度和疲劳参数输入

6. 输入有限元网格的 x 坐标

在控制菜单中，选择 X COORDINATES OF FINITE ELEMENT MESH 选项，进入如图 3-9 所示的有限元网格 x 坐标输入界面。根据本章问题的有限元模型(图 3-1)，输入有限元网格 x 坐标。完成后按 Esc 键返回控制菜单，光标将自动跳至下一步。

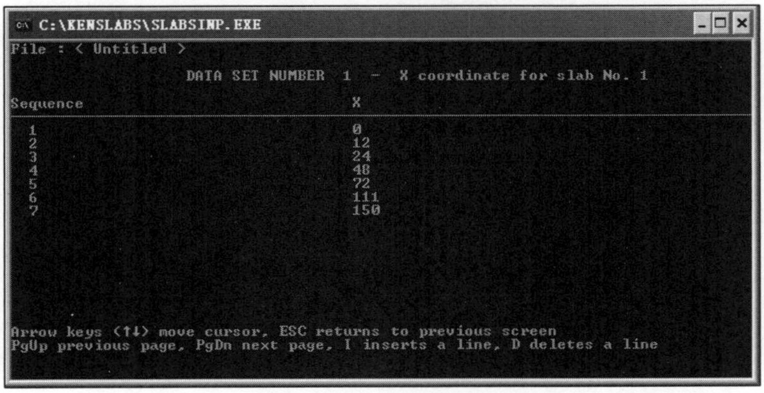

图 3-9　x 方向网格线 x 坐标输入

7. 输入有限元网格的 y 坐标

在控制菜单中，选择 Y COORDINATES OF FINITE ELEMENT MESH 选项，进入如

图 3-10 所示的有限元网格 y 坐标输入界面。根据本章问题的有限元模型(图 3-1)，输入有限元网格 y 坐标。完成后按 Esc 键返回控制菜单，光标将自动跳至下一步。

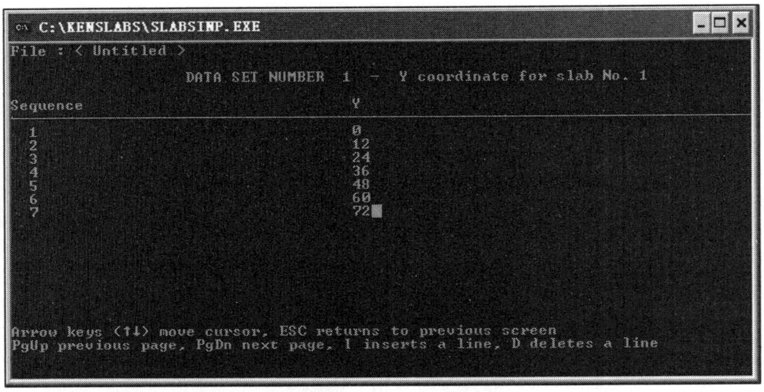

图 3-10 y 方向网格线 y 坐标输入

8. 输入面板各层厚度、泊松比和弹性模量

在控制菜单中，选择 THICKNESSES，POISSON’S RATIOS AND MODULI OF SLAB LAYERS 选项，进入如图 3-11 所示的界面。根据本章问题的有限元模型，单层板的厚度为 8in(203.2mm)，泊松比和弹性模量与程序默认的 0.15 和 4×10^6psi(27.6GPa)一致。完成后按 Esc 键返回控制菜单，光标将自动跳至下一步。

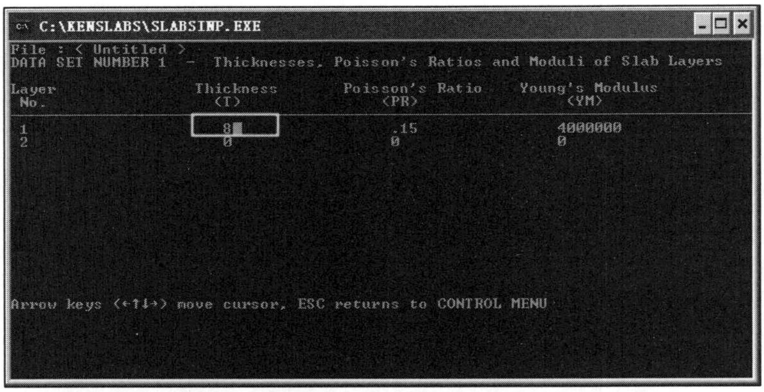

图 3-11 输入板的厚度、泊松比和弹性模量

9. 输入其他可选参数

在控制菜单中，选择 OTHER OPTIONAL INFORMATION 选项，进入其他可选参数输入界面，设置相关基本参数，图 3-12 为操作流程示意图。

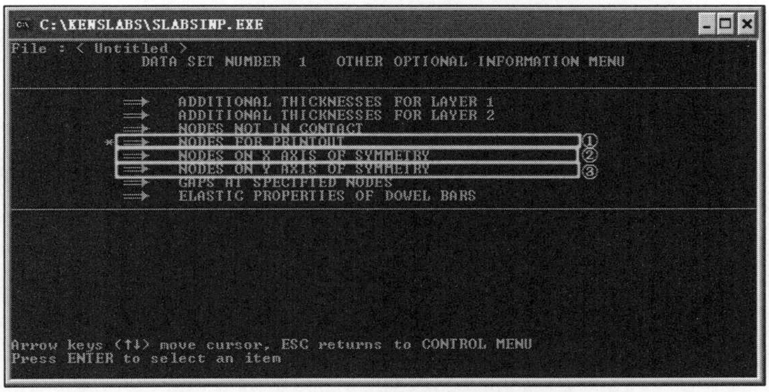

图 3-12　其他可选参数输入

(1) 需要计算输出应力的节点。本章问题中需要计算 1 号节点(板中心)和 7 号节点(长边中心)的应力，因此输入相应节点号即可，如图 3-13 所示。

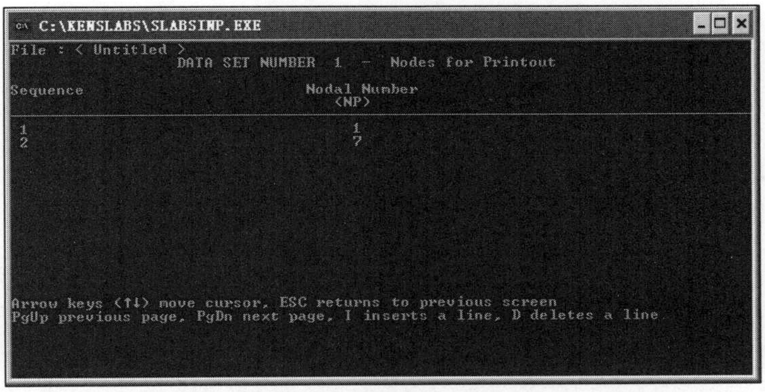

图 3-13　计算输出应力的节点号

(2) 对称轴 x 轴上的节点号。输入图 3-1 模型中对称轴 x 轴上的节点号，完成后如图 3-14 所示。

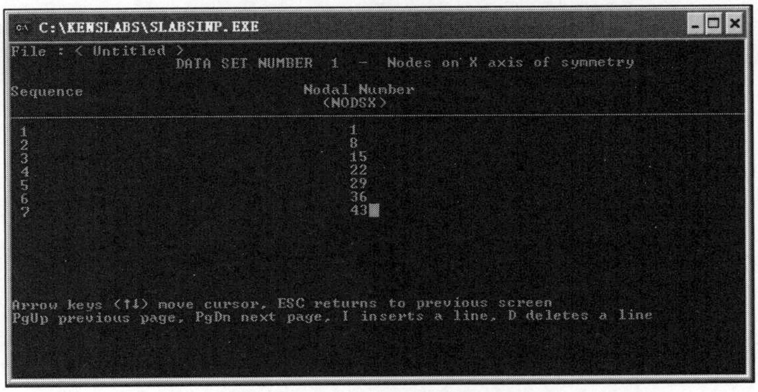

图 3-14　对称轴 x 轴上的节点号

(3) 对称轴 y 轴上的节点号。输入图 3-1 模型中对称轴 y 轴上的节点号，完成后如图 3-15 所示。

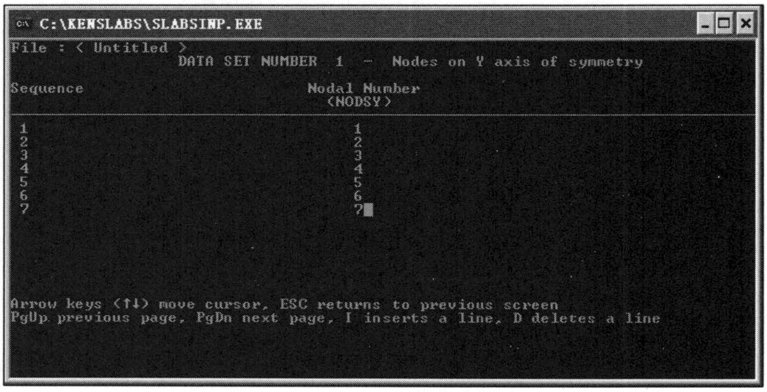

图 3-15　对称轴 y 轴上的节点号

完成后，按两次 Esc 键返回控制菜单，光标将自动跳至下一步。

10. 输入地基参数

在控制菜单中，选择 FOUNDATION INFORMATION 选项，进入地基参数输入界面，设置本章问题中液体地基参数，完成后如图 3-16 所示。

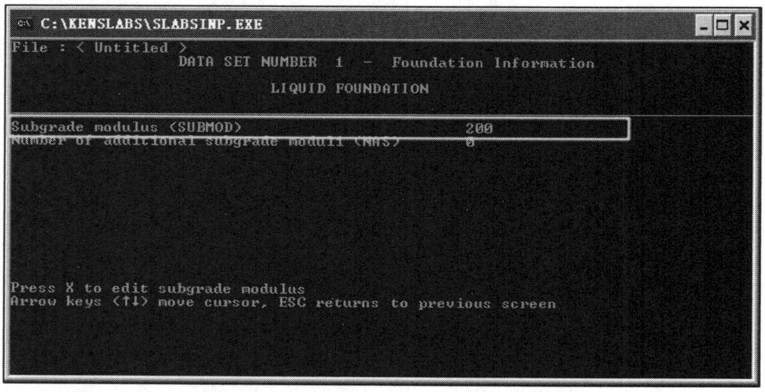

图 3-16　地基参数输入

完成后按两次 Esc 键返回输入程序主菜单。

3.2.3　保存与退出

在输入程序主菜单中，选择第 3 个选项 Save the Current Data File 以保存当前数据文件。如图 3-17 所示，输入文件名(含扩展名)，如 SLA1.DAT，然后按 Enter 键保存即可。

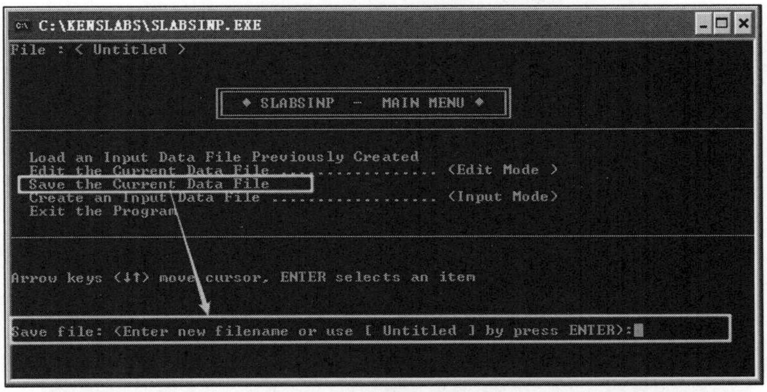

图 3-17　保存当前数据文件

所有模型参数输入并保存后即可退出输入程序。选择主菜单中第 5 个选项 Exit the Program。如图 3-18 所示，输入 Y 表示确定退出，N 表示取消。按 Enter 键确认，生成的数据输入文件及其释义详见 3.4.1 节。需注意，3.4.1 节中//及其后文字注释系本书著者所加，后文同。

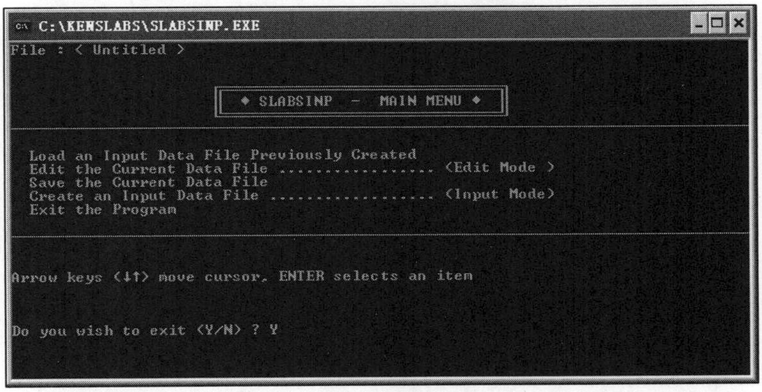

图 3-18　退出输入程序

3.2.4　计算输出

双击 KENSLABS.EXE 进入计算输出程序，如图 3-19 所示。程序会提示“INPUT THE DATA FILE NAME：”，即需要键入输入文件的文件名。

键入输入文件的文件名(含扩展名)SLA1.DAT。输入完成后按 Enter 键即可开始计算输出，图 3-20 为计算输出完成后的界面。

如屏幕中的提示，输出文件被保存到 SLABS.TXT，每次计算都会固定保存在这个文件中，并且替换之前保存的内容。

图 3-19　计算输出程序界面

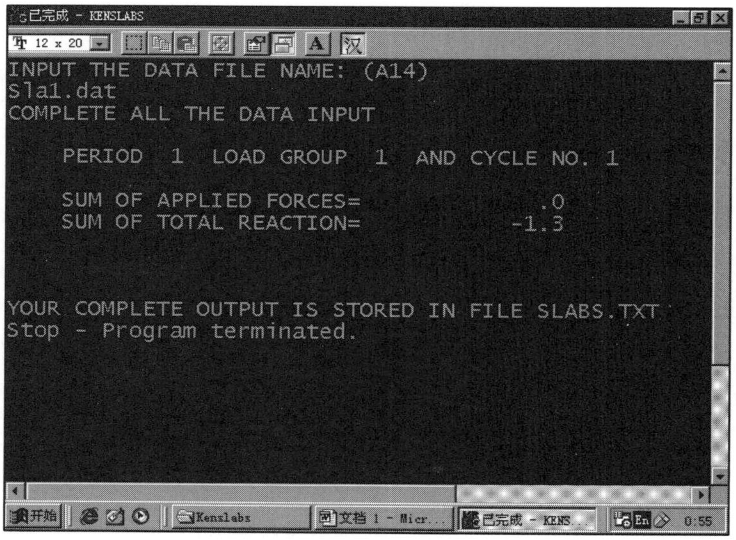

图 3-20　计算输出完成

3.3 计算结果

用文本编辑器打开 SLABS.TXT 文件，计算得到的结果表明，1 号节点处，即板中心处 x 方向应力最大，为-237.59psi(-1.64MPa)，受压；而板长边中心，即 7 号节点处的应力为-216.22psi(-1.49MPa)，受压。详细的结果输出文件及其释义详见 3.4.2 节。需注意，3.4.2 节中//及其后文字注释系本书著者所加，后文同。

3.4 数据输入与结果输出文件释义

3.4.1 数据输入文件

```
   1 (1)                                                                    //待计算的问题数量为 1
EX 1: CURLING OF SLAB ON LIQUID FOUNDATION WITH FULL CONTACT        (2)     //标题或问题描述，不超过 80 个英文字符
   0    0    1    1 (3)                    //地基类型，0~液体地基；不开展损伤分析；每年划分为 1 个时期；1 个荷载组
   1    0 (4)                                                               //单块板；无接缝
   7    7    0    0    0    0 (5)          //板与网格布置：x 轴上 7 个节点；y 轴上 7 个节点；板的左、右、下、上边均无接缝
   1    1    0    0    2    0    0    1    0    1    0    0    7    7    0 (6)
//面层板为单层板；以 1 号节点为准检查收敛情况；初始情况下与地基不接触的节点数为 0；板与地基间有初始间隙的节点数为 0；打印输出 2 个节点的应力；间隙和预压值不从上一问题得到；双层板的黏结方式，单层板时取 0；考虑温度翘曲；不考虑自重；不需迭代求解时取 1；第 1 层板厚均匀时取 0；第 2 层板厚均匀或无第 2 层板时取 0；对称轴 x 轴上有 7 个节点；对称轴 y 轴上有 7 个节点；不详细打印输出
 20.00000   0.00000   0.00000   0.00000   0.00000 5.000E-06   0.00100   1.00000 (7)
//板底与板顶的温度差为 20℉；第 1 层板重度，不计自重时取 0；第 2 层板重度，不计自重或无第 2 层板时取 0；不开展损伤分析时第 1 层板抗弯拉强度取 0；不开展损伤分析或无第 2 层板时抗弯拉强度取 0；混凝土热膨胀系数；用迭代法求解时的允许精度；节点 NNCK 处的最大允许竖向位移，单位为 in
  0.00000   0.00000   0.00000   0.00000 (8)                                 //两层板的疲劳系数分别为 0，不开展损伤分析可设置任意值
  0.00000  12.00000  24.00000  48.00000  72.00000 111.00000 150.00000   0.00000
 12.00000  24.00000  36.00000  48.00000  60.00000  72.00000 (9)   //1 号板局部坐标系下，x 轴上 7 个节点的 x 局部坐标与 y 轴上 7 个节点的 y 局部坐标
  8.00000   0.15000 4.000E+06 (10)                                          //板厚；混凝土的泊松比；混凝土的弹性模量
   0 (12)                                                                   //荷载组内均布荷载作用面积数量为 0
   0 (13)                                                                   //荷载组内集中力数量为 0
   1    7 (18)                                                              //打印输出 1 号和 7 号节点的应力
   1    8   15   22   29   36   43 (19)                                     //对称轴 x 轴上节点的节点号
   1    2    3    4    5    6    7 (20)                                     //对称轴 y 轴上节点的节点号
  1.00000 (22)                                                              //时期内的地基季节调整系数为 1.0
   0 200.00000 (24)                                                         //无模量非均匀的节点；地基反应模量为 200pci
```

3.4.2 结果输出文件

```
NUMBER OF PROBLEMS TO BE SOLVED (NPROB) =   1                                  //待计算的问题数量


*****************************************************************************************
*                                                                            *
*    EX1: CURLING OF SLAB ON LIQUID FOUNDATION WITH FULL CONTACT                  *      //标题或问题描述
*                                                                            *
*****************************************************************************************

TYPE OF FOUNDATION (NFOUND)          =   0                                     //地基类型，0~液体地基
TYPE OF DAMAGE ANALYSIS (NDAMA)       =   0                                    //不开展损伤分析
NUMBER OF PERIODS PER YEAR (NPY)      =   1                                    //每年划分为 1 个时期
NUMBER OF LOAD GROUPS (NLG)          =   1                                     //1 个荷载组
TOTAL NUMBER OF SLABS (NSLAB)         =   1                                    //单块板
TOTAL NUMBER OF JOINTS (NJOINT)       =   0                                    //无接缝


ARRANGEMENT OF SLABS                                                           //板的布置

SLAB NO.   NO. OF NODES (NX)    NO. OF NODES (NY)     JOINT NO. AT FOUR SIDES (JONO) //板编号；x 方向上节点数量；y 方向上节点数量；板
          IN X DIRECTION       IN Y DIRECTION         LEFT  RIGHT  BOTTOM  TOP              的左、右、下、上边均无接缝
   1              7                  7                 0     0      0       0


NUMBER OF LAYERS (NLAYER)--------------------------------------=   1           //单层板
```

```
NODAL NUMBER USED TO CHECK CONVERGENCE (NNCK)-----------------=   1      //以 1 号节点为准检查收敛情况

NUMBER OF NODES NOT IN CONTACT (NOTCON)-----------------------=   0      //初始情况下与地基不接触的节点数为 0

NUMBER OF GAPS (NGAP)-----------------------------------------=   0      //板与地基间有初始间隙的节点数为 0

NUMBER OF POINTS FOR PRINTOUT (NPRINT)------------------------=   2      //打印输出 2 个节点的应力

CODE FOR INPUT OF GAPS OR PRECOMPRESSIONS (INPUT)-------------=   0      //间隙和预压值不从上一问题得到

BOND BETWEEN TWO LAYERS (NBOND)-------------------------------=   0      //双层板之间的黏结情况，单层板时为 0

CONDITION OF WARPING (NTEMP)----------------------------------=   1      //考虑温度翘曲

CODE INDICATING WHETHER SLAB WEIGHT IS CONSIDERED (NWT)-------=   0      //不考虑自重

MAX NO. OF CYCLES FOR CHECKING CONTACT (NCYCLE)---------------=   1      //接触判别最大循环次数，因不需要迭代求解，取为 0

NUMBER OF ADDITIONAL THICKNESSES TO BE READ IN (NAT)                     //各层板中板厚不均匀的节点数量
        FOR LAYER 1 --------------------------------------=   0          //第 1 层板厚均匀时为 0
        FOR LAYER 2 --------------------------------------=   0          //第 2 层板厚均匀或无第 2 层板时为 0

NUMBER OF POINTS ON X AXIS OF SYMMETRY (NSX)------------------=   7      //关于 x 轴对称，且 x 轴上有 7 个节点

NUMBER OF POINTS ON Y AXIS OF SYMMETRY (NSY)------------------=   7      //关于 y 轴对称，且 y 轴上有 7 个节点

MORE DETAILED PRINTOUT FOR EACH CONTACT CYCLE (MDPO)----------=   0      //不详细打印输出
```

```
DIFFERENCE IN TEMP. BETWEEN TOP AND BOTTOM OF SLAB (TEMP)-----= 20.00000     //板底与板顶的温度差为 20℉

UNIT WEIGHT OF LAYER 1 (GAMA(1))------------------------------=   .00000     //第 1 层板的重度，不考虑自重时可为任意值

UNIT WEIGHT OF LAYER 2 (GAMA(2))------------------------------=   .00000     //第 2 层板的重度，无第 2 层板或不考虑自重时可为任意值

MODULUS OF RUPTURE OF LAYER 1 (PMR(1))------------------------=   .00000     //第 1 层板的抗弯拉强度，不开展损伤分析时可为任意值

MODULUS OF RUPTURE OF LAYER 2 (PMR(2))------------------------=   .00000     //第 2 层板的抗弯拉强度，不开展损伤分析时可为任意值

COEFFICIENT OF THERMAL EXPANSION (CT)-------------------------= .500E-05     //混凝土的热膨胀系数，单位为℉^-1

TOLERANCE FOR ITERATIONS (DEL)--------------------------------= .100E-02     //用迭代法求解时的允许精度

MAXIMUM ALLOWABLE VERTICAL DISPLACEMENT (FMAX)----------------=  1.00000     //在节点 NNCK 处的最大允许竖向位移为 1in

FOR LAYER 1 FATIGUE COEFFICIENTS:  F1 =     .00000    F2 =     .00000     //第 1 层板的疲劳系数分别为 0，不开展损伤分析可设置任意值

FOR LAYER 2 FATIGUE COEFFICIENTS:  F1 =     .00000    F2 =     .00000     //第 2 层板的疲劳系数分别为 0，不开展损伤分析可设置任意值

FOR SLAB NO. 1 :  X=   .00000  12.00000  24.00000  48.00000  72.00000 111.00000 150.00000     //1 号板的 x 方向上网格的 x 局部坐标
                Y=   .00000  12.00000  24.00000  36.00000  48.00000  60.00000  72.00000     //1 号板的 y 方向上网格的 y 局部坐标

LAYER   THICKNESS (T)   POISSON'S       YOUNG'S
 NO.                   RATIO (PR)    MODULUS (YM)
  1       8.00000        .15000        .400E+07          //每层板的厚度，混凝土的泊松比，混凝土的弹性模量
```

```
NUMBER OF LOADED AREAS (NUDL) FOR EACH LOAD GROUP ARE:                    //每个荷载组的均布荷载作用面积数量
    0                                                                     //荷载组内无均布荷载作用

NUMBER OF CONCENTRATED NODAL FORCES (NCNF) FOR EACH LOAD GROUP ARE:       //每个荷载组内集中力的数量
    0                                                                     //荷载组内无集中力作用

NODAL NUMBERS FOR STRESS PRINTOUT (NP) ARE:                               //打印输出应力的节点号，共计NPRINT个
    1      7                                                              //打印输出1号和7号节点的应力

NODAL NUMBER ON X AXIS OF SYMMETRY (NODSX) ARE :                          //对称轴x轴上的节点号
         1      8     15     22     29     36     43    //x轴是对称轴，且不是接缝，x轴上的节点号有1、8、15、22、29、36、43

NODAL NUMBER ON Y AXIS OF SYMMETRY (NODSY) ARE :                          //对称轴y轴上的节点号
         1      2      3      4      5      6      7    //y轴是对称轴，且不是接缝，y轴上的节点号有1、2、3、4、5、6、7


FOUNDATION SEASONAL ADJUSTMENT FACTOR (FSAF) FOR EACH PERIOD ARE
   1.00000                                                                //时期内的地基季节调整系数为1.0

NUMBER OF ADDITIONAL SUBGRADE MODULI (NAS) TO BE READ IN =       0        //模量非均匀的节点数量为0

SUBGRADE MODULUS (SUBMOD)-------------------------------------=   .200E+03    //地基反应模量为200pci

AMOUNT OF INITIAL CURLING AND GAP (CURL) AT THE NODES IS:                 //由于温度翘曲导致的各个节点的初始翘曲量
 1   .00000  2   .00090  3   .00360  4   .00810  5   .01440  6   .02250  7   .03240  8   .00090
 9   .00180 10   .00450 11   .00900 12   .01530 13   .02340 14   .03330 15   .00360 16   .00450
17   .00720 18   .01170 19   .01800 20   .02610 21   .03600 22   .01440 23   .01530 24   .01800
25   .02250 26   .02880 27   .03690 28   .04680 29   .03240 30   .03330 31   .03600 32   .04050
```

```
33   .04680  34   .05490  35   .06480  36   .07701  37   .07791  38   .08061  39   .08511  40   .09141
41   .09951  42   .10941  43   .14063  44   .14153  45   .14423  46   .14873  47   .15502  48   .16312
49   .17302

 HALF BAND WIDTH (NB) =   27                                              //刚度矩阵半带宽


 PERIOD  1  LOAD GROUP  1  AND CYCLE NO. 1                 //第 1 个时期, 第 1 个荷载组, 第 1 次迭代的计算结果


 SUM OF APPLIED FORCES (FOSUM)=      .0    SUM OF TOTAL REACTIONS (SUBSUM)=    -1.3      //总的作用力为 0; 总的反作用力为-1.31b


 DEFLECTIONS OF SLABS (F) ARE: (DOWNWARD POSITIVE)                            //各个节点的竖向挠度, 向下为正
 1  .5909E-02  2  .6449E-02  3  .8004E-02  4  .1038E-01  5  .1329E-01  6  .1641E-01  7  .1942E-01  8  .6871E-02
 9  .7411E-02 10  .8966E-02 11  .1134E-01 12  .1426E-01 13  .1737E-01 14  .2039E-01 15  .9753E-02 16  .1029E-01
17  .1185E-01 18  .1423E-01 19  .1715E-01 20  .2028E-01 21  .2331E-01 22  .2122E-01 23  .2176E-01 24  .2332E-01
25  .2572E-01 26  .2867E-01 27  .3182E-01 28  .3490E-01 29  .4002E-01 30  .4057E-01 31  .4214E-01 32  .4456E-01
33  .4754E-01 34  .5076E-01 35  .5392E-01 36  .8390E-01 37  .8444E-01 38  .8603E-01 39  .8848E-01 40  .9153E-01
41  .9487E-01 42  .9825E-01 43  .1374E+00 44  .1379E+00 45  .1396E+00 46  .1421E+00 47  .1453E+00 48  .1488E+00
49  .1523E+00

 NODAL NUMBER AND REACTIVE PRESSURE (SUBR) ARE: (COMPRESSION POSITIVE)        //各个节点的地基反力, 以压为正
  1  1.18180   2  1.10986   3   .88072   4   .45615   5  -.22150   6 -1.21900   7 -2.59596   8  1.19417
  9  1.12227  10   .89328  11   .46896  12  -.20827  13 -1.20519  14 -2.58144  15  1.23063  16  1.15886
```

```
17    .93026   18    .50671   19   -.16929   20  -1.16443   21  -2.53840   22   1.36345   23   1.29212   24   1.06499
25    .64429   26   -.02695   27  -1.01503   28  -2.37959   29   1.52467   30   1.45385   31   1.22853   32    .81178
33    .14781   34   -.82841   35  -2.17580   36   1.37783   37   1.30775   38   1.08519   39    .67494   40    .02434
41   -.92691   42  -2.23200   43   -.64913   44   -.71542   45   -.92699   46  -1.31999   47  -1.94800   48  -2.87066
49  -4.13506

 NODE   LAYER  STRESS X        STRESS Y       STRESS XY         MAJOR          MINOR         MAX.SHEAR
                                          //各个打印输出的节点在各层位的x方向应力、y方向应力、xy平面剪应力、最大主应力、最小主应力、最大剪应力
    1     1    -.237590E+03   -.158228E+03    .000000E+00   -.237590E+03   -.158228E+03    .396810E+02
    7     1    -.216220E+03    .000000E+00    .000000E+00   -.216220E+03    .000000E+00    .108110E+03

 MAXIMUM STRESS (SMAX) IN LAYER 1 IS 237.59030 AND OCCURS AT NODE   1                      //计算出的最大应力以及节点号
```

第 4 章　液体地基上部分接触板的翘曲

4.1　问 题 描 述

与第 3 章中的问题相同，液体地基上的单块板体系，地基反应模量为 200pci(约 $54.3MN/m^3$)，面板几何尺寸为 300in(7.62m)长×144in(3.66m)宽×8in(203mm)厚。承受 20℉(11.1℃)的温度差的作用。混凝土的弹性模量取 4×10^6psi(约 27.6GPa)，泊松比取 0.15，热膨胀系数取 5×10^{-6}℉$^{-1}$(9×10^{-6}℃$^{-1}$)。不同的是，本章问题中假设每个节点下面的液体地基弹簧不能受拉。此时，若每个节点上只有向上的地基反力，则作用在板上的力不能平衡，因此需要考虑板的自重。输入参数 NWT 应当取 1，NCYCLE 应当取 10，以便采用迭代法自动判别板与地基的接触情况。在考虑板自重时求板中心和长边中心的温度应力。面板混凝土的重度为 0.0868pci。

由于模型具有对称性，因此仅需取 1/4 结构，有限元模型与第 3 章问题一致，如图 4-1 所示。其中阿拉伯数字如 10 等表示节点编号，带圆圈的数字如⑩等表示单元编号。面板在温度梯度的作用下，板边可能发生翘曲而与地基分离，因此假设板边节点(共计 13 个，节点号分别为 7、14、21、28、35、42、43、44、45、46、47、48、49)与地基不接触作为初始条件。

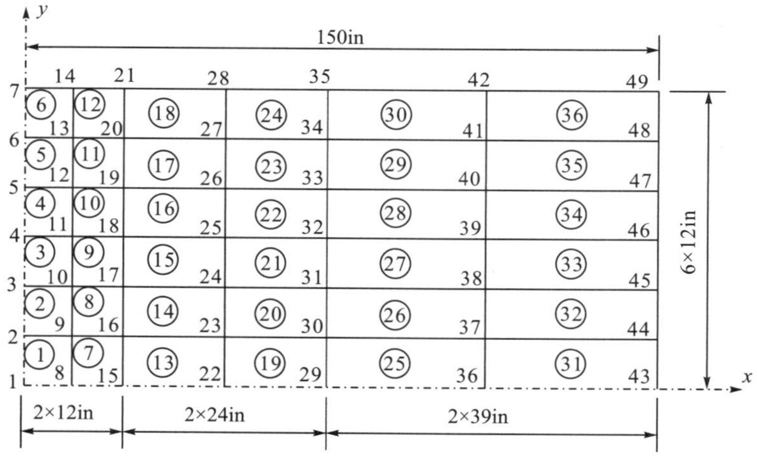

图 4-1　有限元模型示意图

4.2　KENSLABS 计算实现

4.2.1　新建数据输入文件

首先，进入输入程序主菜单，如图 4-2 所示，选择第 4 个选项以创建一个新的数据输入文件。

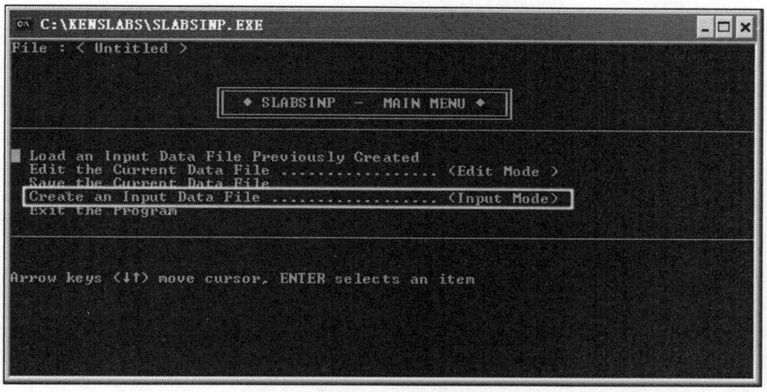

图 4-2　新建数据输入文件

4.2.2　输入模型参数

由于本章问题与第 3 章中问题较为相似，整个计算实现过程与第 3 章也大致相同。因此，本章问题的模型参数输入过程与 3.2.2 节基本一致，仅需在第 4 步和第 9 步中做必要的改动。当然应在 TITLE 处相应改动以示区别。

在第 4 步中，选择 CURLING AND CONTACT CONDITIONS 选项，进入翘曲和接触状况参数输入界面，设置相关基本参数。由于本章问题需要考虑自重且为部分接触，因此需做如图 4-3 所示的修改。

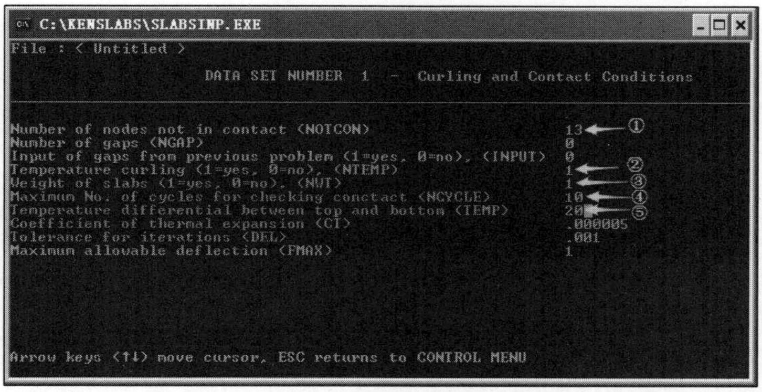

图 4-3　翘曲和接触状况参数输入

(1)初始状态下假设不接触的节点数量。本章问题中面板在温度梯度的作用下，板边可能发生翘曲而与地基分离，因此假设板边节点(共计 13 个，节点号分别为 7、14、21、28、35、42、43、44、45、46、47、48、49)与地基不接触作为初始条件，NOTCON=13。

(2)温度翘曲。考虑温度翘曲作用下的温度应力，将 NTEMP 修改为 1。

(3)板的自重。本章问题中需要考虑板的自重，因此将 NWT 修改为 1。

(4)接触判别最大循环次数。本章问题中取 NCYCLE=10 即可。

(5)温度差。输入板底温度减板顶温度的温度差，根据本章问题修改 TEMP 为 20。

其余选项保持默认即可，完成后按 Esc 键返回控制菜单，光标将自动跳至下一步。

在第 9 步中，选择 OTHER OPTIONAL INFORMATION 选项，进入其他可选参数输入界面，设置相关基本参数，图 4-4 为操作流程示意图。与图 3-12 比较，本章中新增了①所指的部分。

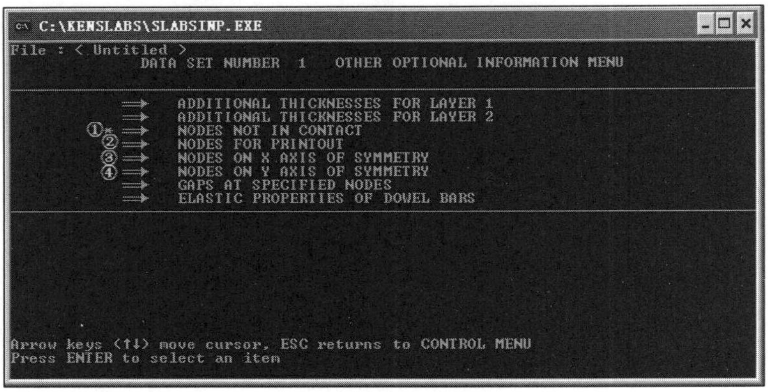

图 4-4 其他可选参数输入

①初始状态下假设不接触的节点号。选择 NODES NOT IN CONTACT 选项，进入 Nodes not in contact 界面。如第 4 步中所述，此处需要输入板边节点的节点号，共计 13 个，分别是 7、14、21、28、35、42、43、44、45、46、47、48 和 49，如图 4-5 所示，图中只显示出了前 10 个，另外 3 个继续在下一页输入即可。

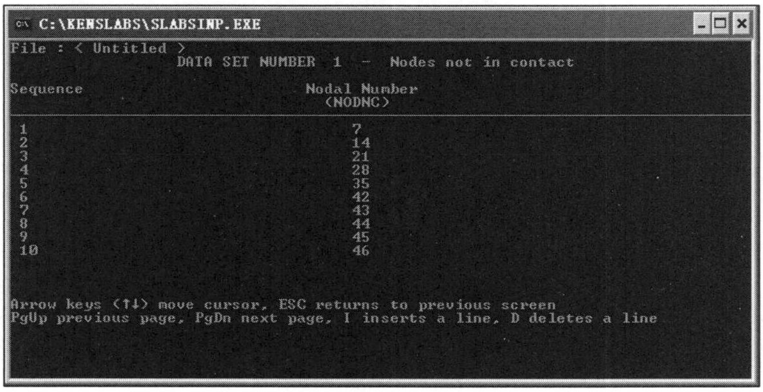

图 4-5 输入假设不接触的节点号

②、③、④分别与图 3-13～图 3-15 中的操作相同。

4.2.3　保存与退出

在输入程序主菜单中，选择第 3 个选项以保存当前数据文件。如图 4-6 所示，输入文件名(含扩展名)，如 SLA2.DAT，然后按 Enter 键保存即可。

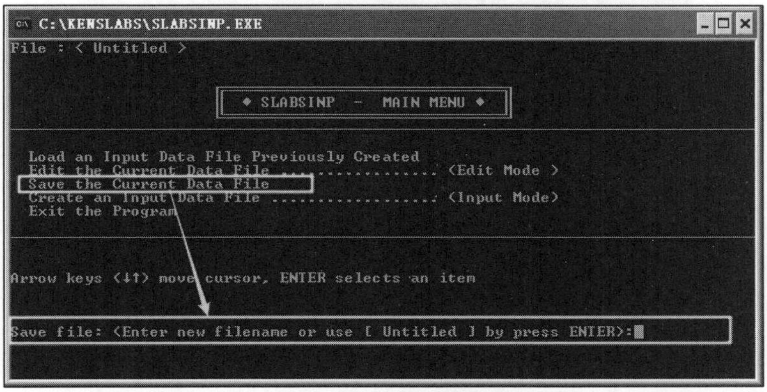

图 4-6　保存当前数据文件

所有模型参数输入并保存后即可退出输入程序。选择主菜单中第 5 个选项 Exit the Program。如图 4-7 所示，输入 Y 表示确定退出，N 表示取消。按 Enter 键确认，生成的数据输入文件及其释义详见 4.4.1 节。

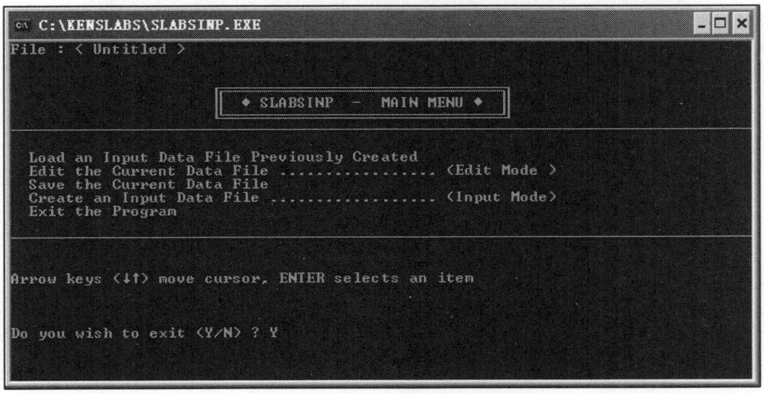

图 4-7　退出输入程序

4.2.4　计算输出

双击 KENSLABS.EXE，进入计算输出程序，如图 4-8 所示。程序会提示“INPUT THE DATA FILE NAME：”，即需要键入输入文件的文件名。

图 4-8 计算输出程序界面

键入输入文件的文件名(含扩展名)SLA2.DAT。输入完成后按 Enter 键即可开始计算输出，图 4-9 为计算输出完成后的界面。

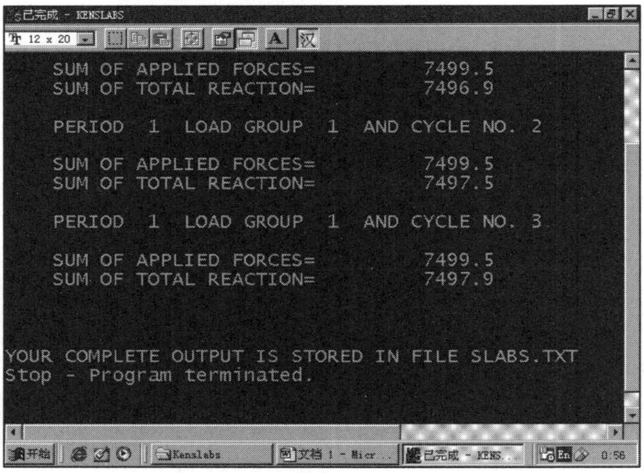

图 4-9 计算输出完成界面

如屏幕中的提示，输出文件被保存到 SLABS.TXT，每次计算都会固定保存在这个文件中，并且替换之前保存的内容。

4.3 计 算 结 果

用文本编辑器打开 SLABS.TXT 文件，计算得到的结果表明，1 号节点处，即板中心处 x 方向应力最大，为−230.77psi(−1.59MPa)，受压；而板边中心，即 7 号节点处的应力为−211.99psi(−1.46MPa)，受压。详细的结果输出文件及其释义详见 4.4.2 节。

4.4　数据输入与结果输出文件释义

4.4.1　数据输入文件

```
   1 (1)                                                              //待计算的问题数量为 1
EX 2: CURLING OF SLAB ON LIQUID FOUNDATION WITH PARTIAL CONTACT    (2)    //标题或问题描述，不超过 80 个英文字符
   0    0    1    1 (3)        //地基类型，0~液体地基；不开展损伤分析；每年划分为 1 个时期；1 个荷载组
   1    0 (4)                                                         //单块板；无接缝
   7    7    0    0    0    0 (5)   //板与网格布置：x 轴上 7 个节点；y 轴上 7 个节点；板的左、右、下、上边均不是接缝
   1    1   13    0    2    0    0    1    1   10    0    0    7    7    0 (6)
//面层板为单层板；以 1 号节点为准检查收敛情况；假设初始情况下与地基不接触的节点为 13 个；板与地基间有初始间隙的节点数为 0；打印输出 2 个节点的应力；间隙和预压值不从上一问题得到；双层板的黏结方式，单层板时取 0；考虑温度翘曲；考虑自重；最大迭代次数为 10 次；第 1 层板厚均匀时取 0；第 2 层板厚均匀或无第 2 层板时取 0；对称轴 x 轴上有 7 个节点；对称轴 y 轴上有 7 个节点；不详细打印输出
  20.00000   0.08680   0.00000   0.00000   0.00000 5.000E-06   0.00100   1.00000 (7)
//板底与板顶的温度差为 20℉；第 1 层板重度；第 2 层板重度，不计自重或无第 2 层板时取 0；不开展损伤分析时第 1 层板抗弯拉强度取 0；不开展损伤分析或无第 2 层板时抗弯拉强度取 0；混凝土热膨胀系数；用迭代法求解时的允许精度；节点 NNCK 处的最大允许竖向位移，单位为 in
   0.00000   0.00000   0.00000   0.00000 (8)                 //两层板的疲劳系数分别为 0，不开展损伤分析可设置任意值
   0.00000  12.00000  24.00000  48.00000  72.00000 111.00000 150.00000   0.00000
  12.00000  24.00000  36.00000  48.00000  60.00000  72.00000 (9)   //1 号板局部坐标系下，x 轴上 7 个节点的 x 局部坐标与 y 轴上 7 个节点的 y 局部坐标
   8.00000   0.15000 4.000E+06 (10)                              //板厚；混凝土的泊松比；混凝土的弹性模量
   0 (12)                                                        //荷载组内均布荷载作用面积数量为 0
   0 (13)                                                        //荷载组内集中力数量为 0
   7   14   21   28   35   42   43   44   45   46   47   48   49 (17)   //假设初始情况下与地基不接触的节点号，共计 NOTCON 个
   1    7 (18)                                                   //打印输出 1 号和 7 号节点的应力
   1    8   15   22   29   36   43 (19)                           //对称轴 x 轴上节点的节点号
   1    2    3    4    5    6    7 (20)                           //对称轴 y 轴上节点的节点号
```

```
1.00000 (22)                                                    //时期内的地基季节调整系数为1.0
 0 200.00000 (24)                                  //无模量非均匀的节点；地基反应模量为200pci
```

4.4.2 结果输出文件

```
NUMBER OF PROBLEMS TO BE SOLVED (NPROB) =   1                                //待计算的问题数量


*****************************************************************************************
*                                                                          *
*    EX 2: CURLING OF SLAB ON LIQUID FOUNDATION WITH PARTIAL CONTACT            *    //标题或问题描述
*                                                                          *
*****************************************************************************************

TYPE OF FOUNDATION (NFOUND)          =   0                               //地基类型，0~液体地基
TYPE OF DAMAGE ANALYSIS (NDAMA)       =   0                                      //不开展损伤分析
NUMBER OF PERIODS PER YEAR (NPY)      =   1                                  //每年划分为1个时期
NUMBER OF LOAD GROUPS (NLG)          =   1                                          //1个荷载组
TOTAL NUMBER OF SLABS (NSLAB)         =   1                                            //单块板
TOTAL NUMBER OF JOINTS (NJOINT)       =   0                                            //无接缝


ARRANGEMENT OF SLABS                                                                 //板的布置

SLAB NO.   NO. OF NODES (NX)   NO. OF NODES (NY)     JOINT NO. AT FOUR SIDES (JONO) //板编号；x方向上节点数量；y方向上节点数量；板
           IN X DIRECTION     IN Y DIRECTION         LEFT  RIGHT  BOTTOM  TOP                    的左、右、下、上边均不是接缝
   1             7                  7                0     0      0       0
```

```
NUMBER OF LAYERS (NLAYER)-------------------------------------=   1          //单层板

NODAL NUMBER USED TO CHECK CONVERGENCE (NNCK)-----------------=   1          //以 1 号节点为准检查收敛情况

NUMBER OF NODES NOT IN CONTACT (NOTCON)-----------------------=  13          //假设初始情况下板与地基不接触的节点数量为 13 个

NUMBER OF GAPS (NGAP)-----------------------------------------=   0          //板与地基间有初始间隙的节点数为 0

NUMBER OF POINTS FOR PRINTOUT (NPRINT)------------------------=   2          //打印输出 2 个节点的应力

CODE FOR INPUT OF GAPS OR PRECOMPRESSIONS (INPUT)-------------=   0          //间隙和预压值不从上一问题得到

BOND BETWEEN TWO LAYERS (NBOND)-------------------------------=   0          //双层板之间的黏结情况，单层板取 0

CONDITION OF WARPING (NTEMP)----------------------------------=   1          //考虑温度翘曲

CODE INDICATING WHETHER SLAB WEIGHT IS CONSIDERED (NWT)-------=   1          //考虑自重

MAX NO. OF CYCLES FOR CHECKING CONTACT (NCYCLE)---------------=  10          //最大迭代次数为 10

NUMBER OF ADDITIONAL THICKNESSES TO BE READ IN (NAT)                         //各层板中板厚不均匀的节点数量
        FOR LAYER 1 -----------------------------------------=   0           //第 1 层板厚均匀时取 0
        FOR LAYER 2 -----------------------------------------=   0           //第 2 层板厚均匀或无第 2 层板时取 0

NUMBER OF POINTS ON X AXIS OF SYMMETRY (NSX)------------------=   7          //对称轴 x 轴上有 7 个节点

NUMBER OF POINTS ON Y AXIS OF SYMMETRY (NSY)------------------=   7          //对称轴 y 轴上有 7 个节点
```

```
MORE DETAILED PRINTOUT FOR EACH CONTACT CYCLE (MDPO)----------=    0                    //不详细打印输出

DIFFERENCE IN TEMP. BETWEEN TOP AND BOTTOM OF SLAB (TEMP)-----= 20.00000                //板底与板顶的温度差为 20℉

UNIT WEIGHT OF LAYER 1 (GAMA(1))------------------------------=   .08680                //第 1 层板的重度为 0.08680pci

UNIT WEIGHT OF LAYER 2 (GAMA(2))------------------------------=   .00000                //第 2 层板的重度，无第 2 层板或不考虑自重时可为任意值

MODULUS OF RUPTURE OF LAYER 1 (PMR(1))------------------------=   .00000                //第 1 层板的抗弯拉强度，不开展损伤分析时可为任意值

MODULUS OF RUPTURE OF LAYER 2 (PMR(2))------------------------=   .00000                //第 2 层板的抗弯拉强度，不开展损伤分析时可为任意值

COEFFICIENT OF THERMAL EXPANSION (CT)-------------------------= .500E-05                //混凝土的热膨胀系数，单位为℉⁻¹

TOLERANCE FOR ITERATIONS (DEL)--------------------------------= .100E-02                //用迭代法求解时的允许精度

MAXIMUM ALLOWABLE VERTICAL DISPLACEMENT (FMAX)----------------=  1.00000                //在节点 NNCK 处的最大允许竖向位移为 1in

FOR LAYER 1 FATIGUE COEFFICIENTS:   F1 =     .00000    F2 =     .00000    //第 1 层板的疲劳系数分别为 0，不开展损伤分析可设置任意值

FOR LAYER 2 FATIGUE COEFFICIENTS:   F1 =     .00000    F2 =     .00000    //第 2 层板的疲劳系数分别为 0，不开展损伤分析可设置任意值

FOR SLAB NO. 1 :  X=    .00000  12.00000  24.00000  48.00000  72.00000 111.00000 150.00000    //1 号板的 x 方向上网格的 x 局部坐标
                  Y=    .00000  12.00000  24.00000  36.00000  48.00000  60.00000  72.00000    //1 号板的 y 方向上网格的 y 局部坐标

LAYER   THICKNESS (T)   POISSON'S       YOUNG'S
 NO.                    RATIO (PR)    MODULUS (YM)
```

```
  1      8.00000        .15000        .400E+07                         //每层板的厚度，混凝土的泊松比，混凝土的弹性模量

NUMBER OF LOADED AREAS (NUDL) FOR EACH LOAD GROUP ARE:                   //每个荷载组的均布荷载作用面积数量
   0                                                                     //荷载组内无均布荷载作用

NUMBER OF CONCENTRATED NODAL FORCES (NCNF) FOR EACH LOAD GROUP ARE:      //每个荷载组内集中力的数量
   0                                                                     //荷载组内无集中力作用

NODAL NUMBER NOT IN CONTACT ARE        :                //假设在初始情况下板与地基不接触的节点号，共计 NOTCON 个
         7     14     21     28     35     42     43     44     45     46     47     48     49

NODAL NUMBERS FOR STRESS PRINTOUT (NP) ARE:                              //需要打印输出应力的节点号，共计 NPRINT 个
   1     7                                                               //打印输出 1 号和 7 号节点的应力

NODAL NUMBER ON X AXIS OF SYMMETRY (NODSX) ARE :                         //对称轴 x 轴上的节点号
         1      8     15     22     29     36     43       //x 轴是对称轴，且不是接缝，x 轴上的节点号有 1、8、15、22、29、36、43

NODAL NUMBER ON Y AXIS OF SYMMETRY (NODSY) ARE :                         //对称轴 y 轴上的节点号
         1      2      3      4      5      6      7       //y 轴是对称轴，且不是接缝，y 轴上的节点号有 1、2、3、4、5、6、7


FOUNDATION SEASONAL ADJUSTMENT FACTOR (FSAF) FOR EACH PERIOD ARE
  1.00000                                                                //时期内的地基季节调整系数为 1.0

NUMBER OF ADDITIONAL SUBGRADE MODULI (NAS) TO BE READ IN =       0       //模量非均匀的节点数量为 0

SUBGRADE MODULUS (SUBMOD)-----------------------------------=    .200E+03   //地基反应模量为 200pci
```

```
 AMOUNT OF INITIAL CURLING AND GAP (CURL) AT THE NODES IS:                     //由温度翘曲导致的各个节点的初始翘曲量
 1   .00000  2   .00090  3   .00360  4   .00810  5   .01440  6   .02250  7   .03240  8   .00090
 9   .00180 10   .00450 11   .00900 12   .01530 13   .02340 14   .03330 15   .00360 16   .00450
17   .00720 18   .01170 19   .01800 20   .02610 21   .03600 22   .01440 23   .01530 24   .01800
25   .02250 26   .02880 27   .03690 28   .04680 29   .03240 30   .03330 31   .03600 32   .04050
33   .04680 34   .05490 35   .06480 36   .07701 37   .07791 38   .08061 39   .08511 40   .09141
41   .09951 42   .10941 43   .14063 44   .14153 45   .14423 46   .14873 47   .15502 48   .16312
49   .17302

 HALF BAND WIDTH (NB) =   27                                                   //刚度矩阵半带宽


 PERIOD  1  LOAD GROUP  1  AND CYCLE NO. 1                                     //第 1 个时期，第 1 个载组，第 1 次迭代的计算结果


SUM OF APPLIED FORCES (FOSUM)=    7499.5    SUM OF TOTAL REACTIONS (SUBSUM)=    7496.9      //第 1 次迭代：总的作用力；总的反作用力，单位为 lb


 PERIOD  1  LOAD GROUP  1  AND CYCLE NO. 2                                     //第 1 个时期，第 1 个载组，第 2 次迭代的计算结果


 SUM OF APPLIED FORCES (FOSUM)=    7499.5    SUM OF TOTAL REACTIONS (SUBSUM)=7497.5   //第 2 次迭代：总的作用力；总的反作用力，单位为 lb
```

```
PERIOD  1  LOAD GROUP  1  AND CYCLE NO. 3                                  //第 1 个时期，第 1 个载组，第 3 次迭代的计算结果


SUM OF APPLIED FORCES (FOSUM)=    7499.5    SUM OF TOTAL REACTIONS (SUBSUM)=    7497.9  //第 3 次迭代：总的作用力；总的反作用力，单位为 lb


THE GAP (GAP) AT EACH NODE IS: (GAP IS POSITIVE,PRECOMPRESSION IS NEGATIVE)          //各个节点下的间隙和预压值，间隙为正，预压为负
 1  -.10356E-01   2  -.98100E-02   3  -.81098E-02   4  -.50774E-02   5  -.46130E-03   6  .59917E-02   7  .14451E-01
 8  -.10414E-01   9  -.98675E-02  10  -.81656E-02  11  -.51310E-02  12  -.51284E-03  13  .59413E-02  14  .14400E-01
15  -.10574E-01  16  -.10026E-01  17  -.83184E-02  18  -.52764E-02  19  -.65120E-03  20  .58075E-02  21  .14266E-01
22  -.10979E-01  23  -.10420E-01  24  -.86845E-02  25  -.56032E-02  26  -.93736E-03  27  .55521E-02  28  .14021E-01
29  -.10810E-01  30  -.10227E-01  31  -.84208E-02  32  -.52389E-02  33  -.46499E-03  34  .61169E-02  35  .14637E-01
36  -.53198E-02  37  -.46642E-02  38  -.26521E-02  39   .83670E-03  40   .59519E-02  41  .12813E-01  42  .21502E-01
43   .14151E-01  44   .14887E-01  45   .17115E-01  46   .20886E-01  47   .26268E-01  48  .33336E-01  49  .42155E-01


DEFLECTIONS OF SLABS (F) ARE: (DOWNWARD POSITIVE)                                     //各个节点的竖向挠度，向下为正
 1  .1036E-01   2  .1071E-01   3  .1171E-01   4  .1318E-01   5  .1486E-01   6  .1651E-01   7  .1795E-01   8  .1131E-01
 9  .1167E-01  10  .1267E-01  11  .1413E-01  12  .1581E-01  13  .1746E-01  14  .1890E-01  15  .1417E-01  16  .1453E-01
17  .1552E-01  18  .1698E-01  19  .1865E-01  20  .2029E-01  21  .2173E-01  22  .2538E-01  23  .2572E-01  24  .2668E-01
25  .2810E-01  26  .2974E-01  27  .3135E-01  28  .3278E-01  29  .4321E-01  30  .4353E-01  31  .4442E-01  32  .4574E-01
33  .4726E-01  34  .4878E-01  35  .5016E-01  36  .8233E-01  37  .8257E-01  38  .8326E-01  39  .8427E-01  40  .8545E-01
41  .8669E-01  42  .8790E-01  43  .1265E+00  44  .1266E+00  45  .1271E+00  46  .1278E+00  47  .1288E+00  48  .1298E+00
49  .1309E+00


NODAL NUMBER AND REACTIVE PRESSURE (SUBR) ARE: (COMPRESSION POSITIVE)                //各个节点的地基反力，以压力为正
```

```
 1  2.07112   2  1.96201   3  1.62196   4  1.01547   5   .09226   6   .00000   7   .00000   8  2.08273
 9  1.97349  10  1.63312  11  1.02619  12   .10257  13   .00000  14   .00000  15  2.11476  16  2.00513
17  1.66368  18  1.05528  19   .13024  20   .00000  21   .00000  22  2.19573  23  2.08404  24  1.73690
25  1.12063  26   .18747  27   .00000  28   .00000  29  2.16205  30  2.04534  31  1.68416  32  1.04778
33   .09300  34   .00000  35   .00000  36  1.06397  37   .93283  38   .53043  39   .00000  40   .00000
41   .00000  42   .00000  43   .00000  44   .00000  45   .00000  46   .00000  47   .00000  48   .00000
49   .00000

  NODE   LAYER  STRESS X       STRESS Y      STRESS XY        MAJOR         MINOR       MAX.SHEAR
                                       //各个打印输出的节点在各层位的x方向应力、y方向应力、xy平面剪应力、最大主应力、最小主应力、最大剪应力
    1     1   -.230773E+03  -.115808E+03   .000000E+00  -.230773E+03  -.115808E+03   .574825E+02
    7     1   -.211989E+03   .000000E+00   .000000E+00  -.211989E+03   .000000E+00   .105995E+03

 MAXIMUM STRESS (SMAX) IN LAYER 1 IS 230.77250 AND OCCURS AT NODE   1                      //计算出的最大应力及节点号
```

第 5 章　固体地基上完全接触的两块板

5.1　问 题 描 述

图 5-1 为固体地基上的两块板体系，承受 32000lb（约 142.3kN）双轴双轮组荷载，胎压为 90psi（约 621kPa）。一个轴载作用在靠近有传力杆的接缝处，外轮在板边。轴距为 47.983in（约 1.219m），双轮距为 13.234in（约 0.336m），双轮迹间距为 72.75in[①]（约 1.848m）。采用 PCA 法换算的矩形均布荷载作用面积尺寸为 8.033in（约 204mm）×5.532in（约 141mm）。混凝土板为 7in（177.8mm）厚，弹性模量取 4×10^6psi（约 27.6GPa），泊松比取 0.15，热膨胀系数取 5×10^{-6}°F^{-1}（9×10^{-6}℃$^{-1}$）。传力杆的弹性模量取 29×10^6psi（约 200GPa），泊松比取 0.3，支承模量取 1.5×10^6pci（约 407GN/m^3），直径为 1in（25.4mm），间距为 12in（304.8mm），接缝宽度为 0.25in（6.35mm）。固体地基弹性模量为 5000psi（34.5MPa），泊松比为 0.45。图 5-1 中阿拉伯数字如 10 等表示节点编号，带圆圈的数字如⑩等表示单元编号。假设板与地基完全接触，求板的最大应力和挠度。

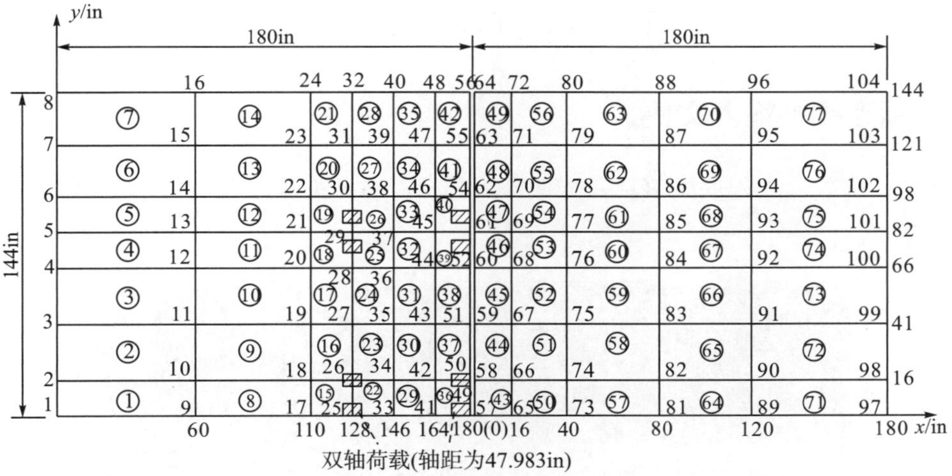

(a) 有限元网格剖分

① 原始算例 DAT 文件中为 72.484in，疑似有误。

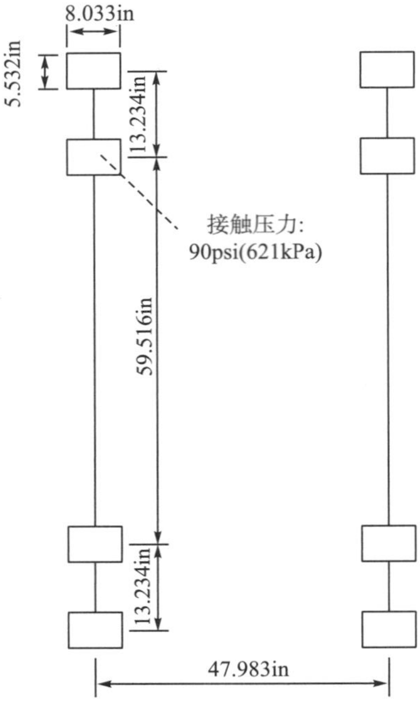

(b) 双轴荷载示意图

图 5-1 有限元模型示意图

5.2 KENSLABS 计算实现

5.2.1 新建数据输入文件

首先，进入输入程序主菜单，如图 5-2 所示，选择第 4 个选项以创建一个新的数据输入文件。

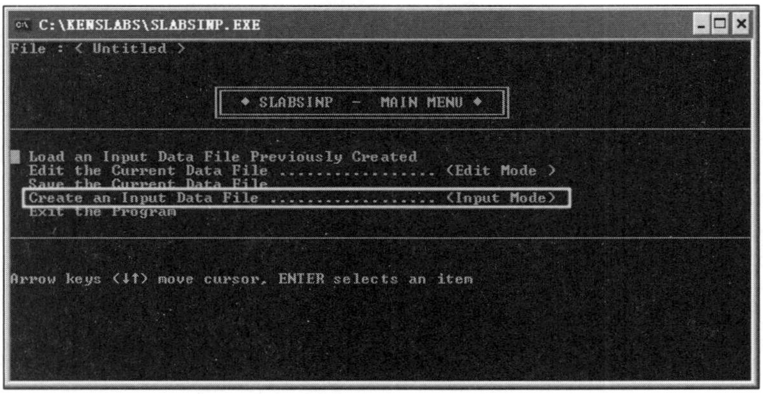

图 5-2 新建数据输入文件

5.2.2　输入模型参数

本章算例中仅有一个问题，因此只需选择 Problem Number 1，在 DATA SET NUMBER 1 中输入参数。如图 5-3 所示，选择第 1 个选项即可进入参数输入界面，本章问题的基本输入流程也如图 5-3 所示。

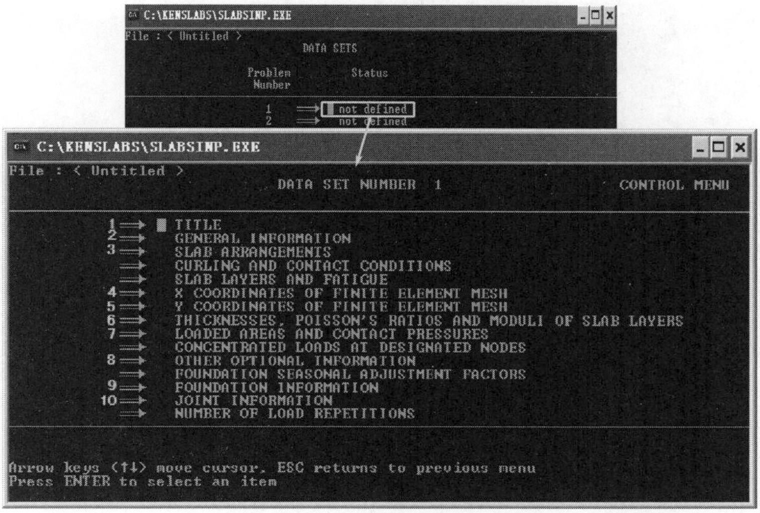

图 5-3　参数输入流程示意图

1. 输入标题

在控制菜单中选择 TITLE 选项，进入如图 5-4 所示的标题输入界面。对于本章问题可以“EX.3：TWO SLABS ON SOLID FOUNDATION WITH FULL CONTACT”为标题。完成后按 Esc 键返回控制菜单，光标将自动跳至下一步。

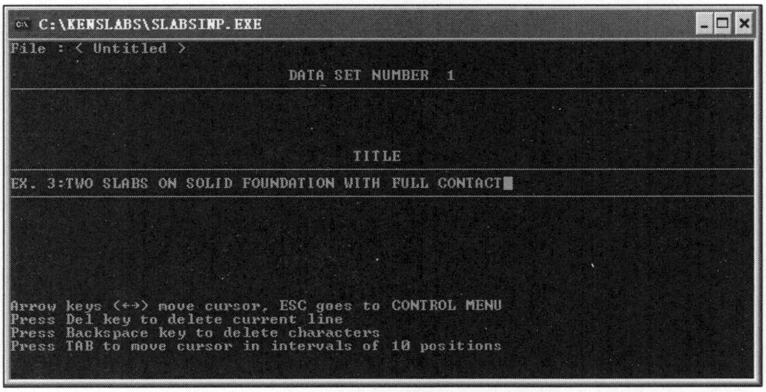

图 5-4　输入标题

2. 输入一般参数

在控制菜单中选择 GENERAL INFORMATION 选项，进入一般参数输入界面，设置相关基本参数。程序中有部分默认值与模型一致，可直接采用，仅需做如图 5-5 所示的修改。

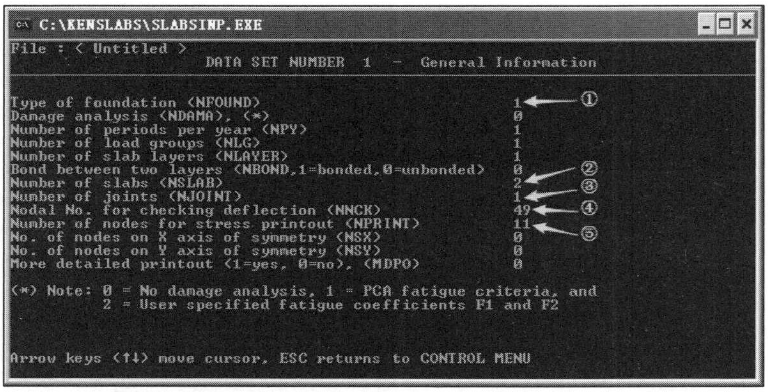

图 5-5 基本参数输入

(1) 地基类型。本章问题中为固体地基，因此需要修改 NFOUND 为 1。

(2) 板块数量。本章问题中有 2 块板，因此 NSLAB 填入 2。

(3) 接缝数量。本章问题中有 1 条接缝，因此 NJOINT 填入 1。

(4) 用于检查收敛情况的节点号。尽量采用荷载最重的节点号，本章问题中采用第 49 号节点，NNCK=49。

(5) 计算输出应力的节点数量。本章问题中需要计算输出节点有 17、25、29、33、41、49、50、51、52、53 和 54 号节点共计 11 个，因此 NPRINT 输入 11。

其余选项保持默认即可，完成后按 Esc 键返回控制菜单，光标将自动跳至下一步。

3. 输入板块布置参数

在控制菜单中选择 SLAB ARRANGEMENTS 选项，进入板块布置参数输入界面，如图 5-6 所示，设置相关基本参数。按图 5-1 所示的有限元模型，x 方向上第 1 块板有 7 个节点、第 2 块板有 6 个节点，y 方向上两块板都有 8 个节点。JONO1～JONO4 分别为左、右、下、上的接缝开关，本章问题中第 1 块板右边为 1 号接缝，第 2 块板左边为 1 号接缝，因此第一块板 JONO2 为 1，第 2 块板 JONO1 为 1。设置完成后按 Esc 键返回控制菜单，光标将自动跳至下一步。

4. 输入有限元网格 x 坐标

在控制菜单中选择 X COORDINATES OF FINITE ELEMENT MESH 选项，进入如图 5-7 所示的有限元网格 x 坐标输入界面，依次选择 Slab No.1 和 Slab No.2，分别输入每块板的 x 方向网格划分参数。

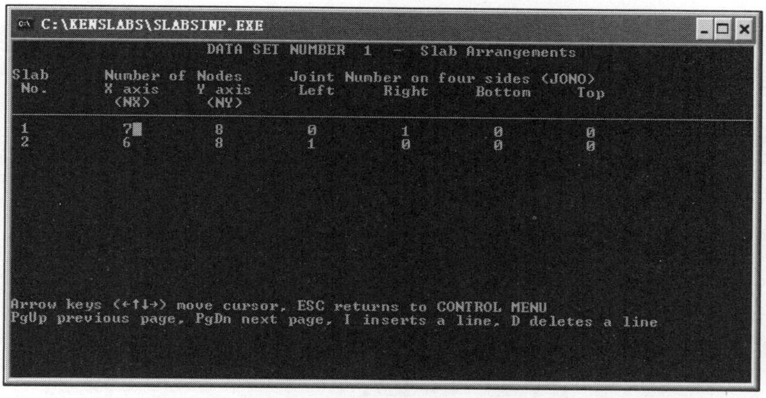

图 5-6　网格及板块布置参数输入

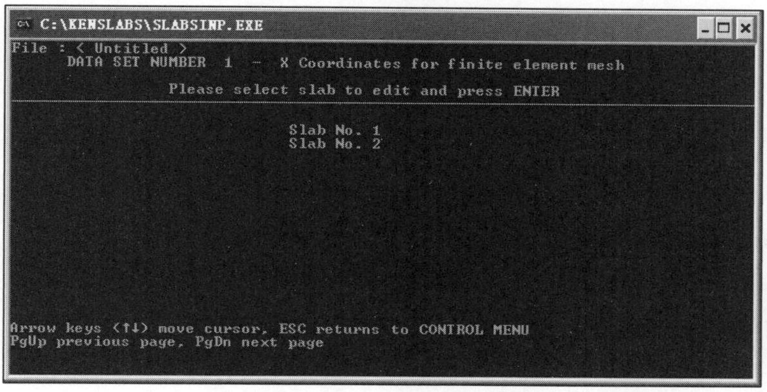

图 5-7　x 方向网格线 x 坐标输入

根据本章问题的有限元模型(图 5-1)，输入相应的 x 坐标。完成第 1 块板的数据输入后按 Esc 键返回，光标将自动跳至下一块板。同理，进行第 2 块板的参数设置，完成后如图 5-8 所示。

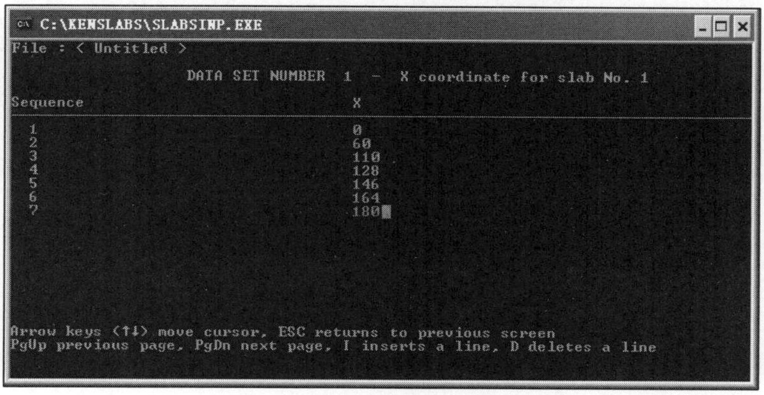

(a) Slab No.1

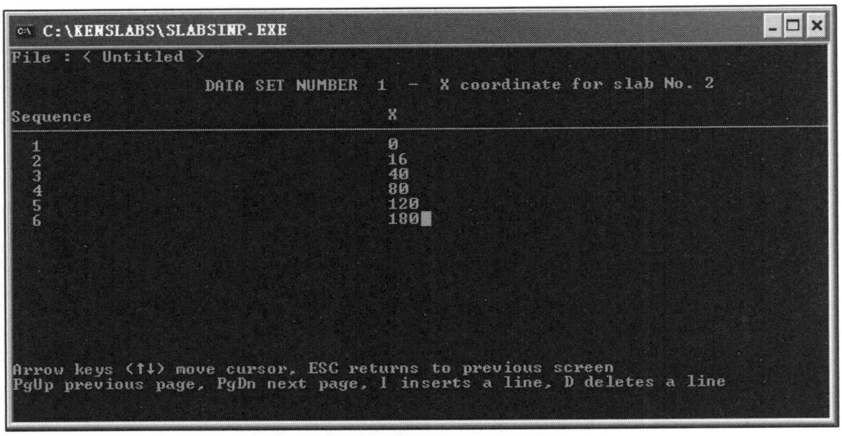

(b) Slab No.2

图 5-8 x 方向网格线的 x 坐标具体值

完成后按两次 Esc 键返回控制菜单，光标将自动跳至下一步。

5. 输入有限元网格 y 坐标

在控制菜单中选择 Y COORDINATES OF FINITE ELEMENT MESH 选项，进入如图 5-9 所示的有限元网格 y 坐标输入界面，依次选择 Slab No.1 和 Slab No.2，分别输入每块板的 y 方向网格划分参数。

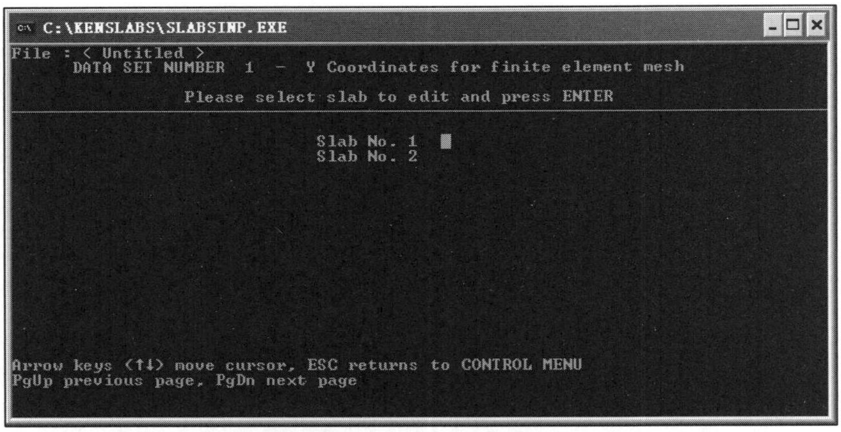

图 5-9 y 方向网格线 y 坐标输入

根据本章问题的有限元模型(图 5-1)，输入相应的 y 坐标。完成第 1 块板的数据输入后按 Esc 键返回，光标将自动跳至下一块板。同理，进行第 2 块板的参数设置，完成后如图 5-10 所示。

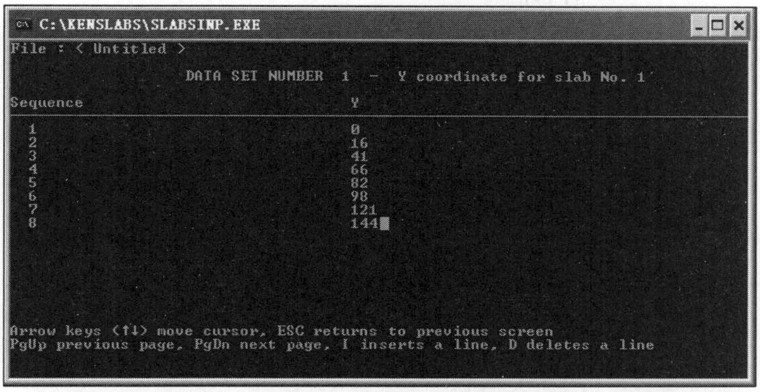

(a) Slab No.1

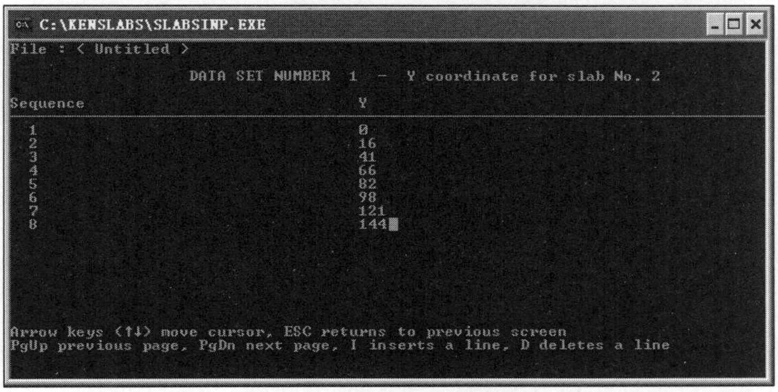

(b) Slab No.2

图 5-10　y 方向网格线的 y 坐标具体值

完成后按两次 Esc 键返回控制菜单，光标将自动跳至下一步。

6. 输入面板各层厚度、泊松比和弹性模量

在控制菜单中选择“THICKNESSES，POISSON’S RATIOS AND MODULI OF SLAB LAYERS”选项，进入如图 5-11 所示的界面。根据本章问题的有限元模型，单层板的厚度

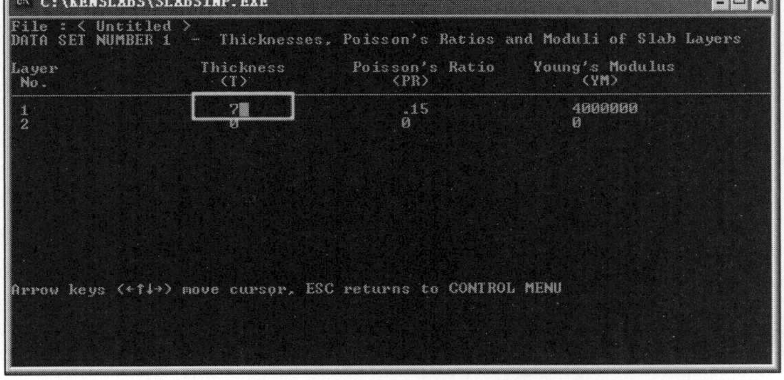

图 5-11　输入板的厚度、泊松比和弹性模量

为 7in(177.8mm)，泊松比和弹性模量与程序默认的 0.15 和 4×10^6psi(27.6GPa)一致。完成后按 Esc 键返回控制菜单，光标将自动跳至下一步。

7. 设置受荷面积与接触压力

在控制菜单中选择 LOADED AREAS AND CONTACT PRESSURES 选项，进入荷载作用面积设置界面。首先，输入每个荷载组均布荷载的个数，本章问题中有一个双轴双轮组，则 NUDL 应为 8，完成后如图 5-12 所示。

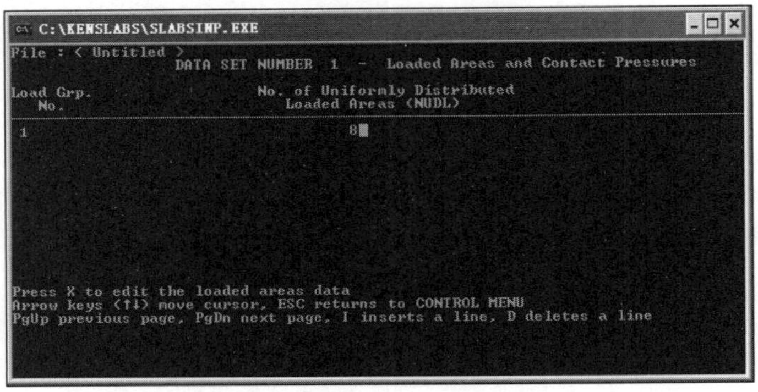

图 5-12　均布荷载定义界面

然后，按字母 X 键进入接触压力设置界面。程序中通过定义每一个荷载矩形作用面的左、右、下、上边界坐标来定义荷载作用范围，可以分别定义每一个荷载作用面上的压力大小，本章问题中均为 90psi(约 621kPa)。程序需要用户去计算每一个荷载作用面积的尺寸，但本章问题描述中已经过计算给出了相关参数，再经过简单计算即可填入数据表中，详细数据见图 5-13。

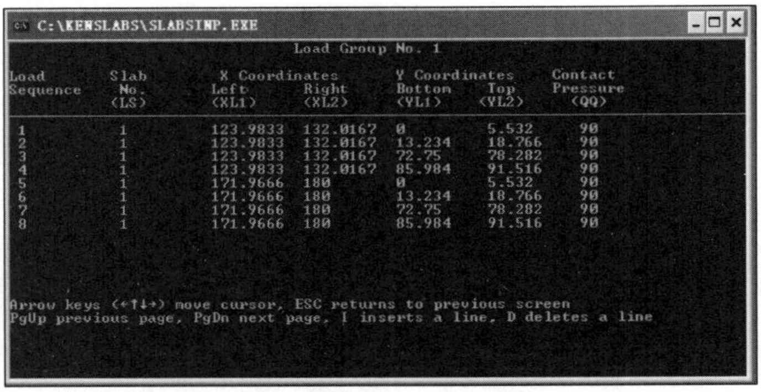

图 5-13　均布荷载组定义

完成后按 Esc 键返回控制菜单，光标将自动跳至下一步。

8. 输入其他可选参数

在控制菜单中，选择 OTHER OPTIONAL INFORMATION 选项，进入其他可选参数输入界面，设置相关基本参数，如图 5-14 所示为操作流程示意图。

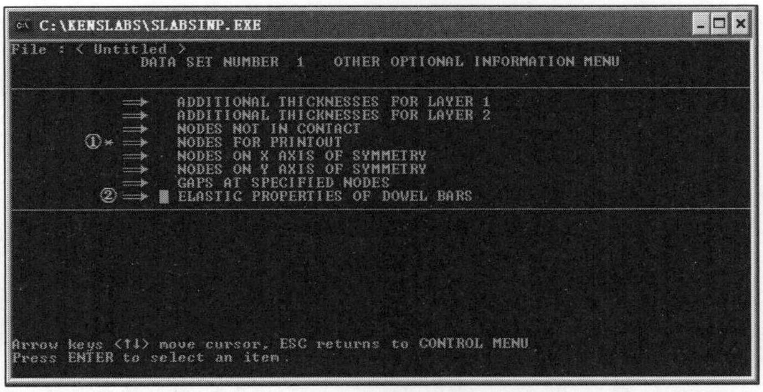

图 5-14　其他可选参数输入

(1) 需要计算输出应力的节点。选择 NODES FOR PRINTOUT，输入需要计算输出应力的节点。本章问题中需要计算输出节点号有 17、25、29、33、41、49、50、51、52、53 和 54 共计 11 个。如图 5-15 所示，图中只显示了 10 个，另外 1 个在下一页继续输入即可。

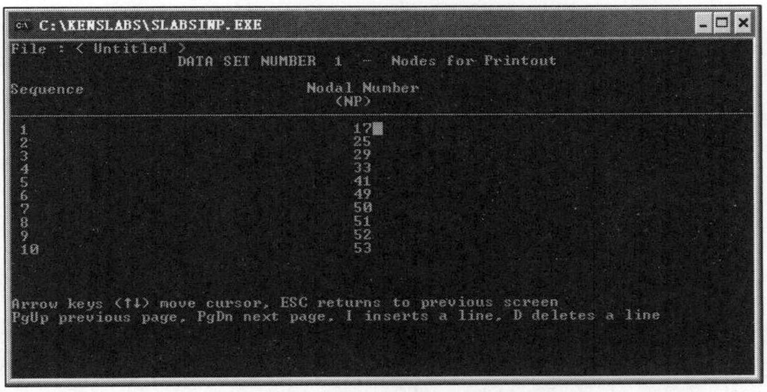

图 5-15　计算输出应力的节点号

(2) 传力杆的弹性属性。输入本章问题描述中的传力杆参数，完成后如图 5-16 所示。

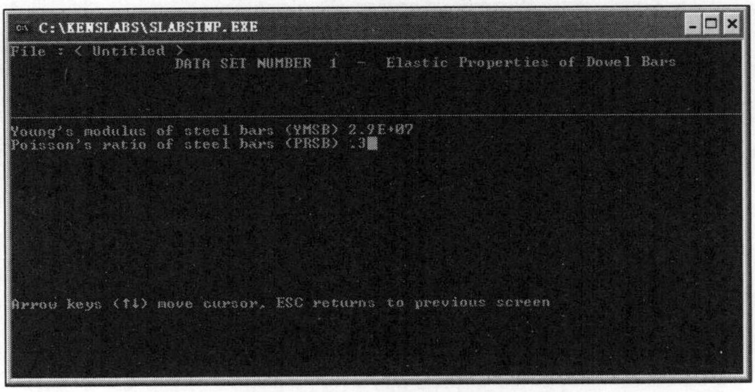

图 5-16　传力杆材料属性

完成后按两次 Esc 键返回控制菜单，光标将自动跳至下一步。

9. 输入地基参数

在控制菜单中选择 FOUNDATION INFORMATION 选项，进入地基参数输入界面，设置本章问题中固体地基参数，完成后如图 5-17 所示。

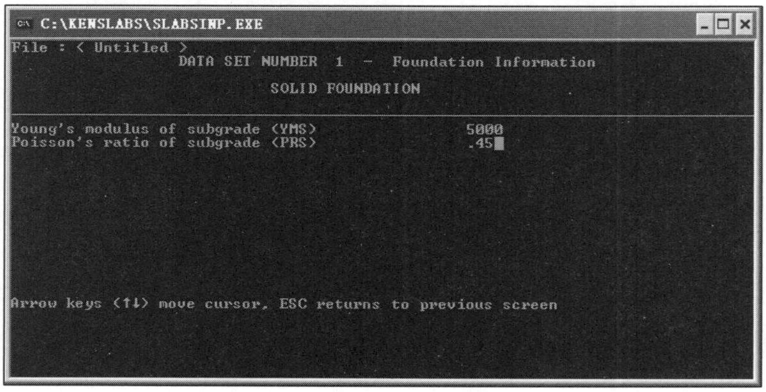

图 5-17 地基参数输入

完成后按两次 Esc 键返回输入程序主菜单。

10. 输入接缝参数

在控制菜单中选择 JOINT INFORMATION 选项，设置本章问题中接缝的参数，如图 5-18 所示。

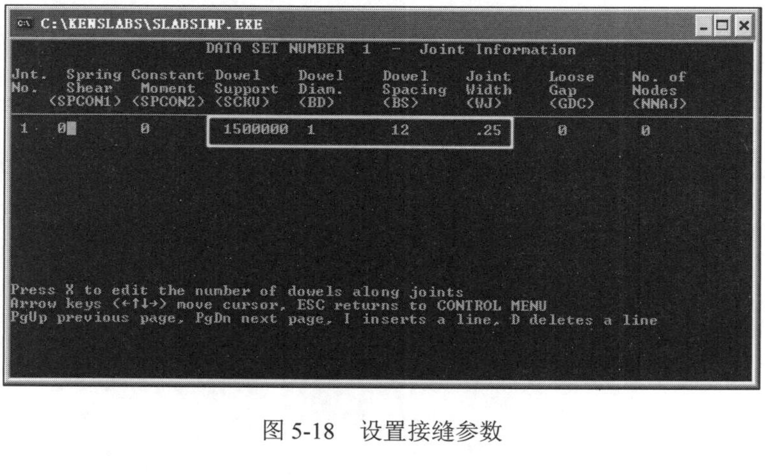

图 5-18 设置接缝参数

5.2.3 保存与退出

在输入程序主菜单中，选择第 3 个选项以保存当前数据文件。如图 5-19 所示，输入文件名(含扩展名)，如 SLA3.DAT，然后按 Enter 键保存即可。

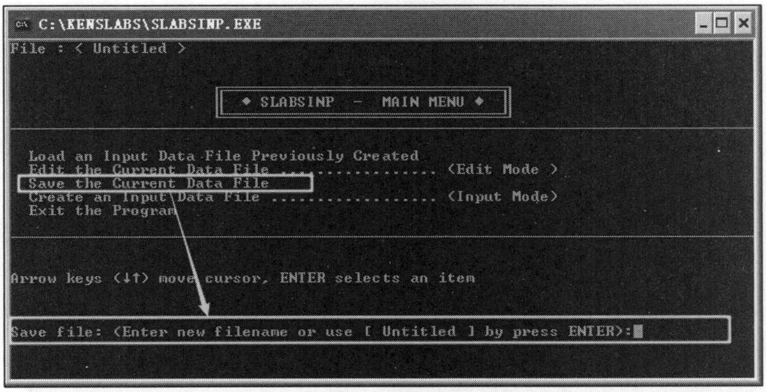

图 5-19　保存当前数据文件

所有模型参数输入并保存后即可退出输入程序。选择主菜单中第 5 个选项 Exit the Program。如图 5-20 所示，输入 Y 表示确定退出，N 表示取消。按 Enter 键确认，生成的数据输入文件及其释义详见 5.4.1 节。

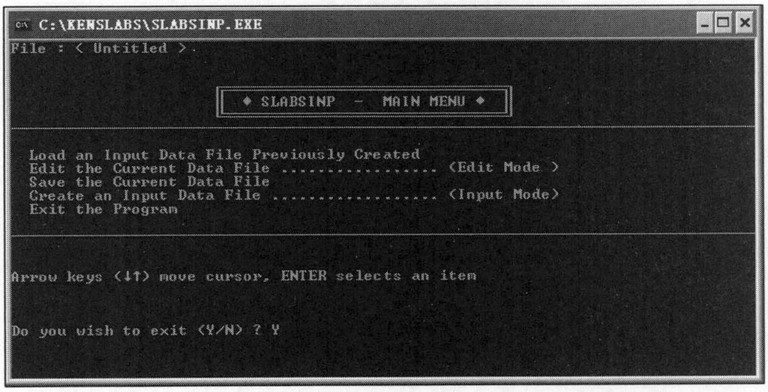

图 5-20　退出输入程序

5.2.4　计算输出

双击 KENSLABS.EXE 进入计算输出程序，如图 5-21 所示。程序会提示“INPUT THE DATA FILE NAME：”，即需要键入输入文件的文件名。

键入输入文件的文件名(含扩展名)SLA3.DAT。输入完成后按 Enter 键即可开始计算输出，图 5-22 为计算输出完成后的界面。

如屏幕中的提示，输出文件被保存到 SLABS.TXT，每次计算都会固定保存在这个文件中，并且替换之前保存的内容。

图 5-21 计算输出程序界面

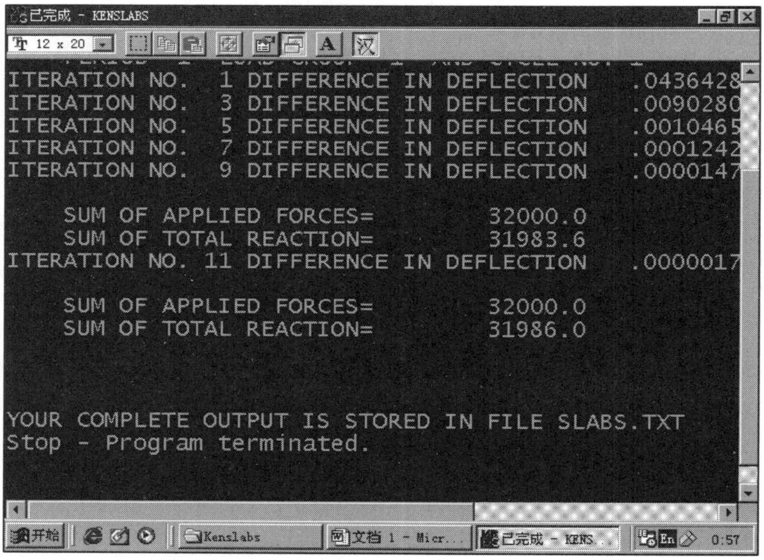

图 5-22 计算输出完成界面

5.3 计 算 结 果

用文本编辑器打开 SLABS.TXT 文件，计算得到的结果表明，25 号节点处应力最大，为 226.2psi(1.56MPa)；而最大挠度为 0.05383in(1.37mm)，发生在 49 号节点。详细的结果输出文件及其释义详见 5.4.2 节。

5.4　数据输入与结果输出文件释义

5.4.1　数据输入文件

1 (1)　//待计算的问题数量为 1

EX 3: TWO SLABS ON SOLID FOUNDATION WITH FULL CONTACT (2)　//标题或问题描述，不超过 80 个英文字符

1 0 1 1 (3)　//地基类型，1~固体地基；不开展损伤分析；每年划分为 1 个时期；1 个荷载组

2 1 (4)　//2 块板；1 条接缝

7 8 0 1 0 0 (5)　//1 号板与网格布置：x 轴上 7 个节点；y 轴上 8 个节点；板的左、下、上边不是接缝，右边为 1 号接缝

6 8 1 0 0 0 (5)　//2 号板与网格布置：x 轴上 6 个节点；y 轴上 8 个节点；板的右、下、上边不是接缝，左边为 1 号接缝

1 49 0 0 11 0 0 0 0 1 0 0 0 0 0 (6)

//面层板为单层板；以 49 号节点为准检查收敛情况；初始情况下与地基不接触的节点数为 0；板与地基间有初始间隙的节点数为 0；打印输出 11 个节点的应力；间隙和预压值不从上一问题得到；双层板的黏结方式，单层板时取 0；不考虑温度翘曲；不考虑自重；不需迭代求解时取 1；第 1 层板厚均匀时取 0；第 2 层板厚均匀或无第 2 层板时取 0；不关于 x 轴对称时取 0；不关于 y 轴对称时取 0；不详细打印输出

0.00000 0.00000 0.00000 0.00000 0.00000 5.000E-06 0.00100 1.00000 (7)

//板底与板顶无温度差；第 1 层板重度，不计自重时取 0；第 2 层板重度，不计自重或无第 2 层板时取 0；不开展损伤分析时第 1 层板抗弯拉强度取 0；不开展损伤分析或无第 2 层板时抗弯拉强度取 0；混凝土热膨胀系数为 5×10^{-6}°F^{-1}；用迭代法求解时的允许精度为 0.001；节点 NNCK 处的最大允许竖向位移为 1in

0.00000 0.00000 0.00000 0.00000 (8)　//两层板的疲劳系数分别为 0，不开展损伤分析可设置任意值

0.00000 60.00000 110.00000 128.00000 146.00000 164.00000 180.00000 0.00000

16.00000 41.00000 66.00000 82.00000 98.00000 121.00000 144.00000 (9)　//1 号板局部坐标系下，x 轴上 7 个节点 x 局部坐标与 y 轴上 8 个节点 y 局部坐标

0.00000 16.00000 40.00000 80.00000 120.00000 180.00000 0.00000 16.00000

41.00000 66.00000 82.00000 98.00000 121.00000 144.00000 (9)　//2 号板局部坐标系下，x 轴上 6 个节点的 x 局部坐标与 y 轴上 8 个节点的 y 局部坐标

7.00000 0.15000 4.000E+06 (10)　//板厚；混凝土的泊松比；混凝土的弹性模量

8 (12)　//荷载组内均布荷载作用面积数量为 8 个

0 (13)　//荷载组内集中力数量为 0

1 123.98330 132.01669 0.00000 5.53200 90.00000 (15)　//荷载作用面积 1：作用板块编号；左、右、下、上四个边界的位置；接触压力为 90psi

```
  1 123.98330 132.01669  13.23400  18.76600  90.00000 (15)    //荷载作用面积 2：同上
  1 123.98330 132.01669  72.75000  78.28200  90.00000 (15)    //荷载作用面积 3：同上
  1 123.98330 132.01669  85.98400  91.51600  90.00000 (15)    //荷载作用面积 4：同上
  1 171.96660 180.00000   0.00000   5.53200  90.00000 (15)    //荷载作用面积 5：同上
  1 171.96660 180.00000  13.23400  18.76600  90.00000 (15)    //荷载作用面积 6：同上
  1 171.96660 180.00000  72.75000  78.28200  90.00000 (15)    //荷载作用面积 7：同上
  1 171.96660 180.00000  85.98400  91.51600  90.00000 (15)    //荷载作用面积 8：同上
 17   25   29   33   41   49   50   51   52   53   54 (18)    //需要打印输出应力的节点号
 1.00000 (22)    //时期内的地基季节调整系数为 1.0
5.000E+03   0.45000 (28)    //固体地基的弹性模量为 5000psi；固体地基的泊松比为 0.45
2.900E+07   0.30000 (34)    //传力杆的弹性模量为 29000000psi；传力杆的泊松比为 0.3
0.000E+00 0.000E+00 1.500E+06   1.00000  12.00000   0.25000   0.00000    0 (35)
    //1 号接缝：剪切弹簧常数，0~由后面参数计算得到；弯矩弹簧常数；传力杆支承模量 1.5×10^6pci；传力杆直径为 1in；传力杆间距为 12in；接缝宽度为 0.25in；
    传力杆与混凝土间无间隙；每条接缝的节点数量，传力杆非均匀分布时填入
```

5.4.2 结果输出文件

```
   NUMBER OF PROBLEMS TO BE SOLVED (NPROB) =    1    //待计算的问题数量


 ***************************************************************************************************
 *                                                                                         *
 *    EX3: TWO SLABS ON SOLID FOUNDATION WITH FULL CONTACT                                 *    //标题或问题描述
 *                                                                                         *
 ***************************************************************************************************

 TYPE OF FOUNDATION (NFOUND)          =    1    //地基类型，1~固体地基
 TYPE OF DAMAGE ANALYSIS (NDAMA)      =    0    //不开展损伤分析
```

```
NUMBER OF PERIODS PER YEAR (NPY)        =   1                    //每年划分为 1 个时期
NUMBER OF LOAD GROUPS (NLG)            =   1                    //1 个荷载组
TOTAL NUMBER OF SLABS (NSLAB)           =   2                    //2 块板
TOTAL NUMBER OF JOINTS (NJOINT)         =   1                    //1 条接缝


ARRANGEMENT OF SLABS                                            //板的布置

SLAB NO.    NO. OF NODES (NX)    NO. OF NODES (NY)     JOINT NO. AT FOUR SIDES (JONO) //板编号；x 方向上节点数量；y 方向上节点数量；板
            IN X DIRECTION       IN Y DIRECTION        LEFT  RIGHT  BOTTOM  TOP              的左、右、下、上边的接缝编号
   1              7                    8                0     1      0      0
                    //第 1 块板及其网格布置：x 轴上 7 个节点；y 轴上 8 个节点；板的左、下、上边均不是接缝，而右边为 1 号接缝
   2              6                    8                1     0      0      0
                    //第 2 块板及其网格布置：x 轴上 6 个节点；y 轴上 8 个节点；板的右、下、上边均不是接缝，而左边为 1 号接缝


NUMBER OF LAYERS (NLAYER)---------------------------------------=  1                    //单层板

NODAL NUMBER USED TO CHECK CONVERGENCE (NNCK)-----------------=  49         //以 49 号节点为准检查收敛情况

NUMBER OF NODES NOT IN CONTACT (NOTCON)-----------------------=  0     //初始情况下与地基不接触的节点数为 0

NUMBER OF GAPS (NGAP)-----------------------------------------=  0     //已知板与地基间有初始间隙的节点数为 0

NUMBER OF POINTS FOR PRINTOUT (NPRINT)------------------------=  11              //打印输出 11 个节点的应力

CODE FOR INPUT OF GAPS OR PRECOMPRESSIONS (INPUT)-------------=  0          //间隙和预压值不从上一问题得到
```

```
BOND BETWEEN TWO LAYERS (NBOND)--------------------------------=    0          //双层板之间的黏结情况，单层板时取 0

CONDITION OF WARPING (NTEMP)-----------------------------------=    0          //不考虑温度翘曲

CODE INDICATING WHETHER SLAB WEIGHT IS CONSIDERED (NWT)--------=    0          //不考虑自重

MAX NO. OF CYCLES FOR CHECKING CONTACT (NCYCLE)----------------=    1          //不需要迭代求解时取 1

NUMBER OF ADDITIONAL THICKNESSES TO BE READ IN (NAT)                           //各层板中板厚不均匀的节点数量
        FOR LAYER 1 ---------------------------------------=    0              //第 1 层板厚均匀时取 0
        FOR LAYER 2 ---------------------------------------=    0              //第 2 层板厚均匀或无第 2 层板时取 0

NUMBER OF POINTS ON X AXIS OF SYMMETRY (NSX)-------------------=    0          //不关于 x 轴对称时取 0

NUMBER OF POINTS ON Y AXIS OF SYMMETRY (NSY)-------------------=    0          //不关于 y 轴对称时取 0

MORE DETAILED PRINTOUT FOR EACH CONTACT CYCLE (MDPO)-----------=    0          //不详细打印输出

DIFFERENCE IN TEMP. BETWEEN TOP AND BOTTOM OF SLAB (TEMP)------=    .00000     //板底与板顶无温度差，不考虑温度翘曲时可为任意值

UNIT WEIGHT OF LAYER 1 (GAMA(1))-------------------------------=    .00000     //第 1 层板的重度，不考虑自重时可为任意值

UNIT WEIGHT OF LAYER 2 (GAMA(2))-------------------------------=    .00000     //第 2 层板的重度，不考虑自重时可为任意值

MODULUS OF RUPTURE OF LAYER 1 (PMR(1))-------------------------=    .00000     //第 1 层板的抗弯拉强度，不开展损伤分析时可为任意值

MODULUS OF RUPTURE OF LAYER 2 (PMR(2))-------------------------=    .00000     //第 2 层板的抗弯拉强度，不开展损伤分析时可为任意值
```

```
COEFFICIENT OF THERMAL EXPANSION (CT)-------------------------=  .500E-05        //混凝土的热膨胀系数，单位为℉⁻¹

TOLERANCE FOR ITERATIONS (DEL)--------------------------------=  .100E-02        //用迭代法求解时的允许精度 0.001

MAXIMUM ALLOWABLE VERTICAL DISPLACEMENT (FMAX)----------------=   1.00000        //在节点 NNCK 处的最大允许竖向位移为 1in

FOR LAYER 1 FATIGUE COEFFICIENTS:   F1 =     .00000     F2 =     .00000          //第 1 层板的疲劳系数分别为 0，不开展损伤分析可设置任意值

FOR LAYER 2 FATIGUE COEFFICIENTS:   F1 =     .00000     F2 =     .00000          //第 2 层板的疲劳系数分别为 0，不开展损伤分析可设置任意值

FOR SLAB NO. 1 :  X=    .00000  60.00000 110.00000 128.00000 146.00000 164.00000 180.00000        //1 号板的 x 方向上网格的 x 局部坐标
                  Y=   .00000  16.00000  41.00000  66.00000  82.00000  98.00000 121.00000 144.00000  //1 号板的 y 方向上网格的 y 局部坐标

FOR SLAB NO. 2 :  X=    .00000  16.00000  40.00000  80.00000 120.00000 180.00000                  //2 号板的 x 方向上网格的 x 局部坐标
                  Y=   .00000  16.00000  41.00000  66.00000  82.00000  98.00000 121.00000 144.00000  //2 号板的 y 方向上网格的 y 局部坐标

LAYER    THICKNESS (T)    POISSON'S        YOUNG'S
 NO.                      RATIO (PR)     MODULUS (YM)
  1        7.00000          .15000         .400E+07                //第 1 层板的厚度为 7in，泊松比为 0.15，弹性模量为 4000000psi

NUMBER OF LOADED AREAS (NUDL) FOR EACH LOAD GROUP ARE:                                  //每个荷载组的均布荷载作用面积数量
   8                                                                                    //荷载组内均布荷载作用面积数量为 8

NUMBER OF CONCENTRATED NODAL FORCES (NCNF) FOR EACH LOAD GROUP ARE:                      //每个荷载组内集中力的数量
   0                                                                                    //荷载组内无集中力作用

GROUP 1 LOADS ARE APPLIED ON THE SLAB NO.(LS) WITH COORDINATES (XL AND YL) AND INTENSITY(QQ) AS SHOWN:  //第 1 个荷载组作用位置及接触压力
      1     123.98330     132.01670        .00000       5.53200      90.00000
```

```
                                       //荷载作用面积1：作用的板块编号；左、右、下、上四个边界的位置；接触压力为90psi
  1    123.98330    132.01670    13.23400    18.76600    90.00000        //荷载作用面积2：同上
  1    123.98330    132.01670    72.75000    78.28200    90.00000        //荷载作用面积3：同上
  1    123.98330    132.01670    85.98400    91.51600    90.00000        //荷载作用面积4：同上
  1    171.96660    180.00000      .00000     5.53200    90.00000        //荷载作用面积5：同上
  1    171.96660    180.00000    13.23400    18.76600    90.00000        //荷载作用面积6：同上
  1    171.96660    180.00000    72.75000    78.28200    90.00000        //荷载作用面积7：同上
  1    171.96660    180.00000    85.98400    91.51600    90.00000        //荷载作用面积8：同上

NODAL NUMBERS FOR STRESS PRINTOUT (NP) ARE:                     //打印输出应力的节点号，共计NPRINT个
   17    25    29    33    41    49    50    51    52    53    54


FOUNDATION SEASONAL ADJUSTMENT FACTOR (FSAF) FOR EACH PERIOD ARE
   1.00000                                                      //时期内的地基季节调整系数为1.0

YOUNG'S MODULUS OF FOUNDATION (YMS) =  .500E+04                 //固体地基弹性模量为5000psi

POISSON'S RATIO OF FOUNDATION (PRS) =   .45000                  //固体地基泊松比为0.45


YOUNG MODULUS OF DOWEL BAR (YMSB)   =  .290E+08                 //传力杆弹性模量29000000psi
POISSON RATIO OF DOWEL BAR (PRSB)   =   .30000                  //传力杆泊松比为0.3


JOINT   SPRING  CONSTANT   MODULUS OF   DOWEL     DOWEL    JOINT    GAP BETWEEN       NO. OF NODES
 NO.    SHEAR    MOMENT    DOWEL SUP.  DIAMETER  SPACING   WIDTH   DOWEL AND CONC.    ALONG JOINT
      (SPCON1)  (SPCON2)    (SCKV)      (BD)      (BS)     (WJ)       (GDC)             (NNAJ)
```

```
1    .000E+00   .000E+00   .150E+07  1.00000  12.00000   .25000       .00000           0
//1号接缝：剪切弹簧常数，0~由后面参数计算得到；弯矩弹簧常数；传力杆支承模量1.5×10⁶pci；传力杆直径为1in；传力杆间距为12in；接缝宽度为0.25in；传力杆与混凝土间无间隙；每条接缝的节点数量，传力杆非均匀分布时填入

JOINT NO.    EQUIVALENT SPRING CONSTANT (SPCON)
   1                   .395E+05                                                  //1号接缝的等效弹簧常数

HALF BAND WIDTH (NB) =   93                                                      //刚度矩阵半带宽

PERIOD  1  LOAD GROUP  1  AND CYCLE NO. 1                      //第1个时期，第1个荷载组，第1次迭代的计算结果
ITERATION NO. (IC) =  1 DIFFERENCE IN DEFLECTION (DF) =   .04361366   //检查位移收敛性的迭代次数以及指定节点两次迭代的挠度差
ITERATION NO. (IC) =  3 DIFFERENCE IN DEFLECTION (DF) =   .00902506                                //同上
ITERATION NO. (IC) =  5 DIFFERENCE IN DEFLECTION (DF) =   .00104642                                //同上
ITERATION NO. (IC) =  7 DIFFERENCE IN DEFLECTION (DF) =   .00012414                                //同上
ITERATION NO. (IC) =  9 DIFFERENCE IN DEFLECTION (DF) =   .00001478                                //同上

SUM OF APPLIED FORCES (FOSUM)=   31997.3    SUM OF TOTAL REACTIONS (SUBSUM)=   31981.0  //总的作用力为31997.3lb；总的反作用力为31981.0lb

ITERATION NO. (IC) = 11 DIFFERENCE IN DEFLECTION (DF) =   .00000178                //额外迭代一次，保证精度，含义同上

SUM OF APPLIED FORCES (FOSUM)=   31997.3    SUM OF TOTAL REACTIONS (SUBSUM)=   31983.3          //总的作用力以及总的反作用力

DEFLECTIONS OF SLABS (F) ARE: (DOWNWARD POSITIVE)                                  //各个节点的竖向挠度，向下为正
```

```
  1  .9883E-02   2  .1002E-01   3  .1014E-01   4  .1004E-01   5  .9840E-02   6  .9547E-02   7  .8942E-02   8  .8157E-02
  9  .1995E-01  10  .2010E-01  11  .1997E-01  12  .1925E-01  13  .1842E-01  14  .1727E-01  15  .1511E-01  16  .1255E-01
 17  .3788E-01  18  .3655E-01  19  .3439E-01  20  .3266E-01  21  .3101E-01  22  .2830E-01  23  .2311E-01  24  .1762E-01
 25  .4453E-01  26  .4241E-01  27  .3916E-01  28  .3729E-01  29  .3557E-01  30  .3217E-01  31  .2576E-01  32  .1927E-01
 33  .4794E-01  34  .4585E-01  35  .4261E-01  36  .4039E-01  37  .3832E-01  38  .3474E-01  39  .2785E-01  40  .2068E-01
 41  .5086E-01  42  .4860E-01  43  .4506E-01  44  .4286E-01  45  .4077E-01  46  .3692E-01  47  .2953E-01  48  .2197E-01
 49  .5383E-01  50  .5116E-01  51  .4688E-01  52  .4501E-01  53  .4325E-01  54  .3894E-01  55  .3090E-01  56  .2318E-01
 57  .4945E-01  58  .4868E-01  59  .4618E-01  60  .4363E-01  61  .4118E-01  62  .3746E-01  63  .3061E-01  64  .2368E-01
 65  .3898E-01  66  .3882E-01  67  .3762E-01  68  .3567E-01  69  .3369E-01  70  .3086E-01  71  .2566E-01  72  .2000E-01
 73  .2651E-01  74  .2687E-01  75  .2674E-01  76  .2568E-01  77  .2441E-01  78  .2262E-01  79  .1930E-01  80  .1542E-01
 81  .1506E-01  82  .1544E-01  83  .1568E-01  84  .1538E-01  85  .1487E-01  86  .1411E-01  87  .1263E-01  88  .1080E-01
 89  .1029E-01  90  .1048E-01  91  .1064E-01  92  .1054E-01  93  .1033E-01  94  .1000E-01  95  .9347E-02  96  .8541E-02
 97  .7274E-02  98  .7317E-02  99  .7349E-02 100  .7304E-02 101  .7230E-02 102  .7123E-02 103  .6908E-02 104  .6638E-02

 FOR JOINT NO. 1 SHEAR (FAJ1) AND MOMENT (FAJ2) AT THE NODES ARE:                       //接缝上各个节点的剪力以及弯矩
  49  -1381.677     .000    50  -2008.080     .000    51  -690.171     .000    52  -1120.054     .000
  53  -1310.846     .000    54  -1132.664     .000    55  -268.068     .000    56    226.628     .000

 FOR JOINT NO. 1 SHEAR IN ONE DOWEL BAR (FAJPD) AT THE NODES IS:                     //接缝1各节点处一根传力杆的剪力
  49  -2072.515    50  -1175.462    51  -331.282    52  -655.641    53  -983.135    54  -697.024
  55   -139.861    56   236.481

 FOR JOINT NO. 1 BEARING STRESS (BEARS) OF CONCRETE AND SHEAR STRESS (SHEARS) OF DOWELS AT THE NODES ARE:
                                                              //传力杆与混凝土之间的支承应力以及传力杆的剪应力
  49  -3237.061  -2638.803    50  -1835.953  -1496.641    51  -517.429  -421.801    52  -1024.046  -834.787
  53  -1535.558  -1251.763    54  -1088.682   -887.477    55  -218.449  -178.077    56    369.359   301.096

 NODAL NUMBER AND REACTIVE PRESSURE (SUBR) ARE: (COMPRESSION POSITIVE)                  //各个节点的地基反力，以压为正
```

```
 1   -.38591    2   -.16413    3   -.18845    4   -.15572    5   -.07325    6   -.13827    7   -.11296    8   -.57866
 9   1.44035   10    .22225   11    .31895   12    .26355   13    .15391   14    .21547   15    .15418   16   -.13004
17   4.94722   18   1.10382   19    .98195   20    .86603   21    .76580   22    .72151   23    .47241   24    .16396
25   8.00499   26   1.79899   27   1.32456   28   1.30000   29   1.33810   30   1.11861   31    .65639   32    .30071
33   8.90584   34   2.05806   35   1.67525   36   1.53784   37   1.45849   38   1.30177   39    .84270   40    .49310
41  10.16460   42   2.40263   43   1.89908   44   1.80375   45   1.75531   46   1.54790   47    .99281   48    .74213
49  14.52947   50   4.28685   51   3.37026   52   3.27331   53   3.37521   54   2.85281   55   1.89254   56   2.19938
57  10.67498   58   3.27929   59   3.09746   60   2.71105   61   2.42201   62   2.24116   63   1.77512   64   2.58937
65   5.01371   66   1.21978   67   1.16471   68   1.01232   69    .85846   70    .81208   71    .62007   72    .62571
73   1.99593   74    .41589   75    .42724   76    .37394   77    .30362   78    .29605   79    .19594   80   -.15005
81    .14565   82   -.01663   83   -.01035   84    .00082   85    .00323   86   -.00430   87   -.02979   88   -.37468
89   -.13837   90   -.05425   91   -.05923   92   -.04591   93   -.02883   94   -.04045   95   -.04118   96   -.21118
97   -.16025   98   -.05724   99   -.07204  100   -.06279  101   -.03073  102   -.05723  103   -.04764  104   -.17690

 NODE  LAYER  STRESS X       STRESS Y       STRESS XY        MAJOR          MINOR        MAX.SHEAR
                                  //各个打印输出的节点在各层位的 x 方向应力、y 方向应力、xy 平面剪应力、最大主应力、最小主应力、最大剪应力
  17    1   -.185467E+02   .000000E+00    .000000E+00   -.185467E+02   .000000E+00   .927336E+01
  25    1    .226210E+03   .000000E+00    .000000E+00    .000000E+00   .226210E+03   .113105E+03
  29    1    .144640E+03   .142450E+03   -.134082E+02    .130092E+03   .156998E+03   .134528E+02
  33    1   -.189276E+02   .000000E+00    .000000E+00   -.189276E+02   .000000E+00   .946378E+01
  41    1   -.258447E+02   .000000E+00    .000000E+00   -.258447E+02   .000000E+00   .129223E+02
  49    1    .000000E+00   .000000E+00    .000000E+00    .000000E+00   .000000E+00   .000000E+00
  50    1    .000000E+00   .357945E+02   -.253751E+02   -.131544E+02   .489490E+02   .310517E+02
  51    1    .000000E+00  -.100847E+03   -.713694E+01   -.101350E+03   .502575E+00   .509263E+02
  52    1    .000000E+00   .245673E+02    .236696E+02   -.143835E+02   .389508E+02   .266672E+02
  53    1    .000000E+00   .197239E+03   -.203700E+01   -.210342E-01   .197260E+03   .986407E+02
  54    1    .000000E+00   .517051E+02   -.300708E+02   -.138036E+02   .655087E+02   .396561E+02

MAXIMUM STRESS (SMAX) IN LAYER 1 IS 226.21030 AND OCCURS AT NODE  25                //计算出的最大应力以及节点号
```

第 6 章　承受三个荷载组并分为两个时期的损伤分析

6.1　问 题 描 述

固体地基上的单块板体系，承受 18000lb(80kN)单轴双轮组、36000lb(160kN)双轴双轮组和 54000lb(240kN)三轴双轮组 3 个不同的荷载组的作用，每个荷载组每天重复作用 20 次。混凝土的弹性模量取 4×10^6psi(约 27.6GPa)，泊松比取 0.15，面板厚度为 8in(203.2mm)，抗弯拉强度为 600psi(约 4.1MPa)。土基弹性模量为 5000psi(约 34.5MPa)，泊松比为 0.4。假定接触压力为 100psi(约 690kPa)，则每个接触面积的大小为 8.084in×5.567in(205mm×141mm)，双轮距为 14.433in(约 0.367m)，双轮迹间距为 77in(约 1.956m)，双联轴和三联轴的轴距为 48in(约 1.219m)。将一年(以 365 天计)分为两个时期，各时期的地基季节调整系数 FSAF 分别为 1.0 和 0.8。如图 6-1 所示，因为问题具有对称性，所以可以仅取 1/2 结构进行建模分析，所有轴载亦仅取一半。图中阿拉伯数字如 10 等表示节点编号，带圆圈的数字如⑩等表示单元编号。假设板与地基完全接触，求基于 PCA 疲劳准则的设计寿命。

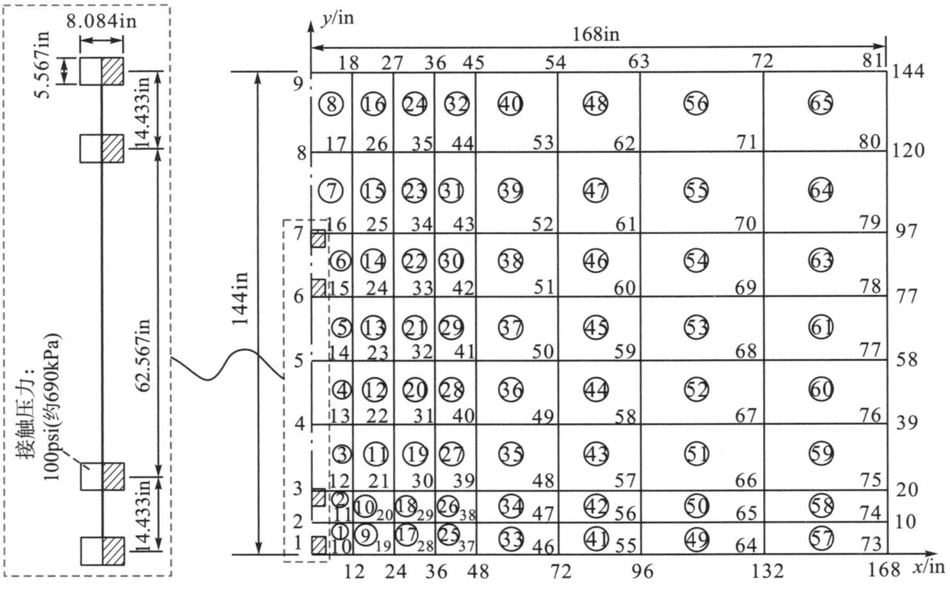

(a) 单轴荷载情况

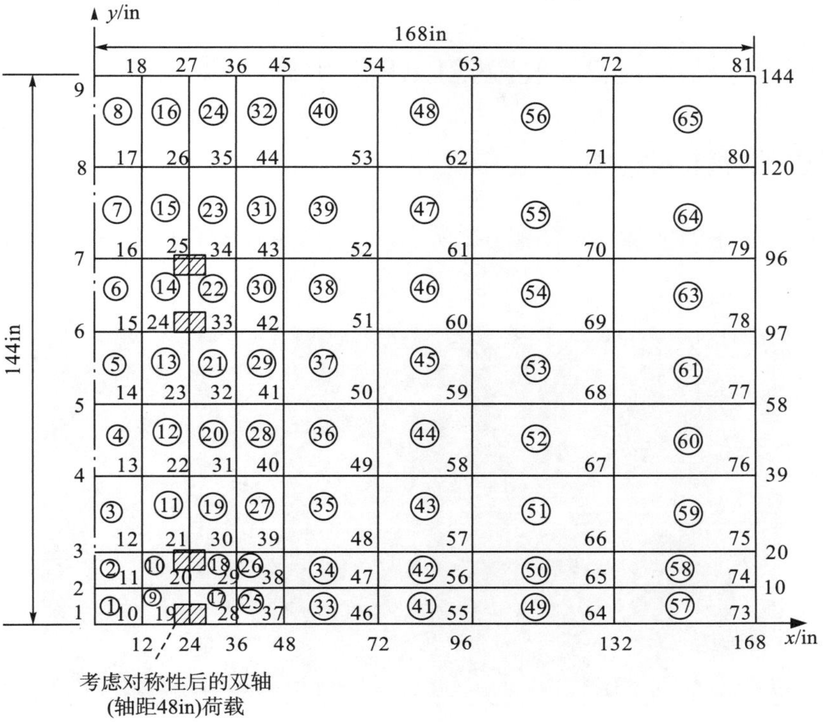

(b) 双轴荷载情况

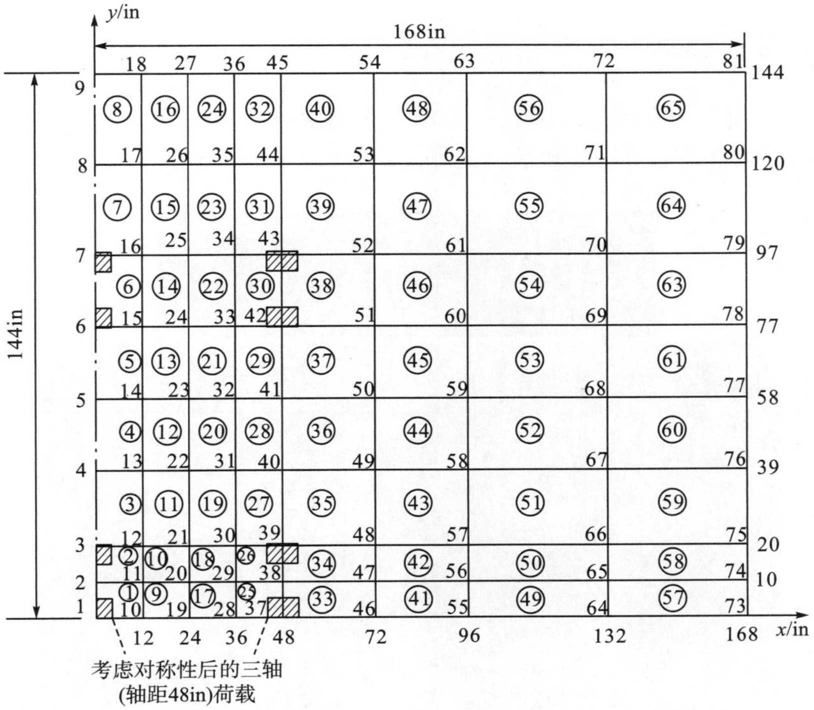

(c) 三轴荷载情况

图 6-1　有限元模型示意图

6.2 KENSLABS 计算实现

6.2.1 新建数据输入文件

首先进入输入程序主菜单，如图 6-2 所示，选择第 4 个选项以创建一个新的数据输入文件。

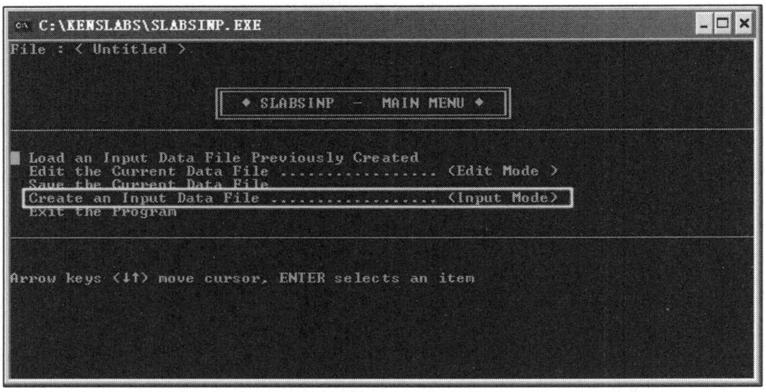

图 6-2　新建数据输入文件

6.2.2 输入模型参数

本章算例中仅有一个问题，因此只需要在 Problem Number 1 中输入参数。如图 6-3 所示，选择第 1 个选项即可进入参数输入界面，本章问题的基本输入流程也如图 6-3 所示。

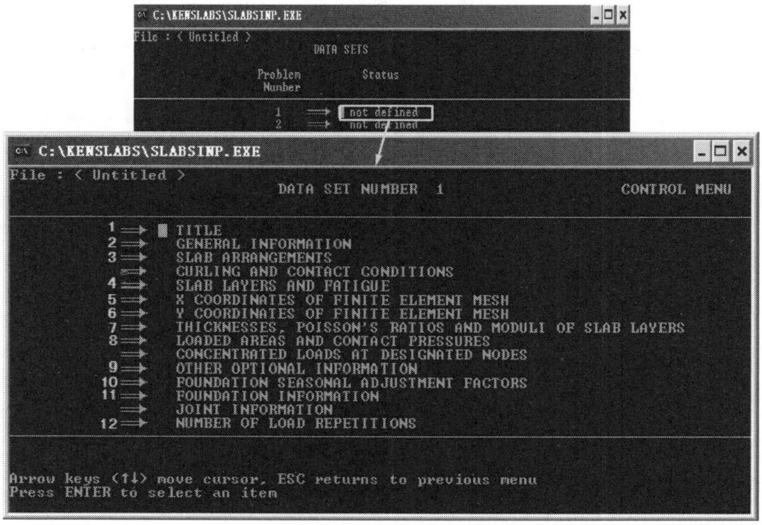

图 6-3　参数输入流程示意图

1. 输入标题

在控制菜单中选择 TITLE 选项，进入如图 6-4 所示的标题输入界面。对于本章问题可以“EX.4：DAMAGE ANALYSIS WITH TWO PERIODS AND THREE LOAD GROUPS”为标题。完成后按 Esc 键返回控制菜单，光标将自动跳至下一步。

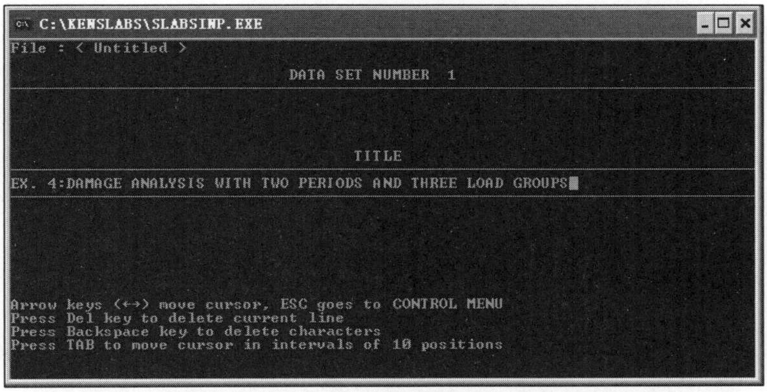

图 6-4　输入标题

2. 输入一般参数

在控制菜单中选择 GENERAL INFORMATION 选项，进入一般参数输入界面，设置相关基本参数。程序中有部分默认值与模型一致，可直接采用，仅需做如图 6-5 所示的修改。

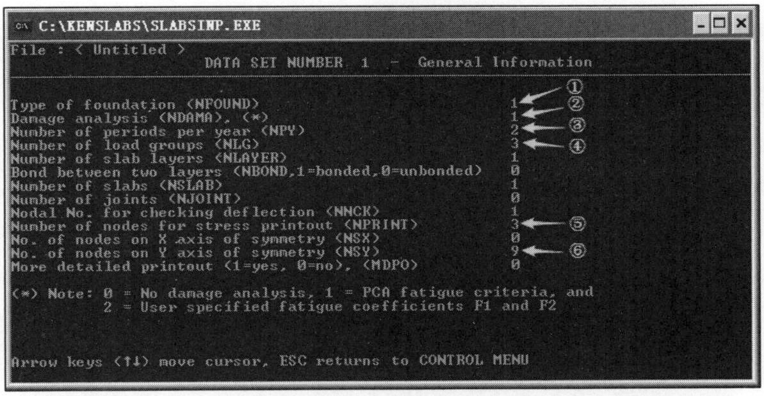

图 6-5　基本参数输入

(1) 地基类型。本章问题中为固体地基，因此需要修改 NFOUND 为 1。

(2) 损伤分析开关。本章问题中需开展损伤分析，并采用 PCA 疲劳准则，因此修改 NDAMA 为 1。

(3) 一年内的时期数。本章问题中分为 2 个时期，因此填入 NPY 为 2。

(4) 荷载组数。本章问题中有单轴、双轴和三轴 3 个荷载组，因此 NLG 填入 3。

(5) 计算输出应力的节点数量。每个荷载组计算可能的最不利点的应力，本章问题中应共计有 3 个节点，节点号分别为 1、19 和 37，因此 NPRINT 填入 3。

(6) 对称轴 y 轴上的节点数量。本章问题中有限元模型关于 y 轴对称，y 轴上有 9 个节点，因此 NSY 输入 9。

其余选项保持默认即可，完成后按 Esc 键返回控制菜单，光标将自动跳至下一步。

3. 输入板块布置参数

在控制菜单中选择 SLAB ARRANGEMENTS 选项，进入如图 6-6 所示的板块布置参数输入界面，设置相关基本参数。按图 6-1 所示的有限元模型，x、y 方向板块都有 9 个节点，无接缝，故 NX、NY 均填入 9，JONO 均填入 0。设置完成后按 Esc 键返回控制菜单，光标将自动跳至下一步。

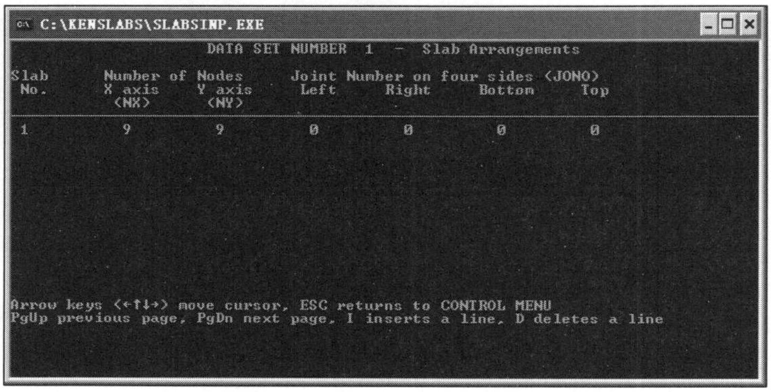

图 6-6　网格及板块布置参数输入

4. 输入板的重度、抗弯拉强度和疲劳参数

在控制菜单中选择 SLAB LAYERS AND FATIGUE 选项，进入损伤分析参数输入界面，设置疲劳参数。本章问题中损伤分析采用 PCA 疲劳准则，因此仅需输入面板的抗弯拉强度 PMR 即可。本章问题中为 600psi (约 4.1MPa)，完成后如图 6-7 所示。

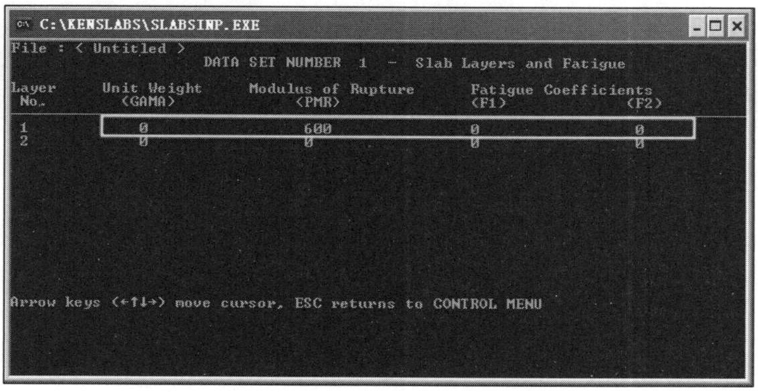

图 6-7　输入损伤分析参数

5. 输入有限元网格 x 坐标

在控制菜单中选择 X COORDINATES OF FINITE ELEMENT MESH 选项，进入如图 6-8 所示的有限元网格 x 坐标输入界面。根据本章问题的有限元模型，输入有限元网格 x 坐标。完成后按 Esc 键返回控制菜单，光标将自动跳至下一步。

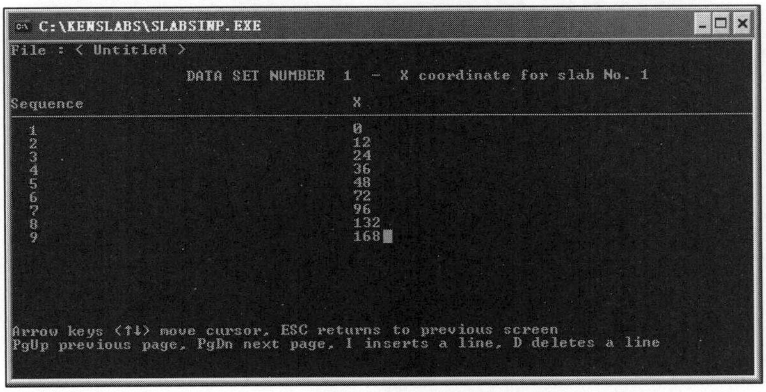

图 6-8　x 方向网格线 x 坐标输入

6. 输入有限元网格 y 坐标

在控制菜单中选择 Y COORDINATES OF FINITE ELEMENT MESH 选项，进入如图 6-9 所示的有限元网格 y 坐标输入界面。根据本章问题的有限元模型，输入有限元网格 y 坐标。完成后按 Esc 键返回控制菜单，光标将自动跳至下一步。

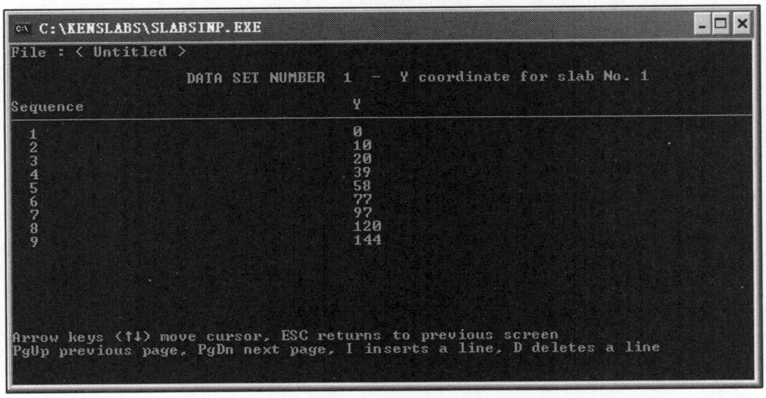

图 6-9　y 方向网格线 y 坐标输入

7. 输入面板各层厚度、泊松比和弹性模量

在控制菜单中选择“THICKNESSES，POISSON’S RATIOS AND MODULI OF SLAB LAYERS”选项，进入如图 6-10 所示的界面。根据本章问题的有限元模型，单层板的厚

度为 8in(203.2mm)，泊松比和弹性模量与默认的 0.15 和 4×10^6psi(27.6GPa)一致。完成后按 Esc 键返回控制菜单，光标将自动跳至下一步。

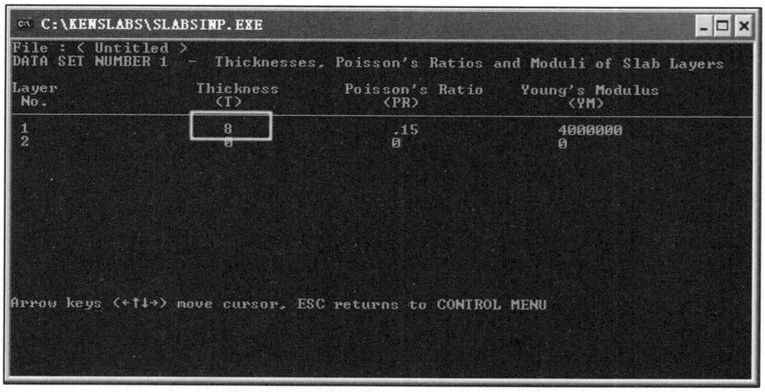

图 6-10 输入板的厚度、泊松比和弹性模量

8. 设置受荷面积与接触压力

在控制菜单中选择 LOADED AREAS AND CONTACT PRESSURES 选项，进入受荷面积与接触压力设置界面。首先，输入每个荷载组均布荷载的个数，本章问题中有 3 个荷载组，分别为单轴双轮组、双轴双轮组和三轴双轮组，考虑模型的对称性，则 3 个荷载组的 NUDL 分别应为 4、4 和 8。完成后如图 6-11 所示。

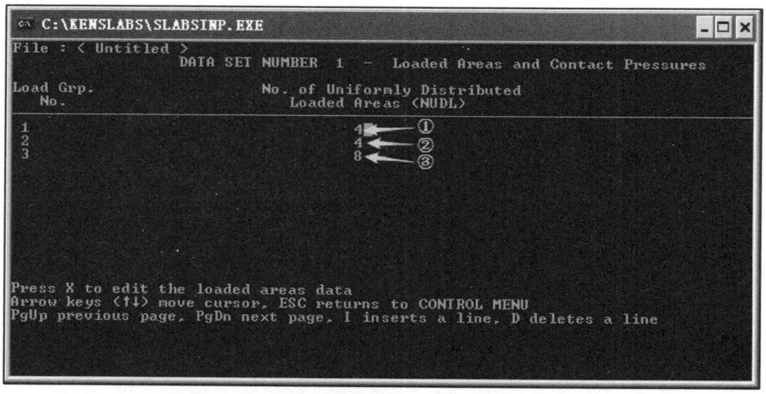

图 6-11 均布荷载定义界面

每输入一个数据后，按字母 X 键即可进入均布荷载组接触压力定义界面。程序中通过定义每一个荷载作用面积的左、右、下、上边界坐标来定义荷载作用范围，可以分别定义每一个荷载作用面上的压力大小，本章问题中均为 100psi(约 690kPa)。程序需要用户计算每一个荷载作用面的尺寸，但本章问题描述中已经过计算给出了相关参数，再经过简单计算即可填入数据表中，详细数据如图 6-12 所示。

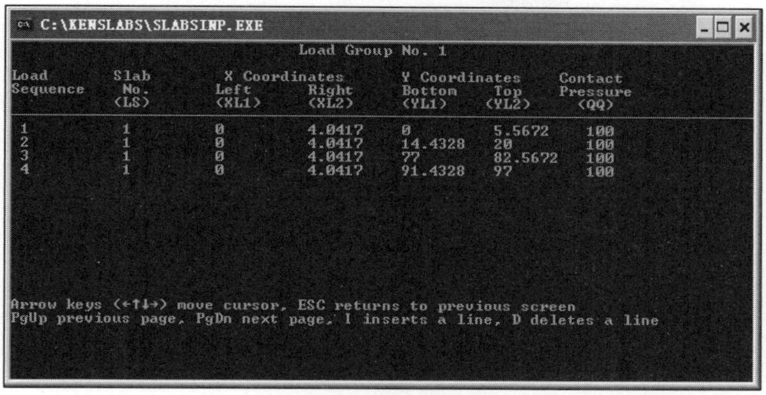

(a) Load Group No.1

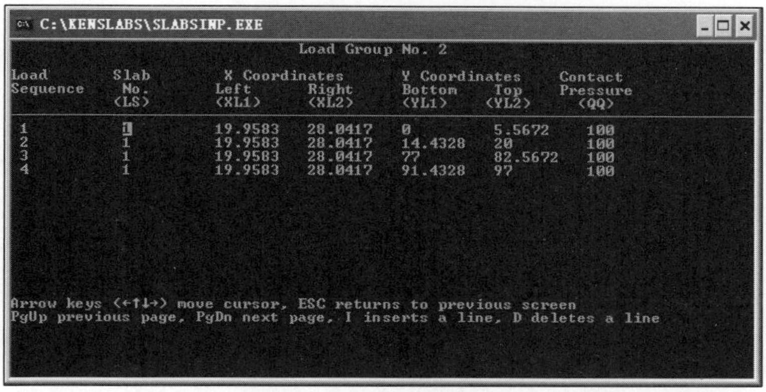

(b) Load Group No.2

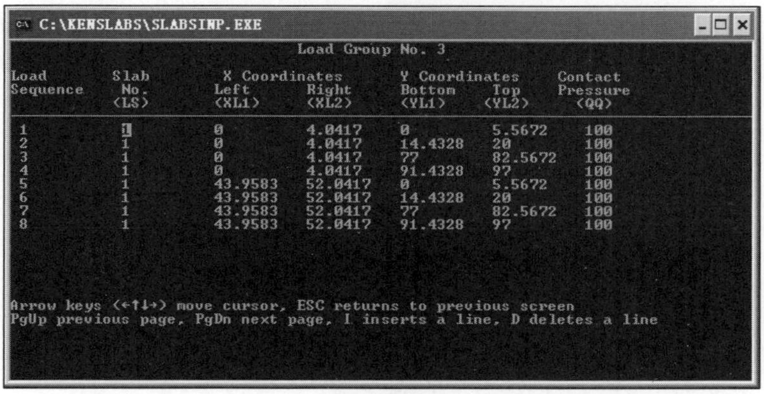

(c) Load Group No.3

图 6-12　荷载组定义

9. 输入其他可选参数

在控制菜单中选择 OTHER OPTIONAL INFORMATION 选项，进入其他可选参数输入界面，设置相关基本参数，图 6-13 为操作流程示意图。

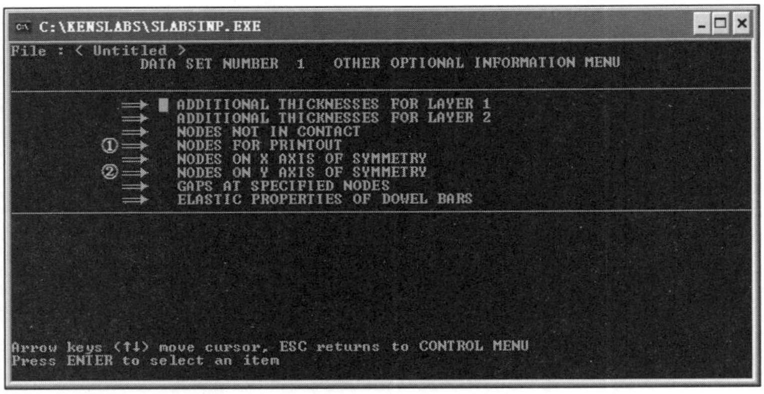

图 6-13 其他可选参数输入

(1)需要计算输出应力的节点。本章问题中需要计算 1 号、19 号、37 号节点的应力，因此输入相应节点号即可，如图 6-14 所示。

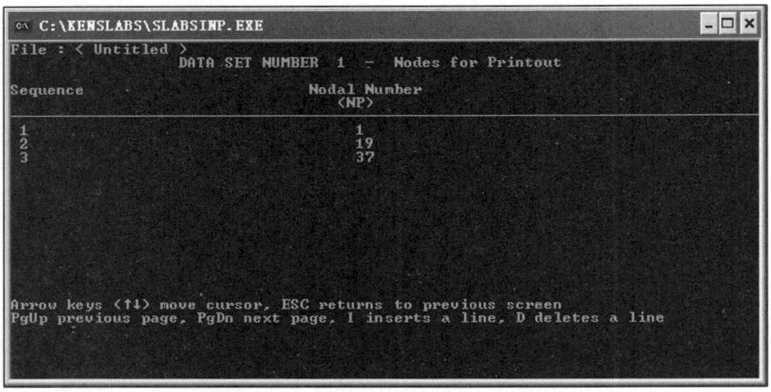

图 6-14 计算输出应力的节点号

(2)对称轴 y 轴上的节点号。输入图 6-1 模型中 y 轴上的节点号，完成后如图 6-15 所示。

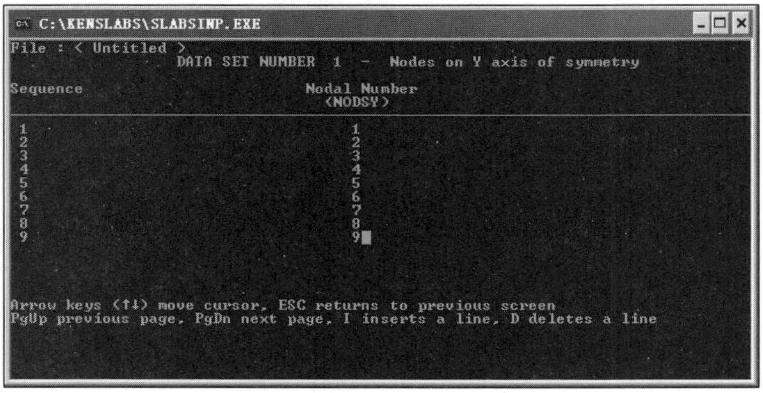

图 6-15 对称轴 y 轴上的节点号

完成后按两次 Esc 键返回输入程序主菜单，光标将自动跳至下一步。

10. 输入地基季节调整系数

在控制菜单中选择 FOUNDATION SEASONAL ADJUSTMENT FACTORS 选项，进入地基季节调整系数输入界面，设置本章问题的地基季节调整系数，分别为 1.0 和 0.8，如图 6-16 所示。

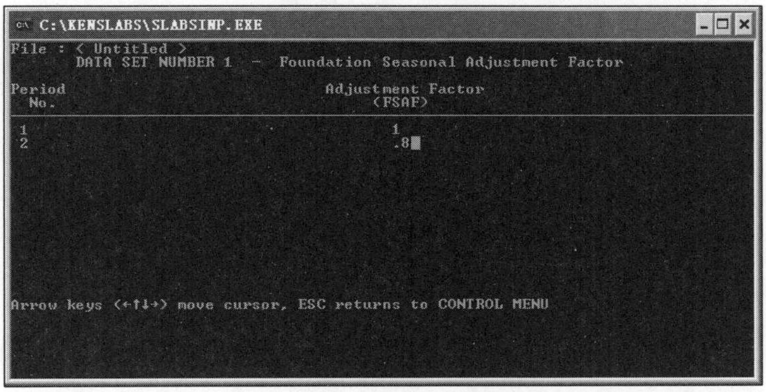

图 6-16　输入地基季节调整系数

完成后按 Esc 键返回控制菜单。

11. 输入地基参数

在控制菜单中选择 FOUNDATION INFORMATION 选项，进入地基参数输入界面，设置本章问题中固体地基参数，如图 6-17 所示。

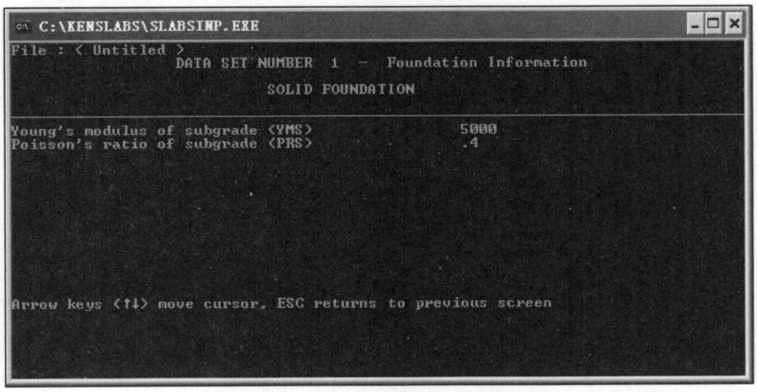

图 6-17　地基参数输入

完成后按 Esc 键返回控制菜单。

12. 输入荷载重复作用次数

在控制菜单中选择 NUMBER OF LOAD REPETITIONS 选项，进入荷载重复作用次数输入界面，设置本章问题中两个时期所对应的荷载累计作用次数，本章问题中每个荷载组每天作用次数均为 20 次，故每个时期每个荷载组总的作用次数均为 3650。因此分别输入 Period No.1 和 Period No.2 的累计作用次数，如图 6-18 所示。

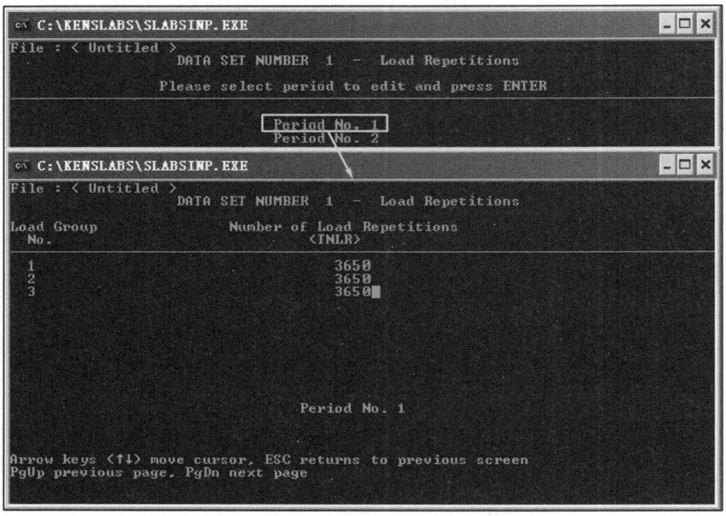

(a) Period No.1

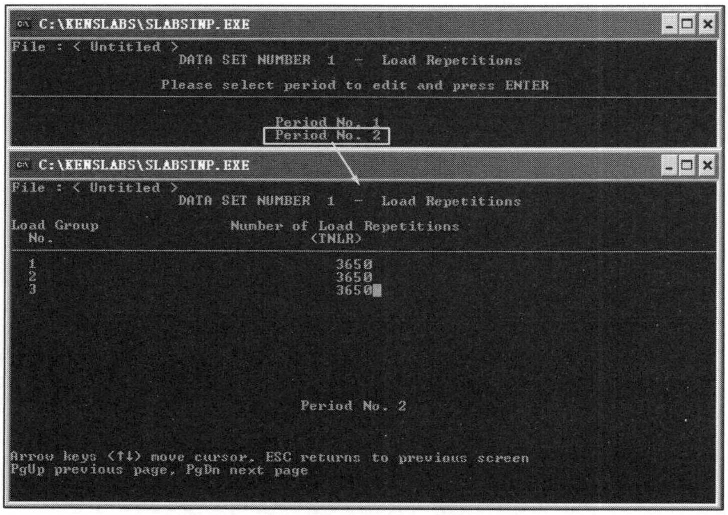

(b) Period No.2

图 6-18 荷载重复作用次数输入

完成后按两次 Esc 键返回输入程序主菜单。

6.2.3 保存与退出

在输入程序主菜单中选择第 3 个选项以保存当前数据文件。如图 6-19 所示，输入文件名(含扩展名)，如 SLA4.DAT，然后按 Enter 键保存即可。

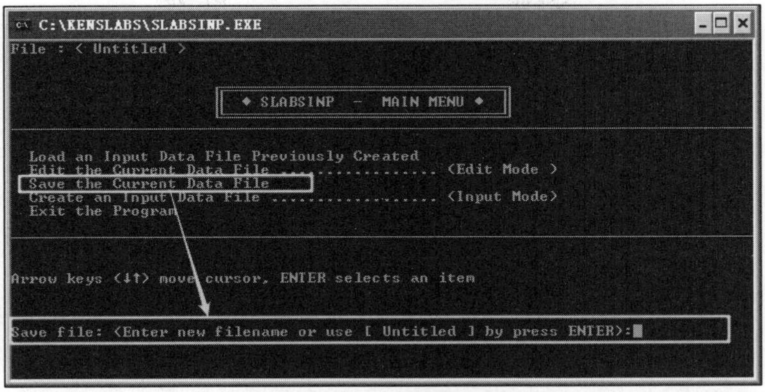

图 6-19　保存当前数据文件

所有模型参数输入并保存后即可退出输入程序。选择主菜单中第 5 个选项 Exit the Program。如图 6-20 所示，输入 Y 表示确定退出，N 表示取消。按 Enter 键确认，生成的数据输入文件及其释义详见 6.4.1 节。

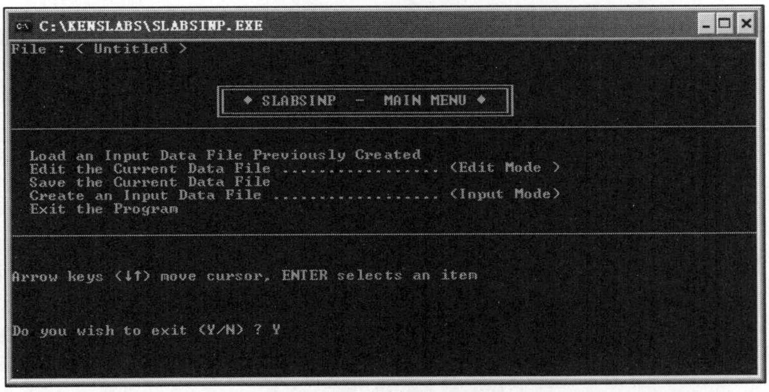

图 6-20　退出输入程序

6.2.4　计算输出

双击 KENSLABS.EXE 进入计算输出程序，如图 6-21 所示。程序会提示“INPUT THE DATA FILE NAME：”，即需要键入输入文件的文件名。

键入输入文件的文件名(含扩展名)SLA4.DAT。输入完成后按 Enter 键即可开始计算输出，图 6-22 为计算输出完成后的界面。

如屏幕中的提示，输出文件被保存到 SLABS.TXT，每次计算都会固定保存在这个文件中，并且替换之前保存的内容。

图 6-21　计算输出程序界面

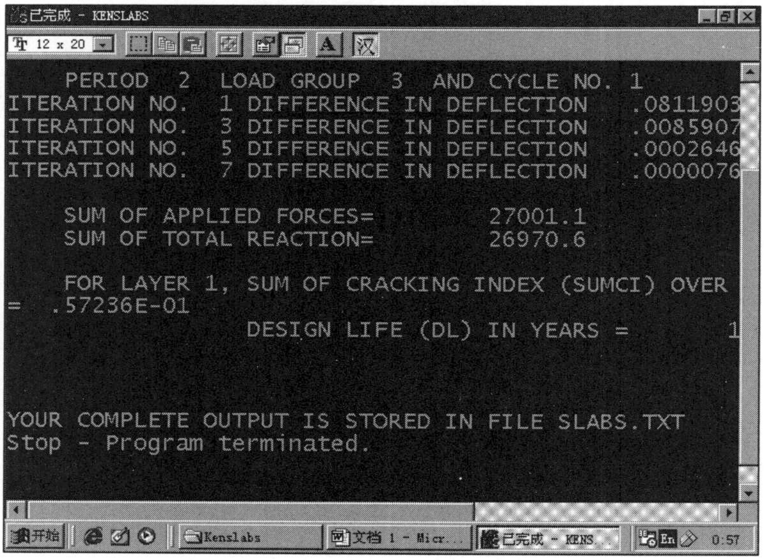

图 6-22　计算输出完成

6.3　计 算 结 果

用文本编辑器打开 SLABS.TXT 文件，计算得到的结果表明，三个荷载组两个时期内的开裂指数总和为 0.057236，疲劳开裂寿命为 17.47 年。详细的结果输出文件及其释义详见 6.4.2 节。如果需要更多节点各个时期的应力，则将 DAMA 改为 0，NPRINT 改为需要的值即可。

6.4　数据输入与结果输出文件释义

6.4.1　数据输入文件

1 (1)　　//待计算的问题数量为 1

EX. 4: DAMAGE ANALYSIS WITH TWO PERIODS AND THREE LOAD GROUPS　(2)　　//标题或问题描述，不超过 80 个英文字符

1　1　2　3 (3)　　//地基类型，1~固体地基；采用 PCA 疲劳准则开展损伤分析；每年划分为 2 个时期；3 个荷载组

1　0 (4)　　//单块板；无接缝

9　9　0　0　0　0 (5)　　//第 1 块板及其网格布置：x 轴上 9 个节点；y 轴上 9 个节点；板的左、右、下、上边均不是接缝

1　1　0　0　3　0　0　0　0　1　0　0　0　9　0 (6)

//面层板为单层板；以 1 号节点为准检查收敛情况；初始情况下与地基不接触的节点数为 0；板与地基间有初始间隙的节点数为 0；打印输出 3 个节点的应力；间隙和预压值不从上一问题得到；双层板的黏结方式，单层板时取 0；不考虑温度翘曲；不考虑自重；不需迭代求解时取 1；第 1 层板厚均匀时取 0；第 2 层板厚均匀或无第 2 层板时取 0；不关于 x 轴对称时取 0；对称轴 y 轴上有 9 个节点；不详细打印输出

0.00000　0.00000　0.00000 600.00000　0.00000 5.000E-06　0.00100　1.00000 (7)

//板底与板顶无温度差；第 1 层板重度，不计自重时取 0；第 2 层板重度，不计自重或无第 2 层板时取 0；第 1 层板抗弯拉强度为 600psi；不开展损伤分析或无第 2 层板时抗弯拉强度取 0；混凝土热膨胀系数为 $5\times10^{-6}℉^{-1}$；用迭代法求解时的允许精度为 0.001；节点 NNCK 处的最大允许竖向位移为 1in

0.00000　0.00000　0.00000　0.00000 (8)　　//两层板的疲劳系数分别为 0，采用 PCA 疲劳准则开展损伤分析时，疲劳系数输入可为任意值

0.00000　12.00000　24.00000　36.00000　48.00000　72.00000　96.00000 132.00000

168.00000　0.00000　10.00000　20.00000　39.00000　58.00000　77.00000　97.00000

120.00000 144.00000 (9)　　//1 号板局部坐标系下，x 轴上 9 个节点的 x 局部坐标与 y 轴上 9 个节点的 y 局部坐标

8.00000　0.15000 4.000E+06 (10)　　//板厚；混凝土的泊松比；混凝土的弹性模量

4　4　8 (12)　　//3 个荷载组内分别有 4 个、4 个、8 个均布荷载作用面积

0　0　0 (13)　　//3 个荷载组内集中力数量均为 0

1　0.00000　4.04170　0.00000　5.56720 100.00000 (15) //荷载组 1，作用面积 1：作用板块编号；左、右、下、上四个边界的位置；接触压力为 100psi

1　0.00000　4.04170　14.43280　20.00000 100.00000 (15)　　//荷载组 1，作用面积 2：同上

1　0.00000　4.04170　77.00000　82.56720 100.00000 (15)　　//荷载组 1，作用面积 3：同上

```
1   0.00000   4.04170  91.43280  97.00000 100.00000 (15)     //荷载组 1，作用面积 4：同上
1  19.95830  28.04170   0.00000   5.56720 100.00000 (15)     //荷载组 2，作用面积 1：同上
1  19.95830  28.04170  14.43280  20.00000 100.00000 (15)     //荷载组 2，作用面积 2：同上
1  19.95830  28.04170  77.00000  82.56720 100.00000 (15)     //荷载组 2，作用面积 3：同上
1  19.95830  28.04170  91.43280  97.00000 100.00000 (15)     //荷载组 2，作用面积 4：同上
1   0.00000   4.04170   0.00000   5.56720 100.00000 (15)     //荷载组 3，作用面积 1：同上
1   0.00000   4.04170  14.43280  20.00000 100.00000 (15)     //荷载组 3，作用面积 2：同上
1   0.00000   4.04170  77.00000  82.56720 100.00000 (15)     //荷载组 3，作用面积 3：同上
1   0.00000   4.04170  91.43280  97.00000 100.00000 (15)     //荷载组 3，作用面积 4：同上
1  43.95830  52.04170   0.00000   5.56720 100.00000 (15)     //荷载组 3，作用面积 5：同上
1  43.95830  52.04170  14.43280  20.00000 100.00000 (15)     //荷载组 3，作用面积 6：同上
1  43.95830  52.04170  77.00000  82.56720 100.00000 (15)     //荷载组 3，作用面积 7：同上
1  43.95830  52.04170  91.43280  97.00000 100.00000 (15)     //荷载组 3，作用面积 8：同上
1   19   37 (18)                                             //需要打印输出应力的节点号
1    2    3    4    5    6    7    8    9 (20)               //对称轴 y 轴上节点的节点号
 1.00000   0.80000 (22)                                      //两个时期内的地基季节调整系数分别为 1.0 和 0.8
5.000E+03   0.40000 (28)                                     //固体地基的弹性模量为 5000psi；固体地基的泊松比为 0.4
3.650E+03 3.650E+03 3.650E+03 (37)                           第 1 个时期内 3 个荷载组分别的预期荷载重复作用次数
3.650E+03 3.650E+03 3.650E+03 (37)                           第 2 个时期内 3 个荷载组分别的预期荷载重复作用次数
```

6.4.2 结果输出文件

```
NUMBER OF PROBLEMS TO BE SOLVED (NPROB) =    1                //待计算的问题数量


*******************************************************************************************
*                                                                          *
*    EX. 4: DAMAGE ANALYSIS WITH TWO PERIODS AND THREE LOAD GROUPS             *          //标题或问题描述
```

```
*                                                                                          *
********************************************************************************************

TYPE OF FOUNDATION (NFOUND)          =   1                      //地基类型，1~固体地基
TYPE OF DAMAGE ANALYSIS (NDAMA)       =   1                     //采用PCA疲劳准则开展损伤分析
NUMBER OF PERIODS PER YEAR (NPY)      =   2                     //每年划分为2个时期
NUMBER OF LOAD GROUPS (NLG)          =   3                      //3个荷载组
TOTAL NUMBER OF SLABS (NSLAB)         =   1                     //单块板
TOTAL NUMBER OF JOINTS (NJOINT)       =   0                     //无接缝


ARRANGEMENT OF SLABS                                            //板的布置

SLAB NO.   NO. OF NODES (NX)    NO. OF NODES (NY)     JOINT NO. AT FOUR SIDES (JONO) //板编号；x方向上节点数量；y方向上节点数量；板
         IN X DIRECTION       IN Y DIRECTION         LEFT  RIGHT  BOTTOM  TOP       的左、右、下、上边的接缝编号
   1            9                  9                  0     0      0      0
                                                    //第1块板及其网格布置：x轴上9个节点；y轴上9个节点；板的左、右、下、上边均不是接缝


NUMBER OF LAYERS (NLAYER)---------------------------------------=    1           //单层板

NODAL NUMBER USED TO CHECK CONVERGENCE (NNCK)------------------=    1           //以1号节点为准检查收敛情况

NUMBER OF NODES NOT IN CONTACT (NOTCON)------------------------=    0           //初始情况下与地基不接触的节点数为0

NUMBER OF GAPS (NGAP)-------------------------------------------=    0           //已知板与地基间有初始间隙的节点数为0

NUMBER OF POINTS FOR PRINTOUT (NPRINT)-------------------------=    3           //打印输出3个节点的应力
```

```
CODE FOR INPUT OF GAPS OR PRECOMPRESSIONS (INPUT)-------------=    0         //间隙和预压值不从上一问题得到

BOND BETWEEN TWO LAYERS (NBOND)--------------------------------=    0         //双层板之间的黏结情况，单层板时取 0

CONDITION OF WARPING (NTEMP)-----------------------------------=    0         //不考虑温度翘曲

CODE INDICATING WHETHER SLAB WEIGHT IS CONSIDERED (NWT)-------=    0         //不考虑自重

MAX NO. OF CYCLES FOR CHECKING CONTACT (NCYCLE)---------------=    1         //不需要迭代求解时为 1

NUMBER OF ADDITIONAL THICKNESSES TO BE READ IN (NAT)                         //各层板中板厚不均匀的节点数量
        FOR LAYER 1 ---------------------------------------=    0            //第 1 层板厚均匀时为 0
        FOR LAYER 2 ---------------------------------------=    0            //第 2 层板厚均匀或无第 2 层板时为 0

NUMBER OF POINTS ON X AXIS OF SYMMETRY (NSX)------------------=    0         //不关于 x 轴对称时为 0

NUMBER OF POINTS ON Y AXIS OF SYMMETRY (NSY)------------------=    9         //关于 y 轴对称，且 y 轴上有 9 个节点

MORE DETAILED PRINTOUT FOR EACH CONTACT CYCLE (MDPO)----------=    0         //不详细打印输出

DIFFERENCE IN TEMP. BETWEEN TOP AND BOTTOM OF SLAB (TEMP)-----=    .00000    //板底与板顶无温度差

UNIT WEIGHT OF LAYER 1 (GAMA(1))------------------------------=    .00000    //第 1 层板的重度，不考虑自重时可为任意值

UNIT WEIGHT OF LAYER 2 (GAMA(2))------------------------------=    .00000    //第 2 层板的重度，不考虑自重时可为任意值

MODULUS OF RUPTURE OF LAYER 1 (PMR(1))------------------------= 600.00000    //第 1 层板的抗弯拉强度为 600psi
```

```
MODULUS OF RUPTURE OF LAYER 2 (PMR(2))-----------------------=   .00000          //无第 2 层板时抗弯拉强度为 0

COEFFICIENT OF THERMAL EXPANSION (CT)-------------------------= .500E-05         //混凝土的热膨胀系数，单位为℉⁻¹

TOLERANCE FOR ITERATIONS (DEL)--------------------------------= .100E-02         //用迭代法求解时的允许精度为 0.001

MAXIMUM ALLOWABLE VERTICAL DISPLACEMENT (FMAX)----------------=  1.00000         //在节点 NNCK 处的最大允许竖向位移为 1in

FOR LAYER 1 FATIGUE COEFFICIENTS:   F1 =     .00000    F2 =     .00000 //第 1 层板的疲劳系数分别为 0，采用 PCA 疲劳准则时疲劳系数输入可为任意值

FOR LAYER 2 FATIGUE COEFFICIENTS:   F1 =     .00000    F2 =     .00000 //第 2 层板的疲劳系数分别为 0，采用 PCA 疲劳准则时疲劳系数输入可为任意值

FOR SLAB NO. 1 :  X=    .00000  12.00000  24.00000  36.00000  48.00000  72.00000  96.00000 132.00000 168.00000
                                                                                  //1 号板的 x 方向上网格的 x 局部坐标
              Y=    .00000  10.00000  20.00000  39.00000  58.00000  77.00000  97.00000 120.00000 144.00000
                                                                                  //1 号板的 y 方向上网格的 y 局部坐标
LAYER    THICKNESS (T)    POISSON'S        YOUNG'S
 NO.                      RATIO (PR)     MODULUS (YM)
  1        8.00000          .15000        .400E+07           //第 1 层板的厚度为 8in，泊松比为 0.15，弹性模量为 4000000psi

NUMBER OF LOADED AREAS (NUDL) FOR EACH LOAD GROUP ARE:                         //每个荷载组的均布荷载作用面积数量
    4    4    8                                           //3 个荷载组内分别有 4 个、4 个、8 个均布荷载作用面积

NUMBER OF CONCENTRATED NODAL FORCES (NCNF) FOR EACH LOAD GROUP ARE:                    //每个荷载组内集中力的数量
    0    0    0                                                                  //3 个荷载组内均无集中力作用

GROUP  1 LOADS ARE APPLIED ON THE SLAB NO.(LS) WITH COORDINATES (XL AND YL) AND INTENSITY(QQ) AS SHOWN:
```

```
                                  //荷载组 1 的均布荷载作用面积：作用的板块编号；左、右、下、上四个边界的位置；接触压力，单位为 psi
     1       .00000      4.04170       .00000      5.56720    100.00000                           //荷载作用面积 1
     1       .00000      4.04170     14.43280     20.00000    100.00000                           //荷载作用面积 2
     1       .00000      4.04170     77.00000     82.56720    100.00000                           //荷载作用面积 3
     1       .00000      4.04170     91.43280     97.00000    100.00000                           //荷载作用面积 4

GROUP  2 LOADS ARE APPLIED ON THE SLAB NO.(LS) WITH COORDINATES (XL AND YL) AND INTENSITY(QQ) AS SHOWN:
                                  //荷载组 2 的均布荷载作用面积：作用的板块编号；左、右、下、上四个边界的位置；接触压力，单位为 psi
     1     19.95830     28.04170       .00000      5.56720    100.00000                           //荷载作用面积 1
     1     19.95830     28.04170     14.43280     20.00000    100.00000                           //荷载作用面积 2
     1     19.95830     28.04170     77.00000     82.56720    100.00000                           //荷载作用面积 3
     1     19.95830     28.04170     91.43280     97.00000    100.00000                           //荷载作用面积 4

GROUP  3 LOADS ARE APPLIED ON THE SLAB NO.(LS) WITH COORDINATES (XL AND YL) AND INTENSITY(QQ) AS SHOWN:
                                  //荷载组 3 的均布荷载作用面积：作用的板块编号；左、右、下、上四个边界的位置；接触压力，单位为 psi
     1       .00000      4.04170       .00000      5.56720    100.00000                           //荷载作用面积 1
     1       .00000      4.04170     14.43280     20.00000    100.00000                           //荷载作用面积 2
     1       .00000      4.04170     77.00000     82.56720    100.00000                           //荷载作用面积 3
     1       .00000      4.04170     91.43280     97.00000    100.00000                           //荷载作用面积 4
     1     43.95830     52.04170       .00000      5.56720    100.00000                           //荷载作用面积 5
     1     43.95830     52.04170     14.43280     20.00000    100.00000                           //荷载作用面积 6
     1     43.95830     52.04170     77.00000     82.56720    100.00000                           //荷载作用面积 7
     1     43.95830     52.04170     91.43280     97.00000    100.00000                           //荷载作用面积 8

NODAL NUMBERS FOR STRESS PRINTOUT (NP) ARE:                                       //打印输出应力的节点号，共计 NPRINT 个
   1     19     37                                                                //打印输出 1 号、19 号和 37 号节点的应力

NODAL NUMBER ON Y AXIS OF SYMMETRY (NODSY) ARE :                                   //对称轴 y 轴上的节点号
```

```
         1        2        3        4        5        6        7        8        9

FOUNDATION SEASONAL ADJUSTMENT FACTOR (FSAF) FOR EACH PERIOD ARE                    //各个时期内的地基季节调整系数
   1.00000    .80000                                      //第 1 个时期内地基季节调整系数为 1.0，第 2 个时期内地基季节调整系数为 0.8

YOUNG'S MODULUS OF FOUNDATION (YMS) =  .500E+04                                      //固体地基弹性模量为 5000psi

POISSON'S RATIO OF FOUNDATION (PRS) =    .40000                                      //固体地基泊松比为 0.4

FOR PERIOD  1  TOTAL NO. OF LOAD REPETITIONS (TNLR)  FOR EACH LOAD GROUP ARE:        //第 1 个时期内 3 个荷载组的预期重复作用次数
     3650.00000     3650.00000     3650.00000

FOR PERIOD  2  TOTAL NO. OF LOAD REPETITIONS (TNLR)  FOR EACH LOAD GROUP ARE:        //第 2 个时期内 3 个荷载组的预期重复作用次数
     3650.00000     3650.00000     3650.00000

HALF BAND WIDTH (NB)  =  129                                                         //刚度矩阵半带宽

PERIOD  1  LOAD GROUP  1  AND CYCLE NO. 1                                 //第 1 个时期，第 1 个荷载组，第 1 次迭代的计算结果
ITERATION NO. (IC)  =  1 DIFFERENCE IN DEFLECTION (DF) =   .02852621   //检查位移收敛性的迭代次数以及指定节点两次迭代的挠度差
ITERATION NO. (IC)  =  3 DIFFERENCE IN DEFLECTION (DF) =   .00231069                                               //同上
ITERATION NO. (IC)  =  5 DIFFERENCE IN DEFLECTION (DF) =   .00007672                                               //同上
ITERATION NO. (IC)  =  7 DIFFERENCE IN DEFLECTION (DF) =   .00000230                                               //同上
```

```
SUM OF APPLIED FORCES (FOSUM)=    9000.4    SUM OF TOTAL REACTIONS (SUBSUM)=    8991.3    //总的作用力为9000.4lb；总的反作用力为8991.3lb

ITERATION NO. (IC) = 9 DIFFERENCE IN DEFLECTION (DF) =  .00000007                  //额外迭代1次，保证精度，含义同上

SUM OF APPLIED FORCES (FOSUM)=    9000.4    SUM OF TOTAL REACTIONS (SUBSUM)=    8991.4          //总的作用力以及总的反作用力


NODAL NUMBER AND REACTIVE PRESSURE (SUBR) ARE: (COMPRESSION POSITIVE)                   //各个节点的地基反力，压为正
 1  8.43561   2  1.84461   3  1.48131   4  1.14025   5   .99129   6  1.11480   7  1.02847   8   .65953
 9   .87417  10  7.67204  11  1.66916  12  1.34657  13  1.08136  14   .94025  15   .99293  16   .91096
17   .62684  18   .83937  19  6.31678  20  1.35394  21  1.10579  22   .93078  23   .80945  24   .80180
25   .72984  26   .54002  27   .74665  28  4.81085  29   .99660  30   .82190  31   .69924  32   .60780
33   .58130  34   .52196  35   .39716  36   .55732  37  3.47391  38   .68290  39   .60637  40   .53598
41   .46525  42   .43752  43   .39557  44   .31060  45   .41820  46  2.13343  47   .33757  48   .35927
49   .31373  50   .27073  51   .25295  52   .22862  53   .17813  54   .19037  55   .94837  56   .09323
57   .14076  58   .11429  59   .09852  60   .09298  61   .08295  62   .05815  63  -.00820  64   .25739
65   .00138  66   .03152  67   .01873  68   .01764  69   .01791  70   .01430  71   .00207  72  -.09976
73  -.56920  74  -.07194  75  -.19759  76  -.18781  77  -.16390  78  -.15000  79  -.14514  80  -.15143
81  -.49907

 NODE  LAYER  STRESS X       STRESS Y       STRESS XY       MAJOR          MINOR          MAX.SHEAR
                       //各个打印输出的节点在各层位的x方向应力、y方向应力、xy平面剪应力、最大主应力、最小主应力、最大剪应力
   1    1    .314486E+03   .000000E+00   .000000E+00   .000000E+00   .314486E+03   .157243E+03
  19    1    .477241E+02   .000000E+00   .000000E+00   .000000E+00   .477241E+02   .238621E+02
  37    1   -.265044E+02   .000000E+00   .000000E+00  -.265044E+02   .000000E+00   .132522E+02

MAXIMUM STRESS (SMAX) AT BOTTOM OF LAYER 1 IS 314.48630 AND OCCURS AT NODE  1          //计算出的此种情况下的最大应力以及节点号
```

```
FOR PERIOD  1  LOAD GROUP  1  CRACKING INDEX (CI) FOR LAYER 1 IS  .13011E-01          //计算得到开裂指数

PERIOD  1  LOAD GROUP  2  AND CYCLE NO. 1              //第 1 个时期，第 2 个荷载组，第 1 次迭代的计算结果

SUM OF APPLIED FORCES (FOSUM)=  18000.8   SUM OF TOTAL REACTIONS (SUBSUM)=  17982.1   //总的作用力为 18000.8lb；总的反作用力为 17982.1lb

NODE  LAYER  STRESS X      STRESS Y      STRESS XY      MAJOR        MINOR       MAX.SHEAR
        //各个打印输出的节点在各层位的 x 方向应力、y 方向应力、xy 平面剪应力、最大主应力、最小主应力、最大剪应力
  1    1   .952908E+02   .000000E+00   .000000E+00   .000000E+00   .952908E+02   .476454E+02
 19    1   .288671E+03   .000000E+00   .000000E+00   .000000E+00   .288671E+03   .144335E+03
 37    1   .381867E+01   .000000E+00   .000000E+00   .000000E+00   .381867E+01   .190933E+01

STRESS DIFFERENTIAL FOR MULTIPLE WHEELS IS 193.37990          //双轴荷载通过时产生的应力差为 193.37990psi

MAXIMUM STRESS (SMAX) AT BOTTOM OF LAYER 1 IS 288.67060 AND OCCURS AT NODE  19   //计算出的此种情况下的最大应力以及节点号

FOR PERIOD  1  LOAD GROUP  2  CRACKING INDEX (CI) FOR LAYER 1 IS  .16391E-02          //计算得到开裂指数
PRIMARY CRACKING INDEX IS  .16391E-02  SECONDARY CRACKING INDEX IS  .00000E+00   //初次开裂指数和再次开裂指数（由上述应力差产生）

PERIOD  1  LOAD GROUP  3  AND CYCLE NO. 1              //第 1 个时期，第 3 个荷载组，第 1 次迭代的计算结果

SUM OF APPLIED FORCES (FOSUM)=  27001.1   SUM OF TOTAL REACTIONS (SUBSUM)=  26972.3   //总的作用力为 27001.1lb；总的反作用力为 26972.3lb
```

```
NODE  LAYER  STRESS X      STRESS Y      STRESS XY       MAJOR         MINOR        MAX.SHEAR
                             //各个打印输出的节点在各层位的x方向应力、y方向应力、xy平面剪应力、最大主应力、最小主应力、最大剪应力

  1     1   .263197E+03   .000000E+00   .000000E+00   .000000E+00   .263197E+03   .131598E+03
 19     1   .545485E+02   .000000E+00   .000000E+00   .000000E+00   .545485E+02   .272742E+02
 37     1   .243322E+03   .000000E+00   .000000E+00   .000000E+00   .243322E+03   .121661E+03

STRESS DIFFERENTIAL FOR MULTIPLE WHEELS IS 208.64820          //三轴荷载通过时产生的应力差为208.64820psi

MAXIMUM STRESS (SMAX) AT BOTTOM OF LAYER 1 IS 263.19670 AND OCCURS AT NODE  1    //计算出的此种情况下的最大应力以及节点号

FOR PERIOD  1  LOAD GROUP  3  CRACKING INDEX (CI) FOR LAYER 1 IS  .00000E+00    //计算得到开裂指数
PRIMARY CRACKING INDEX IS  .16391E-02  SECONDARY CRACKING INDEX IS  .00000E+00  //初次开裂指数和再次开裂指数


PERIOD  2  LOAD GROUP  1  AND CYCLE NO. 1                       //第2个时期，第1个荷载组，第1次迭代的计算结果

SUM OF APPLIED FORCES (FOSUM)=   9000.4   SUM OF TOTAL REACTIONS (SUBSUM)=   8990.7   //总的作用力为9000.4lb；总的反作用力为8990.7lb


SUM OF APPLIED FORCES (FOSUM)=   9000.4   SUM OF TOTAL REACTIONS (SUBSUM)=   8990.7   //注：此行重复出现，疑为程序自身漏洞


NODE  LAYER  STRESS X      STRESS Y      STRESS XY       MAJOR         MINOR        MAX.SHEAR
                             //各个打印输出的节点在各层位的x方向应力、y方向应力、xy平面剪应力、最大主应力、最小主应力、最大剪应力
```

```
  1    1    .330967E+03    .000000E+00    .000000E+00    .000000E+00    .330967E+03    .165484E+03
 19    1    .600484E+02    .000000E+00    .000000E+00    .000000E+00    .600484E+02    .300242E+02
 37    1   -.212451E+02    .000000E+00    .000000E+00   -.212451E+02    .000000E+00    .106226E+02

MAXIMUM STRESS (SMAX) AT BOTTOM OF LAYER 1 IS 330.96730 AND OCCURS AT NODE  1     //计算出的此种情况下的最大应力以及节点号

FOR PERIOD  2  LOAD GROUP  1  CRACKING INDEX (CI) FOR LAYER 1 IS  .30698E-01     //计算得到开裂指数


PERIOD  2  LOAD GROUP  2  AND CYCLE NO. 1     //第 2 个时期，第 2 个荷载组，第 1 次迭代的计算结果

SUM OF APPLIED FORCES (FOSUM)=  18000.8    SUM OF TOTAL REACTIONS (SUBSUM)=  17981.0    //总的作用力为 18000.8lb；总的反作用力为 17981.0lb

NODE  LAYER  STRESS X       STRESS Y       STRESS XY        MAJOR          MINOR        MAX.SHEAR
        //各个打印输出的节点在各层位的 x 方向应力、y 方向应力、xy 平面剪应力、最大主应力、最小主应力、最大剪应力
  1    1    .119784E+03    .000000E+00    .000000E+00    .000000E+00    .119784E+03    .598921E+02
 19    1    .310302E+03    .000000E+00    .000000E+00    .000000E+00    .310302E+03    .155151E+03
 37    1    .158364E+02    .000000E+00    .000000E+00    .000000E+00    .158364E+02    .791819E+01

STRESS DIFFERENTIAL FOR MULTIPLE WHEELS IS 190.51780     //双轴荷载通过时产生的应力差为 190.51780psi

MAXIMUM STRESS (SMAX) AT BOTTOM OF LAYER 1 IS 310.30210 AND OCCURS AT NODE  19     //计算出的此种情况下的最大应力以及节点号

FOR PERIOD  2  LOAD GROUP  2  CRACKING INDEX (CI) FOR LAYER 1 IS  .10045E-01     //计算得到开裂指数
PRIMARY CRACKING INDEX IS  .10045E-01  SECONDARY CRACKING INDEX IS  .00000E+00     //初次开裂指数以及再次开裂指数
```

```
PERIOD  2  LOAD GROUP  3  AND CYCLE NO. 1                               //第 2 个时期，第 3 个荷载组，第 1 次迭代的计算结果

SUM OF APPLIED FORCES (FOSUM)=  27001.1   SUM OF TOTAL REACTIONS (SUBSUM)=  26970.6   //总的作用力为 27001.1lb；总的反作用力为 26970.6lb

 NODE  LAYER  STRESS X       STRESS Y       STRESS XY        MAJOR          MINOR        MAX.SHEAR
                          //各个打印输出的节点在各层位的 x 方向应力、y 方向应力、xy 平面剪应力、最大主应力、最小主应力、最大剪应力
    1    1    .289732E+03   .000000E+00    .000000E+00    .000000E+00    .289732E+03    .144866E+03
   19    1    .784657E+02   .000000E+00    .000000E+00    .000000E+00    .784657E+02    .392329E+02
   37    1    .261633E+03   .000000E+00    .000000E+00    .000000E+00    .261633E+03    .130816E+03

STRESS DIFFERENTIAL FOR MULTIPLE WHEELS IS 211.26680                     //三轴荷载通过时产生的应力差为 211.26680psi

MAXIMUM STRESS (SMAX) AT BOTTOM OF LAYER 1 IS 289.73250 AND OCCURS AT NODE   1        //计算出的此种情况下的最大应力以及节点号

FOR PERIOD  2  LOAD GROUP  3  CRACKING INDEX (CI) FOR LAYER 1 IS  .18422E-02        //计算得到开裂指数
PRIMARY CRACKING INDEX IS  .18422E-02  SECONDARY CRACKING INDEX IS  .00000E+00      //初次开裂指数以及再次开裂指数

FOR LAYER 1, SUM OF CRACKING INDEX (SUMCI) OVER ALL PERIODS AND LOAD GROUPS =  .57236E-01    //所有开裂指数之和
          DESIGN LIFE (DL) IN YEARS =      17.47                           //疲劳开裂设计寿命，单位为年，开裂指数的倒数
```

第 7 章　层状地基上部分接触的四块板

7.1　问 题 描 述

图 7-1 为层状地基上的四块双层板体系，两层板之间完全光滑，同时受温度翘曲、板边唧泥和双轮荷载的作用。板底与板顶的温度差为-20℉(-11.1℃)。板角下由于唧泥的作用，产生了 0.05in(约 1.3mm)的脱空，这些节点号分别为 1、7、12、18、19、25、30 和 36。对于面层板，第一层板的弹性模量取 4×10^6psi(约 27.6GPa)，泊松比取 0.15，重度为 150pcf(0.0868pci，约 23.56kN/m^3)，层厚为 8in(203.2mm)。第二层板的弹性模量取 1×10^6psi(6.895GPa)，泊松比取 0.2，重度为 135pcf(0.0781pci，约 21.20kN/m^3)，层厚为 10in(254mm)。对于接缝参数，横缝采用传力杆，纵缝采用剪切弹簧常数。所有接缝均不传递弯矩。传力杆的弹性模量取 29×10^6psi(约 200GPa)，泊松比取 0.3，支承模量取 1×10^6pci(约 271.4GN/m^3)，直径为 1in(25.4mm)，间距为 12in(304.8mm)，接缝宽度为 0.125in(3.175mm)，纵缝的剪切弹簧常数为 40000psi(约 275.8MPa)。对于层状地基，第一层的弹性模量为 20000psi(约 137.9MPa)，泊松比为 0.3，厚度为 8in(203.2mm)。第二层的弹性模量为 5000psi(约 34.5MPa)，泊松比为 0.4，厚度为无穷大。对于均布荷载，两个正方形的均布荷载作用于横缝边缘中部，分别在 8 号和 17 号节点上，接触压力为 200psi(约 1380kPa)。图中阿拉伯数字如 10 等表示节点编号，带圆圈的数字如⑩等表示单元编号。若考虑问题

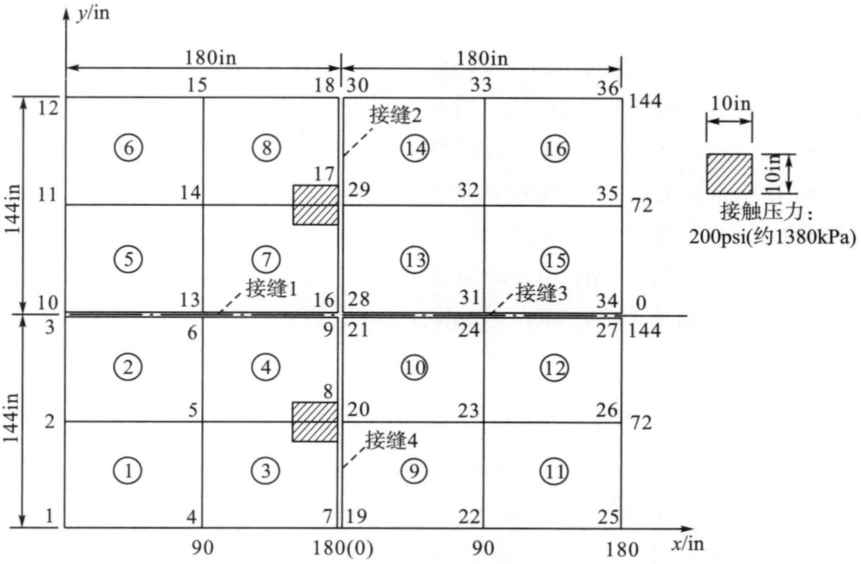

图 7-1　有限元模型示意图(层状地基上的四块双层板体系)

的对称性，可以仅取上面或者下面一半进行分析，不过在本章问题中由于单元网格并不复杂，仍采用四块板的全结构进行计算。求面层板的应力和挠度。

7.2 KENSLABS 计算实现

7.2.1 新建数据输入文件

首先进入输入程序主菜单，如图 7-2 所示，选择第 4 个选项以创建一个新的数据输入文件。

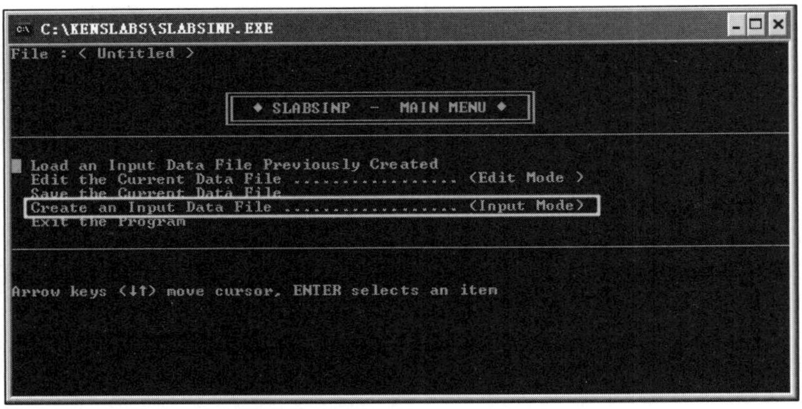

图 7-2 新建数据输入文件

7.2.2 输入模型参数

本章问题属于较为复杂的情况，可以分成两步来求解，即同时激活 DATA SET NUMBER 1 和 DATA SET NUMBER 2。首先，DATA SET NUMBER 1 在不考虑双轮荷载的情况下采用 NGAP=8、INPUT=0、NTEMP=1、NWT=1、NCYCLE=10 和 TEMP=−20℉(−11.1℃)，计算由面板自重、温度翘曲和初始间隙产生的间隙和预压值。然后，DATA SET NUMBER 2 则在考虑双轮荷载的情况下，取 NGAP=0、INPUT=1、NTEMP=0、NWT=0、NCYCLE=10 和 TEMP=0，计算荷载作用下的应力和挠度。因此，需要分别先后选择 Problem Number 1 和 Problem Number 2，DATA SET NUMBER 1 的基本输入流程如图 7-3 所示。

1. 输入标题

在控制菜单中选择 TITLE 选项，进入如图 7-4 所示的标题输入界面。本程序中允许标题为空，但是建议用户在标题中予以简要描述。对于本章问题的 DATA SET NUMBER 1 可以“EX.5: FOUR SLABS ON LAYER FOUNDATION WITH WEIGHT AND TEMPERATURE WARPING”为标题。完成后按 Esc 键返回控制菜单，光标将自动跳至下一步。

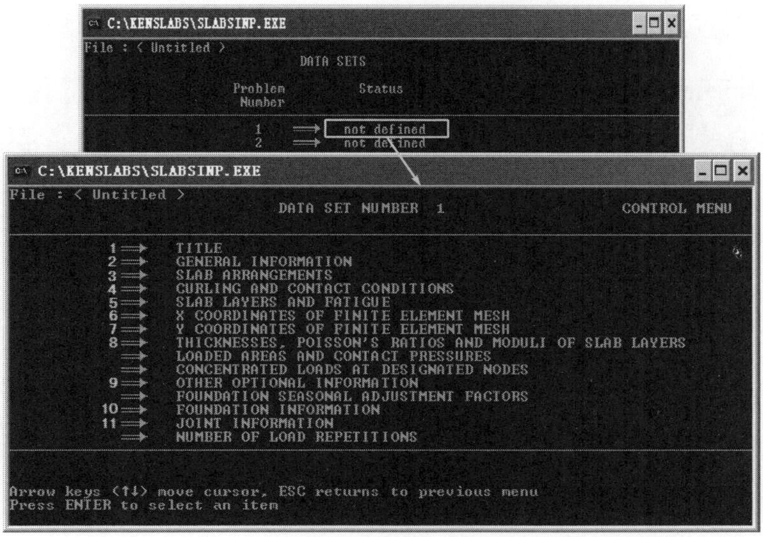

图 7-3　DATA SET NUMBER 1 参数输入流程示意图

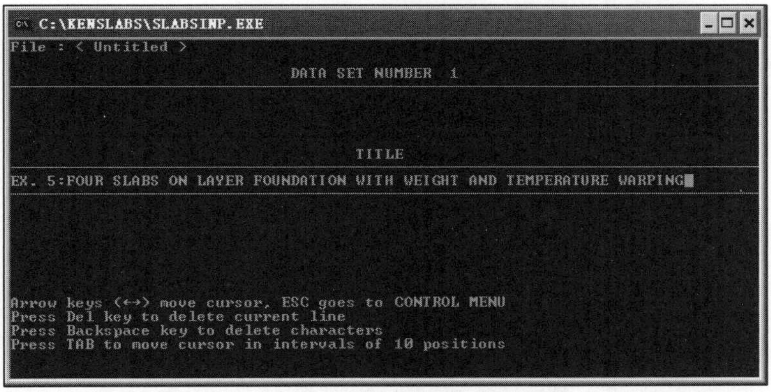

图 7-4　输入标题

2. 输入一般参数

在控制菜单中选择 GENERAL INFORMATION 选项，进入一般参数输入界面，设置相关基本参数。程序中有部分默认值与模型是一致的，可直接采用，仅需做如图 7-5 所示的修改。

(1) 地基类型。本章问题中为层状地基，因此需要修改 NFOUND=2。

(2) 面层板的层数。本章问题中为双层板，因此输入 NLAYER=2。

(3) 板块数量。本章问题中有 4 块板，因此填入 NSLAB=4。

(4) 接缝数量。本章问题中有 4 个接缝，因此填入 NJOINT=4。

(5) 用于检查收敛情况的节点号。尽量采用荷载最重的节点号，本章问题中采用 8 号节点，NNCK=8。

(6) 计算输出应力的节点数量。每个荷载组计算可能的最不利点的应力，本章问题中应共计有 2 个节点，节点号分别为 8 和 17，因此填入 NPRINT=2。

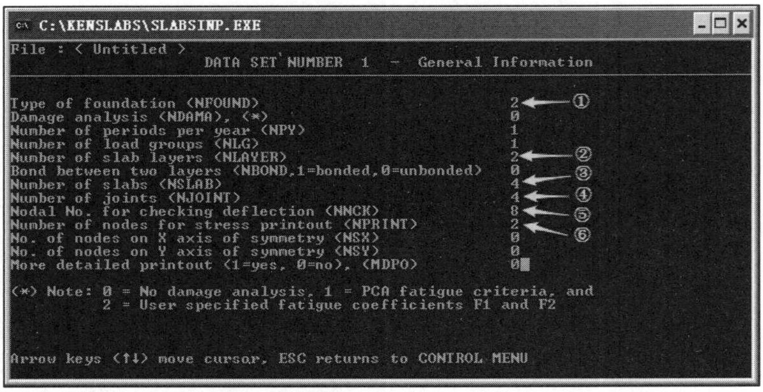

图 7-5 基本参数输入

其余选项保持默认即可，完成后按 Esc 键返回控制菜单，光标将自动跳至下一步。

3. 输入板块布置参数

在控制菜单中选择 SLAB ARRANGEMENTS 选项，进入如图 7-6 所示的板块布置参数输入界面，设置板块布置参数。按图 7-1 所示的有限元模型，输入每块板的 NX 和 NY，均为 3 和 3。左下方板块 1 的右方是接缝 4，上方是接缝 1，因此第一行 JONO2 输入 4、JONO4 输入 1。同理，其余板块均按这种方式输入正确的值。设置完成后按 Esc 键返回控制菜单，光标将自动跳至下一步。

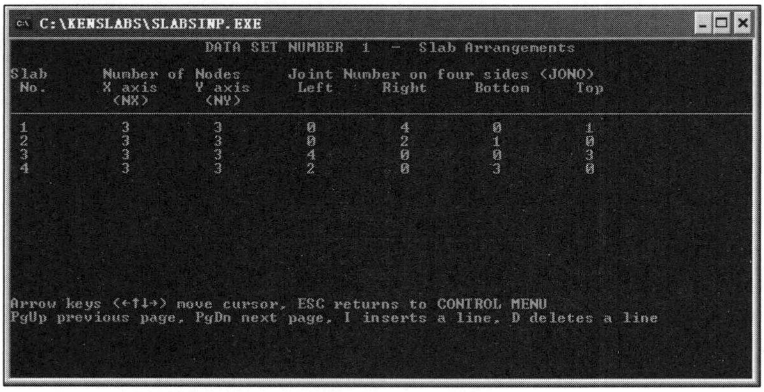

图 7-6 网格及板块布置参数输入

4. 输入翘曲与接触状况参数

在控制菜单中选择 CURLING AND CONTACT CONDITIONS 选项，进入翘曲与接触状况参数输入界面，设置板的翘曲与接触状况参数。由于本章问题考虑自重且为部分接触，需做如图 7-7 所示的修改。

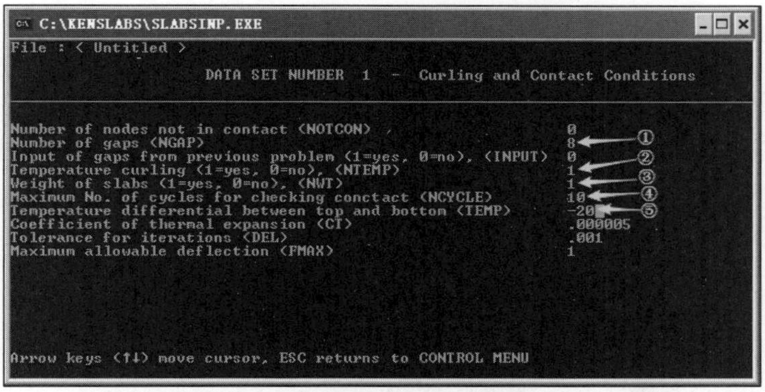

图 7-7　翘曲与接触状况参数输入

(1) 初始状态下与地基间有间隙的节点数量。本章问题中面板在板角处由于唧泥的影响产生了间隙，即第 1、7、12、18、19、25、30 和 36 号节点，共计 8 个，因此输入 NGAP=8。

(2) 温度翘曲。本章问题 DATA SET NUMBER 1 中需要考虑温度翘曲作用，将 NTEMP 修改为 1。

(3) 板的自重。本章问题 DATA SET NUMBER 1 中需要考虑板的自重，因此将 NWT 修改为 1。

(4) 接触判别最大循环次数。本章问题中取 NCYCLE=10 即可。

(5) 温度差。输入板底温度减板顶温度的温度差，本章问题 DATA SET NUMBER 1 中需要修改 TEMP 为−20。

其余选项保持默认即可，完成后按 Esc 键返回控制菜单，光标将自动跳至下一步。

5. 输入板的重度、抗弯拉强度和疲劳参数

在控制菜单中选择 SLAB LAYERS AND FATIGUE 选项，进入重度、抗弯拉强度和疲劳参数输入界面，设置相关参数。本章问题中无须进行损伤分析，因此仅需输入两层板的重度 GAMA 即可。第一层板的重度为 150pcf(0.0868pci，约 23.56kN/m^3)，第二层板的重度为 135pcf(0.0781pci，约 21.20kN/m^3)。完成后如图 7-8 所示。

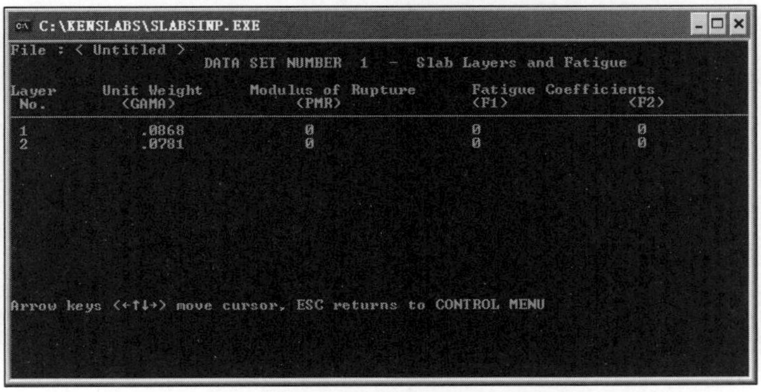

图 7-8　输入重度、抗弯拉强度和损伤分析参数

6. 输入有限元网格 x 坐标

在控制菜单中选择 X COORDINATES OF FINITE ELEMENT MESH 选项，进入有限元网格 x 坐标输入界面。根据本章问题的有限元模型，分别选择 Slab No.1、Slab No.2、Slab No.3 和 Slab No.4 选项，输入相应的有限元网格的 x 坐标，完成后如图 7-9 所示。按两次 Esc 键返回控制菜单，光标将自动跳至下一步。

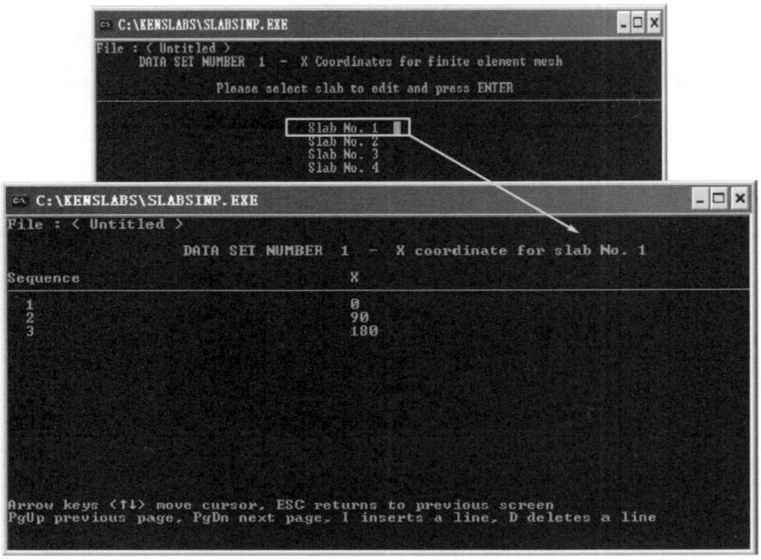

(a) Slab No.1

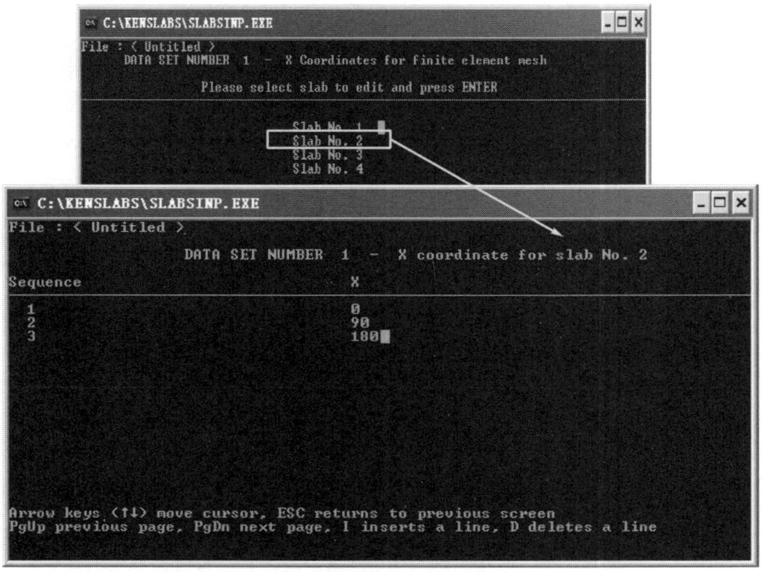

(b) Slab No.2

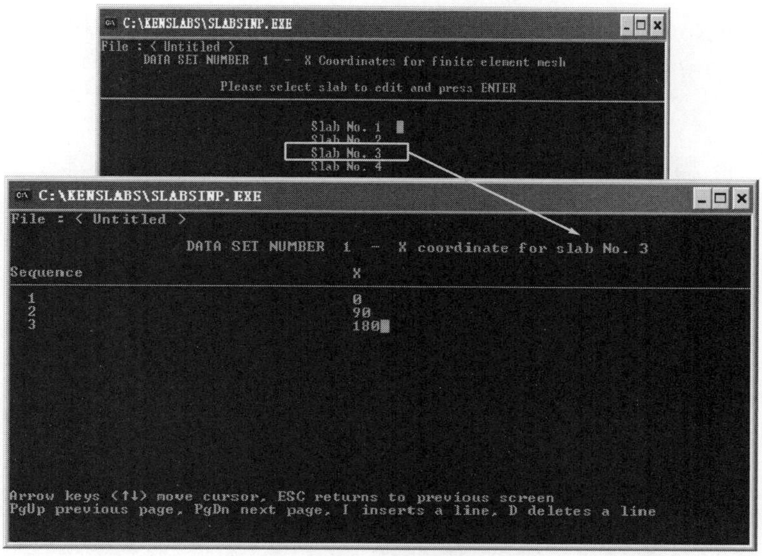

(c) Slab No.3

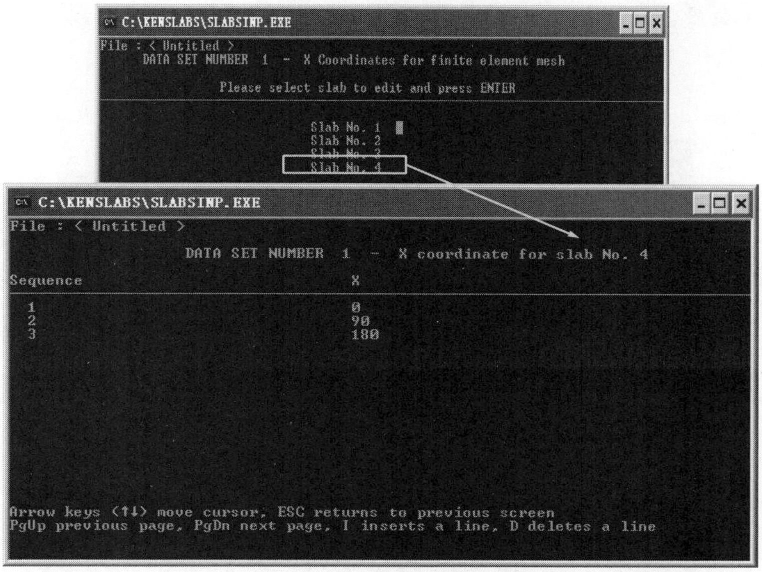

(d) Slab No.4

图 7-9　x 方向网格线 x 坐标输入

7. 输入有限元网格 y 坐标

在控制菜单中选择 Y COORDINATES OF FINITE ELEMENT MESH 选项，进入有限元网格 y 坐标输入界面。根据本章问题的有限元模型，分别选择 Slab No.1、Slab No.2、

Slab No.3 和 Slab No.4 按钮，输入有限元网格 y 坐标，完成后如图 7-10 所示。按两次 Esc 键返回控制菜单，光标将自动跳至下一步。

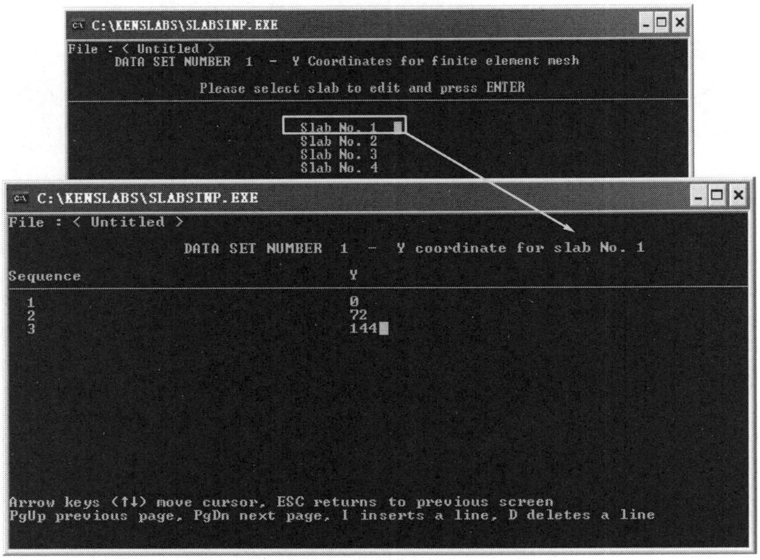

(a) Slab No.1

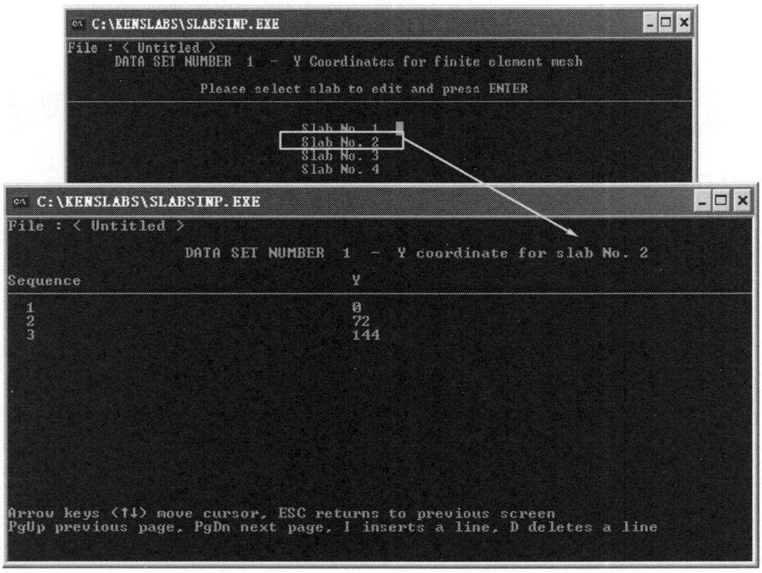

(b) Slab No.2

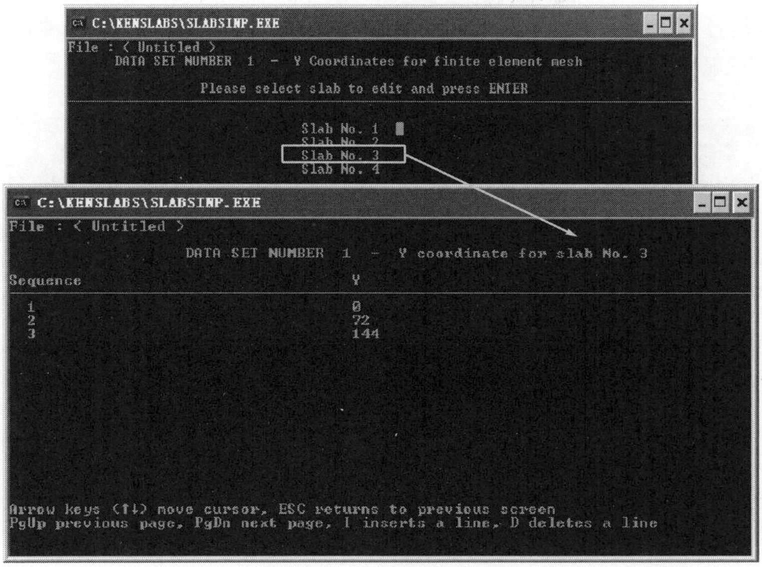

(c) Slab No.3

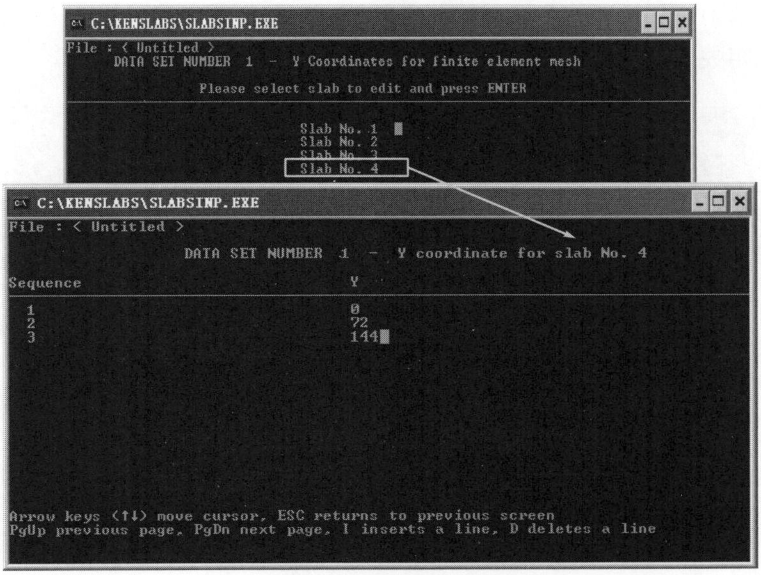

(d) Slab No.4

图 7-10　y 方向网格线 y 坐标

8. 输入面板各层厚度、泊松比和弹性模量

在控制菜单中选择“THICKNESSES，POISSON’S RATIOS AND MODULI OF SLAB LAYERS”选项。根据本章问题的有限元模型，第一层板的厚度为 8in(203.2mm)，泊松比和弹性模量与默认的 0.15 和 4×10^6psi(27.6GPa)一致；第二层板的厚度为 10in(254mm)，泊

松比和弹性模量分别为 0.2 和 1×10^6psi(6.895GPa)。完成后如图 7-11 所示，按 Esc 键返回控制菜单，光标将自动跳至下一步。

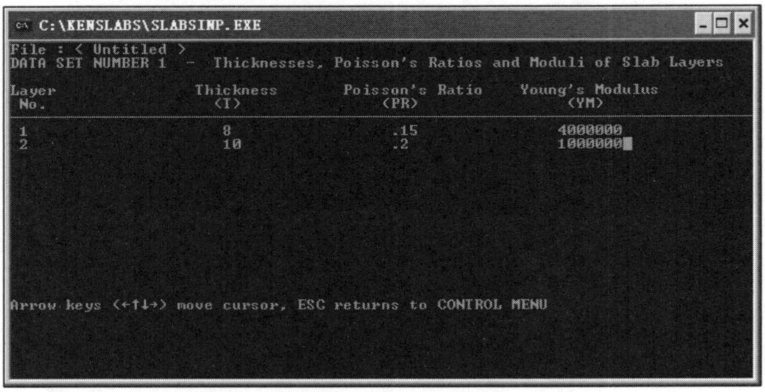

图 7-11 输入板的厚度、泊松比和弹性模量

9. 输入其他可选参数

在控制菜单中选择 OTHER OPTIONAL INFORMATION 选项，进入其他可选参数输入界面，设置相关基本参数，图 7-12 为操作流程示意图。

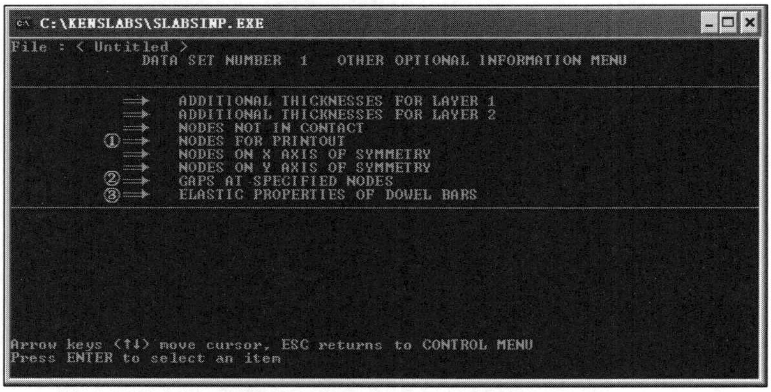

图 7-12 其他可选参数输入

(1)需要计算输出应力的节点。本章问题中需要计算 8 号和 17 号节点的应力及位移，因此输入相应节点号即可，如图 7-13 所示。

(2)初始间隙值。输入有初始间隙的节点所对应的初始间隙值，均为 0.05in(约 1.3mm)，完成后如图 7-14 所示。

(3)传力杆弹性属性。输入本章问题描述中的传力杆弹性属性参数，本章问题中保持默认即可，如图 7-15 所示。

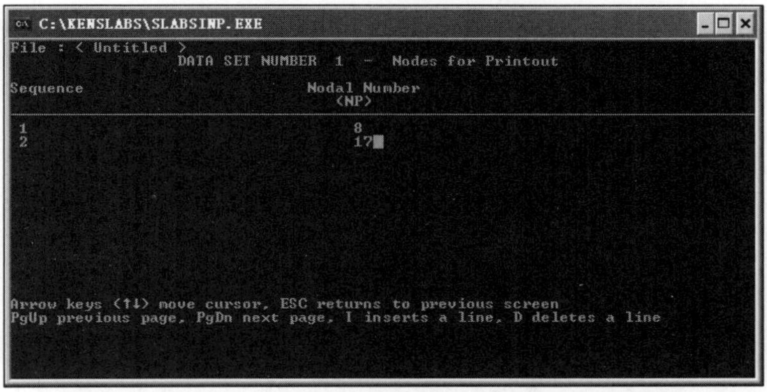

图 7-13　计算输出应力的节点号

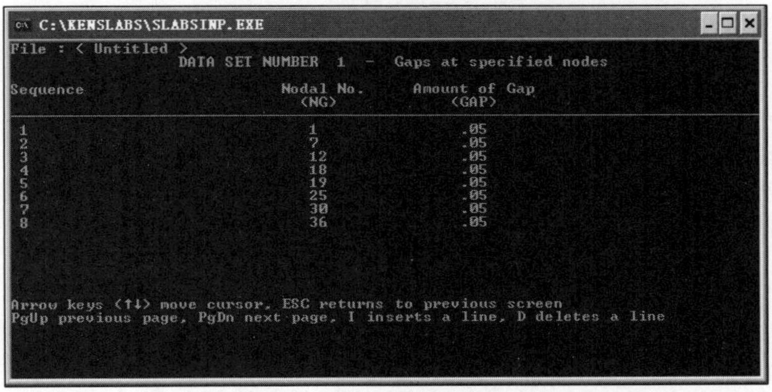

图 7-14　有初始间隙的节点号及所对应的初始间隙值

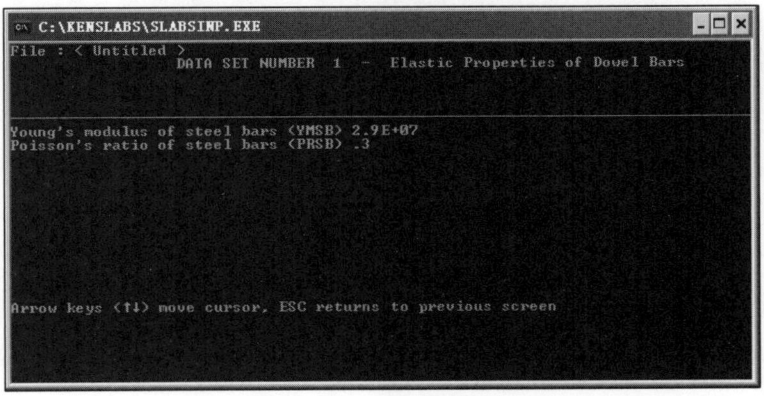

图 7-15　传力杆弹性属性

本步骤完成后，按两次 Esc 键返回控制菜单，光标将自动跳至下一步。

10. 输入地基参数

在控制菜单中选择 FOUNDATION INFORMATION 选项，设置本章问题中层状地基参数，如图 7-16 所示。MAXIC 保持程序默认值 30 即可，本章问题中层状地基为两层，因此 NL 的值应为 2。

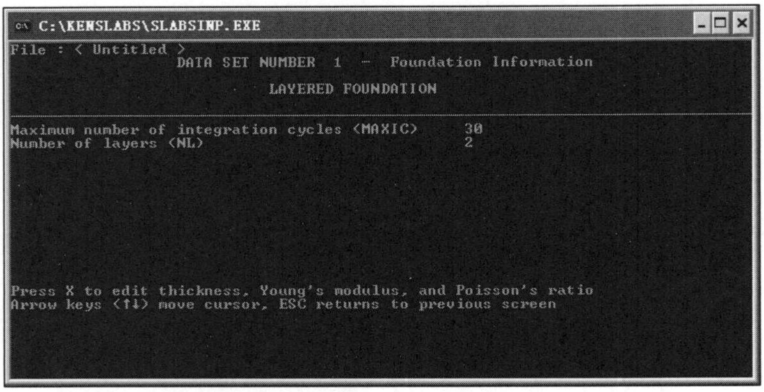

图 7-16　设置层状地基

选择第二个选项，第一层的弹性模量为 20000psi(约 137.9MPa)，泊松比为 0.3，厚度为 8in(203.2mm)。第二层的弹性模量为 5000psi(约 34.5MPa)，泊松比为 0.4，厚度为无穷大。按字母 X 键，输入相应参数后如图 7-17 所示。

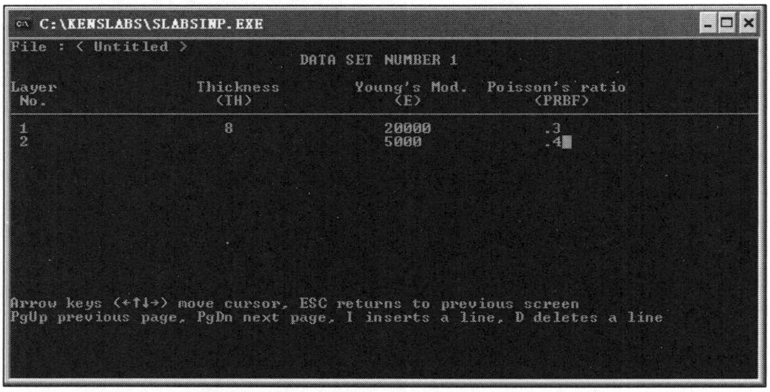

图 7-17　地基参数输入

完成后按两次 Esc 键返回控制菜单。

11. 输入接缝参数

在控制菜单中选择 JOINT INFORMATION 选项，设置本章问题中横缝(即接缝 2、4)和纵缝(即接缝 1、4)的参数，如图 7-18 所示。

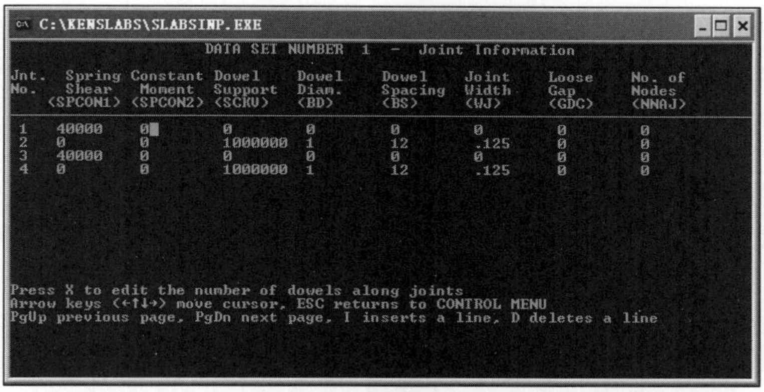

图 7-18　设置接缝参数

完成后按两次 Esc 键返回 DATA SETS 菜单。

12. Data Set 2 数据输入

在 DATA SETS 菜单选择 Problem Number 2 进行 DATA SET NUMBER 2 的数据输入。DATA SET NUMBER 2 需要在考虑轮载的情况下，取 NGAP=0、INPUT=1、NTEMP=0、NWT=0、NCYCLE=10 和 TEMP=0。DATA SET NUMBER 2 的基本输入流程如图 7-19 所示。

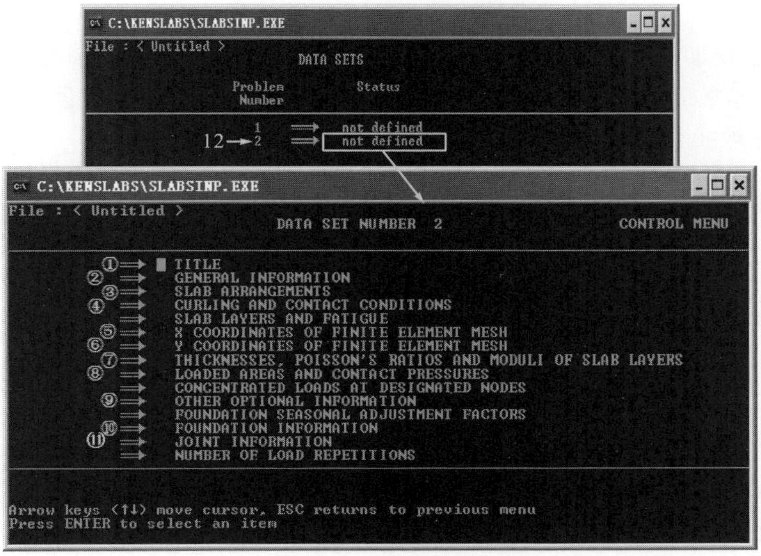

图 7-19　Data Set 2 参数输入流程示意图

第①步中 DATA SET NUMBER 2 的标题可以为“EX.5：FOUR SLABS ON LAYER FOUNDATION WITH LOADS ONLY”。

第②步中将 NPRINT 的值修改为 4(打印 4 个节点的应力)，同时可以将 MDPO 的值修改为 1(详细打印输出)。其余参数与 DATA SET NUMBER 1 相同即可。

第③步中的板块网格划分和接缝布置与前文 DATA SET NUMBER 1 第 3 步相同即可。

第④步中的翘曲与接触状况参数，根据本章问题描述，需要设置 NGAP=0、INPUT=1、NTEMP=0、NWT=0、NCYCLE=10 和 TEMP=0。

第⑤、⑥步中的有限元网格坐标均与 DATA SET NUMBER 1 中第 6、7 步相同即可。

第⑦步中的面板各层材料参数与 DATA SET NUMBER 1 保持一致。

第⑧步中需要设置本章问题的双轮荷载。在控制菜单中选择 LOADED AREAS AND CONTACT PRESSURES 选项，进入均布荷载设置界面。首先输入每个荷载组均布荷载的个数，本章问题中有 1 个荷载组，且有两个均布荷载作用面积，即 NUDL 为 2，如图 7-20 所示。

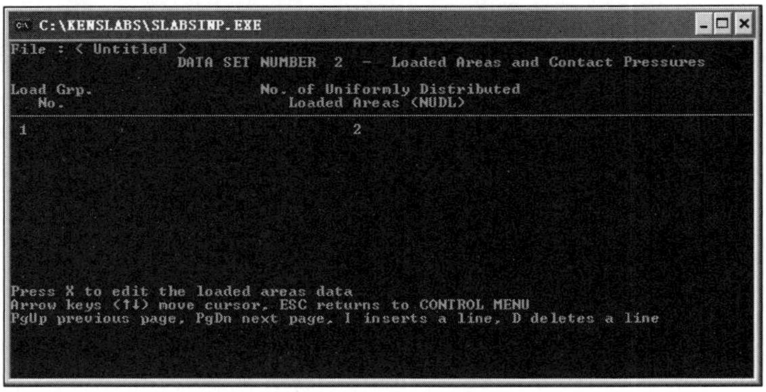

图 7-20 均布荷载定义界面

按字母 X 键即可进入接触压力定义界面。程序中通过定义每一个荷载作用面的左、右、下、上边界来定义荷载作用范围，可以分别定义每一个荷载作用面积上的压力大小，本章问题中均为 200psi(约 1380kPa)。详细数据见图 7-21。

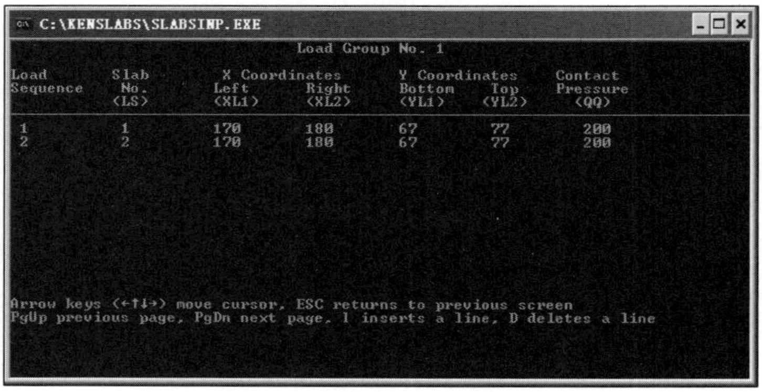

图 7-21 均布荷载组输入

第⑨步中的其他可选参数中，初始间隙值不需要输入，NP 修改为 8、17、20、29，其余参数与 DATA SET NUMBER 1 保持相同即可。

第⑩步中的地基参数与 DATA SET NUMBER 1 的第 10 步相同即可。

第⑪步中的接缝参数也与 DATA SET NUMBER 1 的第 11 步保持相同即可。

尽管第④步中 NWT 已设置为 0(板重不予考虑)，仍建议 SLAB LAYERS AND

FATIGUE 选项处将两层板的重度 GAMA 均设置为 0，以避免误解。

7.2.3　保存与退出

在输入程序主菜单中，选择第 3 个选项以保存当前数据文件。如图 7-22 所示，输入文件名(含扩展名)，如 SLA5.DAT，然后按 Enter 键保存即可。

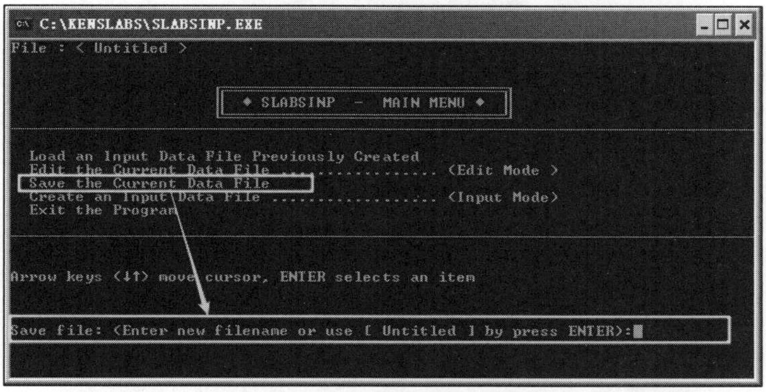

图 7-22　保存当前数据文件

所有模型参数输入并保存后即可退出输入程序。选择主菜单中第 5 个选项 Exit the Program。如图 7-23 所示，输入 Y 表示确定退出，N 表示取消。按 Enter 键确认，生成的数据输入文件及其释义详见 7.4.1 节。

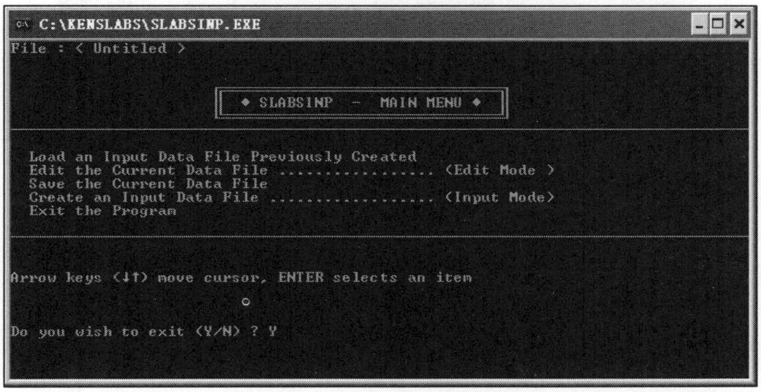

图 7-23　退出输入程序

7.2.4　计算输出

双击 KENSLABS.EXE 进入计算输出程序，如图 7-24 所示。程序会提示“INPUT THE DATA FILE NAME：”，即需要键入输入文件的文件名。

键入输入文件的文件名(含扩展名)SLA5.DAT。输入完成后按 Enter 键即可开始计算输出，图 7-25 为计算输出完成后的界面。

图 7-24　计算输出程序界面

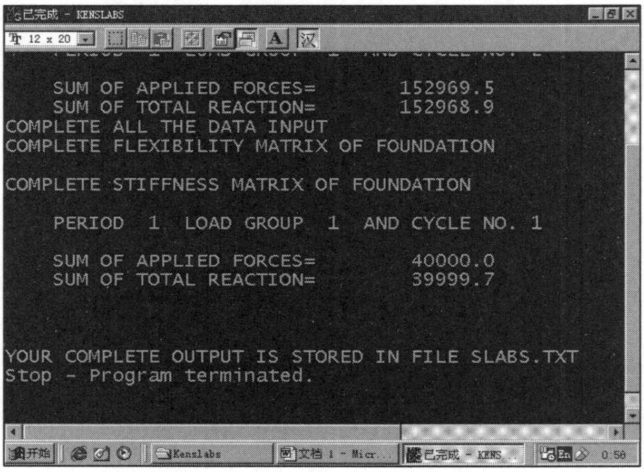

图 7-25　计算输出完成

如屏幕中的提示，输出文件被保存到 SLABS.TXT，每次计算都会固定保存在这个文件中，并且替换之前保存的内容。

7.3 计 算 结 果

用文本编辑器打开 SLABS.TXT 文件，计算得到的结果表明，第一步第一层板的最大应力为 43.38psi(299.11kPa)，第一步第二层板的最大应力为 13.25psi(91.36kPa)，最大挠度为 0.06794in(1.73mm)，均位于 8 号和 17 号节点处；第二步第一层板的最大应力为 125.17psi(863.05kPa)，第二步第二层板的最大应力为 39.68psi(273.59kPa)，最大挠度为 0.03976in(1.01mm)，均位于 8 号和 17 号节点处。详细的结果输出文件及其释义详见 7.4.2 节。

7.4　数据输入与结果输出文件释义

7.4.1　数据输入文件

```
2 (1)                                                                                  //待计算的问题数量为 2
EX.5: FOUR SLABS ON LAYER FOUNDATION WITH WEIGHT AND TEMPERATURE WARPING (2)       //问题 1 的标题或问题描述，不超过 80 个英文字符
2    0    1    1 (3)                              //地基类型，2~层状地基；不开展损伤分析；每年划分为 1 个时期；1 个荷载组
4    4 (4)                                                                                     //4 块板；4 条接缝
3    3    0    4    0    1 (5)      //第 1 块板及其网格布置：x 轴上 3 个节点；y 轴上 3 个节点；板的左、下边均不是接缝，而右边是接缝 4，上边是接缝 1
3    3    0    2    1    0 (5)      //第 2 块板及其网格布置：x 轴上 3 个节点；y 轴上 3 个节点；板的左、上边均不是接缝，而右边是接缝 2，下边是接缝 1
3    3    4    0    0    3 (5)      //第 3 块板及其网格布置：x 轴上 3 个节点；y 轴上 3 个节点；板的右、下边均不是接缝，而左边是接缝 4，上边是接缝 3
3    3    2    0    3    0 (5)      //第 4 块板及其网格布置：x 轴上 3 个节点；y 轴上 3 个节点；板的右、上边均不是接缝，而左边是接缝 2，下边是接缝 3
2    8    0    8    2    0    0    1    1    10    0    0    0    0    0 (6)
//面层板为双层板；以 8 号节点为准检查收敛情况；初始情况下与地基不接触的节点数为 0；板与地基间有初始间隙的节点数为 8 个；打印输出 2 个节点的应力；间隙和预压值
不从上一问题得到；双层板的黏结方式，分离式取 0；考虑温度翘曲；考虑自重；最大迭代次数为 10 次；第 1 层板厚均匀时取 0；第 2 层板厚均匀或无第 2 层板时取 0；不关于
                                                                        x 轴对称时取 0；不关于 y 轴对称时取 0；不详细打印输出
-20.00000   0.08680   0.07810   0.00000   0.00000 5.000E-06   0.00100   1.00000 (7)
//板底与板顶的温度差为-20℉；第 1 层板重度为 0.08680pci；第 2 层板重度为 0.0781pci；不开展损伤分析时第 1 层板抗弯拉强度取 0；不开展损伤分析或无第 2 层板时
                     抗弯拉强度取 0；混凝土热膨胀系数为 5×10^-6℉^-1；用迭代法求解时的允许精度为 0.001；节点 NNCK 处的最大允许竖向位移为 1in
0.00000   0.00000   0.00000   0.00000 (8)                                       //两层板的疲劳系数分别为 0，不开展损伤分析可设置为任意值
0.00000  90.00000 180.00000   0.00000  72.00000 144.00000 (9)    //1 号板局部坐标系下，x 轴上 3 个节点的 x 局部坐标与 y 轴上 3 个节点的 y 局部坐标
0.00000  90.00000 180.00000   0.00000  72.00000 144.00000 (9)    //2 号板局部坐标系下，x 轴上 3 个节点的 x 局部坐标与 y 轴上 3 个节点的 y 局部坐标
0.00000  90.00000 180.00000   0.00000  72.00000 144.00000 (9)    //3 号板局部坐标系下，x 轴上 3 个节点的 x 局部坐标与 y 轴上 3 个节点的 y 局部坐标
0.00000  90.00000 180.00000   0.00000  72.00000 144.00000 (9)    //4 号板局部坐标系下，x 轴上 3 个节点的 x 局部坐标与 y 轴上 3 个节点的 y 局部坐标
8.00000   0.15000 4.000E+06  10.00000   0.20000 1.000E+06 (10)             //第 1 层板与第 2 层板的板厚；混凝土的泊松比；混凝土的弹性模量
0 (12)                                                                                  //荷载组内无均布荷载作用面积
```

```
 0 (13)                                                          //荷载组内无集中力
 8  17 (18)                                                      //需打印输出应力的节点号
 1  0.05000   7  0.05000  12  0.05000  18  0.05000  19  0.05000
25  0.05000  30  0.05000  36  0.05000 (21)                       //已知初始间隙的节点号与间隙值
1.00000 (22)                                                     //时期内的地基季节调整系数为1.0
 2  30 (30)                                                      //层状地基的层数；层状地基数值积分最大循环次数，程序建议取30
8.00000 (31)                                                     //地基各层层厚，第1层为8in，最下层为无穷大，免输入
2.000E+04 5.000E+03 (32)                                         //各层地基的弹性模量，第1层为20000psi，第2层为5000psi
 0.30000  0.40000 (33)                                           //各层地基的泊松比，第1层为0.3，第2层为0.4
2.900E+07  0.30000 (34)                                          //传力杆的弹性模量为29000000psi；传力杆的泊松比为0.3
4.000E+04 0.000E+00 0.000E+00  0.00000  0.00000  0.00000  0.00000  0 (35)
        //1号接缝：剪切弹簧常数为非零固定值，后面的参数应当均为0；弯矩弹簧常数；传力杆支承模量；传力杆直径；传力杆间距；接缝宽度；
        传力杆与混凝土间的间隙；每条接缝的节点数量，传力杆非均匀分布时填入
0.000E+00 0.000E+00 1.000E+06  1.00000 12.00000  0.12500  0.00000  0 (35)    //接缝2，参数含义同上
4.000E+04 0.000E+00 0.000E+00  0.00000  0.00000  0.00000  0.00000  0 (35)    //接缝3，参数含义同上
0.000E+00 0.000E+00 1.000E+06  1.00000 12.00000  0.12500  0.00000  0 (35)    //接缝4，参数含义同上
FOUR SLABS ON LAYER FOUNDATION WITH LOADS ONLY               (2)             //问题2的标题或问题描述
 2   0   1   1 (3)                     //地基类型，2~层状地基；不开展损伤分析；每年划分为1个时期；1个荷载组
 4   4 (4)                             //4块板；4条接缝
 3   3   0   4   0   1 (5)   //第1块板及其网格布置：x轴上3个节点；y轴上3个节点；板的左、下边均不是接缝，而右边是接缝4，上边是接缝1
 3   3   0   2   1   0 (5)   //第2块板及其网格布置：x轴上3个节点；y轴上3个节点；板的左、上边均不是接缝，而右边是接缝2，下边是接缝1
 3   3   4   0   0   3 (5)   //第3块板及其网格布置：x轴上3个节点；y轴上3个节点；板的右、下边均不是接缝，而左边是接缝4，上边是接缝3
 3   3   2   0   3   0 (5)   //第4块板及其网格布置：x轴上3个节点；y轴上3个节点；板的右、上边均不是接缝，而左边是接缝2，下边是接缝3
 2   8   0   0   4   1   0   0   0  10   0   0   0   0   1 (6)
//面层板为双层板；以8号节点为准检查收敛情况；初始情况下与地基不接触的节点数为0；板与地基间有初始间隙的节点数为0；打印输出4个节点的应力；间隙和预压值需
从上一问题得到；双层板的黏结方式，分离式取0；不考虑温度翘曲；不考虑自重；最大迭代次数为10次；第1层板厚均匀时取0；第2层板厚均匀或无第2层板时取0；不关
于x轴对称；不关于y轴对称；详细打印输出
 0.00000  0.00000  0.00000  0.00000  0.00000 5.000E-06  0.00100  1.00000 (7)
```

```
//板底与板顶无温度差；第 1 层板不计自重；第 2 层板重度，不计自重或无第 2 层板时取 0；不开展损伤分析时第 1 层板抗弯拉强度取 0；不开展损伤分析或无第 2 层板时抗弯
                          拉强度取 0；混凝土热膨胀系数为 5×10^-6°F^-1；用迭代法求解时的允许精度为 0.001；节点 NNCK 处的最大允许竖向位移为 1in
  0.00000   0.00000   0.00000   0.00000 (8)                         //两层板的疲劳系数分别为 0，不开展损伤分析时可为任意值
  0.00000  90.00000 180.00000   0.00000  72.00000 144.00000 (9)    //1 号板局部坐标系下，x 轴上 3 个节点的 x 局部坐标与 y 轴上 3 个节点的 y 局部坐标
  0.00000  90.00000 180.00000   0.00000  72.00000 144.00000 (9)    //2 号板局部坐标系下，x 轴上 3 个节点的 x 局部坐标与 y 轴上 3 个节点的 y 局部坐标
  0.00000  90.00000 180.00000   0.00000  72.00000 144.00000 (9)    //3 号板局部坐标系下，x 轴上 3 个节点的 x 局部坐标与 y 轴上 3 个节点的 y 局部坐标
  0.00000  90.00000 180.00000   0.00000  72.00000 144.00000 (9)    //4 号板局部坐标系下，x 轴上 3 个节点的 x 局部坐标与 y 轴上 3 个节点的 y 局部坐标
  8.00000   0.15000 4.000E+06  10.00000   0.20000 1.000E+06 (10)           //第 1 层板与第 2 层板的板厚；混凝土的泊松比；混凝土的弹性模量
   2 (12)                                                                    //荷载组内有 2 个均布荷载作用面积
   0 (13)                                                                    //荷载组内无集中力作用
   1 170.00000 180.00000  67.00000  77.00000 200.00000 (15) //第 1 个荷载作用面积：作用板块编号；左、右、下、上四个边界的位置；接触压力为 200psi
   2 170.00000 180.00000  67.00000  77.00000 200.00000 (15) //第 2 个荷载作用面积：作用板块编号；左、右、下、上四个边界的位置；接触压力为 200psi
   8   17   20   29 (18)                                                     //需打印输出应力的节点号
  1.00000 (22)                                                               //时期内的地基季节调整系数为 1.0
   2   30 (30)                                               //层状地基的层数；层状地基数值积分最大循环次数，程序建议取 30
  8.00000 (31)                                                     //各层地基层厚，第 1 层为 8in，最下层为无穷大，免输入
 2.000E+04 5.000E+03 (32)                                      //各层地基的弹性模量，第 1 层为 20000psi，第 2 层为 5000psi
  0.30000   0.40000 (33)                                                   //各层地基的泊松比，第 1 层为 0.3，第 2 层为 0.4
 2.900E+07   0.30000 (34)                                      //传力杆的弹性模量为 29000000psi；传力杆的泊松比为 0.3
 4.000E+04 0.000E+00 0.000E+00   0.00000   0.00000   0.00000   0.00000    0 (35)
//1 号接缝：剪切弹簧常数为非零固定值，后面的参数应当均为 0；弯矩弹簧常数；传力杆支承模量；传力杆直径；传力杆间距；接缝宽度；传力杆与混凝土间的间隙；每条接缝
                                                                                          的节点数量，传力杆非均匀分布时填入
 0.000E+00 0.000E+00 1.000E+06   1.00000  12.00000   0.12500   0.00000    0 (35)                  //接缝 2，参数含义同上
 4.000E+04 0.000E+00 0.000E+00   0.00000   0.00000   0.00000   0.00000    0 (35)                  //接缝 3，参数含义同上
 0.000E+00 0.000E+00 1.000E+06   1.00000  12.00000   0.12500   0.00000    0 (35)                  //接缝 4，参数含义同上
```

7.4.2 结果输出文件

```
NUMBER OF PROBLEMS TO BE SOLVED (NPROB) =    2                                    //待计算的问题数量


*******************************************************************************************
*                                                                          *
*    EX.5: FOUR SLABS ON LAYER FOUNDATION WITH WEIGHT AND TEMPERATURE WARPING    *     //问题1的标题或问题描述
*                                                                          *
*******************************************************************************************

TYPE OF FOUNDATION (NFOUND)              =    2                                    //地基类型，2~层状地基
TYPE OF DAMAGE ANALYSIS (NDAMA)          =    0                                    //不开展损伤分析
NUMBER OF PERIODS PER YEAR (NPY)         =    1                                    //每年划分为1个时期
NUMBER OF LOAD GROUPS (NLG)              =    1                                    //1个荷载组
TOTAL NUMBER OF SLABS (NSLAB)            =    4                                    //4块板
TOTAL NUMBER OF JOINTS (NJOINT)          =    4                                    //4条接缝


ARRANGEMENT OF SLABS                                                               //板的布置

SLAB NO.   NO. OF NODES (NX)    NO. OF NODES (NY)     JOINT NO. AT FOUR SIDES (JONO)  //板编号；x方向上节点数量；y方向上节点数量；
           IN X DIRECTION       IN Y DIRECTION        LEFT  RIGHT  BOTTOM   TOP       板块与接缝相对位置
   1              3                   3                 0     4       0       1
                                     //第1块板及其网格布置：x轴上3个节点；y轴上3个节点；板的左、下边均不是接缝，而右边是接缝4，上边是接缝1
   2              3                   3                 0     2       1       0       第2块板，参数含义同上
   3              3                   3                 4     0       0       3       第3块板，参数含义同上
```

```
4        3          3          2   0   3   0                    第 4 块板，参数含义同上

NUMBER OF LAYERS (NLAYER)--------------------------------------=  2     //双层板

NODAL NUMBER USED TO CHECK CONVERGENCE (NNCK)------------------=  8     //以 8 号节点为准检查收敛情况

NUMBER OF NODES NOT IN CONTACT (NOTCON)------------------------=  0     //初始情况下与地基不接触的节点数为 0

NUMBER OF GAPS (NGAP)------------------------------------------=  8     //已知板与地基间有初始间隙的节点数量为 8 个

NUMBER OF POINTS FOR PRINTOUT (NPRINT)-------------------------=  2     //打印输出 2 个节点的应力

CODE FOR INPUT OF GAPS OR PRECOMPRESSIONS (INPUT)--------------=  0     //间隙和预压值不从上一问题得到

BOND BETWEEN TWO LAYERS (NBOND)--------------------------------=  0     //双层板之间的黏结情况，分离式板时取 0

CONDITION OF WARPING (NTEMP)-----------------------------------=  1     //考虑温度翘曲

CODE INDICATING WHETHER SLAB WEIGHT IS CONSIDERED (NWT)--------=  1     //考虑自重

MAX NO. OF CYCLES FOR CHECKING CONTACT (NCYCLE)----------------=  10    //最大迭代次数为 10 次

NUMBER OF ADDITIONAL THICKNESSES TO BE READ IN (NAT)                    //各层板中板厚不均匀的节点数量
        FOR LAYER 1 ---------------------------------------=  0         //第 1 层板厚均匀时为 0
        FOR LAYER 2 ---------------------------------------=  0         //第 2 层板厚均匀或无第 2 层板时为 0

NUMBER OF POINTS ON X AXIS OF SYMMETRY (NSX)-------------------=  0     //不关于 x 轴对称时为 0
```

```
NUMBER OF POINTS ON Y AXIS OF SYMMETRY (NSY)------------------=    0                //不关于 y 轴对称时为 0

MORE DETAILED PRINTOUT FOR EACH CONTACT CYCLE (MDPO)----------=    0                //不详细打印输出

DIFFERENCE IN TEMP. BETWEEN TOP AND BOTTOM OF SLAB (TEMP)-----= -20.00000           //板底与板顶温度差为-20℉

UNIT WEIGHT OF LAYER 1 (GAMA(1))------------------------------=   .08680            //第 1 层板的重度

UNIT WEIGHT OF LAYER 2 (GAMA(2))------------------------------=   .07810            //第 2 层板的重度

MODULUS OF RUPTURE OF LAYER 1 (PMR(1))------------------------=   .00000            //第 1 层板抗弯拉强度为 0，不开展损伤分析时可为任意值

MODULUS OF RUPTURE OF LAYER 2 (PMR(2))------------------------=   .00000            //第 2 层板抗弯拉强度为 0，不开展损伤分析时可为任意值

COEFFICIENT OF THERMAL EXPANSION (CT)-------------------------=  .500E-05           //混凝土的热膨胀系数，单位为℉-1

TOLERANCE FOR ITERATIONS (DEL)--------------------------------=  .100E-02           //用迭代法求解时的允许精度为 0.001

MAXIMUM ALLOWABLE VERTICAL DISPLACEMENT (FMAX)----------------=   1.00000           //在节点 NNCK 处的最大允许竖向位移为 1in

FOR LAYER 1 FATIGUE COEFFICIENTS:   F1 =      .00000     F2 =      .00000  //第 1 层板的疲劳系数分别为 0，不开展损伤分析时疲劳系数可为任意值

FOR LAYER 2 FATIGUE COEFFICIENTS:   F1 =      .00000     F2 =      .00000  //第 2 层板的疲劳系数分别为 0，不开展损伤分析时疲劳系数可为任意值

FOR SLAB NO. 1 :  X=    .00000  90.00000 180.00000                          //1 号板局部坐标系下，x 轴上 3 个节点的 x 局部坐标
              Y=    .00000  72.00000 144.00000                              //1 号板局部坐标系下，y 轴上 3 个节点的 y 局部坐标
```

```
FOR SLAB NO. 2 :  X=    .00000  90.00000 180.00000        //2号板局部坐标系下，x轴上3个节点的x局部坐标
                  Y=    .00000  72.00000 144.00000        //2号板局部坐标系下，y轴上3个节点的y局部坐标

FOR SLAB NO. 3 :  X=    .00000  90.00000 180.00000        //3号板局部坐标系下，x轴上3个节点的x局部坐标
                  Y=    .00000  72.00000 144.00000        //3号板局部坐标系下，y轴上3个节点的y局部坐标

FOR SLAB NO. 4 :  X=    .00000  90.00000 180.00000        //4号板局部坐标系下，x轴上3个节点的x局部坐标
                  Y=    .00000  72.00000 144.00000        //4号板局部坐标系下，y轴上3个节点的y局部坐标

LAYER   THICKNESS (T)   POISSON'S       YOUNG'S
 NO.                    RATIO (PR)    MODULUS (YM)
  1       8.00000         .15000        .400E+07      //第1层板的板厚为8in，泊松比为0.15，弹性模量为4000000psi
  2      10.00000         .20000        .100E+07      //第2层板的板厚为10in，泊松比为0.2，弹性模量为1000000psi

NUMBER OF LOADED AREAS (NUDL) FOR EACH LOAD GROUP ARE:            //每个荷载组的均布荷载作用面积数量
    0                                                             //荷载组内无均布荷载作用面积

NUMBER OF CONCENTRATED NODAL FORCES (NCNF) FOR EACH LOAD GROUP ARE:   //每个荷载组内集中力的数量
    0                                                             //荷载组内均无集中力作用

NODAL NUMBERS FOR STRESS PRINTOUT (NP) ARE:                       //需要打印输出应力的节点号
    8     17                                                      //8号和17号节点需要打印输出应力

NODAL NUMBERS AND INITIAL GAPS (GAP) ARE TABULATED AS FOLLOWS:    //已知初始间隙值的节点号和对应的初始间隙值
  1    .05000    7    .05000   12    .05000   18    .05000   19    .05000   25    .05000   30    .05000   36    .05000
```

```
FOUNDATION SEASONAL ADJUSTMENT FACTOR (FSAF) FOR EACH PERIOD ARE          //时期内地基季节调整系数为1.0
   1.00000

NUMBER OF LAYERS IN BURMISTER FOUNDATION (NL) IS :   2                    //层状地基为2层

MAXIMUM NO. OF INTEGRATION CYCLES (MAXIC) IS    :  30                     //层状地基数值积分最大循环次数，程序建议取30

THICKNESSES OF LAYERS (TH) ARE                 :  8.00000                 //层状地基各层的厚度，第1层为8in，最下层为无穷大，免输入

YOUNG MODULUS OF LAYERS ARE (E)     : .200E+05  .500E+04                  //各层地基的弹性模量，第1层为20000psi，第2层为5000psi

POISSON RATIOS OF LAYERS (PRBF) ARE :    .30000    .40000                 //各层地基的泊松比，第1层为0.3，第2层为0.4

AMOUNT OF INITIAL CURLING AND GAP (CURL) AT THE NODES IS:                 //所有节点的初始翘曲和间隙值
 1    .01310  2  -.02250  3  -.03690  4  -.01440  5    .00000  6  -.01440  7    .01310  8  -.02250
 9   -.03690 10  -.03690 11  -.02250 12    .01310 13  -.01440 14    .00000 15  -.01440 16  -.03690
17   -.02250 18    .01310 19    .01310 20  -.02250 21  -.03690 22  -.01440 23    .00000 24  -.01440
25    .01310 26  -.02250 27  -.03690 28  -.03690 29  -.02250 30    .01310 31  -.01440 32    .00000
33   -.01440 34  -.03690 35  -.02250 36    .01310


YOUNG MODULUS OF DOWEL BAR (YMSB)   =  .290E+08                           //传力杆弹性模量为29000000psi
POISSON RATIO OF DOWEL BAR (PRSB)   =    .30000                           //传力杆泊松比为0.3


JOINT   SPRING  CONSTANT   MODULUS OF   DOWEL     DOWEL    JOINT     GAP BETWEEN      NO. OF NODES
 NO.     SHEAR    MOMENT   DOWEL SUP.  DIAMETER  SPACING   WIDTH    DOWEL AND CONC.    ALONG JOINT
       (SPCON1)  (SPCON2)    (SCKV)      (BD)      (BS)     (WJ)        (GDC)             (NNAJ)
```

```
//接缝编号；剪切弹簧常数，0～由后面参数计算得到；弯矩弹簧常数；传力杆支承模量；传力杆直径；传力杆间距；接缝宽度；传力杆与混凝土间的间隙；每条接缝的节点数量，
                                                                                                          传力杆非均匀分布时填入
  1   .400E+05   .000E+00   .000E+00   .00000    .00000   .00000      .00000          0                                //1 号接缝
  2   .000E+00   .000E+00   .100E+07  1.00000  12.00000   .12500      .00000          0                                //2 号接缝
  3   .400E+05   .000E+00   .000E+00   .00000    .00000   .00000      .00000          0                                //3 号接缝
  4   .000E+00   .000E+00   .100E+07  1.00000  12.00000   .12500      .00000          0                                //4 号接缝


JOINT NO.    EQUIVALENT SPRING CONSTANT (SPCON)                                                //接缝编号；等效弹簧常数，单位为 psi
   2                    .308E+05
   4                    .308E+05

HALF BAND WIDTH (NB) =  108                                                                                //刚度矩阵的半带宽


PERIOD  1  LOAD GROUP  1  AND CYCLE NO. 1                                              //第 1 个时期，第 1 个荷载组，第 1 次迭代的计算结果

SUM OF APPLIED FORCES (FOSUM)=  152969.5    SUM OF TOTAL REACTIONS (SUBSUM)=  152969.0  //总的作用力为 152969.5lb；总的反作用力为 152969.0lb


PERIOD  1  LOAD GROUP  1  AND CYCLE NO. 2                                              //第 1 个时期，第 1 个荷载组，第 2 次迭代的计算结果

SUM OF APPLIED FORCES (FOSUM)=  152969.5    SUM OF TOTAL REACTIONS (SUBSUM)=  152968.9  //总的作用力为 152969.5lb；总的反作用力为 152968.9lb
```

```
THE GAP (GAP) AT EACH NODE IS: (GAP IS POSITIVE,PRECOMPRESSION IS ZERO)          //计算得到所有节点的间隙，间隙为正，预压为零
 1  .19286E-02   2  .00000E+00   3  .00000E+00   4  .00000E+00   5  .00000E+00   6  .00000E+00   7  .00000E+00
 8  .00000E+00   9  .00000E+00  10  .00000E+00  11  .00000E+00  12  .19287E-02  13  .00000E+00  14  .00000E+00
15  .00000E+00  16  .00000E+00  17  .00000E+00  18  .00000E+00  19  .00000E+00  20  .00000E+00  21  .00000E+00
22  .00000E+00  23  .00000E+00  24  .00000E+00  25  .19287E-02  26  .00000E+00  27  .00000E+00  28  .00000E+00
29  .00000E+00  30  .00000E+00  31  .00000E+00  32  .00000E+00  33  .00000E+00  34  .00000E+00  35  .00000E+00
36  .19286E-02

DEFLECTIONS OF SLABS (F) ARE: (DOWNWARD POSITIVE)          //板各个节点的竖向挠度，向下为正
 1  .5076E-01   2  .3434E-01   3  .2357E-01   4  .4790E-01   5  .6134E-01   6  .5765E-01   7  .6794E-01   8  .6003E-01
 9  .5286E-01  10  .2357E-01  11  .3434E-01  12  .5076E-01  13  .5765E-01  14  .6134E-01  15  .4790E-01  16  .5286E-01
17  .6003E-01  18  .6794E-01  19  .6794E-01  20  .6003E-01  21  .5286E-01  22  .4790E-01  23  .6134E-01  24  .5765E-01
25  .5076E-01  26  .3434E-01  27  .2357E-01  28  .5286E-01  29  .6003E-01  30  .6794E-01  31  .5765E-01  32  .6134E-01
33  .4790E-01  34  .2357E-01  35  .3434E-01  36  .5076E-01

FOR JOINT NO. 1 SHEAR (FAJ1) AND MOMENT (FAJ2) AT THE NODES ARE:          //1 号接缝上各个节点的剪力以及弯矩
 3     -.007     .000     6     .054     .000     9     .007     .000

FOR JOINT NO. 2 SHEAR (FAJ1) AND MOMENT (FAJ2) AT THE NODES ARE:          //2 号接缝上各个节点的剪力以及弯矩
16     -.016     .000    17    -.016     .000    18     .008     .000

FOR JOINT NO. 2 SHEAR IN ONE DOWEL BAR (FAJPD) AT THE NODES IS:          //接缝 2 各节点处一根传力杆的剪力
16     -.005    17    -.003    18     .003

FOR JOINT NO. 2 BEARING STRESS (BEARS) OF CONCRETE AND SHEAR STRESS (SHEARS) OF DOWELS AT THE NODES ARE:
                                                    //2 号接缝传力杆与混凝土之间的支承应力以及传力杆的剪应力
```

```
16      -.007      -.007      17      -.004      -.004      18      .004      .004

FOR JOINT NO. 3 SHEAR (FAJ1) AND MOMENT (FAJ2) AT THE NODES ARE:          //3号接缝上各个节点的剪力以及弯矩
21      .000       .000       24      .054       .000       27      .003      .000

FOR JOINT NO. 4 SHEAR (FAJ1) AND MOMENT (FAJ2) AT THE NODES ARE:          //4号接缝上各个节点的剪力以及弯矩
7       .000       .000       8       .000       .000       9       -.012     .000

FOR JOINT NO. 4 SHEAR IN ONE DOWEL BAR (FAJPD) AT THE NODES IS:           //接缝4各节点处一根传力杆的剪力
7       .000       8       .000       9       -.004

FOR JOINT NO. 4 BEARING STRESS (BEARS) OF CONCRETE AND SHEAR STRESS (SHEARS) OF DOWELS AT THE NODES ARE:
                                                    //4号接缝传力杆与混凝土之间的支承应力以及传力杆的剪应力
7       .000       .000       8       .000       .000       9       -.006     -.005


NODAL NUMBER AND REACTIVE PRESSURE (SUBR) ARE: (COMPRESSION POSITIVE)      //各个节点的地基反力，压为正
 1    .00000   2  2.30398   3  2.25010   4  3.22109   5   .25081   6  1.22243   7   .46697   8  2.08843
 9  2.21419  10  2.25010  11  2.30398  12   .00000  13  1.22243  14   .25081  15  3.22109  16  2.21419
17  2.08843  18   .46698  19   .46697  20  2.08843  21  2.21418  22  3.22108  23   .25080  24  1.22241
25   .00000  26  2.30398  27  2.25009  28  2.21418  29  2.08842  30   .46698  31  1.22242  32   .25081
33  3.22109  34  2.25009  35  2.30398  36   .00000

NODE  LAYER  STRESS X       STRESS Y       STRESS XY      MAJOR          MINOR         MAX.SHEAR
                     //各个节点在各层位的x方向应力、y方向应力、xy平面剪应力、最大主应力、最小主应力、最大剪应力
  8    1    .000000E+00   -.111282E+02   -.374017E+02   -.433775E+02   .322492E+02   .378134E+02
  8    2    .000000E+00   -.378035E+01   -.112010E+02   -.132496E+02   .946924E+01   .113594E+02
```

```
  17    1    .000000E+00    -.111285E+02    .374019E+02    -.433778E+02    .322493E+02    .378135E+02
  17    2    .000000E+00    -.378043E+01    .112011E+02    -.132497E+02    .946925E+01    .113595E+02

MAXIMUM STRESS (SMAX) IN LAYER 1 IS  43.37778 AND OCCURS AT NODE  17              //计算出第 1 层板最大应力以及节点号

MAXIMUM STRESS (SMAX) IN LAYER 2 IS  13.24968 AND OCCURS AT NODE  17              //计算出第 2 层板最大应力以及节点号


**********************************************************************************************
*                                                                            *
*  EX.5 FOUR SLABS ON LAYER FOUNDATION WITH LOADS ONLY                                  *            //问题 2 的标题或问题描述
*                                                                            *
**********************************************************************************************

TYPE OF FOUNDATION (NFOUND)              =   2                                          //地基类型，2~层状地基
TYPE OF DAMAGE ANALYSIS (NDAMA)           =   0                                           //不开展损伤分析
NUMBER OF PERIODS PER YEAR (NPY)          =   1                                          //每年划分为 1 个时期
NUMBER OF LOAD GROUPS (NLG)              =   1                                             //1 个荷载组
TOTAL NUMBER OF SLABS (NSLAB)            =   4                                                //4 块板
TOTAL NUMBER OF JOINTS (NJOINT)           =   4                                              //4 条接缝


ARRANGEMENT OF SLABS                                                                           //板的布置

SLAB NO.    NO. OF NODES (NX)    NO. OF NODES (NY)     JOINT NO. AT FOUR SIDES (JONO)  //板编号；x 方向上节点数量；y 方向上节点数量；
            IN X DIRECTION        IN Y DIRECTION       LEFT  RIGHT  BOTTOM  TOP                  板的左、右、下、上边的接缝编号
   1              3                    3                0     4      0       1
   2              3                    3                0     2      1       0
```

```
3          3            3             4    0    0    3
4          3            3             2    0    3    0

NUMBER OF LAYERS (NLAYER)-------------------------------------=  2                    //双层板

NODAL NUMBER USED TO CHECK CONVERGENCE (NNCK)-----------------=  8      //以 8 号节点为准检查收敛情况

NUMBER OF NODES NOT IN CONTACT (NOTCON)-----------------------=  0     //初始情况下不接触的节点数为 0

NUMBER OF GAPS (NGAP)-----------------------------------------=  0  //已知板与地基间有初始间隙的节点数为 0

NUMBER OF POINTS FOR PRINTOUT (NPRINT)------------------------=  4        //打印输出 4 个节点上的应力

CODE FOR INPUT OF GAPS OR PRECOMPRESSIONS (INPUT)-------------=  1     //间隙和预压值需从上一问题得到

BOND BETWEEN TWO LAYERS (NBOND)-------------------------------=  0 //双层板之间的黏结情况，分离式板时取 0

CONDITION OF WARPING (NTEMP)----------------------------------=  0 //间隙和预压值从上一问题得到，不需考虑温度翘曲

CODE INDICATING WHETHER SLAB WEIGHT IS CONSIDERED (NWT)-------=  0  //间隙和预压值从上一问题得到，不需考虑自重

MAX NO. OF CYCLES FOR CHECKING CONTACT (NCYCLE)---------------= 10               //最大迭代次数为 10

NUMBER OF ADDITIONAL THICKNESSES TO BE READ IN (NAT)                  //各层板中板厚不均匀的节点数量
        FOR LAYER 1 --------------------------------------=  0               //第 1 层板厚均匀时为 0
        FOR LAYER 2 --------------------------------------=  0     //第 2 层板厚均匀或无第 2 层板时为 0
```

```
NUMBER OF POINTS ON X AXIS OF SYMMETRY (NSX)------------------=   0                //不关于 x 轴对称时为 0

NUMBER OF POINTS ON Y AXIS OF SYMMETRY (NSY)------------------=   0                //不关于 y 轴对称时为 0

MORE DETAILED PRINTOUT FOR EACH CONTACT CYCLE (MDPO)----------=   1                //详细打印输出

DIFFERENCE IN TEMP. BETWEEN TOP AND BOTTOM OF SLAB (TEMP)-----=   .00000           //板底与板顶无温度差

UNIT WEIGHT OF LAYER 1 (GAMA(1))------------------------------=   .00000           //第 1 层板的重度

UNIT WEIGHT OF LAYER 2 (GAMA(2))------------------------------=   .00000           //第 2 层板的重度

MODULUS OF RUPTURE OF LAYER 1 (PMR(1))------------------------=   .00000   //第 1 层板抗弯拉强度为 0，不开展损伤分析时可为任意值

MODULUS OF RUPTURE OF LAYER 2 (PMR(2))------------------------=   .00000   //第 2 层板抗弯拉强度为 0，不开展损伤分析时可为任意值

COEFFICIENT OF THERMAL EXPANSION (CT)-------------------------= .500E-05   //混凝土的热膨胀系数，单位为℉^-1

TOLERANCE FOR ITERATIONS (DEL)--------------------------------= .100E-02   //用迭代法求解时的允许精度为 0.001

MAXIMUM ALLOWABLE VERTICAL DISPLACEMENT (FMAX)----------------=  1.00000   //在节点 NNCK 处的最大允许竖向位移为 1in

FOR LAYER 1 FATIGUE COEFFICIENTS:   F1 =     .00000    F2 =     .00000 //第 1 层板的疲劳系数分别为 0，不开展损伤分析时疲劳系数可为任意值

FOR LAYER 2 FATIGUE COEFFICIENTS:   F1 =     .00000    F2 =     .00000 //第 2 层板的疲劳系数分别为 0，不开展损伤分析时疲劳系数可为任意值

FOR SLAB NO. 1 :  X=    .00000  90.00000 180.00000            //1 号板局部坐标系下，x 轴上 3 个节点的 x 局部坐标
                  Y=    .00000  72.00000 144.00000            //1 号板局部坐标系下，y 轴上 3 个节点的 y 局部坐标
```

```
FOR SLAB NO. 2 :  X=    .00000  90.00000 180.00000        //2 号板局部坐标系下，x 轴上 3 个节点的 x 局部坐标
             Y=    .00000  72.00000 144.00000             //2 号板局部坐标系下，y 轴上 3 个节点的 y 局部坐标

FOR SLAB NO. 3 :  X=    .00000  90.00000 180.00000        //3 号板局部坐标系下，x 轴上 3 个节点的 x 局部坐标
             Y=    .00000  72.00000 144.00000             //3 号板局部坐标系下，y 轴上 3 个节点的 y 局部坐标

FOR SLAB NO. 4 :  X=    .00000  90.00000 180.00000        //4 号板局部坐标系下，x 轴上 3 个节点的 x 局部坐标
             Y=    .00000  72.00000 144.00000             //4 号板局部坐标系下，y 轴上 3 个节点的 y 局部坐标

LAYER   THICKNESS (T)   POISSON'S       YOUNG'S
 NO.                    RATIO (PR)    MODULUS (YM)
  1        8.00000        .15000        .400E+07     //第 1 层板板厚为 8in，泊松比为 0.15，弹性模量为 4000000psi
  2       10.00000        .20000        .100E+07     //第 2 层板板厚为 10in，泊松比为 0.2，弹性模量为 1000000psi

NUMBER OF LOADED AREAS (NUDL) FOR EACH LOAD GROUP ARE:                       //每个荷载组的均布荷载作用面积数量
    2                                                                        //荷载组内有 2 个均布荷载作用面积

NUMBER OF CONCENTRATED NODAL FORCES (NCNF) FOR EACH LOAD GROUP ARE:          //每个荷载组内集中力的数量
    0                                                                        //荷载组内均无集中力作用

GROUP  1 LOADS ARE APPLIED ON THE SLAB NO.(LS) WITH COORDINATES (XL AND YL) AND INTENSITY(QQ) AS SHOWN:
                       //荷载组内的均布荷载作用面积：作用的板块编号；左、右、下、上四个边界的位置；接触压力

      1     170.00000     180.00000     67.00000     77.00000     200.00000
      2     170.00000     180.00000     67.00000     77.00000     200.00000

NODAL NUMBERS FOR STRESS PRINTOUT (NP) ARE:                     //需要打印输出应力的节点号，共计 NPRINT 个
    8     17     20     29                                      //需要打印输出 8 号、17 号、20 号和 29 号节点的应力
```

```
AMOUNT OF INITIAL CURLING AND GAP (CURL) AT THE NODES IS:                    //各个节点的初始温度翘曲以及间隙值
  1  .00193   2  .00000   3  .00000   4  .00000   5  .00000   6  .00000   7  .00000   8  .00000
  9  .00000  10  .00000  11  .00000  12  .00193  13  .00000  14  .00000  15  .00000  16  .00000
 17  .00000  18  .00000  19  .00000  20  .00000  21  .00000  22  .00000  23  .00000  24  .00000
 25  .00193  26  .00000  27  .00000  28  .00000  29  .00000  30  .00000  31  .00000  32  .00000
 33  .00000  34  .00000  35  .00000  36  .00193

NODAL NUMBER NOT IN CONTACT ARE        :                                     //板与地基不接触的节点号
        1      12      25      36


FOUNDATION SEASONAL ADJUSTMENT FACTOR (FSAF) FOR EACH PERIOD ARE
  1.00000                                                                    //时期内的地基季节调整系数为1.0

NUMBER OF LAYERS IN BURMISTER FOUNDATION (NL) IS :   2                       //层状地基为2层

MAXIMUM NO. OF INTEGRATION CYCLES (MAXIC) IS    :  30                        //层状地基数值积分最大循环次数，程序建议取30

THICKNESSES OF LAYERS (TH) ARE               :  8.00000                      //层状地基各层的厚度，第1层为8in，最下层为无穷大，免输入

YOUNG MODULUS OF LAYERS ARE (E)     :  .200E+05  .500E+04                    //各层地基的弹性模量，第1层为20000psi，第2层为5000psi

POISSON RATIOS OF LAYERS (PRBF) ARE :    .30000    .40000                    //各层地基的泊松比，第1层为0.3，第2层为0.4

SLAB NO., INITIAL NODAL NUMBER(INITNP), LAST NODAL  NUMBER(LASTNP),          //板编号；起始节点号；最大节点号；起始单元号；最大单元号
INITIAL ELEMENT NO.(INITEN), AND LAST ELEMENT NO.(LASTEN) ARE:
   1   1   9   1   4       2  10  18   5   8       3  19  27   9  12       4  28  36  13  16
```

```
JOINT NO. INITIAL STARTING NODAL NO. (ISNN) AND LAST FINAL NODAL NO. (LFNN)
INITIAL STARTING ELEMENT NO.(ISEN)  ,LAST FINAL ELEMENT NO.(LFEN) ON BOTH SIDES OF THE JOINT ARE:
  1   3  10   9  16   2   5   4   7       2  16  28  18  30   7  13   8  14
  3  21  28  27  34  10  13  12  15       4   7  19   9  21   3   9   4  10
                                        //接缝编号；接缝两侧起始节点号；最终节点号；起始单元号；最终单元号
NODAL COORDINATES(XN AND YN) OF INDIVIDUAL SLAB ARE:                        //节点号及其对应的局部坐标
  1    .00000    .00000       2    .00000  72.00000       3    .00000 144.00000       4  90.00000    .00000
  5  90.00000  72.00000       6  90.00000 144.00000       7 180.00000    .00000       8 180.00000  72.00000
  9 180.00000 144.00000      10    .00000    .00000      11    .00000  72.00000      12    .00000 144.00000
 13  90.00000    .00000      14  90.00000  72.00000      15  90.00000 144.00000      16 180.00000    .00000
 17 180.00000  72.00000      18 180.00000 144.00000      19    .00000    .00000      20    .00000  72.00000
 21    .00000 144.00000      22  90.00000    .00000      23  90.00000  72.00000      24  90.00000 144.00000
 25 180.00000    .00000      26 180.00000  72.00000      27 180.00000 144.00000      28    .00000    .00000
 29    .00000  72.00000      30    .00000 144.00000      31  90.00000    .00000      32  90.00000  72.00000
 33  90.00000 144.00000      34 180.00000    .00000      35 180.00000  72.00000      36 180.00000 144.00000

LOADS ARE APPLIED ON THE ELEMENT NO.(NL) WITH COORDINATES(XDA AND YDA) AND INTENSITY(Q) AS SHOWN:
          //作用有均布荷载的单元号；荷载作用面积左右边界在单元上的相对位置；荷载作用面积下上边界在单元上的相对位置；接触压力
     3        .77778      1.00000       .86111      1.00000     200.00000
     4        .77778      1.00000     -1.00000      -.86111     200.00000
     7        .77778      1.00000       .86111      1.00000     200.00000
     8        .77778      1.00000     -1.00000      -.86111     200.00000

YOUNG MODULUS OF DOWEL BAR (YMSB)   =  .290E+08                       //传力杆弹性模量为29000000psi
POISSON RATIO OF DOWEL BAR (PRSB)   =    .30000                       //传力杆泊松比为0.3
```

```
JOINT   SPRING  CONSTANT   MODULUS OF   DOWEL     DOWEL    JOINT      GAP BETWEEN      NO. OF NODES
 NO.     SHEAR    MOMENT   DOWEL SUP.  DIAMETER  SPACING   WIDTH     DOWEL AND CONC.    ALONG JOINT
       (SPCON1)  (SPCON2)    (SCKV)      (BD)      (BS)     (WJ)         (GDC)             (NNAJ)
```

//接缝编号；剪切弹簧常数，0～由后面参数计算得到；弯矩弹簧常数；传力杆支承模量；传力杆直径；传力杆间距；接缝宽度；传力杆与混凝土间的间隙；每条接缝的节点数量，传力杆非均匀分布时填入

```
  1   .400E+05  .000E+00  .000E+00   .00000    .00000   .00000      .00000          0      //1 号接缝
  2   .000E+00  .000E+00  .100E+07  1.00000  12.00000   .12500      .00000          0      //2 号接缝
  3   .400E+05  .000E+00  .000E+00   .00000    .00000   .00000      .00000          0      //3 号接缝
  4   .000E+00  .000E+00  .100E+07  1.00000  12.00000   .12500      .00000          0      //4 号接缝
```

```
JOINT NO.    EQUIVALENT SPRING CONSTANT (SPCON)
   2                 .308E+05
   4                 .308E+05
```

//接缝号；计算得到的接缝等效弹簧常数，单位为 psi

```
THE GLOBAL COORDINATES (XO AND YO) OF EACH NODE ARE:
   1    .00000    .00000       2    .00000  72.00000       3    .00000 144.00000       4  90.00000    .00000
   5  90.00000  72.00000       6  90.00000 144.00000       7 180.00000    .00000       8 180.00000  72.00000
   9 180.00000 144.00000      10    .00000 144.00000      11    .00000 216.00000      12    .00000 288.00000
  13  90.00000 144.00000      14  90.00000 216.00000      15  90.00000 288.00000      16 180.00000 144.00000
  17 180.00000 216.00000      18 180.00000 288.00000      19 180.00000    .00000      20 180.00000  72.00000
  21 180.00000 144.00000      22 270.00000    .00000      23 270.00000  72.00000      24 270.00000 144.00000
  25 360.00000    .00000      26 360.00000  72.00000      27 360.00000 144.00000      28 180.00000 144.00000
  29 180.00000 216.00000      30 180.00000 288.00000      31 270.00000 144.00000      32 270.00000 216.00000
  33 270.00000 288.00000      34 360.00000 144.00000      35 360.00000 216.00000      36 360.00000 288.00000
```

//节点号及其对应的整体坐标

```
NO. OF TIMES FOUR  SLABS MEET (NTSM)    1
```

//四板交会次数为 1 次

```
THE  NODAL  NUMBERS WHEN  FOUR SLABS MEET (NPSM) ARE:        9   16   21   28                   //四板交会的节点号

NO. OF TIMES THREE SLABS MEET (NTSM3)  0                                                        //三板交会的次数为 0 次

 NODAL NUMBER AND TYPE OF NODES (NDTY) ARE:
   //节点类型，2 表示节点在接缝处且有 2 块板，3 和 4 同理，为初级节点，0 表示节点在接缝处但比接缝另一侧节点号大，为次级节点；若节点不在接缝上，则 NDTY=1
  1    1      2    1      3    2      4    1      5    1      6    2      7    2      8    2      9    4     10    0
 11    1     12    1     13    0     14    1     15    1     16    0     17    2     18    2     19    0     20    0
 21    0     22    1     23    1     24    2     25    1     26    1     27    2     28    0     29    0     30    0
 31    0     32    1     33    1     34    0     35    1     36    1

NODAL NUMBERS AND OPPOSITE NODES (NPOP) ARE:                  //接缝另一侧的节点号，0 表示节点不在接缝上，三板或四板交会时赋值初级节点号
  1    0      2    0      3   10      4    0      5    0      6   13      7   19      8   20      9    9     10    3
 11    0     12    0     13    6     14    0     15    0     16    9     17   29     18   30     19    7     20    8
 21    9     22    0     23    0     24   31     25    0     26    0     27   34     28    9     29   17     30   18
 31   24     32    0     33    0     34   27     35    0     36    0

HALF BAND WIDTH (NB)  =  108                                                                    //刚度矩阵半带宽


PERIOD  1  LOAD GROUP  1  AND CYCLE NO. 1                                      //第 1 个时期，第 1 个荷载组，第 1 次迭代的计算结果

SUM OF APPLIED FORCES (FOSUM)=  40000.0    SUM OF TOTAL REACTIONS (SUBSUM)=  39999.7   //总的作用力为 40000lb；总的反作用力为 39999.7lb


THE GAP (GAP) AT EACH NODE IS: (GAP IS POSITIVE,PRECOMPRESSION IS ZERO)        //计算得到所有节点处的间隙值，间隙为正，预压为零
```

```
 1  .50634E-02   2  .00000E+00   3  .00000E+00   4  .00000E+00   5  .00000E+00   6  .00000E+00   7  .00000E+00
 8  .00000E+00   9  .00000E+00  10  .00000E+00  11  .00000E+00  12  .50635E-02  13  .00000E+00  14  .00000E+00
15  .00000E+00  16  .00000E+00  17  .00000E+00  18  .00000E+00  19  .00000E+00  20  .00000E+00  21  .00000E+00
22  .00000E+00  23  .00000E+00  24  .00000E+00  25  .49232E-02  26  .00000E+00  27  .00000E+00  28  .00000E+00
29  .00000E+00  30  .00000E+00  31  .00000E+00  32  .00000E+00  33  .00000E+00  34  .00000E+00  35  .00000E+00
36  .49231E-02


 DEFLECTIONS OF SLABS (F) ARE: (DOWNWARD POSITIVE)                    //各个节点处板的竖向挠度，向下为正
 1  .6092E-02   2  .1000E-01   3  .1098E-01   4  .1404E-01   5  .1995E-01   6  .1993E-01   7  .2342E-01   8  .4160E-01
 9  .3411E-01  10  .1098E-01  11  .1000E-01  12  .6092E-02  13  .1993E-01  14  .1995E-01  15  .1404E-01  16  .3411E-01
17  .4160E-01  18  .2342E-01  19  .2311E-01  20  .3792E-01  21  .3377E-01  22  .1338E-01  23  .1809E-01  24  .1887E-01
25  .5851E-02  26  .9380E-02  27  .1037E-01  28  .3377E-01  29  .3792E-01  30  .2311E-01  31  .1887E-01  32  .1809E-01
33  .1338E-01  34  .1037E-01  35  .9380E-02  36  .5851E-02


 DEFLECTIONS OF SUBGRADE (SUBD) ARE:(DOWNWARD POSITIVE)               //各个节点处地基的竖向挠度，向下为正
 1  .9226E-02   2  .1000E-01   3  .1098E-01   4  .1404E-01   5  .1995E-01   6  .1993E-01   7  .2327E-01   8  .3976E-01
 9  .3394E-01  10  .1098E-01  11  .1000E-01  12  .9226E-02  13  .1993E-01  14  .1995E-01  15  .1404E-01  16  .3394E-01
17  .3976E-01  18  .2327E-01  19  .2327E-01  20  .3976E-01  21  .3394E-01  22  .1338E-01  23  .1809E-01  24  .1887E-01
25  .8845E-02  26  .9380E-02  27  .1037E-01  28  .3394E-01  29  .3976E-01  30  .2327E-01  31  .1887E-01  32  .1809E-01
33  .1338E-01  34  .1037E-01  35  .9380E-02  36  .8845E-02


 SUM OF REACTION FORCE AND PRECOMPRESSION (SUMP) IS : (TENSION IS NEGATIVE)//固体或层状地基反力和预压之和，若 SUMP 为负，则板与地基不接触
 1        .0   2    7024.2   3    3641.1   4   10415.6   5    3269.3   6    4337.8   7    2551.8   8   13191.9
 9    4954.6  10    3641.1  11    7024.2  12        .0  13    4337.8  14    3269.3  15   10415.6  16    4954.6
17   13191.9  18    2551.8  19    2466.1  20   12096.7  21    4904.4  22   10312.8  23    2430.1  24    4276.2
```

```
25       .0  26    6979.5  27    3632.0  28    4904.4  29   12096.7  30    2466.1  31    4276.2  32    2430.2
33  10312.9  34    3632.0  35    6979.5  36        .0

 FOR JOINT NO. 1 SHEAR (FAJ1) AND MOMENT (FAJ2) AT THE NODES ARE:                    //1 号接缝上各个节点的剪力以及弯矩
   3        .000        .000      6        .007        .000      9        .007        .000

 FOR JOINT NO. 2 SHEAR (FAJ1) AND MOMENT (FAJ2) AT THE NODES ARE:                    //2 号接缝上各个节点的剪力以及弯矩
  16    -373.306        .000     17   -8143.019        .000     18    -339.492        .000

 FOR JOINT NO. 2 SHEAR IN ONE DOWEL BAR (FAJPD) AT THE NODES IS:                     //2 号接缝各节点处一根传力杆的剪力
  16    -124.435     17   -1357.170     18    -113.164

 FOR JOINT NO. 2 BEARING STRESS (BEARS) OF CONCRETE AND SHEAR STRESS (SHEARS) OF DOWELS AT THE NODES ARE:
                                                          //2 号接缝传力杆与混凝土之间的支承应力以及传力杆的剪应力
  16    -167.704    -158.436     17   -1829.083   -1727.999     18    -152.513    -144.085

 FOR JOINT NO. 3 SHEAR (FAJ1) AND MOMENT (FAJ2) AT THE NODES ARE:                    //3 号接缝上各个节点的剪力以及弯矩
  21        .013        .000     24        .020        .000     27        .002        .000

 FOR JOINT NO. 4 SHEAR (FAJ1) AND MOMENT (FAJ2) AT THE NODES ARE:                    //4 号接缝上各个节点的剪力以及弯矩
   7    -339.490        .000      8   -8142.994        .000      9    -373.310        .000

 FOR JOINT NO. 4 SHEAR IN ONE DOWEL BAR (FAJPD) AT THE NODES IS:                     //接缝 4 各节点处一根传力杆的剪力
   7    -113.163      8   -1357.166      9    -124.437

 FOR JOINT NO. 4 BEARING STRESS (BEARS) OF CONCRETE AND SHEAR STRESS (SHEARS) OF DOWELS AT THE NODES ARE:
                                                          //接缝 4 传力杆与混凝土之间的支承应力以及传力杆的剪应力
   7    -152.513    -144.084      8   -1829.078   -1727.994      9    -167.706    -158.438
```

```
NODAL NUMBER AND REACTIVE PRESSURE (SUBR) ARE: (COMPRESSION POSITIVE)          //各个节点的地基反力，压为正
 1   .00000   2  -.13601   3  -.00249   4  -.00640   5   .25372   6   .11640   7  1.10822   8  1.98315
 9   .84422  10  -.00249  11  -.13601  12   .00000  13   .11640  14   .25372  15  -.00640  16   .84422
17  1.98315  18  1.10823  19  1.05528  20  1.64513  21   .81322  22  -.03811  23   .12422  24   .09740
25   .00000  26  -.14982  27  -.00811  28   .81322  29  1.64513  30  1.05529  31   .09740  32   .12422
33  -.03811  34  -.00811  35  -.14981  36   .00000


NODE    ROTAT.X     ROTAT.Y   NODE    ROTAT.X     ROTAT.Y   NODE    RORAT.X     ROTAT.Y   NODEROTAT.X     ROTAT.Y
                                                                   //各个节点在各层位的板绕x轴的转角、绕y轴的转角
  1  -.6470E-04   .7491E-04    2  -.3414E-04   .8666E-04    3  -.3029E-05   .7874E-04    4  -.1092E-03   .9276E-04
  5  -.4139E-04   .1712E-03    6   .2965E-04   .1250E-03    7  -.3311E-03   .1264E-03    8  -.7441E-04   .2870E-03
  9   .1829E-03   .1870E-03   10   .3029E-05   .7874E-04   11   .3414E-04   .8666E-04   12   .6470E-04   .7491E-04
 13  -.2965E-04   .1250E-03   14   .4139E-04   .1712E-03   15   .1092E-03   .9276E-04   16  -.1829E-03   .1870E-03
 17   .7441E-04   .2870E-03   18   .3311E-03   .1264E-03   19  -.2635E-03  -.1290E-03   20  -.7421E-04  -.2609E-03
 21   .1157E-03  -.1944E-03   22  -.8489E-04  -.9337E-04   23  -.3867E-04  -.1554E-03   24   .1111E-04  -.1275E-03
 25  -.5760E-04  -.6912E-04   26  -.3158E-04  -.7256E-04   27  -.4931E-05  -.7191E-04   28  -.1157E-03  -.1944E-03
 29   .7421E-04  -.2609E-03   30   .2635E-03  -.1290E-03   31  -.1111E-04  -.1275E-03   32   .3867E-04  -.1554E-03
 33   .8489E-04  -.9337E-04   34   .4931E-05  -.7191E-04   35   .3157E-04  -.7256E-04   36   .5760E-04  -.6912E-04

 NODE  LAYER  STRESS X       STRESS Y       STRESS XY       MAJOR          MINOR         MAX.SHEAR
                          //各个节点在各层位的x方向应力、y方向应力、xy平面剪应力、最大主应力、最小主应力、最大剪应力
   8    1    .000000E+00   .124902E+03   .580997E+01   -.269676E+00   .125172E+03   .627209E+02
   8    2    .000000E+00   .396053E+02   .173997E+01   -.762939E-01   .396816E+02   .198790E+02
  17    1    .000000E+00   .124902E+03   -.580990E+01  -.269669E+00   .125172E+03   .627209E+02
```

```
  17   2   .000000E+00   .396054E+02   -.173994E+01   -.762920E-01   .396816E+02   .198790E+02
  20   1   .000000E+00   .923876E+02   -.627257E+01   -.423923E+00   .928116E+02   .466177E+02
  20   2   .000000E+00   .293031E+02   -.187850E+01   -.119932E+00   .294230E+02   .147715E+02
  29   1   .000000E+00   .923875E+02    .627257E+01   -.423927E+00   .928114E+02   .466177E+02
  29   2   .000000E+00   .293030E+02    .187850E+01   -.119933E+00   .294229E+02   .147714E+02

MAXIMUM STRESS (SMAX) IN LAYER 1 IS 125.17210 AND OCCURS AT NODE  17          //计算出第 1 层板最大应力以及节点号

MAXIMUM STRESS (SMAX) IN LAYER 2 IS  39.68165 AND OCCURS AT NODE  17          //计算出第 2 层板最大应力以及节点号
```

第二篇

基于 Windows 版本的 KENSLABS 剖析

第 8 章　概　　述

8.1　程 序 简 介

Windows 版本的 KENSLABS 是集成于 KENPAVE 软件包中的一个模块，用于水泥混凝土路面的分析与设计。程序采用 Visual Basic 编写，适用于 Windows95 及以上版本的 Windows 操作系统，兼容性良好。

与 DOS 版本相比，Windows 版本的 KENSLABS 程序主要有但不限于如下变化：

(1) 界面交互性更强，选项名称也更简洁，使用更加便捷。

(2) 新增 Raft，即筏板基础选项。

(3) 新增对集中力矩的支持，且与集中力一并迁移至 Raft 选项中。

(4) 默认新建输出文件的主文件名与输入文件一致。

(5) 支持的板块数量减少为 6 块，接缝数量减少为 7 个，时期数量减少为 12 个，荷载组数量减少为 12 个。

(6) 应力结果的正负规定从受拉为正、受压为负，改变为受拉为负、受压为正。

(7) 新增支持国际单位制。

(8) 新增可视化模块 SGRAPH 和 CONTOUR。

(9) 独立设有支持更多自由度的求解器 KENSLABS LARGE RAM。

(10) 新增文本编辑器 EDITOR，其同时也提供了参数说明等必要信息。

8.2　安装与使用入门

KENPAVE 程序安装包包含 setup.exe、SETUP.LST、KENPAV1.CAB、KENPAV2.CAB、KENPAV3.CAB、readme.txt 共 6 个文件，如图 8-1 所示。

名称	修改日期	类型	大小
KENPAV1.CAB	2003/10/17 XS 06:16	好压 CAB 压缩文件	1,280 KB
KENPAV2.CAB	2003/10/17 XS 06:16	好压 CAB 压缩文件	1,424 KB
KENPAV3.CAB	2003/10/17 XS 06:16	好压 CAB 压缩文件	1,302 KB
readme.txt	2003/6/26 XS 11:01	文本文档	6 KB
setup.exe	2017/6/25 XS 09:14	应用程序	138 KB
SETUP.LST	2003/4/5 XS 04:27	MASM Listing	7 KB

图 8-1　KENPAVE 安装包

(1) 双击 setup.exe 开始安装，安装路径可以任意指定，但不建议使用含中文字符的路径。

(2) 对于首次安装的用户，根据屏幕上的提示点击即可，直到出现“KENPAVE setup

was completed successfully”，即代表安装完成；对于非首次安装的用户，可能会在安装过程中出现“A file being copied is older than the file in your system.Do you want to keep this file?”以及提示某个文件已经存在或错误等情况，点击 Yes、Ignore 等以继续安装程序。

(3) 安装完成后即可在安装路径中找到如图 8-2 所示的文件，其中“*.DAT”或“*.dat”文件为软件所附算例的数据输入文件，可用文本编辑器打开查看(其中主名中含“SLA”字样的文件为 KENSLABS 算例数据输入文件，若同时还含有“SI”字样，则该数据输入文件系基于国际单位制而编制)；“*.EXE”或“*.exe”文件为可执行文件。

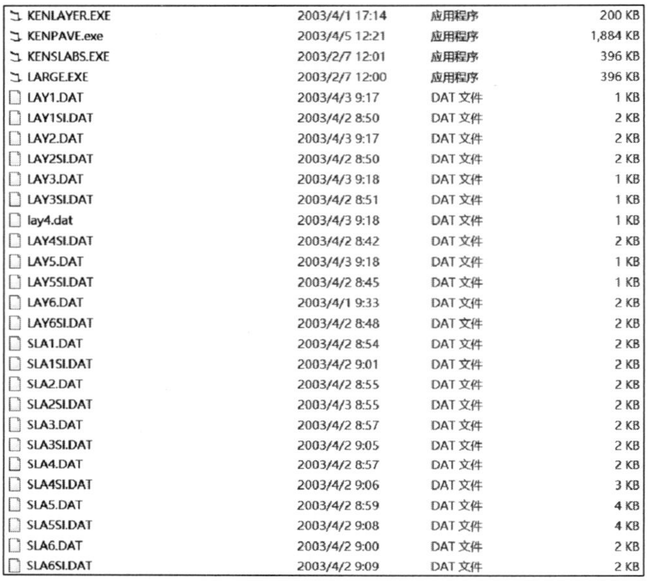

KENLAYER.EXE	2003/4/1 17:14	应用程序	200 KB
KENPAVE.exe	2003/4/5 12:21	应用程序	1,884 KB
KENSLABS.EXE	2003/2/7 12:01	应用程序	396 KB
LARGE.EXE	2003/2/7 12:00	应用程序	396 KB
LAY1.DAT	2003/4/3 9:17	DAT 文件	1 KB
LAY1SI.DAT	2003/4/2 8:50	DAT 文件	2 KB
LAY2.DAT	2003/4/3 9:17	DAT 文件	2 KB
LAY2SI.DAT	2003/4/2 8:50	DAT 文件	2 KB
LAY3.DAT	2003/4/3 9:18	DAT 文件	1 KB
LAY3SI.DAT	2003/4/2 8:51	DAT 文件	1 KB
lay4.dat	2003/4/3 9:18	DAT 文件	1 KB
LAY4SI.DAT	2003/4/2 8:42	DAT 文件	2 KB
LAY5.DAT	2003/4/3 9:18	DAT 文件	1 KB
LAY5SI.DAT	2003/4/2 8:45	DAT 文件	1 KB
LAY6.DAT	2003/4/1 9:33	DAT 文件	2 KB
LAY6SI.DAT	2003/4/2 8:48	DAT 文件	2 KB
SLA1.DAT	2003/4/2 8:54	DAT 文件	2 KB
SLA1SI.DAT	2003/4/2 9:01	DAT 文件	2 KB
SLA2.DAT	2003/4/2 8:55	DAT 文件	2 KB
SLA2SI.DAT	2003/4/3 8:55	DAT 文件	2 KB
SLA3.DAT	2003/4/2 8:57	DAT 文件	2 KB
SLA3SI.DAT	2003/4/2 9:05	DAT 文件	2 KB
SLA4.DAT	2003/4/2 8:57	DAT 文件	2 KB
SLA4SI.DAT	2003/4/2 9:06	DAT 文件	3 KB
SLA5.DAT	2003/4/2 8:59	DAT 文件	4 KB
SLA5SI.DAT	2003/4/2 9:08	DAT 文件	4 KB
SLA6.DAT	2003/4/2 9:00	DAT 文件	2 KB
SLA6SI.DAT	2003/4/2 9:09	DAT 文件	2 KB

图 8-2　安装路径中的文件

(4) 双击图 8-2 中 KENPAVE.exe 即可进入主程序界面，如图 8-3 所示。

图 8-3　KENPAVE 主程序界面

(5) 单击 SLABSINP 按钮，可以进入输入程序主菜单，如图 8-4 所示。输入程序主要用于帮助用户建立模型，生成数据输入文件。

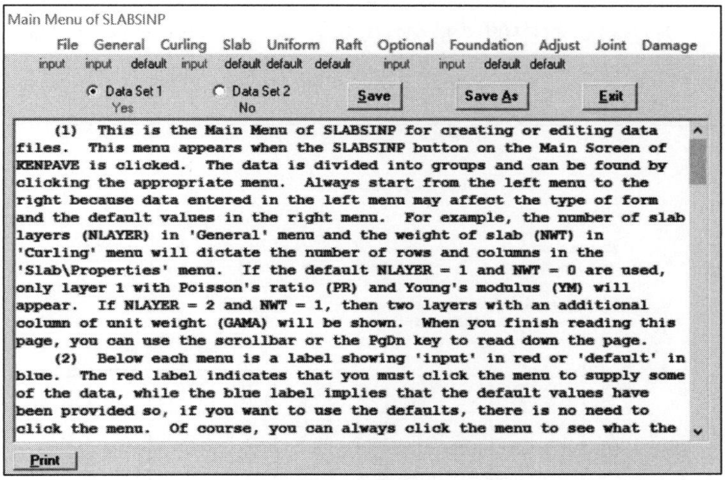

图 8-4 输入程序主菜单

(6) 回到 KENPAVE 主程序界面，在界面右上方切换当前活动文件为当前需要读入的输入文件，如 SLA1.DAT，单击 KENSLABS 按钮即可开始计算，计算完成后单击 OK 按钮以退出。在当前工作路径下会生成 2 个与输入文件文件名一致而扩展名不同的文件，如 SLA1.SLA 和 SLA1.TXT，其中“*.SLA”文件为输入参数和节点应力计算值及其最大拉、压应力，详细的结果输出则在“*.TXT”文件中，用记事本或其他文本编辑器打开后如图 8-5 所示。

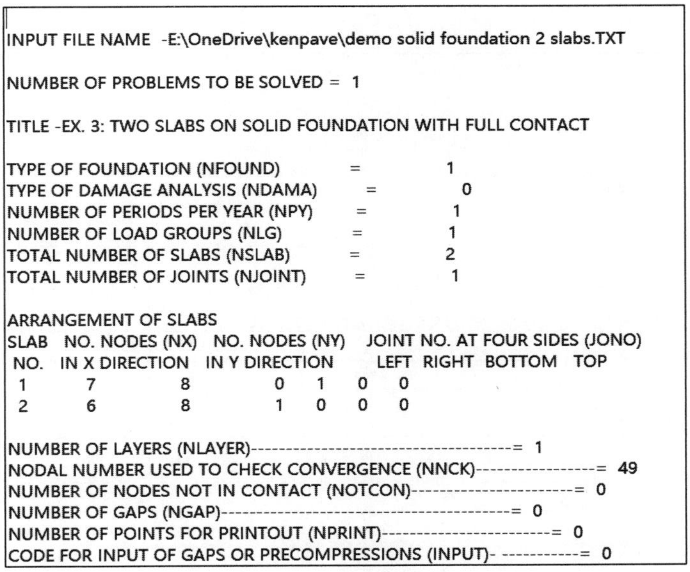
INPUT FILE NAME -E:\OneDrive\kenpave\demo solid foundation 2 slabs.TXT

NUMBER OF PROBLEMS TO BE SOLVED = 1

TITLE -EX. 3: TWO SLABS ON SOLID FOUNDATION WITH FULL CONTACT

TYPE OF FOUNDATION (NFOUND) = 1
TYPE OF DAMAGE ANALYSIS (NDAMA) = 0
NUMBER OF PERIODS PER YEAR (NPY) = 1
NUMBER OF LOAD GROUPS (NLG) = 1
TOTAL NUMBER OF SLABS (NSLAB) = 2
TOTAL NUMBER OF JOINTS (NJOINT) = 1

ARRANGEMENT OF SLABS

SLAB NO.	NO. NODES (NX) IN X DIRECTION	NO. NODES (NY) IN Y DIRECTION	JOINT NO. AT FOUR SIDES (JONO) LEFT	RIGHT	BOTTOM	TOP
1	7	8	0	1	0	0
2	6	8	1	0	0	0

NUMBER OF LAYERS (NLAYER)------------------------------------= 1
NODAL NUMBER USED TO CHECK CONVERGENCE (NNCK)-----------------= 49
NUMBER OF NODES NOT IN CONTACT (NOTCON)-----------------------= 0
NUMBER OF GAPS (NGAP)---= 0
NUMBER OF POINTS FOR PRINTOUT (NPRINT)------------------------= 0
CODE FOR INPUT OF GAPS OR PRECOMPRESSIONS (INPUT)- -----------= 0

图 8-5 输出文件示例

(7)计算完成后，可以返回 KENPAVE 主程序界面，预览计算结果。单击主程序界面中右下方的 SGRAPH 按钮即可进入 Graph for KENSLABS 界面，如图 8-6 所示。图中绘制了模型图(包括横剖面、平面网格布置、轮载布置等)，标记了最大应力节点的位置及其应力大小。单击上方小对话框中的“是(Y)”按钮可以打印输出这个界面，单击“否(N)”按钮则退出当前界面。

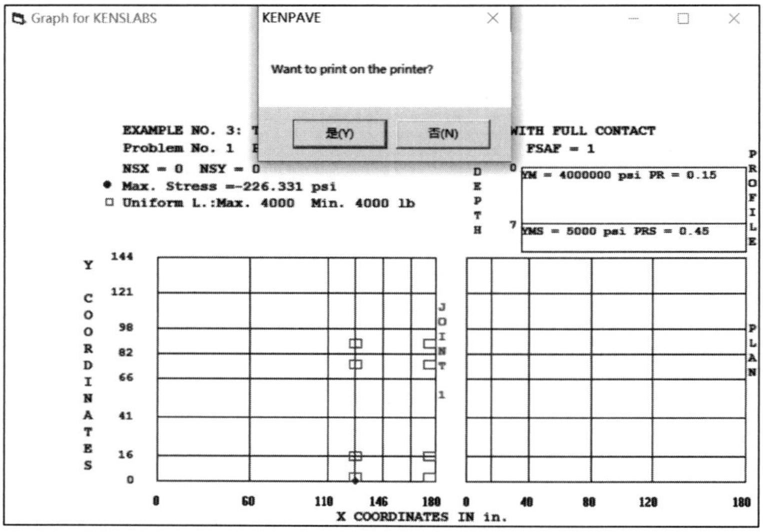

图 8-6 Graph for KENSLABS 界面

(8)单击主程序界面下方的CONTOUR按钮，然后在弹出的对话框中输入等值线间距，即可查看 x 方向、y 方向的应力或者弯矩等值线图，如图 8-7 所示。但需要注意该按钮仅可查看受荷板的等值线图。

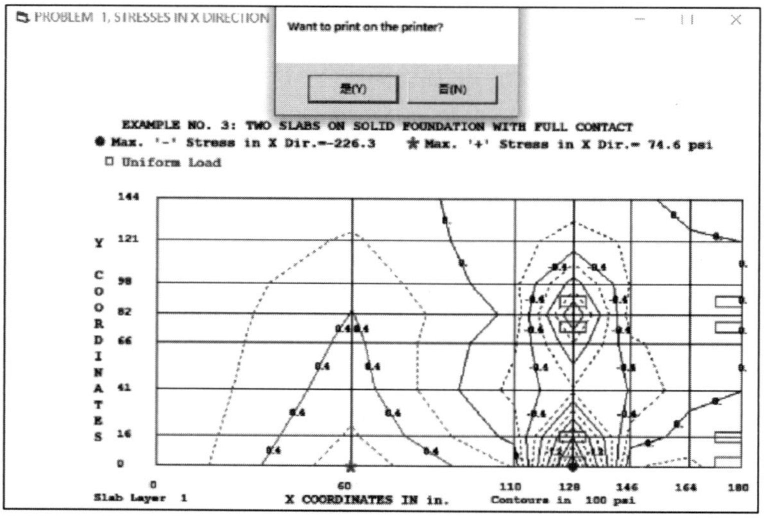

图 8-7 查看应力等值线图

(9) 主程序界面中的 KENSLABS LARGE RAM 也是一个具有计算输出功能的按钮，与 KENSLABS 按钮类似，可以理解为两个求解器，KENSLABS 按钮的上限刚度矩阵大小为 100000，而 KENSLABS LARGE RAM 按钮最大可以用于整体刚度矩阵大小为 1600000 的计算任务。当使用 KENSLABS 按钮计算输出出现内存溢出时，则需要采用此求解器。

(10) 单击主程序界面中的 EDITOR 按钮即可进入 Editor Screen 界面，如图 8-8 所示。该模块具有如下功能：

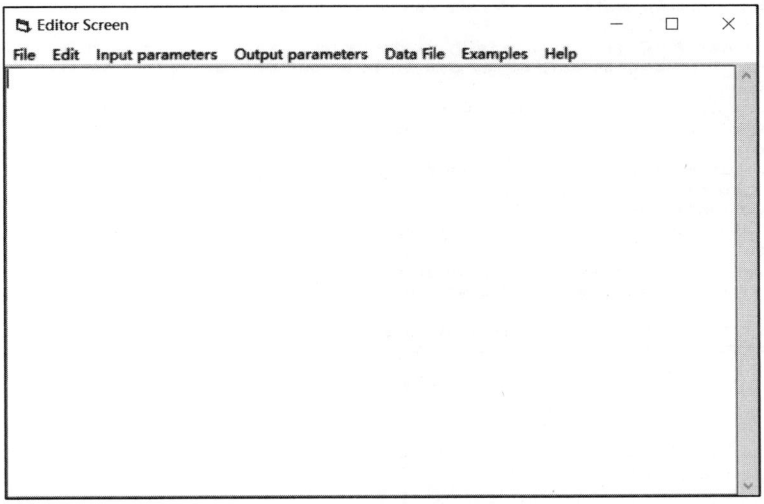

图 8-8　Editor Screen 界面

①可对“*.DAT”、“*.TXT”等文件进行查看和编辑。单击 File 选项，选择 Open，用户即可选择需要打开编辑的文本文件，如图 8-9 所示。

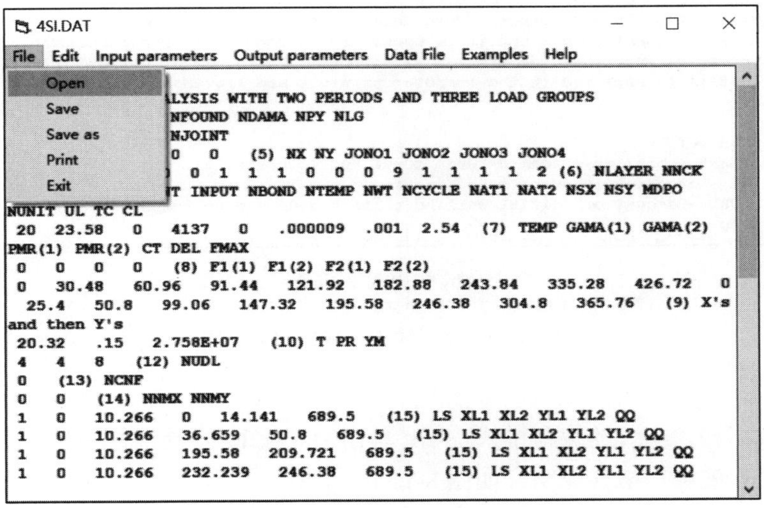

图 8-9　打开和编辑文本文件

②可查看输入、输出参数说明。单击 Input parameters 或 Output parameters 选项，然后选择 Kenslabs，可分别查看输入和输出参数说明，如图 8-10(a) 和 (b) 所示。

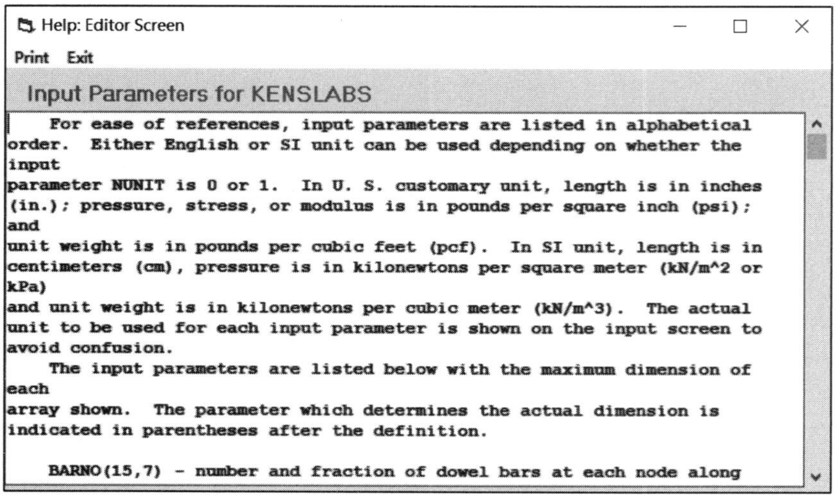
Help: Editor Screen
Print Exit
Input Parameters for KENSLABS

For ease of references, input parameters are listed in alphabetical order. Either English or SI unit can be used depending on whether the input
parameter NUNIT is 0 or 1. In U. S. customary unit, length is in inches (in.); pressure, stress, or modulus is in pounds per square inch (psi); and
unit weight is in pounds per cubic feet (pcf). In SI unit, length is in centimeters (cm), pressure is in kilonewtons per square meter (kN/m^2 or kPa)
and unit weight is in kilonewtons per cubic meter (kN/m^3). The actual unit to be used for each input parameter is shown on the input screen to avoid confusion.

The input parameters are listed below with the maximum dimension of each
array shown. The parameter which determines the actual dimension is indicated in parentheses after the definition.

BARNO(15,7) - number and fraction of dowel bars at each node along

(a) 输入参数说明

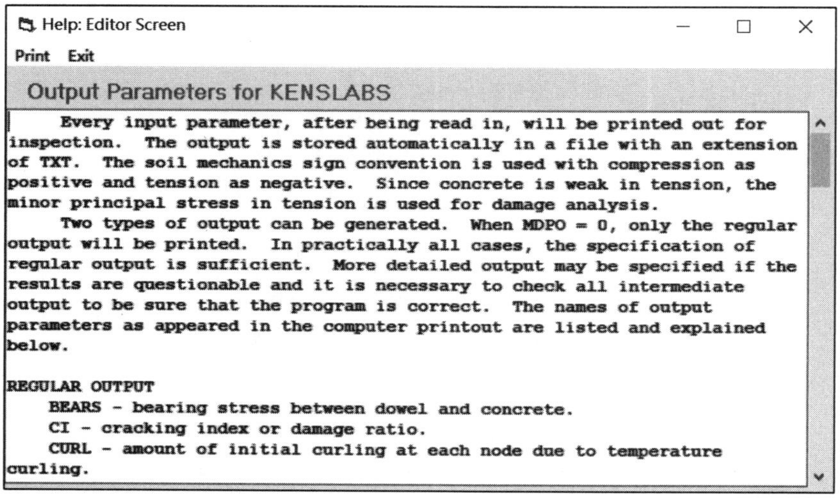
Help: Editor Screen
Print Exit
Output Parameters for KENSLABS

Every input parameter, after being read in, will be printed out for inspection. The output is stored automatically in a file with an extension of TXT. The soil mechanics sign convention is used with compression as positive and tension as negative. Since concrete is weak in tension, the minor principal stress in tension is used for damage analysis.

Two types of output can be generated. When MDPO = 0, only the regular output will be printed. In practically all cases, the specification of regular output is sufficient. More detailed output may be specified if the results are questionable and it is necessary to check all intermediate output to be sure that the program is correct. The names of output parameters as appeared in the computer printout are listed and explained below.

REGULAR OUTPUT

BEARS - bearing stress between dowel and concrete.

CI - cracking index or damage ratio.

CURL - amount of initial curling at each node due to temperature curling.

(b) 输出参数说明

图 8-10 查看输入、输出参数说明

③查看数据输入文件的编写格式说明。单击 Data File 选项，然后选择 Kenslabs，可查看数据输入文件的编写格式说明，如图 8-11 所示。

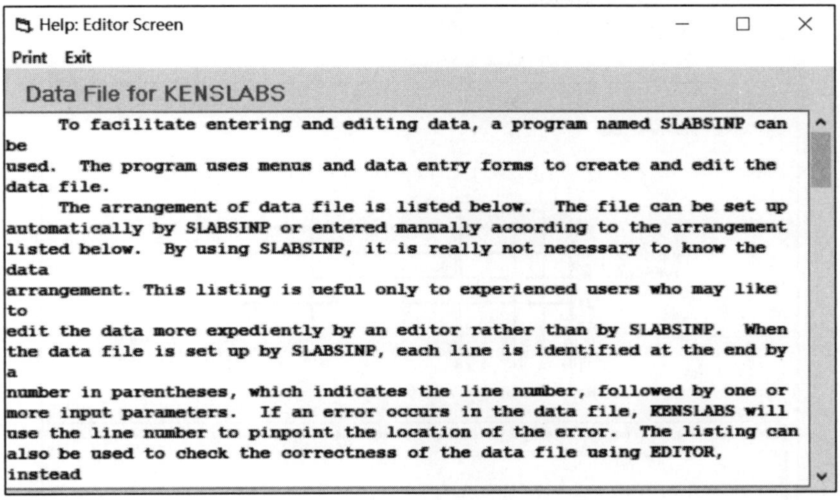

图 8-11　数据输入文件的编写格式

④算例的问题描述和简单的讲解。选择 Examples→Kenslabs，然后选择要查看的算例，共计 6 个算例可供查看，General 则是算例通用数据的说明，如图 8-12 所示。

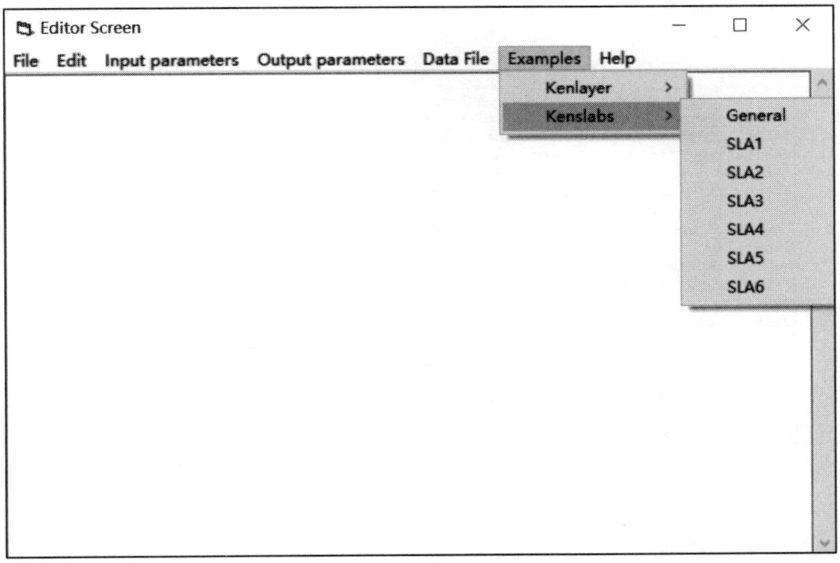

图 8-12　算例查看选项

任选一个算例，如 SLA1，打开后如图 8-13 所示。

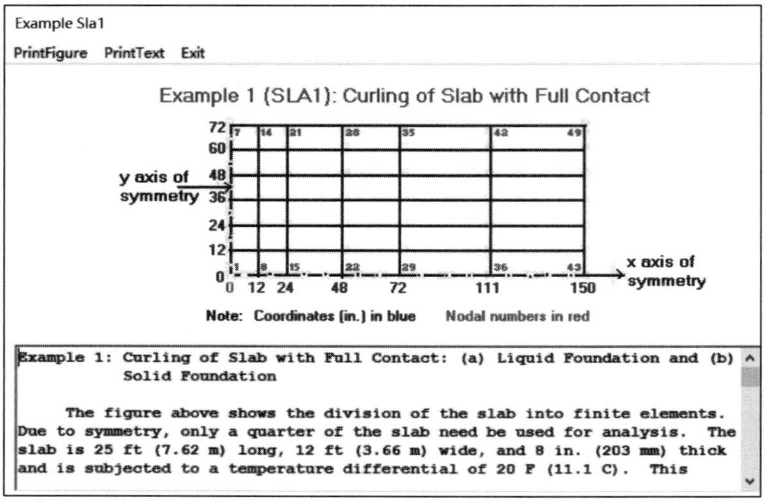

图 8-13 SLA1 算例问题描述和讲解

⑤若对于 Editor Screen 的使用有不清楚之处，则可以单击 Help 选项，其中包含了 Editor Screen 的使用方法，打开后如图 8-14 所示。

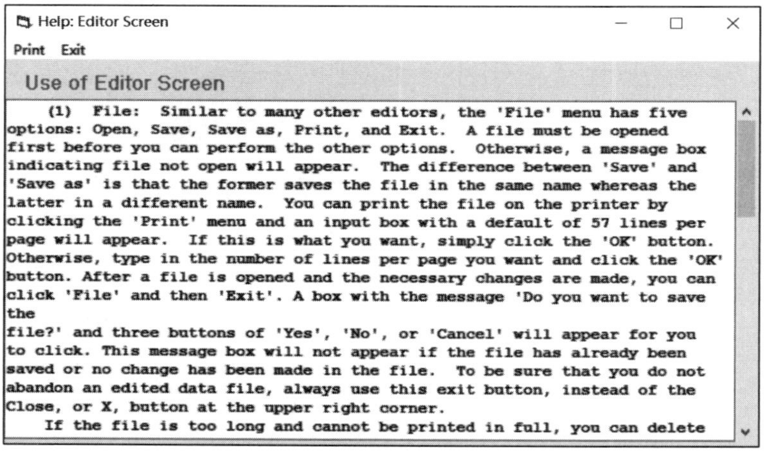

图 8-14 Editor Screen 帮助文件

(11)主程序界面中的 HELP 按钮则是对 KENPAVE 主程序界面中所有功能区域的介绍，建议使用前详细阅读此帮助文件。

(12)关于程序的应用与操作。Windows 版本程序的应用方法与 2.3 节中所述的 DOS 版本的应用方法相似，此处不再赘述。Windows 版本程序操作相对而言更加便捷，用户可以同时使用键盘和鼠标，根据程序界面上的提示，方便地完成操作，因此不再赘述程序的操作。

8.3　输入参数说明

图 8-15 为 SLABSINP 流程图，图中给出了所有输入参数在菜单和对话框中的逻辑位置，便于用户查找输入参数符号所代表的意义。Windows 版本输入参数的含义大体上与 DOS 版本相同，但仍有一些变化。

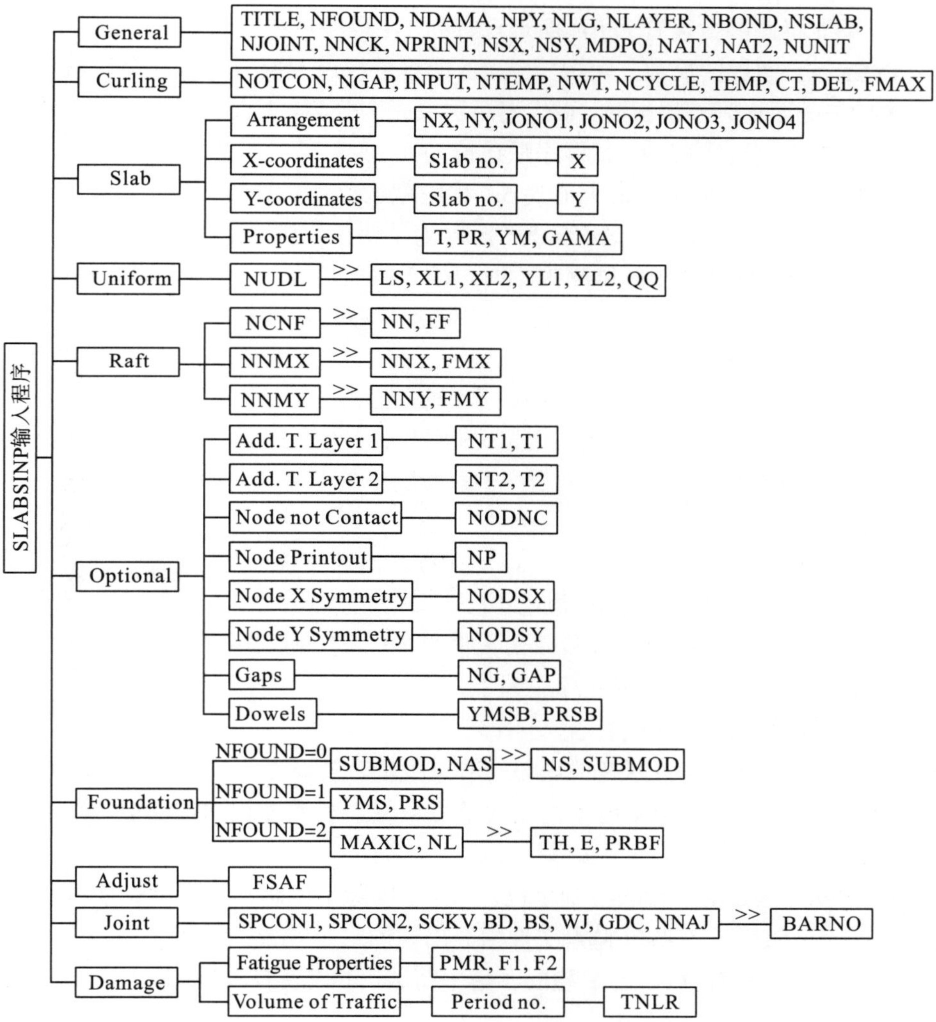

图 8-15　输入参数在程序 Windows 版本中的位置框图(Huang，2004)

1. General——一般参数

TITLE——标题，包括空格在内不超过 68 个字符。

NFOUND——地基类型，0 代表液体地基，1 代表固体地基，2 代表层状地基，程序默认值为 0。

NDAMA——损伤分析开关，0 代表不进行损伤分析，1 代表根据 PCA 疲劳准则进行损伤分析，2 代表根据用户给定的疲劳系数进行损伤分析，程序默认值为 0。

NPY——一年内的时期数，最大值为 12，最小值为 1，程序默认值为 1。

NLG——均布荷载组数，最大值为 12，最小值为 1，如果仅有温度翘曲，而没有轮载也不能将此参数设置为 0，而是设置为 1，程序默认值为 1。

NLAYER——面板的层数，可取 1 或 2，即单层板或双层板，程序默认值为 1。

NBOND——面板为双层板时，0 代表两层板完全分离，1 代表两层板完全连续；若为单层板，则此项应为 0。程序默认值为 0。

NSLAB——板块的数量，最大值为 6，程序默认值为 1。

NJOINT——接缝的数量，最大值为 7。若为单块板，则赋值 0。

NNCK——当用迭代法求解联立方程时，检查收敛情况的节点号。若可能，则采用最重荷载下的节点号。此节点还用于检查 FMAX，即使不需迭代也必须给出此节点号。程序默认值为 1。

NPRINT——需要输出应力的节点数量，最大值为 420。若 NPRINT 为 0，则计算输出受荷板每个节点的应力。若要进行损伤分析，则必须指定三个纵缝边缘点，每个轴载下边缘一个点，如第 12 章问题中的节点 1、19 和 37 所示。程序默认值为 0。

NSX——对称轴 x 上的节点数量，最大值为 50。若 x 轴不是对称轴，则此项应为 0；若对称轴 x 是接缝，则此项应为 1。

NSY——对称轴 y 上的节点数量，最大值为 50。若 y 轴不是对称轴，则此项应为 0；若对称轴 y 是接缝，则此项应为 1。

MDPO——详细输出，0 代表否，1 代表是。

NAT1——面板第一层中厚度不均匀的节点数量，若厚度均匀，则此项应为 0。

NAT2——面板第二层中厚度不均匀的节点数量，若厚度均匀或面板为单层板，则此项应为 0。

NUNIT——单位制，0 代表英制单位，1 代表国际单位制，程序默认值为 0①。

UL、TC 和 CL——在数据输入文件中会出现的三个参数，由程序自动生成，用于指示是否有均布荷载、温度翘曲、集中荷载，1 代表有，2 代表无。

2. Curling——翘曲

Curling	NOTCON, NGAP, INPUT, NTEMP, NWT, NCYCLE, TEMP, CT, DEL, FMAX

① 当 NUNIT=0，即采用英制单位时，长度的单位为 in，力的单位为 lb，应力的单位为 psi，重度的单位为 pcf，地基反应模量和传力杆支承模量的单位为 pci，温度的单位为℉；当 NUNIT=1，即采用国际单位制时，长度的单位为 cm，力的单位为 kN，应力的单位为 kPa，重度的单位为 kN/m^3，地基反应模量和传力杆支承模量的单位为 MN/m^3，温度的单位为℃。

NOTCON——初始时假设板与地基不接触的节点数量，最大值为 120，程序默认值为 0。若 NCYCLE=1，则这些节点总不接触；若 NCYCLE>1 且 NFOUND=0，则这些节点根据计算结果来确定接触或不接触；若 NCYCLE>1 且 NFOUND=1 或 2，则 NOTCON 应当恒为 0。

NGAP——板与地基间有间隙的节点数量，最大值为 120，程序默认值为 0。若无间隙或 NCYCLE=1，则此项应为 0。

INPUT——从前问题中得到间隙和预压值的开关，0 代表否，1 代表是，程序默认值为 0。

NTEMP——温度翘曲开关，0 代表不考虑温度翘曲，1 代表考虑温度翘曲，程序默认值为 0。

NWT——面板自重开关，0 代表不考虑自重，1 代表考虑自重，程序默认值为 0。

NCYCLE——检查地基接触情况的最大循环次数，程序默认值为 1；完全接触或不需迭代时取 1，部分接触或需迭代时取 10。

TEMP——板底温度减去板顶温度得到的温度差，程序默认值为 0。若面板四边向上翘曲，则此项应为正值；若面板四边向下翘曲，则此项应为负值。

CT——混凝土的热膨胀系数，程序默认值为 $9\times10^{-6}℃^{-1}$ ($5\times10^{-6}℉^{-1}$)。

DEL——用迭代法求解时的允许精度，建议取 0.001。虽然用高斯消去法求解时不需要 DEL，仍建议此项为 0.001，以便程序因存储不足自动改为迭代法求解时使用。

FMAX——在节点 NNCK 处的最大允许竖向位移。对于路面，一般建议取 1.0in (2.54cm)，对于筏板基础建议取较大值(如 10in，即 25.4cm)。当程序发现竖向位移大于 FMAX 时，则可能有错误，程序将自动停止。

3. Slab——板的布置与网格划分

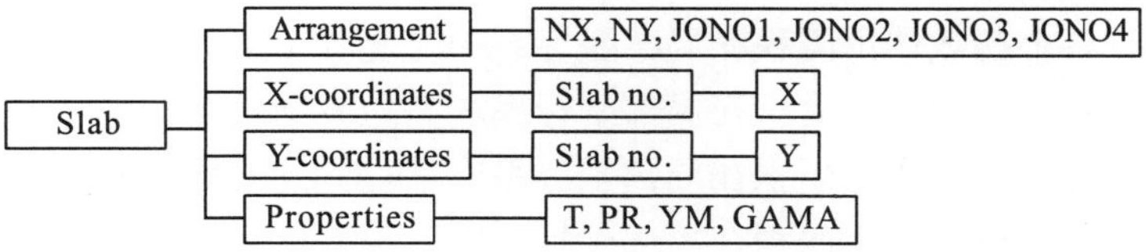

1) Arrangement——板的布置

NX——各板块 x 方向上的节点数量，最大值为 15。

NY——各板块 y 方向上的节点数量，最大值为 15。

JONO1——各板块左方的接缝号，0 代表不是接缝，i 代表左方是接缝且编号为 i，$1\leqslant i\leqslant7$。

JONO2——各板块右方的接缝号，0 代表不是接缝，i 代表右方是接缝且编号为 i，$1\leqslant i\leqslant7$。

JONO3——各板块下方的接缝号，0 代表不是接缝，i 代表下方是接缝且编号为 i，$1\leqslant i\leqslant7$。

JONO4——各板块上方的接缝号，0 代表不是接缝，i 代表上方是接缝且编号为 i，$1\leqslant i\leqslant7$。

2) X-coordinate——x 方向网格坐标

Slab no.→X——各板块 x 方向网格线的局部坐标，从 0 开始，由左向右增加，共计 NX 个。

3) Y-coordinate——y 方向网格坐标

Slab no.→Y——各板块 y 方向网格线的局部坐标，从 0 开始，由下而上增加，共计 NY 个。

4) Properties——属性

T——各层面板的厚度，若该层板的厚度不均匀，则此处 T 为均匀部分的厚度，不均匀部分的厚度将在后续读入。

PR——各层板的泊松比。

YM——各层板的弹性模量。

GAMA——各层板混凝土的重度，当 NWT=1 时，重度用于计算节点力；若仅有一层板，则第 2 层板的重度可赋值为 0。

4. Uniform——均布荷载

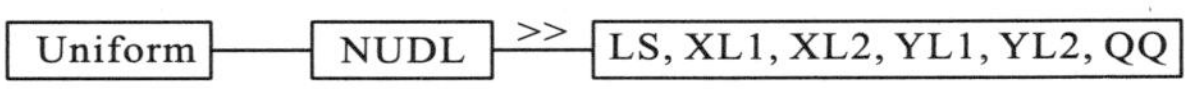

NUDL——每个荷载组中均布荷载作用面积的个数，最大值为 24。若一个荷载分布于多个单元内，仍将其视为一个荷载作用面积。

LS——其上作用有均布荷载的板块编号。

XL1——各个荷载作用面积在局部坐标系中左边界 x 坐标。

XL2——各个荷载作用面积在局部坐标系中右边界 x 坐标。

YL1——各个荷载作用面积在局部坐标系中下边界 y 坐标。

YL2——各个荷载作用面积在局部坐标系中上边界 y 坐标。

QQ——各个荷载作用面积的轮胎接触压力。

5. Raft——筏板基础

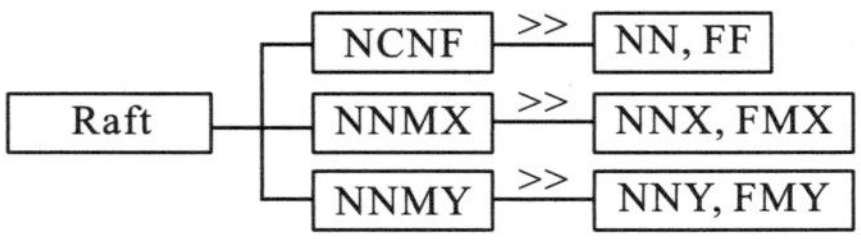

1) NCNF——垂向集中力的数量，最大值为 120

NN——作用有集中力的节点号。

FF——各节点作用的集中力，向下为正。

2) NNMX——x 方向力矩的数量，最大值为 120

NNX——作用有 x 方向力矩的节点号。
FMX——各节点作用的 x 方向集中力矩，其方向满足右手定则。

3) NNMY——y 方向力矩的数量，最大值为 120

NNY——作用有 y 方向力矩的节点号。
FMY——各节点作用的 y 方向集中力矩，其方向满足右手定则。

6. Optional——可选参数

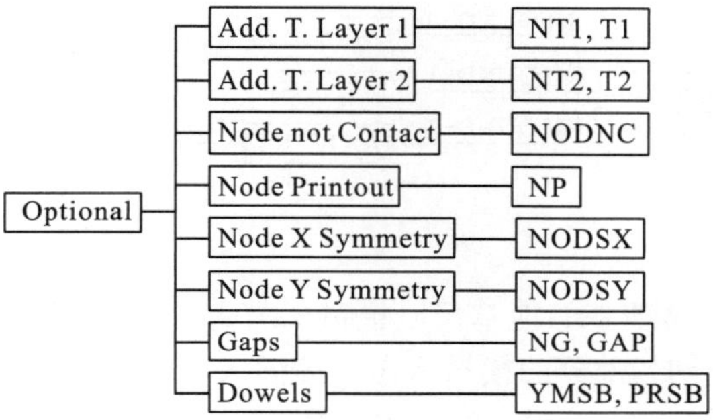

1) Add.T.Layer 1——第 1 层板中的附加厚度

NT1——第 1 层板厚与给定值不同的节点号。
T1——第 1 层板 NT1 处的板厚。

2) Add.T.Layer 2——第 2 层板中的附加厚度

NT2——第 2 层板厚与给定值不同的节点号。
T2——第 2 层板 NT2 处的板厚。

3) Node not Contact——初始条件下假设板与地基不接触的节点

NODNC——初始时假设板与地基不接触的节点号，这些节点的初始地基反力为 0。

4) Node Printout

NP——需要计算输出应力的节点号。

5) Node X symmetry

NODSX——对称轴 x 上的节点号，共计 NSX 个。若对称轴 x 是接缝，则此项应为 x 轴上任意一个节点号。

6) Node Y symmetry

NODSY——对称轴 y 上的节点号，共计 NSY 个。若对称轴 y 是接缝，则此项应为 y 轴上任意一个节点号。

7) Gaps——初始间隙

NG——面板与地基之间有间隙的节点号，共计 NGAP 个。
GAP——各节点处面板与地基之间的间隙值，共计 NGAP 个。

8) Dowels——传力杆弹性材料属性

YMSB——传力杆的弹性模量。
PRSB——传力杆的泊松比。

7. Foundation——地基

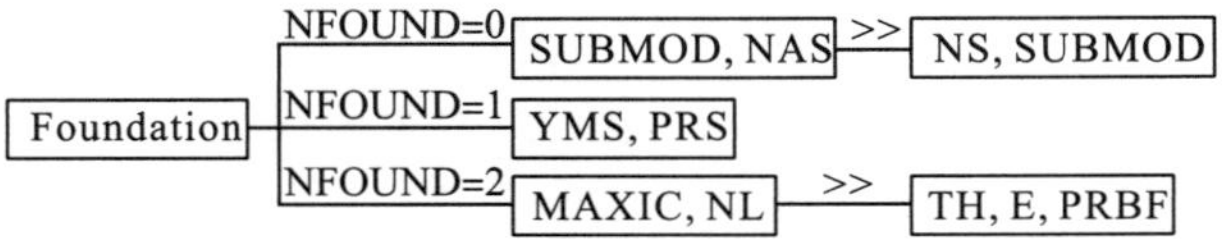

1) NFOUND=0

SUBMOD——液体地基的地基反应模量。若考虑地基不均匀，则此项为均匀部分的模量，非均匀部分的模量将在后续读入。
NAS——地基反应模量不均匀的节点数量
NS——地基反应模量不均匀的节点号。
SUBMOD——此处为与均匀部分不同的节点号的地基反应模量。

2) NFOUND=1

YMS——固体地基的弹性模量。
PRS——固体地基的泊松比。

3) NFOUND=2

MAXIC——层状地基数值积分最大循环次数，建议取 30。
NL——层状地基(Burmister 地基)的层数，最大值为 6。
TH——各 Burmister 层的厚度，最下方的一层默认为厚度无限，无须输入。
E——各 Burmister 层的弹性模量。
PRBF——各 Burmister 层的泊松比。

8. Adjust——地基季节调整系数

FSAF——各个时期地基季节调整系数。不考虑季节修正时，此项应为 1。

9. Joint——传力杆

SPCON1——各接缝传递剪力的剪切弹簧常数。

SPCON2——各接缝传递弯矩的力矩弹簧常数。

SCKV——传力杆的支承模量，或钢与混凝土的 *K* 值。若 SPCON1、SPCON2 非 0，则此项应为 0。

BD——传力杆的直径，若 SPCON1 非 0，则此项可为 0 或任意值。

BS——传力杆的间距，若 SPCON1 非 0，则此项可为 0 或任意值。

WJ——各接缝的宽度，若 SPCON1、SPCON2 非 0，则此项可为 0 或任意值。

GDC——传力杆与混凝土之间的间隙，用于计算剪切弹簧常数，但不能用于计算力矩弹簧常数。

NNAJ——各条接缝的节点数，若某接缝处 NNAJ 非 0，则必须给出 BARNO。

BARNO——接缝处某节点上的传力杆数量，此项一般是根据传力杆间距自动计算的，但当 NNAJ 非 0 时，必须给出 BARNO。

10. Damage——损伤分析

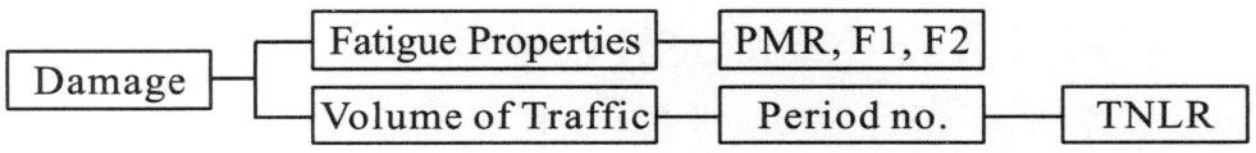

1) Fatigue Properties——疲劳参数

PMR——各层面板的抗弯拉强度，程序默认值为 500psi (3.45MPa)。当 NDAMA=0 (即不开展损伤分析) 时，此值不会发挥作用，可任意赋值。

F1——各层面板疲劳系数，或当应力比为 0 时，允许重复作用次数的对数值。此系数仅在 NDAMA=2 时才需要。

F2——各层面板疲劳系数，或重复作用次数对数值与应力比曲线的斜率。此系数仅在 NDAMA=2 时才需要。

2) Volume of Traffic——交通量

Period no.→TNLR——每个时期每个荷载组总的预期荷载重复作用次数。

注意：数据输入文件中每一行数据末尾都有参数名称与前面的数据一一对应，用户可在本节中查看其具体含义，直接在数据输入文件中进行修改，而不用打开 SLABSINP 输入程序。

8.4　输出参数说明

程序计算完成后会生成一个“*.TXT”格式的文本文件，文件中给出了需要计算输出的结果。以下按参数名的首字母顺序对输出文件中出现的输出参数含义进行解释。

BEARS——传力杆与混凝土之间的支承应力。

CI——开裂指数或损伤率。

CURL——由于温度翘曲各节点的初始翘曲量。

DF——当用迭代法求解联立方程时，指定节点两次迭代的挠度差。

FAJ2——沿接缝各节点的弯矩，若不传递弯矩，则该值等于 0。

FAJl——沿接缝各节点的剪力。

FAJPD——一个传力杆的剪力。

FOSUM——作用力之和。

F——板各节点的竖向挠度。

GAP——各节点的间隙或预压值。对于液体地基，间隙为正，预压值为负；对于固体或层状地基，间隙为正，预压值为零。

IC——检查位移收敛性的迭代次数。

INITEN——每块板起始单元号或最小单元号。

INITNP——每块板起始节点号或最小节点号。

ISEN——每个接缝两侧起始单元号。

ISNN——每个接缝两侧起始节点号。

LASTEN——每块板最后单元号或最大单元号。

LASTNP——每块板最后节点号或最大节点号。

LFEN——每个接缝两侧最后单元号或最终单元号。

LFNN——每个接缝两侧最后节点号或最终节点号。

MAJOR——板的最大主应力。

MAX.SHEAR——板的最大剪应力。

MINOR——板的最小主应力。

NB——半带宽。

NCY——检查板与地基接触情况的循环次数。

NDTY——节点类型。对接缝处次级节点赋值 0，对初级节点根据接缝处板的数目赋值 2、3 或 4。次级节点比接缝另一侧初级节点具有较大的节点号。对于固体和层状地基，在生成相邻板地基柔度矩阵和重分布刚度矩阵时，这些参数用于减少节点数目。若节点不在接缝上，则 NDTY 应赋值 1。

NE——作用有均布荷载的单元号。

NPOP——接缝另一侧的节点号。节点不在接缝上时赋值 0，当三块或四块板交会在接缝处时赋值初级节点号。此参数用于地基柔度矩阵的叠加，然后将地基的刚度矩阵重分布给板的刚度矩阵。

NPSM3——三板交会时的节点号。

NPSM——四板交会时的节点号。

NTSM3——三板交会时的次数。

NTSM——四板交会时的次数。

PRESSURE——各节点反作用压力。

QQ——均布荷载的接触压力。

ROTAT.X——板绕 x 轴转角。

ROTAT.Y——板绕 y 轴转角。

SDIF——多轴荷载的应力差。

SHEARS——传力杆的剪力。

SMAX——最大应力。

SPCON——传力杆接缝的当量弹簧常数。

STRESS X——x 方向应力，板底受压时为正。

STRESS XY——xy 平面的剪应力。

STRESS Y——y 方向应力，板底受压时为正。

SUBD——固体或层状地基的位移。接缝处交会的所有节点的地基位移是相同的，因为实际上在地基上只是一个点。

SUBR——各节点地基反力。

SUBSUM——地基反力之和，该值应近似等于作用力之和 FOSUM。

SUMCI——所有时期所有荷载组的开裂指数之和。

SUMP——固体或层状地基反力和预压值之和。若 SUMP 为负，则板与地基不接触。

XDA——荷载作用面积在无量纲 x 坐标的左和右的界限。若荷载作用面积覆盖单元的整个长度，则 XDA 为-1～1；若荷载作用面积覆盖长度的 1/4，则 XDA 为 0.5～1。

XN——以每块板左下角为原点的 x 局部坐标。

XO——以 1 号板左下角为原点的 x 整体坐标，考虑对称性时，为修改后的 x 整体坐标。

YDA——荷载作用面积在无量纲 y 坐标的下和上的界限。若荷载作用面积覆盖单元的整个宽度，则 YDA 为-1～1；若荷载作用面积覆盖宽度的 1/4，则 YDA 为-1～-0.5。

YN——以每块板左下角为原点的 y 局部坐标。

YO——以 1 号板左下角为原点的 y 整体坐标，考虑对称性时，为修改后的 y 整体坐标。

第 9 章　液体地基上完全接触板的翘曲

9.1　问 题 描 述

有液体地基上的单块板体系，地基反应模量为 200pci（约 54.3MN/m^3），面板几何尺寸为 300in（7.62m）长×144in（3.66m）宽×8in（203.2mm）厚。受 20℉（11.1℃）温度差的作用。混凝土的弹性模量取 4×10^{6}psi（约 27.6GPa），泊松比取 0.15，热膨胀系数取 5×10^{-6}℉$^{-1}$（9×10^{-6}℃$^{-1}$）。由于模型具有对称性，因此仅需取 1/4 结构，如图 9-1 所示。要求在不考虑自重时求板中心和长边中点的温度应力。为了对比液体地基和固体地基在完全接触情况下结果的差异，在 Data Set 2 中将液体地基替换为固体地基，其余参数保持一致。固体地基弹性模量为 15000psi（约 103.4MPa），泊松比为 0.4。图中阿拉伯数字如 10 等表示节点编号，带圆圈的数字如⑩等表示单元编号。

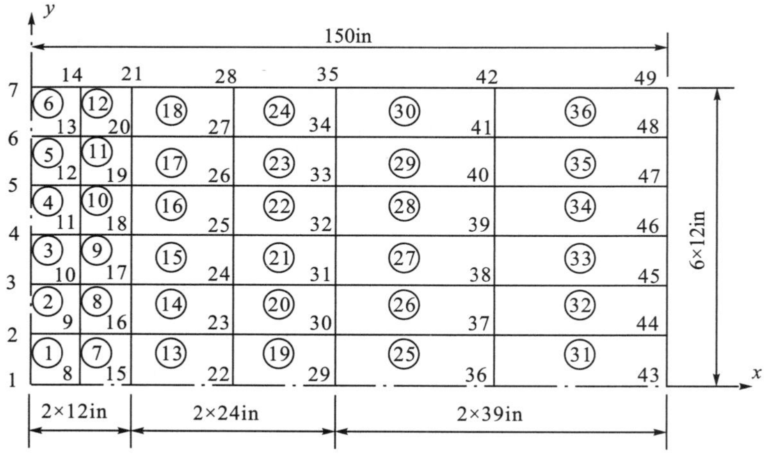

图 9-1　有限元模型示意图

9.2　KENSLABS 计算实现

单击 KENPAVE 主界面上的 SLABSINP 按钮，进入 SLABSINP 输入程序主菜单。图 9-2 为本章问题的主要操作流程示意。

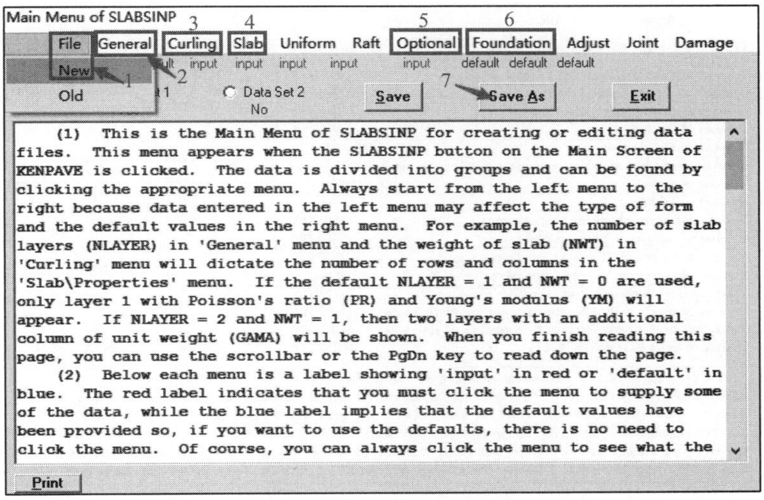

图 9-2　主要操作流程示意图

9.2.1　新建数据文件

单击输入程序主菜单中的 File 选项卡，选择 New 选项，以新建一个数据文件。新建完成后 File 选项卡下方的状态标识会从红色 input 变成红色 Untitled，如图 9-3 所示。

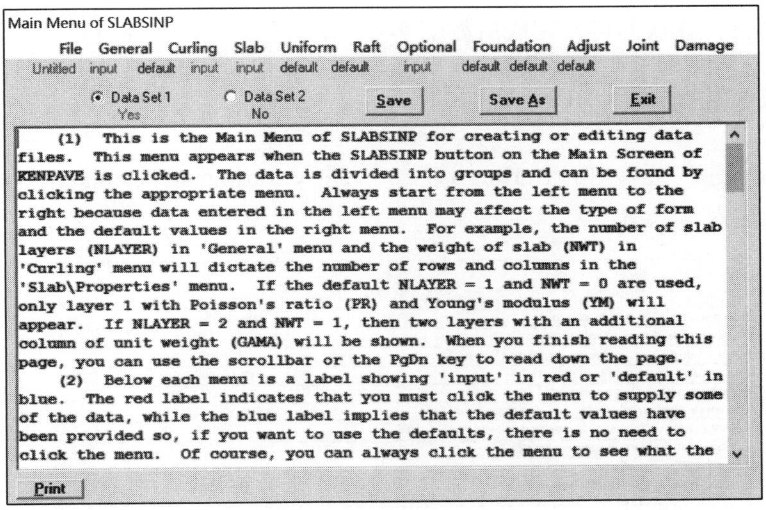

图 9-3　完成新建数据文件

9.2.2　输入基本参数

单击输入程序主菜单中的 General 选项卡，设置相关基本参数，程序中有部分默认值与模型是一致的，可直接采用，仅需做如图 9-4 所示的修改。

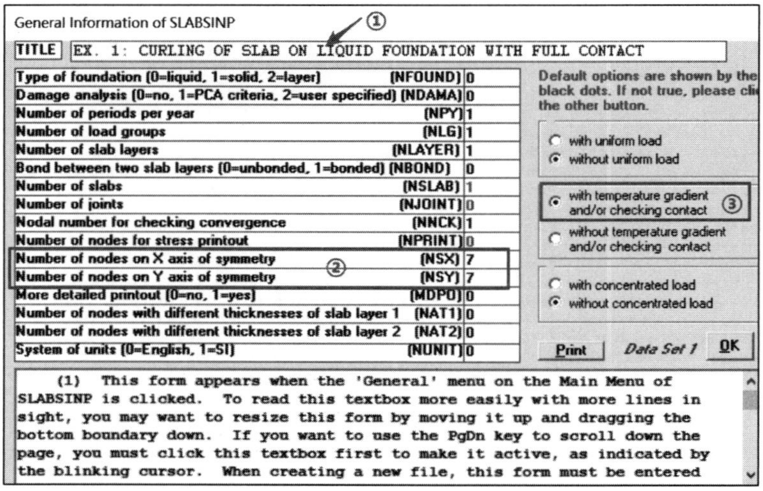

图 9-4 基本参数输入

(1) 标题。可以根据需要对当前数据文件进行一定描述，本程序中标题不能为空。

(2) 有限元模型对称性。考虑本章问题中模型的对称性，计算时仅取 1/4 结构，如图 9-1 所示。需将对称轴 x、y 上的节点个数 NSX 和 NSY 分别修改为 7 和 7。

(3) 温度梯度和/或检查接触。需计算温度梯度作用下板的翘曲，因此选择 with temperature gradient and/or checking contact。

其余选项保持默认即可，完成后如图 9-4 所示。单击 OK 按钮返回输入程序主菜单。

9.2.3 输入翘曲参数

单击输入程序主菜单中的 Curling 选项卡，进入 Curling and Contact Conditions 菜单。图 9-5 为参数输入示意图。

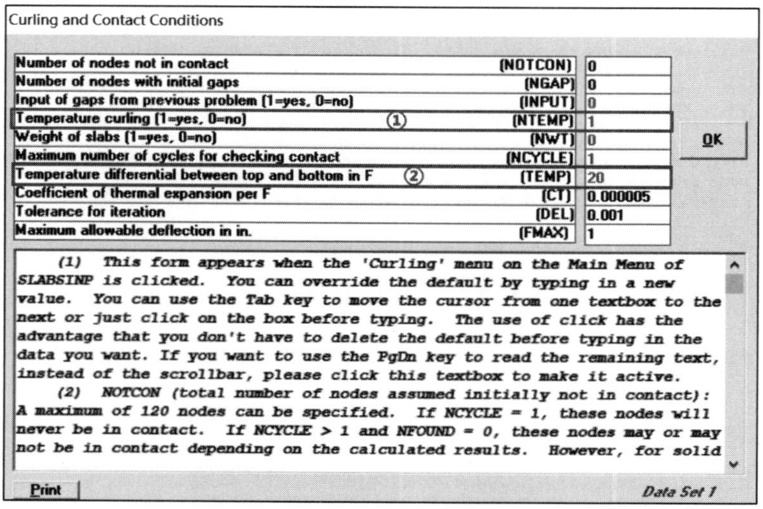

图 9-5 翘曲参数输入

(1) 温度翘曲。考虑温度翘曲作用下的温度应力，则将 NTEMP 修改为 1。

(2) 温度差。输入板底与板顶的温度差，根据本章问题修改为 20。

其余选项保持默认即可，完成后如图 9-5 所示。单击 OK 按钮返回输入程序主菜单。

9.2.4　输入板块参数

单击输入程序主菜单中的 Slab 选项卡，进入 Slab Information 板块参数设置界面。图 9-6 为参数输入流程示意图。

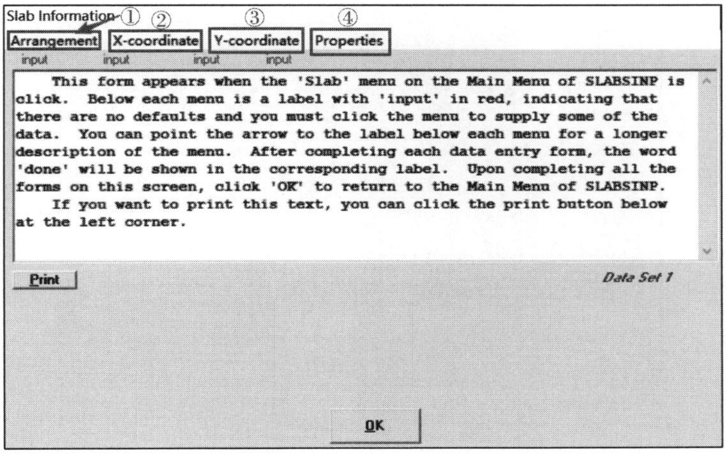

图 9-6　板块参数输入

(1) 定义板块布置与接缝。单击 Arrangement 选项，进入如图 9-7 所示的 Arrangement of Slabs and Joints 界面。

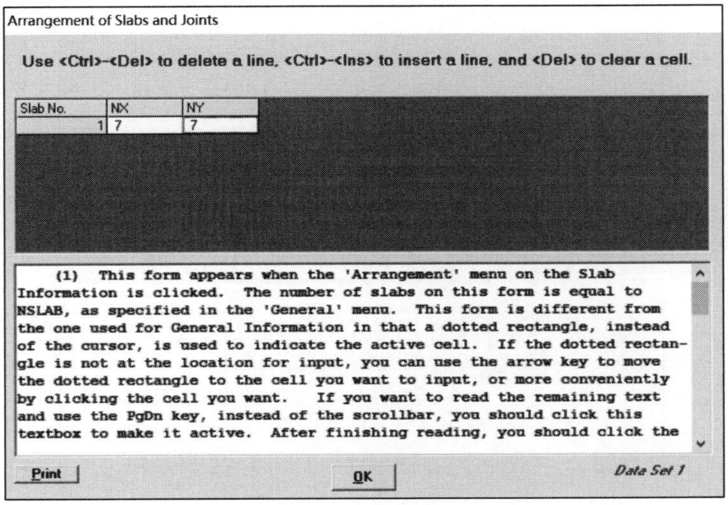

图 9-7　网格参数输入

按如图 9-1 所示的有限元模型输入 NX 和 NY，分别为 7 和 7。完成后单击 OK 按钮返回上一层。

(2)有限元网格的 x 坐标。单击 X-coordinate 选项，进入 X Coordinates of Each Slab 界面，单击 Slab1 按钮，即可进入板的 x 坐标输入界面，输入相应的有限元网格的 x 坐标，完成后如图 9-8 所示。单击 OK 按钮返回 Slab Information 界面。

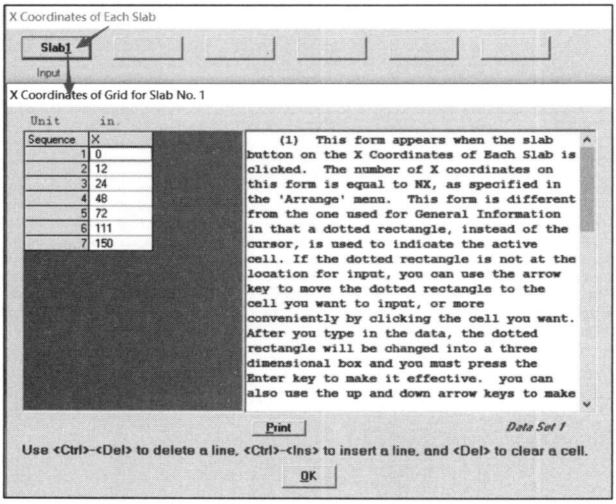

图 9-8 x 方向网格线的 x 坐标

(3)有限元网格的 y 坐标。单击 Y-coordinate 选项，进入 Y Coordinates of Each Slab 界面。同理，输入相应的有限元网格的 y 坐标，完成后如图 9-9 所示。单击 OK 按钮返回 Slab Information 界面。

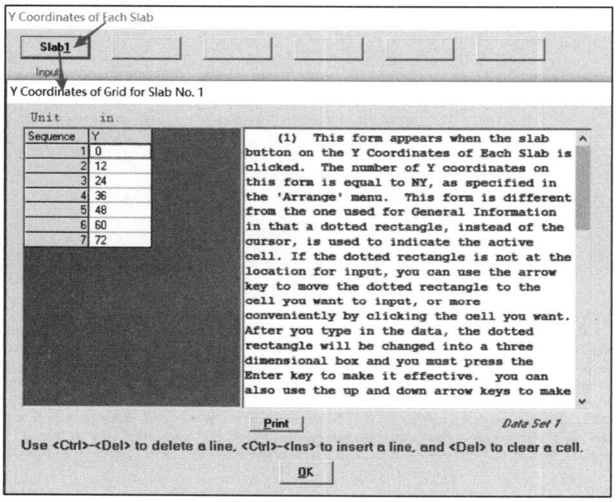

图 9-9 y 方向网格线的 y 坐标

(4) 水泥混凝土路面板块属性。单击 Properties 选项，将题设给出的参数输入程序中即可，面板厚度 T 为 8in，泊松比 PR 为 0.15，弹性模量 YM 为 4×10^6psi，完成后如图 9-10 所示。单击 OK 按钮返回 Slab Information 界面。

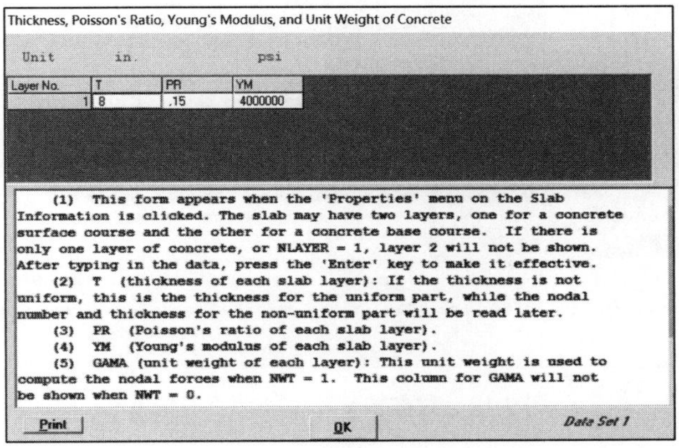

图 9-10　混凝土面板属性参数输入

确认本步骤完成后，再单击 OK 按钮返回输入程序主菜单。

9.2.5　输入其他可选参数

单击输入程序主菜单中的 Optional 选项卡，进入 Other Optional Information 菜单。图 9-11 为参数输入步骤示意图。

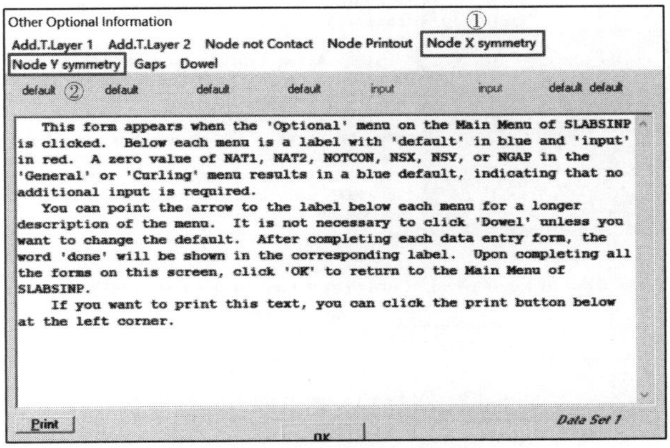

图 9-11　其他可选参数输入

1) 对称轴 x 轴上的节点号

单击 Node X symmetry 选项，进入 Nodes on X Axis of Symmetry 界面，输入图 9-1 模型中 x 轴上的节点号，完成后如图 9-12 所示。单击 OK 按钮返回 Other Optional Information 菜单。

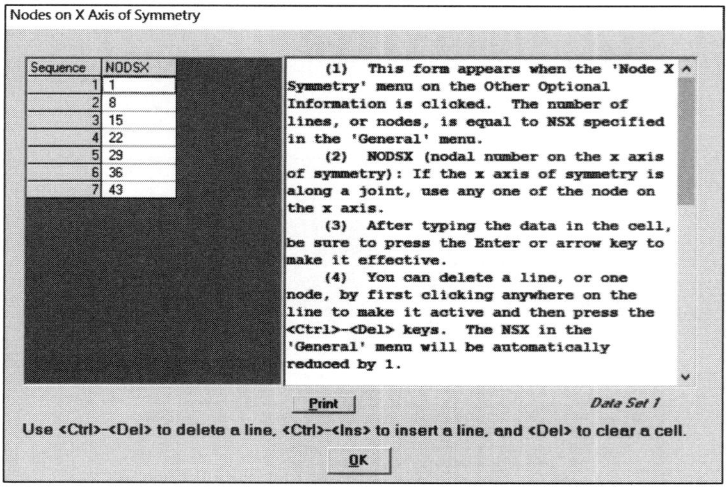

图 9-12 对称轴 x 轴上的节点号输入

2）对称轴 y 轴上的节点号

单击 Node Y symmetry 选项，进入 Nodes on Y Axis of Symmetry 界面，输入图 9-1 模型中 y 轴上的节点号，完成后如图 9-13 所示。单击 OK 按钮返回 Other Optional Information 菜单。

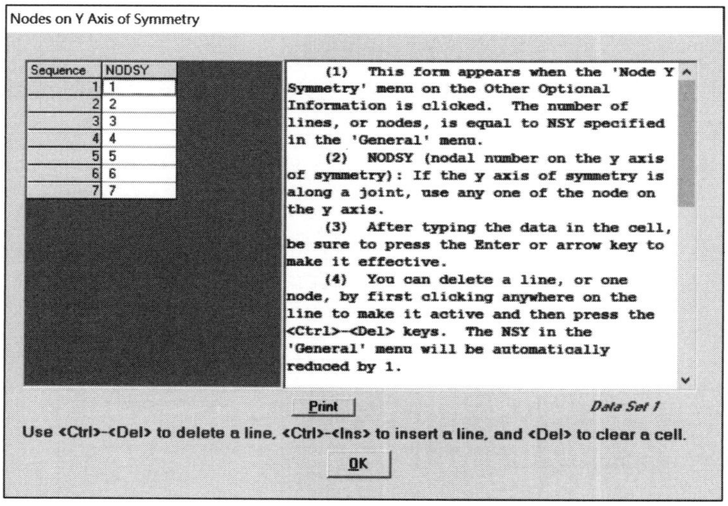

图 9-13 对称轴 y 轴上的节点号输入

确认本步骤完成后，再单击 OK 按钮返回输入程序主菜单。

9.2.6 输入地基参数

单击输入程序主菜单中的 Foundation 选项卡，进入 Liquid Foundation 菜单。输入问题中的地基反应模量 SUBMOD 为 200pci（54.3MN/m^3），同时因地基均匀，NAS=0，完成后如图 9-14 所示。

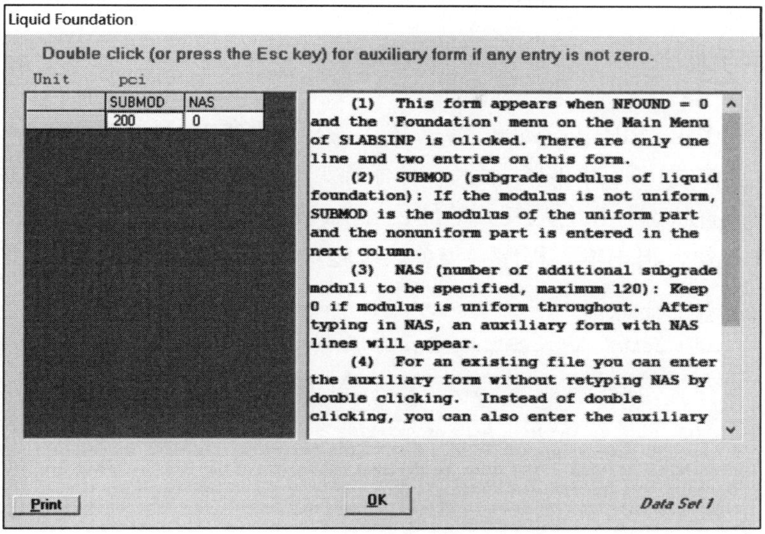

图 9-14　地基参数输入

确认本步骤完成后，单击 OK 按钮返回输入程序主菜单。

9.2.7　输入 Data Set 2 参数

如图 9-15 所示，激活 Data Set 2 选项，即可开始输入第二个问题的参数。Data Set 2 多数参数与 Data Set 1 保持一致，仅需要将 General 选项卡中的 TITLE 修改为“EX.1: WARPING OF SLAB ON SOLID FOUNDATION WITH FULL CONTACT”、NFOUND 为 1，Foundation 选项卡中的 YMS=15000psi、PRS=0.4 即可。

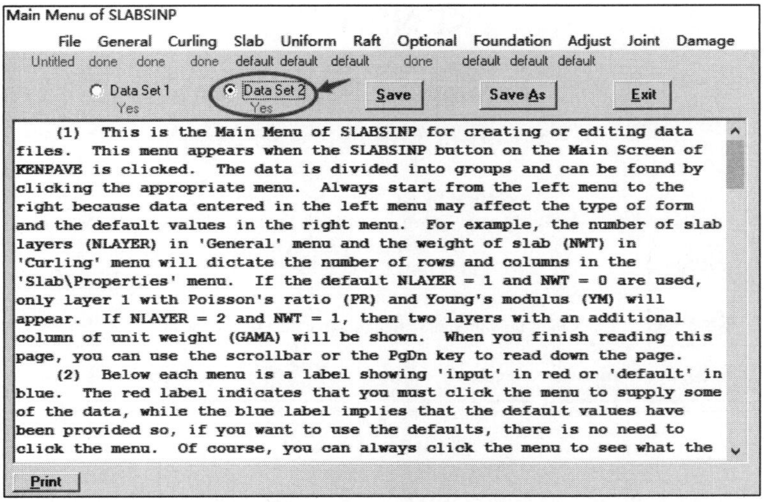

图 9-15　激活 Data Set 2 选项

9.2.8 保存与退出

单击输入程序主菜单中的 Save As 按钮，另存为数据文件至与 KENPAVE.EXE 程序相同的路径下。注意：如图 9-16 所示，所有需要做出定义的部分都已经查看修改后，每个选项卡对应位置状态标识会从初始的红色 input 变为 done，防止跳过或遗忘。确认完成后，单击 Exit 按钮，退出输入程序主菜单。本题输入数据文件保存命名为 SLA1.DAT。

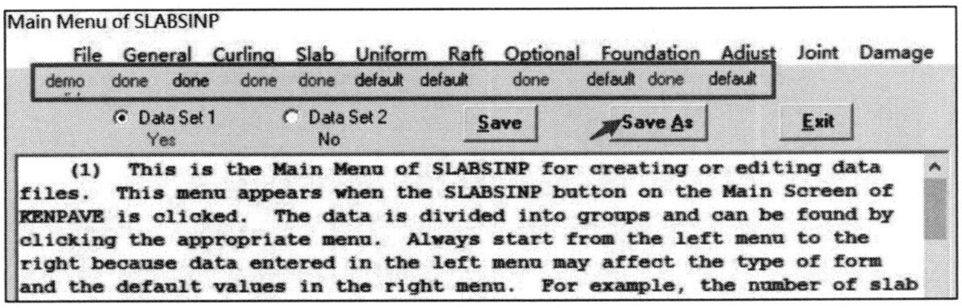

图 9-16 另存为后退出

保存后即在当前工作路径下生成一个“*.DAT”数据文件，此即本章问题的数据输入文件。生成的数据输入文件及其释义详见 9.4.1 节。

9.2.9 计算输出

回到 KENPAVE 程序主界面，按如图 9-17 所示的流程操作完成计算输出。

图 9-17 计算输出

(1) 确认右上方当前活动文件是否为刚才另存为的数据文件，若不是，则进行手动选取即可。若没有需要的输入文件，则是左上方当前工作路径不正确，切换为保存输入文件的路径即可。

(2)单击 KENSLABS 按钮，即可完成当前输入文件的计算和输出。若没有报错即有如图 9-18 所示提示。

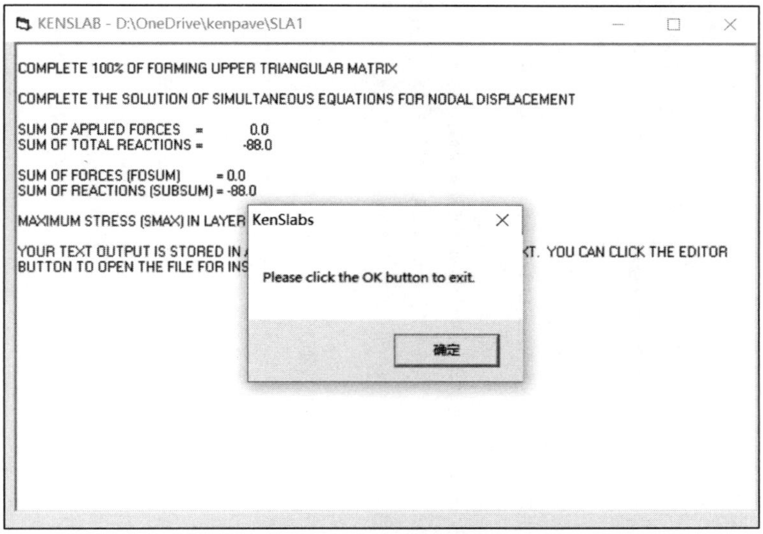

图 9-18　计算输出完成

单击“确定”按钮，即可退出。

计算完成后，即可得到如图 9-19 所示的结果文件 SLA1.TXT，该文件为文本格式，方便后续查看处理。

图 9-19　生成结果文件

9.3　计算结果

用文本编辑器打开 SLA1.TXT 文件，计算得到的结果表明：在液体地基情况下，1 号节点处，即板中心处 x 方向应力最大，为 237.59psi(1.64MPa)，受压；而板边中心，即 7 号节点处的应力为 216.22psi(1.49MPa)，受压。在固体地基情况下，1 号节点处 x 方向应力为 236.96psi(1.63MPa)，但 x 方向最大应力为 237.78psi(1.64MPa)，发生在 22 号节点；而 7 号节点处 x 方向应力为 204.29psi(1.41MPa)。详细的结果输出文件及其释义详见 9.4.2 节。

9.4 数据输入与结果输出文件释义

9.4.1 数据输入文件

```
2  (1) NPROB                                                    //待计算的问题数量为 2
EX. 1: CURLING OF SLAB ON LIQUID FOUNDATION WITH FULL CONTACT   //问题 1 的标题或问题描述，不超过 68 个英文字符
 0  0  1  1  (3) NFOUND NDAMA NPY NLG    //地基类型，0~液体地基；不开展损伤分析；每年划分为 1 个时期；1 个荷载组
 1  0  (4) NSLAB NJOINT                                         //单块板；无接缝
 7  7  0  0  0  0  (5) NX NY JONO1 JONO2 JONO3 JONO4    //板与网格布置：x 轴上 7 个节点；y 轴上 7 个节点；板的左、右、下、上边均不是接缝
1 1 0 0 0 0 0 1 0 1 0 0 7 7 0 0 2 1 2 (6) NLAYER NNCK NOTCON NGAP NPRINT INPUT NBOND NTEMP NWT NCYCLE NAT1 NAT2 NSX NSY
MDPO NUNIT UL TC CL
//面层板为单层板；以 1 号节点为准检查收敛情况；初始情况下与地基不接触的节点数为 0；板与地基间有初始间隙的节点数为 0；打印输出所有节点上的应力；间隙和预压值不从上一问题得到；双层板的黏结方式，单层板时取 0；考虑温度翘曲；不考虑自重；不需迭代，取 1；第 1 层板厚均匀时取 0；第 2 层板厚均匀或无第 2 层板时取 0；对称轴 x 轴
        上有 7 个节点；对称轴 y 轴上有 7 个节点；不详细打印输出；单位为英制单位；后三个参数由程序自动生成，用于判断是否有均布荷载、温度翘曲、集中荷载
 20  0  0  0  0  0.000005  0.001  1  (7) TEMP GAMA(1) GAMA(2) PMR(1) PMR(2) CT DEL FMAX
//板底与板顶的温度差为 20℉；第 1 层板重度，不计自重时取 0；第 2 层板重度，不计自重或无第 2 层板时取 0；不开展损伤分析时第 1 层板抗弯拉强度取 0；不开展损伤分析
        或无第 2 层板时抗弯拉强度取 0；混凝土热膨胀系数为 5×10^-6℉^-1；用迭代法求解时的允许精度为 0.001；节点 NNCK 处的最大允许竖向位移为 1in
 0  0  0  0  (8) F1(1) F1(2) F2(1) F2(2)                 //两层板的疲劳系数分别为 0，不开展损伤分析可设置任意值
 0  12  24  48  72  111  150  0  12  24  36  48  60  72  (9) X's and then Y's
                                 //1 号板局部坐标系下，x 轴上 7 个节点的 x 局部坐标与 y 轴上 7 个节点的 y 局部坐标
 8  0.15  4000000  (10) T PR YM        //板厚为 8in；混凝土的泊松比为 0.15；混凝土的弹性模量为 4000000psi
 0  (12) NUDL                                                   //荷载组内均布荷载作用面积数量为 0
 0  (13) NCNF                                                   //荷载组内集中力数量为 0
 0  0  (14) NNMX NNMY             //作用有 x 方向力矩的节点数量为 0；作用有 y 方向力矩的节点数量为 0
 1  8  15  22  29  36  43  (19) NODSX                           //对称轴 x 轴上节点的节点号
 1  2  3  4  5  6  7  (20) NODSY                                //对称轴 y 轴上节点的节点号
```

1 (22) FSAF //时期内的地基季节调整系数为 1

0 200 (24) NAS SUBMOD //无模量非均匀的节点；地基反应模量为 200pci

EX. 1: WARPING OF SLAB ON SOLID FOUNDATION WITH FULL CONTACT //问题 2 的标题或问题描述，不超过 68 个英文字符

1 0 1 1 (3) NFOUND NDAMA NPY NLG //地基类型，1~固体地基；不开展损伤分析；每年划分为 1 个时期；1 个荷载组

1 0 (4) NSLAB NJOINT //单块板；无接缝

7 7 0 0 0 0 (5) NX NY JONO1 JONO2 JONO3 JONO4 //板与网格布置：x 轴上 7 个节点；y 轴上 7 个节点；板的左、右、下、上边均不是接缝

1 1 0 0 0 0 0 1 0 1 0 0 7 7 0 0 2 1 2 (6) NLAYER NNCK NOTCON NGAP NPRINT INPUT NBOND NTEMP NWT NCYCLE NAT1 NAT2 NSX NSY MDPO NUNIT UL TC CL

//面层板为单层板；以 1 号节点为准检查收敛情况；初始情况下与地基不接触的节点数为 0；板与地基间有初始间隙的节点数为 0；打印输出所有节点上的应力；间隙和预压值不从上一问题得到；双层板的黏结方式，单层板时取 0；考虑温度翘曲；不考虑自重；不需迭代，取 1；第 1 层板厚均匀时取 0；第 2 层板厚均匀或无第 2 层板时取 0；对称轴 x 轴上有 7 个节点；对称轴 y 轴上有 7 个节点；不详细打印输出；单位为英制单位；后三个参数由程序自动生成，用于判断是否有均布荷载、温度翘曲、集中荷载

20 0 0 0 0 0.000005 0.001 1 (7) TEMP GAMA(1) GAMA(2) PMR(1) PMR(2) CT DEL FMAX

//板底与板顶的温度差为 20℉；第 1 层板重度，不计自重时取 0；第 2 层板重度，不计自重或无第 2 层板时取 0；不开展损伤分析时第 1 层板抗弯拉强度取 0；不开展损伤分析或无第 2 层板时抗弯拉强度取 0；混凝土热膨胀系数为 5×10^{-6}℉$^{-1}$；用迭代法求解时的允许精度为 0.001；节点 NNCK 处的最大允许竖向位移为 1in

0 0 0 0 (8) F1(1) F1(2) F2(1) F2(2) //两层板的疲劳系数分别为 0，不开展损伤分析可设置任意值

0 12 24 48 72 111 150 0 12 24 36 48 60 72 (9) X's and then Y's

//1 号板局部坐标系下，x 轴上 7 个节点的 x 局部坐标与 y 轴上 7 个节点的 y 局部坐标

8 0.15 4000000 (10) T PR YM //板厚为 8in；混凝土的泊松比为 0.15；混凝土的弹性模量为 4000000psi

0 (12) NUDL //荷载组内均布荷载作用面积数量为 0

0 (13) NCNF //荷载组内集中力数量为 0

0 0 (14) NNMX NNMY //作用有 x 方向力矩的节点数量；作用有 y 方向力矩的节点数量

1 8 15 22 29 36 43 (19) NODSX //对称轴 x 轴上节点的节点号

1 2 3 4 5 6 7 (20) NODSY //对称轴 y 轴上节点的节点号

1 (22) FSAF //时期内的地基季节调整系数为 1

15000 0.4 (28) YMS PRS //固体地基弹性模量为 1500psi；固体地基泊松比 0.4

9.4.2 结果输出文件

```
INPUT FILE NAME  -D:\kenpave\SLA1.TXT                                    //输入文件的文件路径及文件名

NUMBER OF PROBLEMS TO BE SOLVED =  2                                     //待计算的问题数量

TITLE -EX. 1: CURLING OF SLAB ON LIQUID FOUNDATION WITH FULL CONTACT     //问题 1 的标题或问题描述

TYPE OF FOUNDATION (NFOUND)          =          0                        //地基类型，0~液体地基
TYPE OF DAMAGE ANALYSIS (NDAMA)       =          0                       //不开展损伤分析
NUMBER OF PERIODS PER YEAR (NPY)      =          1                       //每年划分为 1 个时期
NUMBER OF LOAD GROUPS (NLG)          =          1                        //1 个荷载组
TOTAL NUMBER OF SLABS (NSLAB)         =          1                       //单块板
TOTAL NUMBER OF JOINTS (NJOINT)       =          0                       //无接缝

ARRANGEMENT OF SLABS                                                     //板的布置
SLAB  NO. NODES (NX)  NO. NODES (NY)  JOINT NO. AT FOUR SIDES (JONO)  //板编号；x 方向上节点数量；y 方向上节点数量；板的左、右、下、上边均不是接缝
 NO.   IN X DIRECTION   IN Y DIRECTION       LEFT  RIGHT  BOTTOM  TOP
  1         7               7                 0      0      0      0

NUMBER OF LAYERS (NLAYER)--------------------------------------= 1       //单层板
NODAL NUMBER USED TO CHECK CONVERGENCE (NNCK)-----------------= 1        //以 1 号节点为准检查收敛情况
NUMBER OF NODES NOT IN CONTACT (NOTCON)-----------------------= 0        //初始情况下与地基不接触的节点数为 0
NUMBER OF GAPS (NGAP)-----------------------------------------= 0        //已知板与地基间有初始间隙的节点数为 0
NUMBER OF POINTS FOR PRINTOUT (NPRINT)------------------------= 0        //打印输出所有节点上的应力
CODE FOR INPUT OF GAPS OR PRECOMPRESSIONS (INPUT)- -----------= 0        //间隙和预压值不从上一问题得到
BOND BETWEEN TWO LAYERS (NBOND)-------------------------------= 0        //双层板之间的黏结情况，单层板时为 0
```

```
CONDITION OF WARPING (NTEMP)----------------------------------= 1                //考虑温度翘曲
CODE INDICATING WHETHER SLAB WEIGHT IS CONSIDERED (NWT)--------= 0               //不考虑自重
MAX NO. OF CYCLES FOR CHECKING CONTACT (NCYCLE)----------------= 1               //不需要迭代求解时为 1
NUMBER OF ADDITIONAL THICKNESSES FOR SLAB LAYER 1 (NAT1)-------= 0               //第 1 层板厚均匀时为 0
NUMBER OF ADDITIONAL THICKNESSES FOR SLAB LAYER 2 (NAT2)-------= 0               //第 2 层板厚均匀或无第 2 层板时为 0
NUMBER OF POINTS ON X AXIS OF SYMMETRY (NSX)-------------------= 7               //关于 x 轴对称，且 x 轴上有 7 个节点
NUMBER OF POINTS ON Y AXIS OF SYMMETRY (NSY)-------------------= 7               //关于 y 轴对称，且 y 轴上有 7 个节点
MORE DETAILED PRINTOUT FOR EACH CONTACT CYCLE (MDPO)-----------= 0               //不详细打印输出
TOLERANCE FOR ITERATIONS (DEL)---------------------------------= 0.001           //用迭代法求解时的允许精度
MAXIMUM ALLOWABLE VERTICAL DISPLACEMENT (FMAX)-----------------= 1               //在节点 NNCK 处的最大允许竖向位移为 1in
DIFFERENCE IN TEMP. BETWEEN TOP AND BOTTOM OF SLAB (TEMP)------= 20              //板底与板顶的温度差
COEFFICIENT OF THERMAL EXPANSION (CT)--------------------------= 0.000005        //混凝土的热膨胀系数，单位为℉⁻¹

SYSTEM OF UNITS (NUNIT)----------------------------------------= 0
        //采用英制单位体系，长度单位为 in，力的单位为 lb，应力单位为 psi，重度单位为 pcf，地基反应模量和传力杆支承模量单位为 pci，温度单位为℉
   (Length in in., force in lb, stress in psi, unit weigh in pcf
    subgrade and dowel K value in pci, and temperature in F)

FOR SLAB NO. 1 COORDINATES OF FINITE ELEMENT GRID ARE:                           //1 号板的有限元网格划分
X =  0  12  24  48  72  111  150                                                 //1 号板的 x 方向上网格的 x 局部坐标
Y =  0  12  24  36  48  60  72                                                   //1 号板的 y 方向上网格的 y 局部坐标

LAYER       THICKNESS (T)      POISSON'S       YOUNG'S
 NO.                          RATIO (PR)    MODULUS (YM)
 1            8.00000           0.15000      4.000E+06          //第 1 层板的厚度为 8in，泊松比为 0.15，弹性模量为 4000000psi

No. OF LOADED AREAS (NUDL) FOR EACH LOAD GROUP ARE:  0                           //每个荷载组的均布荷载作用面积数量为 0
NO. OF NODAL FORCES (NCNF) AND MOMENTS (NCMX AND NCMY) ARE: 0  0  0              //每个荷载组内集中力以及 x 和 y 方向的集中力矩的数量均为 0
```

```
NODES ON X AXIS OF SYMMETRY (NODSX) ARE:  1  8  15  22  29  36  43        //x 轴是对称轴，且不是接缝，x 轴上的节点号有 1、8、15、22、29、36、43

NODES ON Y AXIS OF SYMMETRY (NODSY) ARE: 1  2  3  4  5  6  7              //y 轴是对称轴，且不是接缝，y 轴上的节点号有 1、2、3、4、5、6、7

FOUNDATION ADJUSTMENT FACTOR (FSAF) FOR EACH PERIOD ARE: 1                //时期内的地基季节调整系数为 1

NUMBER OF ADDITIONAL SUBGRADE MODULI (NAS) TO BE READ IN-----=  0         //模量非均匀的节点数量为 0
SUBGRADE MODULUS (SUBMOD)------------------------------------= 200        //地基反应模量为 200pci

NODAL COORDINATES (XN AND YN) OF INDIVIDUAL SLAB ARE:                     //所有节点的节点号及其局部坐标
   1    0.000     0.000   2    0.000    12.000   3    0.000    24.000
   4    0.000    36.000   5    0.000    48.000   6    0.000    60.000
   7    0.000    72.000   8   12.000     0.000   9   12.000    12.000
  10   12.000    24.000  11   12.000    36.000  12   12.000    48.000
  13   12.000    60.000  14   12.000    72.000  15   24.000     0.000
  16   24.000    12.000  17   24.000    24.000  18   24.000    36.000
  19   24.000    48.000  20   24.000    60.000  21   24.000    72.000
  22   48.000     0.000  23   48.000    12.000  24   48.000    24.000
  25   48.000    36.000  26   48.000    48.000  27   48.000    60.000
  28   48.000    72.000  29   72.000     0.000  30   72.000    12.000
  31   72.000    24.000  32   72.000    36.000  33   72.000    48.000
  34   72.000    60.000  35   72.000    72.000  36  111.000     0.000
  37  111.000    12.000  38  111.000    24.000  39  111.000    36.000
  40  111.000    48.000  41  111.000    60.000  42  111.000    72.000
  43  150.000     0.000  44  150.000    12.000  45  150.000    24.000
  46  150.000    36.000  47  150.000    48.000  48  150.000    60.000
  49  150.000    72.000
```

```
AMOUNT OF INITIAL CURLING AND GAP (CURL) AT THE NODES IS            //由于温度翘曲导致的各个节点的初始翘曲量
  1  0.00000  2  0.00090  3  0.00360  4  0.00810  5  0.01440
  6  0.02250  7  0.03240  8  0.00090  9  0.00180 10  0.00450
 11  0.00900 12  0.01530 13  0.02340 14  0.03330 15  0.00360
 16  0.00450 17  0.00720 18  0.01170 19  0.01800 20  0.02610
 21  0.03600 22  0.01440 23  0.01530 24  0.01800 25  0.02250
 26  0.02880 27  0.03690 28  0.04680 29  0.03240 30  0.03330
 31  0.03600 32  0.04050 33  0.04680 34  0.05490 35  0.06480
 36  0.07701 37  0.07791 38  0.08061 39  0.08511 40  0.09141
 41  0.09951 42  0.10941 43  0.14063 44  0.14153 45  0.14423
 46  0.14873 47  0.15503 48  0.16313 49  0.17303

HALF BAND WIDTH (NB) =  27                                          //刚度矩阵半带宽

PERIOD 1 LOAD GROUP 1 AND CYCLE NO. 1                               //第1个时期，第1个荷载组，第1次迭代的计算结果

DEFLECTIONS OF SLABS (F) ARE: (DOWNWARD POSITIVE)                   //各个节点的竖向挠度，向下为正
   1  0.00591   2  0.00555   3  0.00440   4  0.00228   5 -0.00111
   6 -0.00609   7 -0.01298   8  0.00597   9  0.00561  10  0.00447
  11  0.00234  12 -0.00104  13 -0.00603  14 -0.01291  15  0.00615
  16  0.00579  17  0.00465  18  0.00253  19 -0.00085  20 -0.00582
  21 -0.01269  22  0.00682  23  0.00646  24  0.00532  25  0.00322
  26 -0.00013  27 -0.00508  28 -0.01190  29  0.00762  30  0.00727
  31  0.00614  32  0.00406  33  0.00074  34 -0.00414  35 -0.01088
  36  0.00689  37  0.00654  38  0.00543  39  0.00337  40  0.00012
  41 -0.00463  42 -0.01116  43 -0.00325  44 -0.00358  45 -0.00463
  46 -0.00660  47 -0.00974  48 -0.01435  49 -0.02068
```

```
NODAL NUMBER AND REACTIVE PRESSURE (SUBR) ARE: (COMPRESSION POSITIVE)          //各个节点的地基反力，压为正
   1    1.182   2    1.110   3    0.881   4    0.456   5   -0.221
   6   -1.219   7   -2.596   8    1.194   9    1.122  10    0.893
  11    0.469  12   -0.208  13   -1.205  14   -2.581  15    1.231
  16    1.159  17    0.930  18    0.507  19   -0.169  20   -1.164
  21   -2.538  22    1.363  23    1.292  24    1.065  25    0.644
  26   -0.027  27   -1.015  28   -2.380  29    1.525  30    1.454
  31    1.229  32    0.812  33    0.148  34   -0.828  35   -2.176
  36    1.378  37    1.308  38    1.085  39    0.675  40    0.024
  41   -0.927  42   -2.232  43   -0.649  44   -0.715  45   -0.927
  46   -1.320  47   -1.948  48   -2.871  49   -4.135

SUM OF FORCES (FOSUM) = 0.0   SUM OF REACTIONS (SUBSUM) = -1.3          //总的作用力为 0；总的反作用力为-1.3lb

NODE LAYER STRESS X  STRESS Y  STRESS XY  MAX.SHEAR   MAJOR    MINOR
                 //各个打印输出的节点在各层位的 x 方向应力、y 方向应力、xy 平面剪应力、最大剪应力、最大主应力、最小主应力
  1   1   237.590   158.228    0.000    39.681   237.590   158.228
  2   1   236.480   150.503    0.000    42.988   236.480   150.503
  3   1   233.304   128.285    0.000    52.510   233.304   128.285
  4   1   228.550    94.628    0.000    66.961   228.550    94.628
  5   1   223.100    55.223    0.000    83.938   223.100    55.223
  6   1   218.328    19.190    0.000    99.569   218.328    19.190
  7   1   216.221     0.000    0.000   108.110   216.221     0.000
  8   1   237.254   158.224    0.000    39.515   237.254   158.224
  9   1   236.142   150.504   -0.084    42.819   236.142   150.504
 10   1   232.961   128.301   -0.187    52.330   232.962   128.301
 11   1   228.199    94.662   -0.321    66.769   228.200    94.662
```

12	1	222.746	55.265	-0.480	83.742	222.748	55.264
13	1	218.038	19.224	-0.636	99.409	218.040	19.222
14	1	215.901	0.000	0.000	107.950	215.901	0.000
15	1	236.095	158.183	0.000	38.956	236.095	158.183
16	1	234.981	150.480	-0.157	42.251	234.982	150.480
17	1	231.793	128.323	-0.354	51.736	231.794	128.322
18	1	227.019	94.747	-0.619	66.139	227.022	94.744
19	1	221.557	55.401	-0.950	83.083	221.562	55.396
20	1	216.770	19.338	-1.397	98.726	216.780	19.329
21	1	214.824	0.000	0.000	107.412	214.824	0.000
22	1	229.691	157.690	0.000	36.001	229.691	157.690
23	1	228.555	150.056	-0.258	39.250	228.556	150.056
24	1	225.318	128.117	-0.614	48.604	225.322	128.113
25	1	220.497	94.834	-1.141	62.842	220.507	94.824
26	1	215.025	55.731	-1.853	79.668	215.046	55.710
27	1	210.341	19.739	-2.733	95.340	210.380	19.700
28	1	208.508	0.000	0.000	104.254	208.508	0.000
29	1	210.444	155.310	0.000	27.567	210.444	155.310
30	1	209.292	147.844	-0.241	30.725	209.293	147.843
31	1	205.986	126.362	-0.645	39.818	205.992	126.356
32	1	201.014	93.751	-1.369	53.649	201.031	93.734
33	1	195.331	55.384	-2.550	70.020	195.378	55.337
34	1	190.534	19.816	-4.280	85.466	190.641	19.709
35	1	189.184	0.000	0.000	94.592	189.184	0.000
36	1	130.898	144.083	0.000	6.592	144.083	130.898
37	1	129.850	136.948	-0.344	3.566	136.965	129.834
38	1	126.797	116.419	-0.803	5.251	126.858	116.357
39	1	122.098	85.581	-1.519	18.321	122.161	85.518

40	1	116.407	49.854	-2.683	33.384	116.515	49.746
41	1	110.872	17.683	-4.548	46.816	111.094	17.462
42	1	107.392	0.000	0.000	53.696	107.392	0.000
43	1	0.000	129.033	0.000	64.516	129.033	0.000
44	1	0.000	121.748	0.000	60.874	121.748	0.000
45	1	0.000	101.053	0.000	50.526	101.053	0.000
46	1	0.000	70.129	0.000	35.064	70.129	0.000
47	1	0.000	35.153	0.000	17.576	35.153	0.000
48	1	0.000	6.177	0.000	3.088	6.177	0.000
49	1	0.000	0.000	0.000	0.000	0.000	0.000

```
MAXIMUM STRESS (SMAX) IN LAYER 1  IS    237.590 ( NODE 1 )              //计算出的最大应力以及节点号

MAXIMUM NEGATIVE STRESS IN X DIRECTION =         0.0 ( NODE 0 )          //x 方向最大拉应力
MAXIMUM POSITIVE STRESS IN X DIRECTION =       237.6 ( NODE 1 )          // x 方向最大压应力
MAXIMUM NEGATIVE STRESS IN Y DIRECTION =         0.0 ( NODE 0 )          // y 方向最大拉应力
MAXIMUM POSITIVE STRESS IN Y DIRECTION =       158.2 ( NODE 1 )          // y 方向最大压应力

PROBLEM NO. 2                                                            //问题 2

TITLE -EX. 1: WARPING OF SLAB ON SOLID FOUNDATION WITH FULL CONTACT      //问题 2 的标题或问题描述

TYPE OF FOUNDATION (NFOUND)          =          1                        //地基类型，1~固体地基
TYPE OF DAMAGE ANALYSIS (NDAMA)      =          0                        //不开展损伤分析
NUMBER OF PERIODS PER YEAR (NPY)     =          1                        //每年划分为 1 个时期
NUMBER OF LOAD GROUPS (NLG)          =          1                        //1 个荷载组
TOTAL NUMBER OF SLABS (NSLAB)        =          1                        //单块板
TOTAL NUMBER OF JOINTS (NJOINT)      =          0                        //无接缝
```

```
ARRANGEMENT OF SLABS                                                                    //板的布置
SLAB  NO. NODES (NX)  NO. NODES (NY)   JOINT NO. AT FOUR SIDES (JONO)  //板编号；x方向上节点数量；y方向上节点数量；板的左、右、下、上边均不是接缝
 NO.   IN X DIRECTION   IN Y DIRECTION       LEFT  RIGHT  BOTTOM  TOP
  1         7                7             0      0      0       0

NUMBER OF LAYERS (NLAYER)--------------------------------------= 1          //单层板
NODAL NUMBER USED TO CHECK CONVERGENCE (NNCK)------------------= 1          //以1号节点为准检查收敛情况
NUMBER OF NODES NOT IN CONTACT (NOTCON)------------------------= 0          //初始情况下与地基不接触的节点数为0
NUMBER OF GAPS (NGAP)------------------------------------------= 0          //已知板与地基间有初始间隙的节点数为0
NUMBER OF POINTS FOR PRINTOUT (NPRINT)-------------------------= 0          //打印输出所有节点上的应力
CODE FOR INPUT OF GAPS OR PRECOMPRESSIONS (INPUT)- ------------= 0          //间隙和预压值不从上一问题得到
BOND BETWEEN TWO LAYERS (NBOND)--------------------------------= 0          //双层板之间的黏结情况，单层板时为0
CONDITION OF WARPING (NTEMP)-----------------------------------= 1          //考虑温度翘曲
CODE INDICATING WHETHER SLAB WEIGHT IS CONSIDERED (NWT)--------= 0          //不考虑自重
MAX NO. OF CYCLES FOR CHECKING CONTACT (NCYCLE)----------------= 1          //不需要迭代求解时为1
NUMBER OF ADDITIONAL THICKNESSES FOR SLAB LAYER 1 (NAT1)-------= 0          //第1层板厚均匀时为0
NUMBER OF ADDITIONAL THICKNESSES FOR SLAB LAYER 2 (NAT2)-------= 0          //第2层板厚均匀或无第2层板时为0
NUMBER OF POINTS ON X AXIS OF SYMMETRY (NSX)-------------------= 7          //关于x轴对称，且x轴上有7个节点
NUMBER OF POINTS ON Y AXIS OF SYMMETRY (NSY)-------------------= 7          //关于y轴对称，且y轴上有7个节点
MORE DETAILED PRINTOUT FOR EACH CONTACT CYCLE (MDPO)-----------= 0          //不详细打印输出
TOLERANCE FOR ITERATIONS (DEL)---------------------------------= 0.001      //用迭代法求解时的允许精度
MAXIMUM ALLOWABLE VERTICAL DISPLACEMENT (FMAX)-----------------= 1          //在节点NNCK处的最大允许竖向位移为1in
DIFFERENCE IN TEMP. BETWEEN TOP AND BOTTOM OF SLAB (TEMP)------= 20         //板底与板顶的温度差为20℉
COEFFICIENT OF THERMAL EXPANSION (CT)--------------------------= 0.000005   //混凝土的热膨胀系数，单位为℉^-1

SYSTEM OF UNITS (NUNIT)----------------------------------------= 0
        //0~采用英制单位体系，长度单位为in，力的单位为lb，应力单位为psi，重度单位为pcf，地基反应模量和传力杆支承模量单位为pci，温度单位为℉
```

```
   (Length in in., force in lb, stress in psi, unit weigh in pcf
    subgrade and dowel K value in pci, and temperature in F)

FOR SLAB NO. 1 COORDINATES OF FINITE ELEMENT GRID ARE:                //1号板的有限元网格划分
X =  0  12  24  48  72  111  150                                      //1号板的x方向上网格的x局部坐标
Y =  0  12  24  36  48  60  72                                        //1号板的y方向上网格的y局部坐标

LAYER      THICKNESS (T)       POISSON'S        YOUNG'S
 NO.                          RATIO (PR)      MODULUS (YM)
 1           8.00000           0.15000         4.000E+06             //第1层板的厚度为8in，泊松比为0.15，弹性模量为4000000psi

No. OF LOADED AREAS (NUDL) FOR EACH LOAD GROUP ARE:  0                //每个荷载组的均布荷载作用面积数量为0
NO. OF NODAL FORCES (NCNF) AND MOMENTS (NCMX AND NCMY) ARE: 0  0  0   //每个荷载组内集中力以及x和y方向的集中力矩的数量均为0

NODES ON X AXIS OF SYMMETRY (NODSX) ARE:  1  8  15  22  29  36  43    //x轴是对称轴，且不是接缝，x轴上的节点号有1、8、15、22、29、36、43

NODES ON Y AXIS OF SYMMETRY (NODSY) ARE: 1  2  3  4  5  6  7          //y轴是对称轴，且不是接缝，y轴上的节点号有1、2、3、4、5、6、7

FOUNDATION ADJUSTMENT FACTOR (FSAF) FOR EACH PERIOD ARE: 1            //时期内的地基季节调整系数为1
YOUNG'S MODULUS OF FOUNDATION (YMS) =  15000                          //固体地基弹性模量为1500psi
POISSON'S RATIO OF FOUNDATION (PRS) =  0.4                            //固体地基泊松比为0.4

AMOUNT OF INITIAL CURLING AND GAP (CURL) AT THE NODES IS              //由于温度翘曲导致的各个节点的初始翘曲量
  1   0.00000   2   0.00090   3   0.00360   4   0.00810   5   0.01440
  6   0.02250   7   0.03240   8   0.00090   9   0.00180  10   0.00450
 11   0.00900  12   0.01530  13   0.02340  14   0.03330  15   0.00360
 16   0.00450  17   0.00720  18   0.01170  19   0.01800  20   0.02610
 21   0.03600  22   0.01440  23   0.01530  24   0.01800  25   0.02250
```

```
26  0.02880 27  0.03690 28  0.04680 29  0.03240 30  0.03330
31  0.03600 32  0.04050 33  0.04680 34  0.05490 35  0.06480
36  0.07701 37  0.07791 38  0.08061 39  0.08511 40  0.09141
41  0.09951 42  0.10941 43  0.14063 44  0.14153 45  0.14423
46  0.14873 47  0.15503 48  0.16313 49  0.17303

THE GLOBAL COORDINATES (XO AND YO) OF EACH NODE ARE:                //所有节点的节点号及其整体坐标
   1   0.000    0.000   2    0.000   12.000   3    0.000   24.000
   4   0.000   36.000   5    0.000   48.000   6    0.000   60.000
   7   0.000   72.000   8   12.000    0.000   9   12.000   12.000
  10  12.000   24.000  11   12.000   36.000  12   12.000   48.000
  13  12.000   60.000  14   12.000   72.000  15   24.000    0.000
  16  24.000   12.000  17   24.000   24.000  18   24.000   36.000
  19  24.000   48.000  20   24.000   60.000  21   24.000   72.000
  22  48.000    0.000  23   48.000   12.000  24   48.000   24.000
  25  48.000   36.000  26   48.000   48.000  27   48.000   60.000
  28  48.000   72.000  29   72.000    0.000  30   72.000   12.000
  31  72.000   24.000  32   72.000   36.000  33   72.000   48.000
  34  72.000   60.000  35   72.000   72.000  36  111.000    0.000
  37 111.000   12.000  38  111.000   24.000  39  111.000   36.000
  40 111.000   48.000  41  111.000   60.000  42  111.000   72.000
  43 150.000    0.000  44  150.000   12.000  45  150.000   24.000
  46 150.000   36.000  47  150.000   48.000  48  150.000   60.000
  49 150.000   72.000

HALF BAND WIDTH (NB) =  147                                         //刚度矩阵半带宽

PERIOD 1 LOAD GROUP 1 AND CYCLE NO. 1                               //第 1 个时期，第 1 个荷载组，第 1 次迭代的计算结果
```

```
NODAL NUMBERS AND DEFLECTIONS OF SLABS (F) ARE: (DOWNWARD POSITIVE)                //各个节点的竖向挠度，向下为正
   1  0.00505    2  0.00494    3  0.00457    4  0.00379    5  0.00231
   6 -0.00025    7 -0.00437    8  0.00507    9  0.00496   10  0.00460
  11  0.00381   12  0.00233   13 -0.00023   14 -0.00435   15  0.00513
  16  0.00503   17  0.00466   18  0.00388   19  0.00240   20 -0.00016
  21 -0.00427   22  0.00541   23  0.00530   24  0.00494   25  0.00416
  26  0.00269   27  0.00015   28 -0.00393   29  0.00584   30  0.00574
  31  0.00540   32  0.00464   33  0.00320   34  0.00071   35 -0.00333
  36  0.00584   37  0.00577   38  0.00551   39  0.00490   40  0.00369
  41  0.00150   42 -0.00216   43 -0.00087   44 -0.00086   45 -0.00089
  46 -0.00108   47 -0.00165   48 -0.00297   49 -0.00546

NODAL NUMBER AND REACTIVE PRESSURE (SUBR) ARE: (COMPRESSION POSITIVE)              //各个节点的地基反力，压为正
   1     0.868    2     0.898    3     0.967    4     1.010    5     0.867
   6     0.219    7    -9.094    8     0.819    9     0.846   10     0.912
  11     0.954   12     0.822   13     0.245   14    -8.705   15     0.862
  16     0.890   17     0.953   18     0.987   19     0.828   20     0.232
  21    -8.556   22     0.949   23     0.977   24     1.043   25     1.084
  26     0.902   27     0.497   28    -9.107   29     1.120   30     1.144
  31     1.195   32     1.235   33     0.992   34     0.888   35    -8.105
  36     1.584   37     1.618   38     1.645   39     1.765   40     1.332
  41     1.809   42    -6.477   43    -1.477   44    -1.378   45    -1.240
  46    -0.806   47    -1.452   48     0.205   49   -19.996

SUM OF FORCES (FOSUM) = 0.0    SUM OF REACTIONS (SUBSUM) = -88.0                  //总的作用力为0lb；总的反作用力为-88lb

NODE LAYER STRESS X   STRESS Y  STRESS XY  MAX.SHEAR    MAJOR     MINOR
```

```
//各个打印输出的节点在各层位的x方向应力、y方向应力、xy平面剪应力、最大剪应力、最大主应力、最小主应力
 1   1   236.964   214.027    0.000    11.468   236.964   214.027
 2   1   236.110   208.219    0.000    13.945   236.110   208.219
 3   1   233.496   190.408    0.000    21.544   233.496   190.408
 4   1   228.977   159.660    0.000    34.658   228.977   159.660
 5   1   222.423   115.420    0.000    53.501   222.423   115.420
 6   1   213.911    59.512    0.000    77.199   213.911    59.512
 7   1   204.291     0.000    0.000   102.146   204.291     0.000
 8   1   236.884   214.030    0.000    11.427   236.884   214.030
 9   1   236.026   208.225   -0.026    13.901   236.026   208.225
10   1   233.391   190.414   -0.058    21.489   233.391   190.414
11   1   228.875   159.674   -0.101    34.601   228.875   159.673
12   1   222.433   115.385   -0.119    53.524   222.433   115.385
13   1   214.471    59.432   -0.047    77.520   214.471    59.432
14   1   205.890     0.000    0.000   102.945   205.890     0.000
15   1   237.341   214.139    0.000    11.601   237.341   214.139
16   1   236.483   208.336   -0.050    14.073   236.483   208.336
17   1   233.858   190.552   -0.114    21.653   233.859   190.552
18   1   229.326   159.846   -0.216    34.741   229.326   159.845
19   1   222.846   115.600   -0.366    53.624   222.847   115.599
20   1   214.922    59.417   -0.667    77.756   214.925    59.414
21   1   207.445     0.000    0.000   103.723   207.445     0.000
22   1   237.779   214.462    0.000    11.658   237.779   214.462
23   1   237.008   208.689   -0.227    14.161   237.010   208.687
24   1   234.617   190.965   -0.452    21.831   234.622   190.961
25   1   230.449   160.407   -0.673    35.027   230.455   160.401
26   1   224.337   116.445   -0.858    53.953   224.344   116.438
27   1   216.294    61.420   -1.389    77.449   216.306    61.408
```

28	1	205.454	0.000	0.000	102.727	205.454	0.000
29	1	232.216	214.689	0.000	8.764	232.216	214.689
30	1	231.583	208.905	-0.735	11.363	231.607	208.881
31	1	229.652	191.246	-1.477	19.260	229.708	191.189
32	1	226.292	160.813	-2.262	32.818	226.370	160.735
33	1	221.411	117.036	-3.194	52.285	221.508	116.938
34	1	215.359	62.687	-5.401	76.527	215.550	62.496
35	1	209.540	0.000	0.000	104.770	209.540	0.000
36	1	183.367	213.667	0.000	15.150	213.667	183.367
37	1	183.017	208.171	-2.902	12.907	208.501	182.687
38	1	182.000	191.219	-6.137	7.676	194.285	178.934
39	1	180.486	162.016	-10.022	13.628	184.879	157.623
40	1	178.758	119.031	-14.583	33.234	182.128	115.661
41	1	178.489	66.470	-20.004	59.475	181.954	63.005
42	1	182.628	0.000	0.000	91.314	182.628	0.000
43	1	0.000	202.735	0.000	101.367	202.735	0.000
44	1	0.000	198.411	0.000	99.205	198.411	0.000
45	1	0.000	184.266	0.000	92.133	184.266	0.000
46	1	0.000	159.528	0.000	79.764	159.528	0.000
47	1	0.000	118.628	0.000	59.314	118.628	0.000
48	1	0.000	74.709	0.000	37.354	74.709	0.000
49	1	0.000	0.000	0.000	0.000	0.000	0.000

MAXIMUM STRESS (SMAX) IN LAYER 1 IS 237.779 (NODE 22) //计算出的最大应力以及节点号

MAXIMUM NEGATIVE STRESS IN X DIRECTION = 0.0 (NODE 0) //x 方向最大拉应力
MAXIMUM POSITIVE STRESS IN X DIRECTION = 237.8 (NODE 22) //x 方向最大压应力
MAXIMUM NEGATIVE STRESS IN Y DIRECTION = 0.0 (NODE 0) //y 方向最大拉应力
MAXIMUM POSITIVE STRESS IN Y DIRECTION = 214.7 (NODE 29) //y 方向最大压应力

第 10 章　液体地基上部分接触板的翘曲

10.1　问 题 描 述

与第 9 章问题相同，有液体地基上的单块板体系，地基反应模量为 200pci（约 54.3MN/m^3），面板几何尺寸为 300in（7.62m）长×144in（3.66m）宽×8in（203.2mm）厚。受 20℉（11.1℃）温度差的作用。混凝土的弹性模量取 4×10^6psi（约 27.6GPa），泊松比取 0.15，热膨胀系数取 5×10^{-6}℉$^{-1}$（9×10^{-6}℃$^{-1}$）。不同的是，本章问题中假设每个节点下面的液体地基弹簧不能受拉。此时，若每个节点上只有向上的地基反力，作用在板上的力就不能平衡，因此需要考虑板的自重。输入数据时 NWT 应当取 1，NCYCLE 应当取 10，以便采用迭代法自动判别板与地基的接触情况。面板在温度梯度的作用下，板边可能发生翘曲而与地基分离，假设板边节点（共计 13 个，节点号分别为 7、14、21、28、35、42、43、44、45、46、47、48、49）与地基不接触作为初始条件。为了对比液体地基和固体地基在部分接触情况下结果的差异，在 Data Set 2 中将液体地基替换为固体地基，其余参数保持一致。固体地基弹性模量为 15000psi（约 103.4MPa），泊松比为 0.4。面板混凝土的重度为 150pcf。

由于模型具有对称性，因此仅需取 1/4 结构，有限元模型与第 9 章问题一致，如图 10-1 所示。图中阿拉伯数字如 10 等表示节点编号，带圆圈的数字如⑩等表示单元编号。求板中心和长边中点的温度应力。

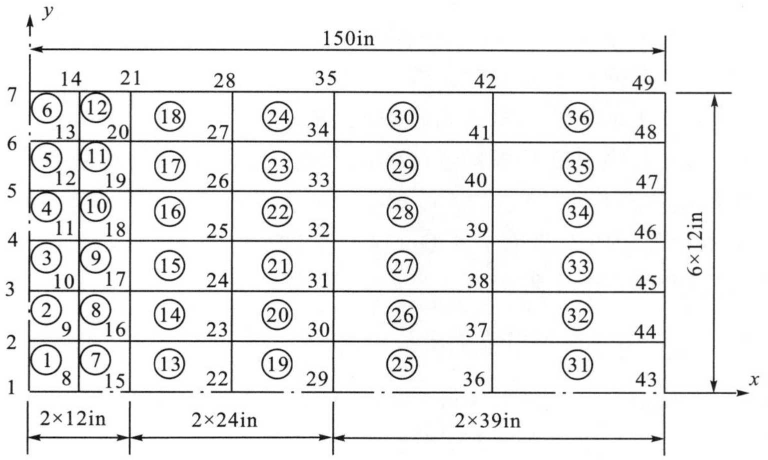

图 10-1　有限元模型示意图

10.2 KENSLABS 计算实现

10.2.1 第 1～6 步

由于本章问题与第 9 章中问题较为相似，整个计算实现过程与第 9 章也大致相同。因此，本章问题的模型参数输入过程与 9.2 节基本一致，仅需对图 9-2 的 3 和 5 做必要的改动。

在 3 中，单击输入程序主菜单中 Curling 选项卡，进入 Curling and Contact Conditions 菜单。图 10-2 为参数输入示意图。

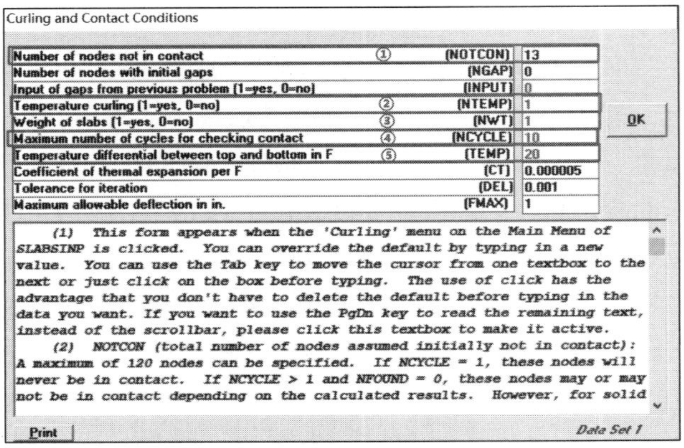

图 10-2 翘曲与接触参数输入

(1)初始状态下假设不接触的节点数量。本章问题中面板在温度梯度的作用下，板边可能发生翘曲而与地基分离，假设板边与地基不接触的节点个数 NOTCON=13。

(2)温度翘曲。考虑温度翘曲作用下的温度应力，则将 NTEMP 修改为 1。

(3)板的自重。本章问题中需要考虑板的自重，因此将 NWT 修改为 1。

(4)接触判别最大循环次数。本章问题中取 NCYCLE=10 即可。

(5)温度差。输入板底温度减板顶温度的温度差，根据本章问题修改为 TEMP=20。

其余选项保持默认即可，完成后如图 10-2 所示。单击 OK 按钮返回输入程序主菜单。

在 5 中，单击输入程序主菜单中的 Optional 选项卡，进入 Other Optional Information 菜单。参数输入流程如图 10-3 所示。

1)初始状态下假设不接触的节点数量

单击 Node not Contact 选项，进入 Nodes Not in Contact 界面。如 3 中所述，此处需要输入板边节点的节点号，即 7、14、21、28、35、42、43、44、45、46、47、48、49，如图 10-4 所示。

2)对称轴 x 轴上的节点号

单击 Node X symmetry 选项，进入 Nodes on X Axis of Symmetry 界面，输入图 10-1 模型中 x 轴上的节点号，完成后如图 10-5 所示。单击 OK 按钮返回 Other Optional Information 菜单。

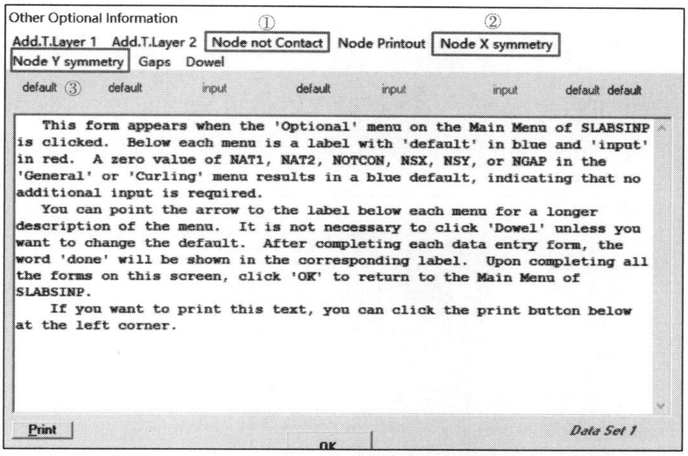

图 10-3　其他可选参数输入

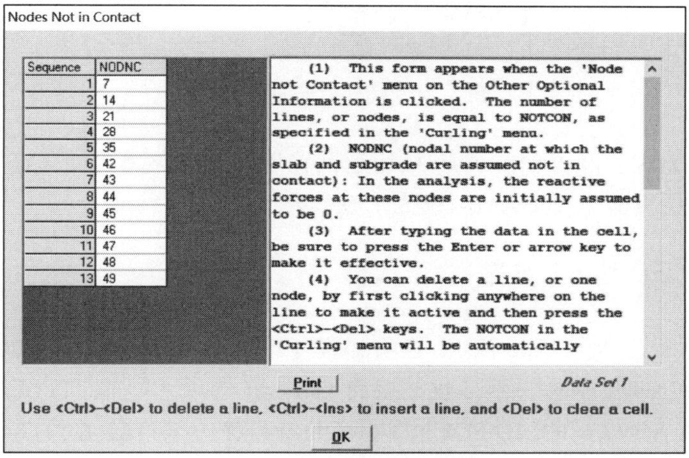

图 10-4　初始条件下不接触的节点

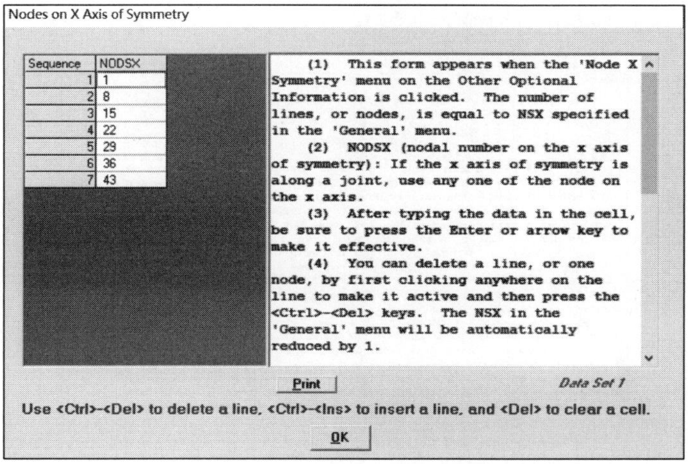

图 10-5　对称轴 x 轴上的节点号输入

3) 对称轴 y 轴上的节点号

单击 Node Y symmetry 选项，进入 Nodes on Y Axis of Symmetry 界面，输入图 10-1 模型中 y 轴上的节点号，完成后如图 10-6 所示。单击 OK 按钮返回 Other Optional Information 菜单。

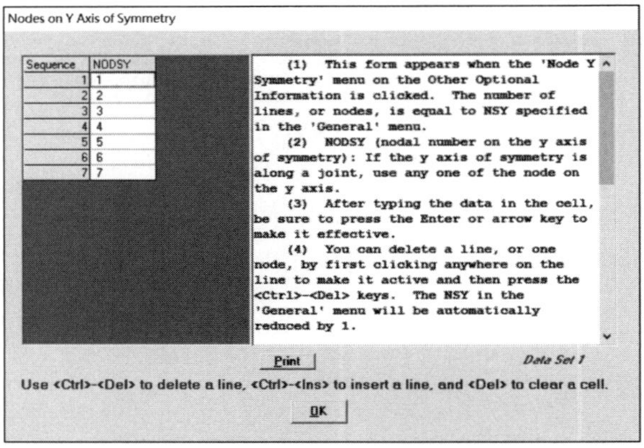

图 10-6 对称轴 y 轴上的节点号输入

确认本步骤完成后，再单击 OK 按钮返回输入程序主菜单。尚需在 Slab→Properties 选项卡中将第 1 层板的重度 GAMA 设为 150pcf。

10.2.2 输入 Data Set 2 参数

如图 10-7 所示，激活 Data Set 2 选项，即可开始输入第二个问题的参数。Data Set 2 多数参数与 Data Set 1 保持一致，仅需要将 General 选项卡中的 TITLE 修改为“EX.2: WARPING OF SLAB ON SOLID FOUNDATION WITH PARTIAL CONTACT”，NFOUND 为 1，Curling 选项卡中 NOTCON=0，Foundation 选项卡中的 YMS=15000psi、PRS=0.4 即可。此处需要注意的是，因 NFOUND=1 且 NCYCLE＞1(即固体地基且部分接触)，则 NOTCON 需恒为 0，后续也无须输入初始状态下假设不接触的节点号。

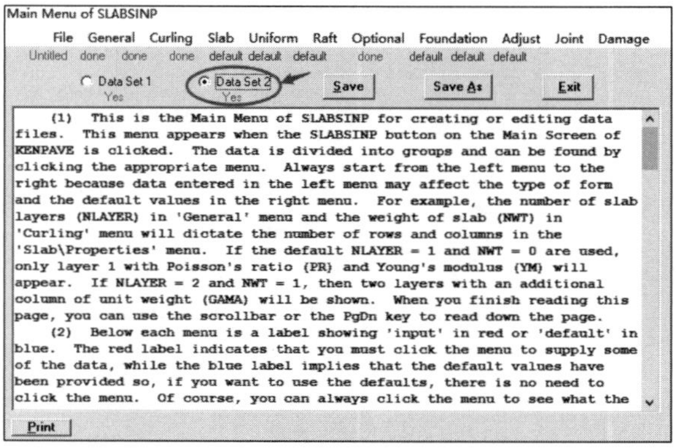

图 10-7 激活 Data Set 2 选项

10.2.3　保存与退出

单击输入程序主菜单中的 Save As 按钮，另存为数据文件至与 KENPAVE.EXE 程序相同的路径下。注意：如图 10-8 所示，所有需要做出定义的部分都已经查看修改后，每个选项卡对应位置状态标识会从初始的红色 input 变为 done。确认完成后，单击 Exit 按钮退出输入程序主菜单。本题输入数据文件保存命名为 SLA2.DAT。

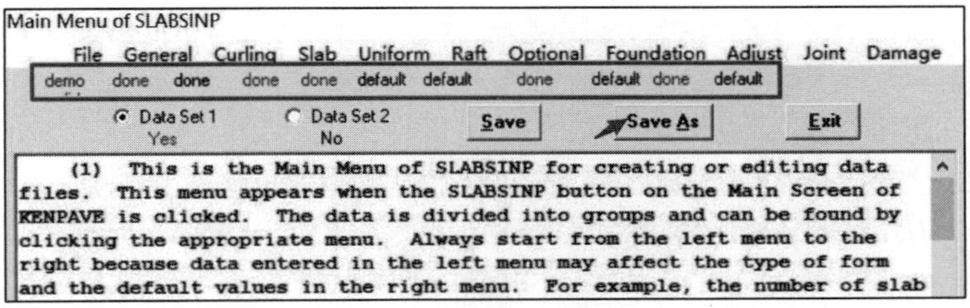

图 10-8　另存为后退出

保存后即在当前工作路径下生成一个“*.DAT”数据文件，此即本章问题的数据输入文件。生成的数据输入文件及其释义详见 10.4.1 节。

10.2.4　计算输出

回到 KENPAVE 程序主界面，按如图 10-9 所示的流程操作完成计算输出。

图 10-9　计算输出

(1) 确认右上方当前活动文件是否为刚才另存为的数据文件，若不是，则进行手动选取即可。若没有需要的输入文件，则是左上方当前工作路径不正确，切换为输入文件保存

路径即可。

(2) 单击 KENSLABS 按钮，即可完成当前输入文件的计算和输出。若没有报错即有如图 10-10 所示提示。

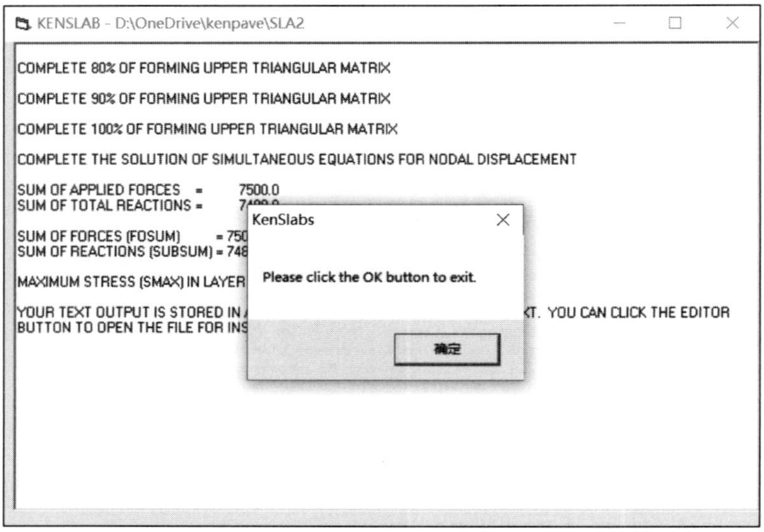

图 10-10 计算输出完成

单击“确定”按钮，即可退出。

计算完成后，即可得到如图 10-11 所示的结果文件(SLA2.TXT)，其为文本格式，方便后续查看处理。

图 10-11 生成结果文件

10.3 计算结果

用文本编辑器打开 SLA2.TXT 文件，计算得到的结果表明：液体地基情况下，1 号节点处，即板中心处 x 方向应力最大，为 230.77psi(1.59MPa)，受压；而板边中心，即 7 号节点处的应力为 211.99psi(1.46MPa)，受压。固体地基情况下，1 号节点处 x 方向最大应力为 224.88psi(1.55MPa)，受压；而 7 号节点处 x 方向应力为 205.23psi(1.42MPa)，受压。详细的结果输出文件及其释义详见 10.4.2 节。

10.4 数据输入与结果输出文件释义

10.4.1 数据输入文件

2 (1) NPROB //待计算的问题数量为 2

EX. 2: WARPING OF SLAB ON LIQUID FOUNDATION WITH PARTIAL CONTACT //问题 1 的标题或问题描述，不超过 68 个英文字符

0 0 1 1 (3) NFOUND NDAMA NPY NLG //地基类型，0~液体地基；不开展损伤分析；每年划分为 1 个时期；1 个荷载组

1 0 (4) NSLAB NJOINT //单块板；无接缝

7 7 0 0 0 0 (5) NX NY JONO1 JONO2 JONO3 JONO4 //板与网格布置：x 轴上 7 个节点；y 轴上 7 个节点；板的左、右、下、上边均不是接缝

1 1 13 0 0 0 0 1 1 10 0 0 7 7 0 0 2 1 2 (6) NLAYER NNCK NOTCON NGAP NPRINT INPUT NBOND NTEMP NWT NCYCLE NAT1 NAT2 NSX NSY MDPO NUNIT UL TC CL

//面层板为单层板；以 1 号节点为准检查收敛情况；假设初始情况下与地基不接触的节点为 13 个；板与地基间有初始间隙的节点数为 0；打印输出所有节点上的应力；间隙和预压值不从上一问题得到；双层板的黏结方式，单层板时取 0；考虑温度翘曲；考虑自重；最大迭代次数为 10 次；第 1 层板厚均匀时取 0；第 2 层板厚均匀或无第 2 层板时取 0；对称轴 x 轴上有 7 个节点；对称轴 y 轴上有 7 个节点；不详细打印输出；单位为英制单位；后三个参数由程序自动生成，用于判断是否有均布荷载、温度翘曲、集中荷载

20 150 0 0 0 0.000005 0.001 1 (7) TEMP GAMA(1) GAMA(2) PMR(1) PMR(2) CT DEL FMAX

//板底与板顶的温度差为 20℉；第 1 层板重度；第 2 层板重度，不计自重或无第 2 层板时取 0；不开展损伤分析时第 1 层板抗弯拉强度取 0；不开展损伤分析或无第 2 层板时抗弯拉强度取 0；混凝土热膨胀系数为 5×10^{-6}℉$^{-1}$；用迭代法求解时的允许精度为 0.001；节点 NNCK 处的最大允许竖向位移为 1in

0 0 0 0 (8) F1(1) F1(2) F2(1) F2(2) //两层板的疲劳系数分别为 0，不开展损伤分析可设置任意值

0 12 24 48 72 111 150 0 12 24 36 48 60 72 (9) X's and then Y's

//1 号板局部坐标系下，x 轴上 7 个节点的 x 局部坐标与 y 轴上 7 个节点的 y 局部坐标

8 0.15 4000000 (10) T PR YM //板厚为 8in；混凝土的泊松比为 0.15；混凝土的弹性模量为 4000000psi

0 (12) NUDL //荷载组内均布荷载作用面积数量为 0

0 (13) NCNF //荷载组内集中力数量为 0

0 0 (14) NNMX NNMY //作用有 x 方向力矩的节点数量为 0；作用有 y 方向力矩的节点数量为 0

7 14 21 28 35 42 43 44 45 46 47 48 49 (17) NODNC //假设初始情况下与地基不接触的节点号，共计 NOTCON 个

1 8 15 22 29 36 43 (19) NODSX //对称轴 x 轴上节点的节点号

```
1   2   3   4   5   6   7   (20) NODSY                                            //对称轴 y 轴上节点的节点号
1   (22) FSAF                                                                      //时期内的地基季节调整系数为 1
0   200   (24) NAS SUBMOD                                                          //无模量非均匀的节点；地基反应模量为 200pci
EX. 2: WARPING OF SLAB ON SOLID FOUNDATION WITH PARTIAL CONTACT                   //问题 2 的标题或问题描述，不超过 68 个英文字符
1  0  1  1  (3) NFOUND NDAMA NPY NLG          //地基类型，1~固体地基；不开展损伤分析；每年划分为 1 个时期；1 个荷载组
1  0  (4) NSLAB NJOINT                                                             //面层板的数量；接缝的数量
7   7   0   0   0   0   (5) NX NY JONO1 JONO2 JONO3 JONO4    //板与网格布置：x 轴上 7 个节点；y 轴上 7 个节点；板的左、右、下、上边均不是接缝
1  1  0  0  0  0  0  1  1  10  0  0  7  7  0  0  2  1  2 (6) NLAYER NNCK NOTCON NGAP NPRINT INPUT NBOND NTEMP NWT NCYCLE NAT1 NAT2 NSX NSY
MDPO NUNIT UL TC CL
//面层板为单层板；以 1 号节点为准检查收敛情况；初始情况下与地基不接触的节点数为 0 ；板与地基间有初始间隙的节点数为 0；打印输出所有节点上的应力；间隙和预压值不从上一问题得到；双层板的黏结方式，单层板时取 0；考虑温度翘曲；考虑自重；最大迭代次数为 10 次；第 1 层板厚均匀时取 0；第 2 层板厚均匀或无第 2 层板时取 0；对称轴 x 上有 7 个节点；对称轴 y 上有 7 个节点；不详细打印输出；单位为英制单位；后三个参数由程序自动生成，用于判断是否有均布荷载、温度翘曲、集中荷载
20  150   0   0   0   0.000005  0.001  1  (7) TEMP GAMA(1) GAMA(2) PMR(1) PMR(2) CT DEL FMAX
//板底与板顶的温度差为 20℉；第 1 层板重度为 150pcf；第 2 层板重度，不计自重或无第 2 层板时取 0；不开展损伤分析时第 1 层板抗弯拉强度取 0；不开展损伤分析或无第 2 层板时抗弯拉强度取 0；混凝土热膨胀系数为 5×10^-6℉^-1；用迭代法求解时的允许精度为 0.001；节点 NNCK 处的最大允许竖向位移为 1in
0   0   0   0   (8) F1(1) F1(2) F2(1) F2(2)                                       //两层板的疲劳系数分别为 0，不开展损伤分析可设置任意值
0   12   24   48   72   111   150   0   12   24   36   48   60   72   (9) X's and then Y's
                                                      //1 号板局部坐标系下，x 轴上 7 个节点的 x 局部坐标与 y 轴上 7 个节点的 y 局部坐标
8   0.15   4000000   (10) T PR YM                                   //板厚为 8in；混凝土的泊松比为 0.15；混凝土的弹性模量为 4000000psi
0   (12) NUDL                                                                      //荷载组内均布荷载作用面积数量为 0
0   (13) NCNF                                                                      //荷载组内集中力数量为 0
0   0   (14) NNMX NNMY                                                //作用有 x 方向力矩的节点数量为 0；作用有 y 方向力矩的节点数量为 0
1   8   15   22   29   36   43   (19) NODSX                                       //对称轴 x 轴上节点的节点号
1   2   3   4   5   6   7   (20) NODSY                                            //对称轴 y 轴上节点的节点号
1   (22) FSAF                                                                      //时期内的季节调整系数为 1
15000   0.4   (28) YMS PRS                                                         //固体地基弹性模量为 1500psi；固体地基泊松比为 0.4
```

10.4.2 结果输出文件

```
INPUT FILE NAME  -D:\kenpave\SLA2.TXT                                    //输入文件的文件路径及文件名

NUMBER OF PROBLEMS TO BE SOLVED =  2                                     //待计算的问题数量

TITLE -EX. 2: WARPING OF SLAB ON LIQUID FOUNDATION WITH PARTIAL CONTACT  //问题 1 的标题或问题描述

TYPE OF FOUNDATION (NFOUND)           =          0                       //地基类型，0~液体地基
TYPE OF DAMAGE ANALYSIS (NDAMA)       =          0                       //不开展损伤分析
NUMBER OF PERIODS PER YEAR (NPY)      =          1                       //每年划分为 1 个时期
NUMBER OF LOAD GROUPS (NLG)           =          1                       //1 个荷载组
TOTAL NUMBER OF SLABS (NSLAB)         =          1                       //单块板
TOTAL NUMBER OF JOINTS (NJOINT)       =          0                       //无接缝

ARRANGEMENT OF SLABS                                                     //板的布置
SLAB  NO. NODES (NX)  NO. NODES (NY)   JOINT NO. AT FOUR SIDES (JONO)   //板编号；x 方向上节点数量；y 方向上节点数量；板的左、右、下、上边均不是接缝
 NO.   IN X DIRECTION  IN Y DIRECTION        LEFT  RIGHT  BOTTOM  TOP
  1         7              7                   0     0      0      0

NUMBER OF LAYERS (NLAYER)-------------------------------------= 1       //单层板
NODAL NUMBER USED TO CHECK CONVERGENCE (NNCK)-----------------= 1       //以 1 号节点为准检查收敛情况
NUMBER OF NODES NOT IN CONTACT (NOTCON)-----------------------= 13      //假设初始情况下板与地基不接触的节点数量为 13 个
NUMBER OF GAPS (NGAP)-----------------------------------------= 0       //已知板与地基间初始间隙的节点数量为 0
NUMBER OF POINTS FOR PRINTOUT (NPRINT)------------------------= 0       //打印输出所有节点上的应力
CODE FOR INPUT OF GAPS OR PRECOMPRESSIONS (INPUT)- -----------= 0       //间隙和预压值不从上一问题得到
BOND BETWEEN TWO LAYERS (NBOND)-------------------------------= 0       //双层板之间的黏结情况，单层板时取 0
```

```
CONDITION OF WARPING (NTEMP)----------------------------------=  1              //考虑温度翘曲
CODE INDICATING WHETHER SLAB WEIGHT IS CONSIDERED (NWT)-------=  1              //考虑自重
MAX NO. OF CYCLES FOR CHECKING CONTACT (NCYCLE)---------------=  10             //最大迭代次数为10次
NUMBER OF ADDITIONAL THICKNESSES FOR SLAB LAYER 1 (NAT1)------=  0              //第1层板厚均匀时为0
NUMBER OF ADDITIONAL THICKNESSES FOR SLAB LAYER 2 (NAT2)------=  0              //第2层板厚均匀或无第2层板时为0
NUMBER OF POINTS ON X AXIS OF SYMMETRY (NSX)------------------=  7              //对称轴x上有7个节点
NUMBER OF POINTS ON Y AXIS OF SYMMETRY (NSY)------------------=  7              //对称轴y上有7个节点
MORE DETAILED PRINTOUT FOR EACH CONTACT CYCLE (MDPO)----------=  0              //不详细打印输出
TOLERANCE FOR ITERATIONS (DEL)--------------------------------=  0.001          //用迭代法求解时的允许精度
MAXIMUM ALLOWABLE VERTICAL DISPLACEMENT (FMAX)----------------=  1              //在节点NNCK处的最大允许竖向位移为1in
DIFFERENCE IN TEMP. BETWEEN TOP AND BOTTOM OF SLAB (TEMP)-----=  20             //板底与板顶的温度差20℉
COEFFICIENT OF THERMAL EXPANSION (CT)-------------------------=  0.000005       //混凝土的热膨胀系数，单位为℉⁻¹

SYSTEM OF UNITS (NUNIT)---------------------------------------=  0
          //采用英制单位体系，长度单位为in，力的单位为lb，应力单位为psi，重度单位为pcf，地基反应模量和传力杆支承模量单位为pci，温度单位为℉
  (Length in in., force in lb, stress in psi, unit weigh in pcf
   subgrade and dowel K value in pci, and temperature in F)

UNIT WEIGHT OF LAYER 1 (GAMA(1))------------------------------=  150            //第1层板的重度为150pcf
UNIT WEIGHT OF LAYER 2 (GAMA(2))------------------------------=  0              //第2层板的重度，无第2层板时为0

FOR SLAB NO. 1 COORDINATES OF FINITE ELEMENT GRID ARE:                          //1号板的有限元网格划分
X =  0  12  24  48  72  111  150                                                //1号板的x方向上网格的x局部坐标
Y =  0  12  24  36  48  60  72                                                  //1号板的y方向上网格的y局部坐标

LAYER      THICKNESS (T)      POISSON'S      YOUNG'S
 NO.                          RATIO (PR)     MODULUS (YM)
 1          8.00000            0.15000        4.000E+06     //第1层板的厚度为8in，泊松比为0.15，弹性模量为4000000psi
```

```
No. OF LOADED AREAS (NUDL) FOR EACH LOAD GROUP ARE:  0                         //每个荷载组的均布荷载作用面积数量为 0
NO. OF NODAL FORCES (NCNF) AND MOMENTS (NCMX AND NCMY) ARE: 0  0  0            //每个荷载组内集中力以及 x 和 y 方向的集中力矩的数量均为 0

NODES NOT IN CONTACT ARE:  7  14  21  28  35  42  43  44  45  46  47  48  49   //假设在初始情况下板与地基不接触的节点号，共计 NOTCON 个

NODES ON X AXIS OF SYMMETRY (NODSX) ARE:  1  8  15  22  29  36  43             //x 轴是对称轴，且不是接缝，x 轴上的节点号有 1、8、15、22、29、36、43

NODES ON Y AXIS OF SYMMETRY (NODSY) ARE: 1  2  3  4  5  6  7                    //y 轴是对称轴，且不是接缝，y 轴上的节点号有 1、2、3、4、5、6、7

FOUNDATION ADJUSTMENT FACTOR (FSAF) FOR EACH PERIOD ARE: 1                     //时期内的地基季节调整系数为 1

NUMBER OF ADDITIONAL SUBGRADE MODULI (NAS) TO BE READ IN-----=  0              //模量非均匀的节点数量为 0
SUBGRADE MODULUS (SUBMOD)-----------------------------------= 200              //地基反应模量为 200pci

NODAL COORDINATES (XN AND YN) OF INDIVIDUAL SLAB ARE:                          //所有节点的节点号及其局部坐标
   1    0.000     0.000   2    0.000    12.000   3    0.000    24.000
   4    0.000    36.000   5    0.000    48.000   6    0.000    60.000
   7    0.000    72.000   8   12.000     0.000   9   12.000    12.000
  10   12.000    24.000  11   12.000    36.000  12   12.000    48.000
  13   12.000    60.000  14   12.000    72.000  15   24.000     0.000
  16   24.000    12.000  17   24.000    24.000  18   24.000    36.000
  19   24.000    48.000  20   24.000    60.000  21   24.000    72.000
  22   48.000     0.000  23   48.000    12.000  24   48.000    24.000
  25   48.000    36.000  26   48.000    48.000  27   48.000    60.000
  28   48.000    72.000  29   72.000     0.000  30   72.000    12.000
  31   72.000    24.000  32   72.000    36.000  33   72.000    48.000
  34   72.000    60.000  35   72.000    72.000  36  111.000     0.000
```

```
 37   111.000    12.000  38  111.000    24.000  39  111.000    36.000
 40   111.000    48.000  41  111.000    60.000  42  111.000    72.000
 43   150.000     0.000  44  150.000    12.000  45  150.000    24.000
 46   150.000    36.000  47  150.000    48.000  48  150.000    60.000
 49   150.000    72.000

AMOUNT OF INITIAL CURLING AND GAP (CURL) AT THE NODES IS                    //由于温度翘曲导致的各个节点的初始翘曲量
  1  0.00000  2  0.00090  3  0.00360  4  0.00810  5  0.01440
  6  0.02250  7  0.03240  8  0.00090  9  0.00180 10  0.00450
 11  0.00900 12  0.01530 13  0.02340 14  0.03330 15  0.00360
 16  0.00450 17  0.00720 18  0.01170 19  0.01800 20  0.02610
 21  0.03600 22  0.01440 23  0.01530 24  0.01800 25  0.02250
 26  0.02880 27  0.03690 28  0.04680 29  0.03240 30  0.03330
 31  0.03600 32  0.04050 33  0.04680 34  0.05490 35  0.06480
 36  0.07701 37  0.07791 38  0.08061 39  0.08511 40  0.09141
 41  0.09951 42  0.10941 43  0.14063 44  0.14153 45  0.14423
 46  0.14873 47  0.15503 48  0.16313 49  0.17303

HALF BAND WIDTH (NB) =  27                                                  //刚度矩阵半带宽

PERIOD 1 LOAD GROUP 1 AND CYCLE NO. 1                                       //第 1 个时期，第 1 个荷载组，第 1 次迭代的计算结果

THE GAP (GAP) AT EACH NODE IS: (GAP IS POSITIVE,PRECOMPRESSION NEGATIVE)    //各个节点板与地基间的间隙和预压值，间隙为正，预压为负
   1 -0.01029   2 -0.00984   3 -0.00843   4 -0.00586   5 -0.00185
   6  0.00390   7  0.01164   8 -0.01036   9 -0.00992  10 -0.00850
  11 -0.00593  12 -0.00193  13  0.00382  14  0.01156  15 -0.01057
  16 -0.01012  17 -0.00871  18 -0.00614  19 -0.00214  20  0.00361
  21  0.01133  22 -0.01118  23 -0.01073  24 -0.00931  25 -0.00674
```

```
 26 -0.00274  27  0.00299  28  0.01068  29 -0.01143  30 -0.01097
 31 -0.00953  32 -0.00693  33 -0.00290  34  0.00284  35  0.01050
 36 -0.00709  37 -0.00658  38 -0.00502  39 -0.00224  40  0.00198
 41  0.00787  42  0.01561  43  0.01088  44  0.01147  45  0.01330
 46  0.01644  47  0.02104  48  0.02723  49  0.03512

PERIOD 1 LOAD GROUP 1 AND CYCLE NO. 2                    //第 1 个时期，第 1 个荷载组，第 2 次迭代的计算结果

THE GAP (GAP) AT EACH NODE IS: (GAP IS POSITIVE,PRECOMPRESSION NEGATIVE)   //各个节点板与地基间的间隙和预压值，间隙为正，预压为负
  1 -0.01033   2 -0.00979   3 -0.00809   4 -0.00506   5 -0.00044
  6  0.00601   7  0.01446   8 -0.01039   9 -0.00985  10 -0.00815
 11 -0.00511  12 -0.00050  13  0.00595  14  0.01441  15 -0.01056
 16 -0.01001  17 -0.00830  18 -0.00526  19 -0.00064  20  0.00581
 21  0.01427  22 -0.01098  23 -0.01043  24 -0.00869  25 -0.00562
 26 -0.00096  27  0.00553  28  0.01399  29 -0.01086  30 -0.01028
 31 -0.00848  32 -0.00530  33 -0.00054  34  0.00603  35  0.01455
 36 -0.00549  37 -0.00484  38 -0.00284  39  0.00063  40  0.00574
 41  0.01259  42  0.02127  43  0.01383  44  0.01456  45  0.01678
 46  0.02055  47  0.02592  48  0.03297  49  0.04178

PERIOD 1 LOAD GROUP 1 AND CYCLE NO. 3                    //第 1 个时期，第 1 个荷载组，第 3 次迭代的计算结果

THE GAP (GAP) AT EACH NODE IS: (GAP IS POSITIVE,PRECOMPRESSION NEGATIVE)   //各个节点板与地基间的间隙和预压值，间隙为正，预压为负
  1 -0.01036   2 -0.00981   3 -0.00811   4 -0.00508   5 -0.00046
  6  0.00599   7  0.01445   8 -0.01041   9 -0.00987  10 -0.00817
 11 -0.00513  12 -0.00051  13  0.00594  14  0.01440  15 -0.01057
 16 -0.01003  17 -0.00832  18 -0.00528  19 -0.00065  20  0.00581
 21  0.01427  22 -0.01098  23 -0.01042  24 -0.00868  25 -0.00560
```

```
  26 -0.00094   27  0.00555   28  0.01402   29 -0.01081   30 -0.01023
  31 -0.00842   32 -0.00524   33 -0.00047   34  0.00612   35  0.01464
  36 -0.00532   37 -0.00466   38 -0.00265   39  0.00084   40  0.00595
  41  0.01281   42  0.02150   43  0.01415   44  0.01489   45  0.01711
  46  0.02088   47  0.02627   48  0.03333   49  0.04215

DEFLECTIONS OF SLABS (F) ARE: (DOWNWARD POSITIVE)                        //各个节点的竖向挠度，向下为正
   1  0.01036    2  0.00981    3  0.00811    4  0.00508    5  0.00046
   6 -0.00599    7 -0.01445    8  0.01041    9  0.00987   10  0.00817
  11  0.00513   12  0.00051   13 -0.00594   14 -0.01440   15  0.01057
  16  0.01003   17  0.00832   18  0.00528   19  0.00065   20 -0.00581
  21 -0.01427   22  0.01098   23  0.01042   24  0.00868   25  0.00560
  26  0.00094   27 -0.00555   28 -0.01402   29  0.01081   30  0.01023
  31  0.00842   32  0.00524   33  0.00047   34 -0.00612   35 -0.01464
  36  0.00532   37  0.00466   38  0.00265   39 -0.00084   40 -0.00595
  41 -0.01281   42 -0.02150   43 -0.01415   44 -0.01489   45 -0.01711
  46 -0.02088   47 -0.02627   48 -0.03333   49 -0.04215

NODAL NUMBER AND REACTIVE PRESSURE (SUBR) ARE: (COMPRESSION POSITIVE)    //各个节点的地基反力，压为正
   1    2.071   2    1.962   3    1.622   4    1.016   5     0.092
   6    0.000   7    0.000   8    2.083   9    1.974  10     1.633
  11    1.026  12    0.103  13    0.000  14    0.000  15     2.115
  16    2.005  17    1.664  18    1.055  19    0.130  20     0.000
  21    0.000  22    2.196  23    2.084  24    1.737  25     1.121
  26    0.188  27    0.000  28    0.000  29    2.162  30     2.045
  31    1.684  32    1.048  33    0.093  34    0.000  35     0.000
  36    1.064  37    0.933  38    0.531  39    0.000  40     0.000
  41    0.000  42    0.000  43    0.000  44    0.000  45     0.000
```

```
  46     0.000   47     0.000   48     0.000   49     0.000

SUM OF FORCES (FOSUM) = 7500.0   SUM OF REACTIONS (SUBSUM) = 7498.3          //总的作用力为7500.01b；总的反作用力为7498.31b

NODE LAYER STRESS X   STRESS Y  STRESS XY  MAX.SHEAR    MAJOR     MINOR
                        //各个打印输出的节点在各层位的x方向应力、y方向应力、xy平面剪应力、最大剪应力、最大主应力、最小主应力
   1    1   230.773   115.810     0.000     57.482   230.773   115.810
   2    1   229.526   108.334     0.000     60.596   229.526   108.334
   3    1   226.035    87.347     0.000     69.344   226.035    87.347
   4    1   221.082    57.359     0.000     81.861   221.082    57.359
   5    1   216.020    26.445     0.000     94.788   216.020    26.445
   6    1   212.872     6.974     0.000    102.949   212.872     6.974
   7    1   211.989     0.000     0.000    105.995   211.989     0.000
   8    1   229.189   115.434     0.000     56.877   229.189   115.434
   9    1   227.922   107.973     0.232     59.975   227.923   107.972
  10    1   224.384    87.034     0.398     68.676   224.385    87.032
  11    1   219.352    57.110     0.449     81.122   219.353    57.109
  12    1   214.203    26.272     0.353     93.966   214.204    26.271
  13    1   210.935     6.855     0.118    102.040   210.935     6.855
  14    1   209.988     0.000     0.000    104.994   209.988     0.000
  15    1   224.194   114.221     0.000     54.986   224.194   114.221
  16    1   222.889   106.821     0.539     58.037   222.892   106.819
  17    1   219.235    86.034     0.933     66.607   219.241    86.027
  18    1   214.039    56.338     1.073     78.858   214.046    56.331
  19    1   208.664    25.727     0.897     91.473   208.669    25.723
  20    1   205.219     6.516     0.459     99.352   205.220     6.515
  21    1   204.027     0.000     0.000    102.013   204.027     0.000
  22    1   203.332   108.701     0.000     47.316   203.332   108.701
```

23	1	201.838	101.569	1.554	50.159	201.862	101.545
24	1	197.653	81.533	2.750	58.125	197.718	81.468
25	1	191.712	52.819	3.297	69.525	191.790	52.740
26	1	185.579	23.399	3.099	81.149	185.639	23.340
27	1	181.063	5.068	2.144	88.024	181.089	5.042
28	1	179.082	0.000	0.000	89.541	179.082	0.000
29	1	163.787	97.016	0.000	33.386	163.787	97.016
30	1	162.276	90.416	3.302	36.082	162.427	90.264
31	1	157.886	72.032	6.093	43.357	158.316	71.602
32	1	151.122	45.977	7.734	53.138	151.688	45.411
33	1	143.402	18.643	7.464	62.824	143.847	18.198
34	1	138.359	3.543	5.330	67.618	138.569	3.333
35	1	135.916	0.000	0.000	67.958	135.916	0.000
36	1	53.016	64.031	0.000	5.508	64.031	53.016
37	1	52.098	58.627	4.762	5.774	61.136	49.589
38	1	49.903	44.021	8.402	8.902	55.864	38.060
39	1	47.981	25.645	9.973	14.973	51.786	21.840
40	1	47.906	12.516	9.060	19.880	50.091	10.331
41	1	48.249	3.262	6.278	23.353	49.109	2.402
42	1	48.794	0.000	0.000	24.397	48.794	0.000
43	1	0.000	37.219	0.000	18.610	37.219	0.000
44	1	0.000	34.944	0.000	17.472	34.944	0.000
45	1	0.000	28.968	0.000	14.484	28.968	0.000
46	1	0.000	21.187	0.000	10.593	21.187	0.000
47	1	0.000	12.262	0.000	6.131	12.262	0.000
48	1	0.000	5.216	0.000	2.608	5.216	0.000
49	1	0.000	0.000	0.000	0.000	0.000	0.000

```
MAXIMUM STRESS (SMAX) IN LAYER 1  IS     230.773 ( NODE 1 )               //计算出的最大应力以及节点号

MAXIMUM NEGATIVE STRESS IN X DIRECTION =          0.0 ( NODE 0 )          //x 方向最大拉应力
MAXIMUM POSITIVE STRESS IN X DIRECTION =        230.8 ( NODE 1 )          // x 方向最大压应力
MAXIMUM NEGATIVE STRESS IN Y DIRECTION =          0.0 ( NODE 0 )          // y 方向最大拉应力
MAXIMUM POSITIVE STRESS IN Y DIRECTION =        115.8 ( NODE 1 )          // y 方向最大压应力

PROBLEM NO. 2                                                             //问题 2

TITLE -EX. 2: WARPING OF SLAB ON SOLID FOUNDATION WITH PARTIAL CONTACT    //问题 2 的标题或问题描述

TYPE OF FOUNDATION (NFOUND)          =          1                         //地基类型，1~固体地基
TYPE OF DAMAGE ANALYSIS (NDAMA)       =          0                        //不开展损伤分析
NUMBER OF PERIODS PER YEAR (NPY)      =          1                        //每年划分为 1 个时期
NUMBER OF LOAD GROUPS (NLG)          =          1                         //1 个荷载组
TOTAL NUMBER OF SLABS (NSLAB)         =          1                        //1 块板
TOTAL NUMBER OF JOINTS (NJOINT)       =          0                        //没有接缝

ARRANGEMENT OF SLABS                                                      //板的布置
SLAB  NO. NODES (NX)  NO. NODES (NY)   JOINT NO. AT FOUR SIDES (JONO)  //板编号；x 方向上节点数量；y 方向上节点数量；板的左、右、下、上边均不是接缝
 NO.   IN X DIRECTION   IN Y DIRECTION       LEFT  RIGHT  BOTTOM  TOP
  1         7              7                 0      0      0       0

NUMBER OF LAYERS (NLAYER)-------------------------------------= 1         //单层板
NODAL NUMBER USED TO CHECK CONVERGENCE (NNCK)-----------------= 1         //以 1 号节点为准检查收敛情况
NUMBER OF NODES NOT IN CONTACT (NOTCON)-----------------------= 0         //初始情况下无不接触的节点
NUMBER OF GAPS (NGAP)-----------------------------------------= 0         //已知板与地基间初始间隙的节点数量为 0
NUMBER OF POINTS FOR PRINTOUT (NPRINT)------------------------= 0         //打印输出所有节点上的应力
```

```
CODE FOR INPUT OF GAPS OR PRECOMPRESSIONS (INPUT)- -----------= 0          //间隙和预压值不从上一问题得到
BOND BETWEEN TWO LAYERS (NBOND)-------------------------------= 0          //双层板之间的黏结情况，单层板时取 0
CONDITION OF WARPING (NTEMP)----------------------------------= 1          //考虑温度翘曲
CODE INDICATING WHETHER SLAB WEIGHT IS CONSIDERED (NWT)-------= 1          //考虑自重
MAX NO. OF CYCLES FOR CHECKING CONTACT (NCYCLE)---------------= 10         //最大迭代次数为 10 次
NUMBER OF ADDITIONAL THICKNESSES FOR SLAB LAYER 1 (NAT1)------= 0          //第 1 层板厚均匀时为 0
NUMBER OF ADDITIONAL THICKNESSES FOR SLAB LAYER 2 (NAT2)------= 0          //第 2 层板厚均匀或无第 2 层板时为 0
NUMBER OF POINTS ON X AXIS OF SYMMETRY (NSX)------------------= 7          //对称轴 x 上有 7 个节点
NUMBER OF POINTS ON Y AXIS OF SYMMETRY (NSY)------------------= 7          //对称轴 y 上有 7 个节点
MORE DETAILED PRINTOUT FOR EACH CONTACT CYCLE (MDPO)----------= 0          //不详细打印输出
TOLERANCE FOR ITERATIONS (DEL)--------------------------------= .001       //用迭代法求解时的允许精度
MAXIMUM ALLOWABLE VERTICAL DISPLACEMENT (FMAX)----------------= 1          //在节点 NNCK 处的最大允许竖向位移为 1in
DIFFERENCE IN TEMP. BETWEEN TOP AND BOTTOM OF SLAB (TEMP)-----= 20         //板底与板顶的温度差为 20℉
COEFFICIENT OF THERMAL EXPANSION (CT)-------------------------= .000005    //混凝土的热膨胀系数，单位为℉⁻¹

SYSTEM OF UNITS (NUNIT)---------------------------------------= 0
          //0~采用英制单位体系，长度单位为 in，力的单位为 lb，应力单位为 psi，重度单位为 pcf，地基反应模量和传力杆支承模量单位为 pci，温度单位为℉
   (Length in in., force in lb, stress in psi, unit weigh in pcf
    subgrade and dowel K value in pci, and temperature in F)

UNIT WEIGHT OF LAYER 1 (GAMA(1))------------------------------= 150        //第 1 层板的重度为 150pcf
UNIT WEIGHT OF LAYER 2 (GAMA(2))------------------------------= 0          //第 2 层板重度，无第 2 层板时为 0

FOR SLAB NO. 1 COORDINATES OF FINITE ELEMENT GRID ARE:                     //1 号板的有限元网格划分
X =  0  12  24  48  72  111  150                                           //1 号板的 x 方向上网格的 x 局部坐标
Y =  0  12  24  36  48  60  72                                             //1 号板的 y 方向上网格的 y 局部坐标

LAYER      THICKNESS (T)      POISSON'S      YOUNG'S
```

```
NO.                          RATIO (PR)      MODULUS (YM)
1          8.00000            0.15000        4.000E+06                    //第 1 层板的厚度为 8in，泊松比为 0.15，弹性模量为 4000000psi

No. OF LOADED AREAS (NUDL) FOR EACH LOAD GROUP ARE:  0                    //每个荷载组的均布荷载作用面积数量为 0
NO. OF NODAL FORCES (NCNF) AND MOMENTS (NCMX AND NCMY) ARE: 0  0  0       //每个荷载组内集中力以及 x 和 y 方向的集中力矩的数量均为 0

NODES ON X AXIS OF SYMMETRY (NODSX) ARE:  1  8  15  22  29  36  43        //x 轴是对称轴，且不是接缝，x 轴上的节点号有 1、8、15、22、29、36、43

NODES ON Y AXIS OF SYMMETRY (NODSY) ARE: 1  2  3  4  5  6  7              //y 轴是对称轴，且不是接缝，y 轴上的节点号有 1、2、3、4、5、6、7

FOUNDATION ADJUSTMENT FACTOR (FSAF) FOR EACH PERIOD ARE: 1                //时期内的地基季节调整系数为 1
YOUNG'S MODULUS OF FOUNDATION (YMS) =  15000                              //固体地基弹性模量为 1500psi
POISSON'S RATIO OF FOUNDATION (PRS) =  .4                                 //固体地基泊松比为 0.4

AMOUNT OF INITIAL CURLING AND GAP (CURL) AT THE NODES IS                  //由于温度翘曲导致的各个节点的初始翘曲量
   1  0.00000   2   0.00090   3   0.00360   4   0.00810   5   0.01440
   6  0.02250   7   0.03240   8   0.00090   9   0.00180  10   0.00450
  11  0.00900  12   0.01530  13   0.02340  14   0.03330  15   0.00360
  16  0.00450  17   0.00720  18   0.01170  19   0.01800  20   0.02610
  21  0.03600  22   0.01440  23   0.01530  24   0.01800  25   0.02250
  26  0.02880  27   0.03690  28   0.04680  29   0.03240  30   0.03330
  31  0.03600  32   0.04050  33   0.04680  34   0.05490  35   0.06480
  36  0.07701  37   0.07791  38   0.08061  39   0.08511  40   0.09141
  41  0.09951  42   0.10941  43   0.14063  44   0.14153  45   0.14423
  46  0.14873  47   0.15503  48   0.16313  49   0.17303

THE GLOBAL COORDINATES (XO AND YO) OF EACH NODE ARE:                      //所有节点的节点号及其整体坐标
    1     0.000     0.000    2    0.000    12.000    3    0.000    24.000
```

```
   4     0.000    36.000    5     0.000    48.000    6     0.000    60.000
   7     0.000    72.000    8    12.000     0.000    9    12.000    12.000
  10    12.000    24.000   11    12.000    36.000   12    12.000    48.000
  13    12.000    60.000   14    12.000    72.000   15    24.000     0.000
  16    24.000    12.000   17    24.000    24.000   18    24.000    36.000
  19    24.000    48.000   20    24.000    60.000   21    24.000    72.000
  22    48.000     0.000   23    48.000    12.000   24    48.000    24.000
  25    48.000    36.000   26    48.000    48.000   27    48.000    60.000
  28    48.000    72.000   29    72.000     0.000   30    72.000    12.000
  31    72.000    24.000   32    72.000    36.000   33    72.000    48.000
  34    72.000    60.000   35    72.000    72.000   36   111.000     0.000
  37   111.000    12.000   38   111.000    24.000   39   111.000    36.000
  40   111.000    48.000   41   111.000    60.000   42   111.000    72.000
  43   150.000     0.000   44   150.000    12.000   45   150.000    24.000
  46   150.000    36.000   47   150.000    48.000   48   150.000    60.000
  49   150.000    72.000

HALF BAND WIDTH (NB) =  147                                   //刚度矩阵半带宽

PERIOD 1 LOAD GROUP 1 AND CYCLE NO. 1                         //第 1 个时期，第 1 个荷载组，第 1 次迭代的计算结果

SUM OF REACTION FORCE AND PRECOMPRESSION (SUMP) IS:(COMPRESSION +, TENSION 0)   //固体地基反力与预压之和，压为正，为负表示板与地基不接触，需置为 0
    1      56.6    2      114.8    3      118.4    4      119.1    5      105.9
    6      56.4    7     -269.5    8      106.5    9      216.2   10      223.0
   11     224.7   12      200.2   13      111.5   14     -516.5   15      166.7
   16     337.9   17      347.5   18      348.2   19      305.6   20      167.8
   21    -757.5   22      237.9   23      482.0   24      495.3   25      498.0
   26     434.9   27      300.5   28    -1073.9   29      337.5   30      682.1
```

```
  31      694.9   32      698.1   33      595.5   34      523.1   35   -1229.2
  36      511.0   37     1035.3   38     1041.7   39     1080.9   40     876.0
  41     1032.1   42    -1171.8   43      -69.9   44     -118.9   45     -93.0
  46       -5.5   47     -169.8   48      173.3   49    -2175.5

PERIOD 1 LOAD GROUP 1 AND CYCLE NO. 2                                    //第 1 个时期，第 1 个荷载组，第 2 次迭代的计算结果

SUM OF REACTION FORCE AND PRECOMPRESSION (SUMP) IS:(COMPRESSION +, TENSION 0)    //固体地基反力与预压之和，压为正，为负表示板与地基不接触，需置为 0
   1       66.2    2      132.7    3      130.9    4      117.7    5      72.7
   6     -218.2    7        0.0    8      124.7    9      249.9   10     246.9
  11      222.4   12      141.8   13     -417.3   14        0.0   15     194.5
  16      389.4   17      383.2   18      341.5   19      216.8   20    -603.4
  21        0.0   22      276.5   23      553.6   24      547.1   25     487.4
  26      365.9   27     -830.1   28        0.0   29      386.8   30     772.6
  31      765.7   32      673.3   33      601.6   34     -872.4   35       0.0
  36      577.5   37     1144.5   38     1165.8   39      989.5   40    1087.0
  41     -768.1   42        0.0   43        0.0   44        0.0   45       0.0
  46        0.0   47        0.0   48    -2260.2   49        0.0

PERIOD 1 LOAD GROUP 1 AND CYCLE NO. 3                                    //第 1 个时期，第 1 个荷载组，第 3 次迭代的计算结果

SUM OF REACTION FORCE AND PRECOMPRESSION (SUMP) IS:(COMPRESSION +, TENSION 0)    //固体地基反力与预压之和，压为正，为负表示板与地基不接触，需置为 0
   1       77.0    2      151.8    3      140.2    4      104.2    5    -113.8
   6        0.0    7        0.0    8      145.8    9      287.2   10     265.8
  11      201.1   12     -215.7   13        0.0   14        0.0   15     231.7
  16      456.1   17      420.2   18      319.9   19     -287.8   20       0.0
  21        0.0   22      344.9   23      681.1   24      630.3   25     525.5
  26     -336.4   27        0.0   28        0.0   29      503.8   30     996.9
```

```
  31    913.7  32    820.2  33   -286.7  34      0.0  35      0.0
  36    393.3  37    804.2  38    497.1  39    661.6  40  -1860.8
  41      0.0  42      0.0  43      0.0  44      0.0  45      0.0
  46      0.0  47      0.0  48      0.0  49      0.0

PERIOD 1 LOAD GROUP 1 AND CYCLE NO. 4                                    //第 1 个时期，第 1 个荷载组，第 4 次迭代的计算结果

SUM OF REACTION FORCE AND PRECOMPRESSION (SUMP) IS:(COMPRESSION +, TENSION 0)    //固体地基反力与预压之和，压为正，为负表示板与地基不接触，需置为 0
   1     80.4   2    155.3   3    132.7   4      7.0   5      0.0
   6      0.0   7      0.0   8    152.2   9    294.2  10    253.3
  11     15.1  12      0.0  13      0.0  14      0.0  15    241.6
  16    466.3  17    402.4  18     56.1  19      0.0  20      0.0
  21      0.0  22    360.1  23    695.8  24    622.9  25    153.6
  26      0.0  27      0.0  28      0.0  29    520.6  30    999.6
  31    912.9  32    308.3  33      0.0  34      0.0  35      0.0
  36    409.4  37    610.2  38    723.8  39  -1092.8  40      0.0
  41      0.0  42      0.0  43      0.0  44      0.0  45      0.0
  46      0.0  47      0.0  48      0.0  49      0.0

PERIOD 1 LOAD GROUP 1 AND CYCLE NO. 5                                    //第 1 个时期，第 1 个荷载组，第 5 次迭代的计算结果

SUM OF REACTION FORCE AND PRECOMPRESSION (SUMP) IS:(COMPRESSION +, TENSION 0)    //固体地基反力与预压之和，压为正，为负表示板与地基不接触，需置为 0
   1     82.1   2    158.5   3    135.5   4      8.6   5      0.0
   6      0.0   7      0.0   8    155.4   9    300.2  10    258.6
  11     17.5  12      0.0  13      0.0  14      0.0  15    246.6
  16    475.7  17    409.9  18     56.2  19      0.0  20      0.0
  21      0.0  22    366.6  23    707.2  24    631.0  25    132.9
  26      0.0  27      0.0  28      0.0  29    521.0  30    990.3
```

```
  31    886.6   32     174.4   33       0.0   34       0.0   35       0.0
  36    293.7   37     715.8   38    -241.2   39       0.0   40       0.0
  41      0.0   42       0.0   43       0.0   44       0.0   45       0.0
  46      0.0   47       0.0   48       0.0   49       0.0

PERIOD 1 LOAD GROUP 1 AND CYCLE NO. 6                                     //第 1 个时期，第 1 个荷载组，第 6 次迭代的计算结果

SUM OF REACTION FORCE AND PRECOMPRESSION (SUMP) IS:(COMPRESSION +, TENSION 0)     //固体地基反力与预压之和，压为正，为负表示板与地基不接触，需置为 0
   1     82.4    2     159.2    3     136.2    4       9.6    5       0.0
   6      0.0    7       0.0    8     156.0    9     301.5   10     259.9
  11     19.3   12       0.0   13       0.0   14       0.0   15     247.5
  16    477.6   17     411.8   18      58.3   19       0.0   20       0.0
  21      0.0   22     367.8   23     709.4   24     632.8   25     131.8
  26      0.0   27       0.0   28       0.0   29     518.4   30     982.2
  31    876.5   32     146.4   33       0.0   34       0.0   35       0.0
  36    318.2   37     486.0   38       0.0   39       0.0   40       0.0
  41      0.0   42       0.0   43       0.0   44       0.0   45       0.0
  46      0.0   47       0.0   48       0.0   49       0.0

NODAL NUMBERS AND DEFLECTIONS OF SLABS (F) ARE: (DOWNWARD POSITIVE)       //各个节点的竖向挠度，向下为正
   1  0.01447    2  0.01400    3  0.01252    4  0.00978    5  0.00547
   6 -0.00067    7 -0.00881    8  0.01449    9  0.01402   10  0.01254
  11  0.00980   12  0.00549   13 -0.00065   14 -0.00879   15  0.01454
  16  0.01408   17  0.01259   18  0.00985   19  0.00554   20 -0.00060
  21 -0.00874   22  0.01461   23  0.01414   24  0.01263   25  0.00987
  26  0.00554   27 -0.00063   28 -0.00879   29  0.01419   30  0.01368
  31  0.01210   32  0.00922   33  0.00476   34 -0.00152   35 -0.00975
  36  0.00873   37  0.00813   38  0.00626   39  0.00295   40 -0.00197
```

```
 41 -0.00861  42 -0.01707  43 -0.01075  44 -0.01146  45 -0.01361
 46 -0.01727  47 -0.02250  48 -0.02939  49 -0.03803

NODAL NUMBERS AND DEFLECTIONS OF SUBGRADE (SUBD) ARE:(DOWNWARD POSITIVE)      //固体地基各个节点的竖向位移，向下为正
  1  0.01447   2  0.01400   3  0.01252   4  0.00978   5  0.00810
  6  0.00697   7  0.00612   8  0.01449   9  0.01402  10  0.01254
 11  0.00980  12  0.00810  13  0.00695  14  0.00610  15  0.01454
 16  0.01408  17  0.01259  18  0.00985  19  0.00806  20  0.00691
 21  0.00605  22  0.01461  23  0.01414  24  0.01263  25  0.00987
 26  0.00789  27  0.00668  28  0.00584  29  0.01419  30  0.01368
 31  0.01210  32  0.00922  33  0.00728  34  0.00618  35  0.00543
 36  0.00873  37  0.00813  38  0.00680  39  0.00591  40  0.00533
 41  0.00485  42  0.00445  43  0.00443  44  0.00438  45  0.00426
 46  0.00409  47  0.00391  48  0.00372  49  0.00353

NODAL NUMBER AND REACTIVE PRESSURE (SUBR) ARE: (COMPRESSION POSITIVE)      //各个节点的地基反力，压为正
  1    2.289   2    2.211   3    1.891   4    0.133   5    0.000
  6    0.000   7    0.000   8    2.166   9    2.094  10    1.805
 11    0.134  12    0.000  13    0.000  14    0.000  15    2.292
 16    2.211  17    1.906  18    0.270  19    0.000  20    0.000
 21    0.000  22    2.554  23    2.463  24    2.197  25    0.457
 26    0.000  27    0.000  28    0.000  29    2.743  30    2.598
 31    2.319  32    0.387  33    0.000  34    0.000  35    0.000
 36    1.360  37    1.039  38    0.000  39    0.000  40    0.000
 41    0.000  42    0.000  43    0.000  44    0.000  45    0.000
 46    0.000  47    0.000  48    0.000  49    0.000

SUM OF FORCES (FOSUM) = 7500.0   SUM OF REACTIONS (SUBSUM) = 7488.8      //总的作用力为7500.0lb；总的反作用力为7488.8lb
```

```
NODE LAYER STRESS X   STRESS Y  STRESS XY  MAX.SHEAR     MAJOR      MINOR
                                          //各个打印输出的节点在各层位的 x 方向应力、y 方向应力、xy 平面剪应力、最大剪应力、最大主应力、最小主应力

  1    1    224.875    132.555     0.000     46.160    224.875    132.555
  2    1    223.451    123.242     0.000     50.105    223.451    123.242
  3    1    219.318     96.341     0.000     61.488    219.318     96.341
  4    1    213.133     55.907     0.000     78.613    213.133     55.907
  5    1    208.619     25.383     0.000     91.618    208.619     25.383
  6    1    205.944      6.714     0.000     99.615    205.944      6.714
  7    1    205.229      0.000     0.000    102.615    205.229      0.000
  8    1    223.460    132.322     0.000     45.569    223.460    132.322
  9    1    222.048    123.002     0.043     49.523    222.048    123.002
 10    1    217.983     96.115     0.070     60.934    217.983     96.115
 11    1    211.922     55.834     0.007     78.044    211.922     55.834
 12    1    207.347     25.175    -0.039     91.086    207.347     25.175
 13    1    204.488      6.535    -0.050     98.976    204.488      6.535
 14    1    203.663      0.000     0.000    101.832    203.663      0.000
 15    1    220.849    131.810     0.000     44.519    220.849    131.810
 16    1    219.308    122.499     0.194     48.405    219.309    122.498
 17    1    214.968     95.646     0.265     59.661    214.969     95.646
 18    1    208.580     55.511     0.214     76.535    208.580     55.511
 19    1    203.476     24.469     0.242     89.504    203.477     24.469
 20    1    200.186      6.011     0.279     97.088    200.186      6.010
 21    1    198.906      0.000     0.000     99.453    198.906      0.000
 22    1    208.722    128.266     0.000     40.228    208.722    128.266
 23    1    206.699    119.306     1.443     43.720    206.723    119.282
 24    1    200.976     93.033     2.408     54.025    201.030     92.980
 25    1    192.850     52.997     2.957     69.989    192.913     52.935
```

```
 26   1   185.292    21.432     3.118    81.989   185.352    21.373
 27   1   180.109     4.163     2.554    88.010   180.146     4.125
 28   1   177.629     0.000     0.000    88.815   177.629     0.000
 29   1   176.034   116.656     0.000    29.689   176.034   116.656
 30   1   174.026   108.206     4.235    33.181   174.297   107.935
 31   1   167.667    84.992     8.138    42.131   168.461    84.199
 32   1   155.912    45.206    10.180    56.281   156.840    44.278
 33   1   146.348    17.400     9.462    65.165   147.039    16.709
 34   1   140.427     2.838     6.965    69.146   140.779     2.487
 35   1   137.458     0.000     0.000    68.729   137.458     0.000
 36   1    52.162    77.222     0.000    12.530    77.222    52.162
 37   1    50.609    68.463     6.499    11.042    70.578    48.494
 38   1    47.672    46.019    11.368    11.398    58.244    35.447
 39   1    48.066    29.513    13.052    16.012    54.802    22.777
 40   1    49.103    14.536    11.492    20.756    52.575    11.064
 41   1    49.971     4.021     8.126    24.370    51.366     2.626
 42   1    51.003     0.000     0.000    25.501    51.003     0.000
 43   1     0.000    42.553     0.000    21.277    42.553     0.000
 44   1     0.000    40.196     0.000    20.098    40.196     0.000
 45   1     0.000    34.821     0.000    17.411    34.821     0.000
 46   1     0.000    24.396     0.000    12.198    24.396     0.000
 47   1     0.000    14.763     0.000     7.381    14.763     0.000
 48   1     0.000     6.626     0.000     3.313     6.626     0.000
 49   1     0.000     0.000     0.000     0.000     0.000     0.000

MAXIMUM STRESS (SMAX) IN LAYER 1  IS    224.875 ( NODE 1 )            //计算出的最大应力以及节点号

MAXIMUM NEGATIVE STRESS IN X DIRECTION =         0.0 ( NODE 0 )       //x 方向最大拉应力
```

```
MAXIMUM POSITIVE STRESS IN X DIRECTION =        224.9 ( NODE 1 )                    //x 方向最大压应力
MAXIMUM NEGATIVE STRESS IN Y DIRECTION =          0.0 ( NODE 0 )                    //y 方向最大拉应力
MAXIMUM POSITIVE STRESS IN Y DIRECTION =        132.6 ( NODE 1 )                    //y 方向最大压应力
```

第 11 章　固体地基上完全接触的两块板

11.1　问 题 描 述

图 11-1 为固体地基上的两块板体系，承受 32000lb（约 142.3kN）双轴双轮组荷载，胎压为 90.007psi（约 621kPa）。一个轴载作用在靠近有传力杆的接缝处，外轮在板边。轴距为 47.983in（约 1.219m），双轮距为 13.234in（约 0.336m），双轮迹间距为 72.75in（约 1.848m，注：原始算例 DAT 文件中为 72.484in，疑有误）。采用 PCA 法换算的矩形均布荷载作用面积尺寸为 8.033in（约 204mm）×5.532in（约 141mm）。混凝土板为 7in（177.8mm）厚，土基弹性模量为 5000psi（34.5MPa），泊松比为 0.45。混凝土的弹性模量取 4×10^{6}psi（约 27.6GPa），泊松比取 0.15，热膨胀系数取 5×10^{-6}℉$^{-1}$（9×10^{-6}℃$^{-1}$）；传力杆的弹性模量取 29×10^{6}psi（约 200GPa），泊松比取 0.3；传力杆支承模量取 1.5×10^{6}pci（约 407GN/m^{3}），直径为 1in（25.4mm），间距为 12in（304.8mm）；接缝宽度为 0.25in（6.35mm）。图中阿拉伯数字如 10 等表示节点编号，带圆圈的数字如⑩等表示单元编号。假设板与地基完全接触，求板的最大应力和挠度。

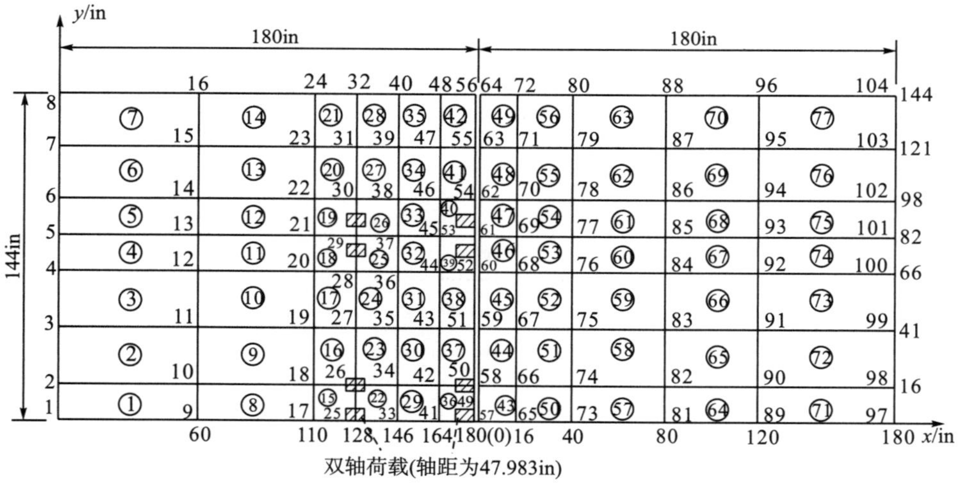

(a) 有限元网格剖分

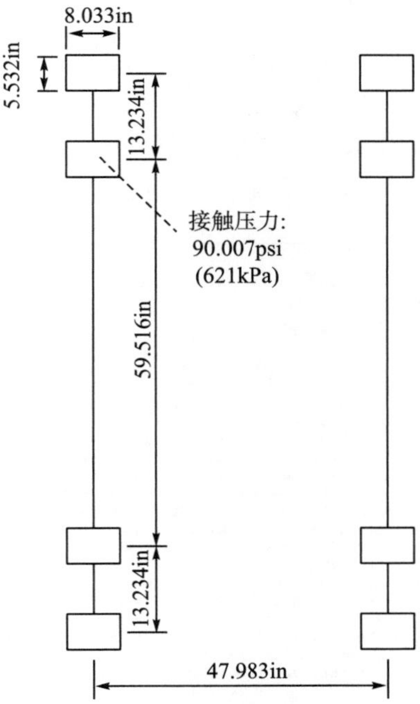

(b) 双轴荷载示意图

图 11-1　有限元模型示意图

11.2　KENSLABS 计算实现

单击 KENPAVE 主界面上的 SLABSINP 按钮，进入 SLABSINP 输入程序主菜单。图 11-2 为本章问题的主要操作流程示意。

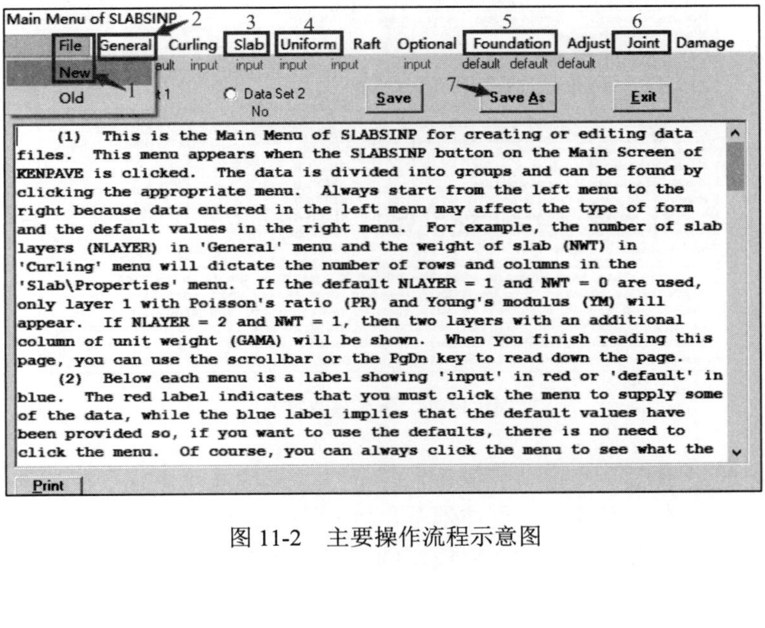

图 11-2　主要操作流程示意图

11.2.1 新建数据文件

单击输入程序主菜单中的File选项卡，选择New选项，以新建一个数据文件。新建完成后File选项卡下方的状态标识会从红色input变成红色Untitled，如图11-3所示。

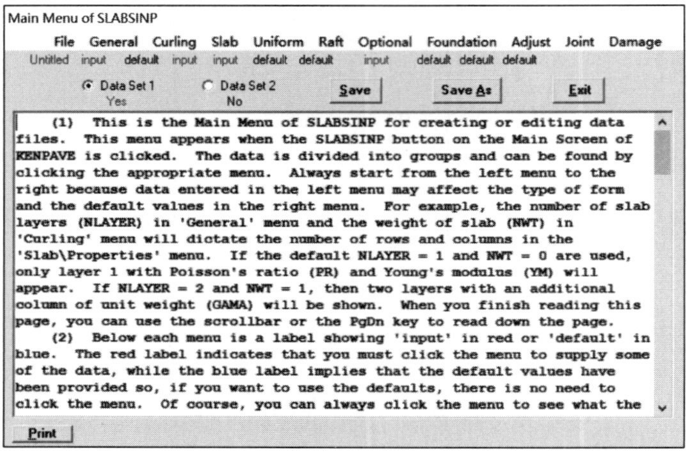

图11-3 完成新建数据文件

11.2.2 输入基本参数

单击输入程序主菜单中的General选项卡，设置相关基本参数，程序中有部分默认值与模型是一致的，可直接采用，仅需做如图11-4所示的修改。

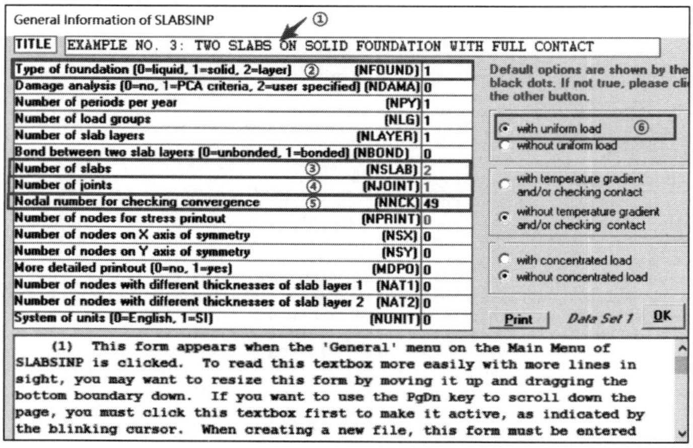

图11-4 基本参数输入

(1)标题。可以根据需要对当前数据文件进行一定描述，本程序中标题不能为空。

(2)地基类型。本章问题中为固体地基，因此需要修改NFOUND为1。

(3)板块数量。本章问题中有2块板，因此填入NSLAB=2。

(4)接缝数量。本章问题中有 1 条接缝，因此填入 NJOINT=1。

(5)用于检查收敛情况的节点号。尽量采用荷载最重的节点号，本章问题中采用第 49 号节点，NNCK=49。

(6)均布荷载。本章问题中有一个双轴双轮组的均布荷载，因此选择 with uniform load。

其余选项保持默认即可，完成后如图 11-4 所示。单击 OK 按钮返回输入程序主菜单。

11.2.3　输入板块参数

单击输入程序主菜单中的 Slab 选项卡，进入 Slab Information 板块参数设置界面，参数输入流程如图 11-5 所示。

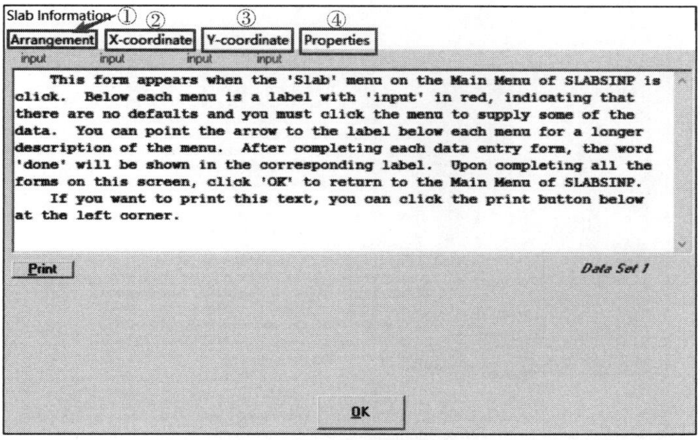

图 11-5　板块参数输入

(1)定义网格与接缝。单击 Arrangement 选项，进入 Arrangement of Slabs and Joints 界面，如图 11-6 所示。

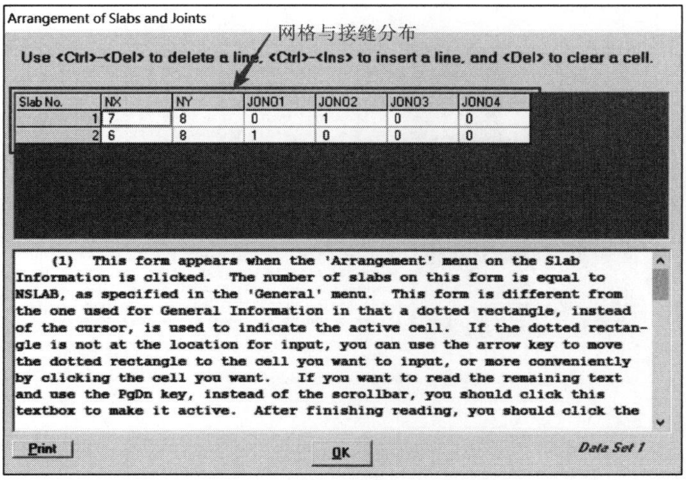

图 11-6　设置网格与接缝布置

按图 11-1 所示的有限元模型，x 方向上第一块板有 7 个节点、第二块板有 6 个节点，y 方向上两块板都有 8 个节点。JONO1～JONO4 分别为左、右、下、上的接缝开关，本章问题中第一块板右边为 1 号接缝，第二块板左边为 1 号接缝，因此第一块板 JONO2 为 1，第二块板 JONO1 为 1。设置完成后单击 OK 按钮返回上一层。

(2) 有限元网格的 x 坐标。单击 X-coordinate 选项，进入 X Coordinates of Each Slab 界面。单击 Slab1 按钮，进入如图 11-7(a) 所示界面，输入相应的有限元网格的 x 坐标；同理，单击 Slab2 按钮，进入如图 11-7(b) 所示界面，继续完成第二块板的数据输入。完成后，单击 OK 按钮返回 Slab Information 界面。

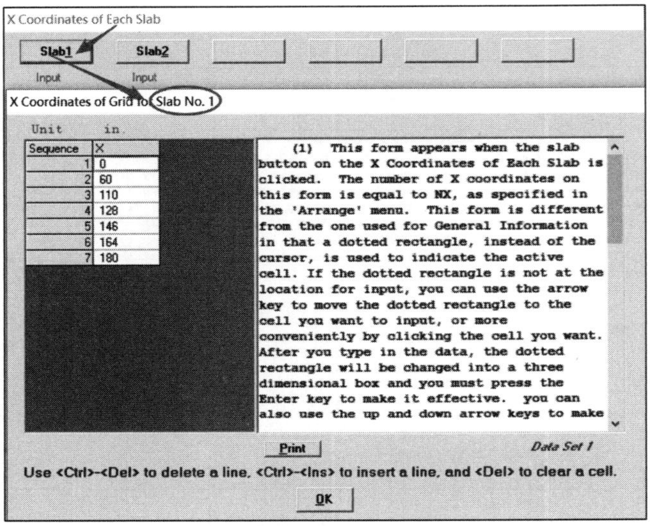

(a) Slab No.1

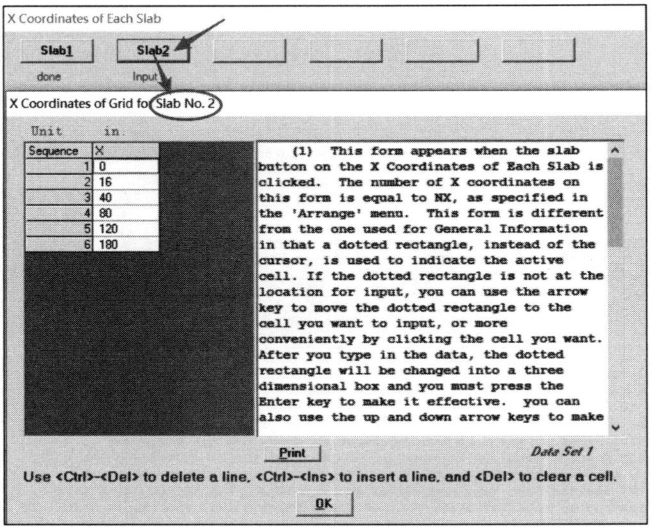

(b) Slab No.2

图 11-7 x 方向网格线的 x 坐标

(3) 有限元网格的 y 坐标。单击 Y-coordinate 选项，进入 Y Coordinates of Each Slab 界面。单击 Slab1 按钮，进入如图 11-8(a)所示界面，输入相应的有限元网格的 y 坐标；同理，单击 Slab2 按钮，进入如图 11-8(b)所示界面，继续完成第二块板的数据输入。确认完成后，单击 OK 按钮返回 Slab Information 界面。

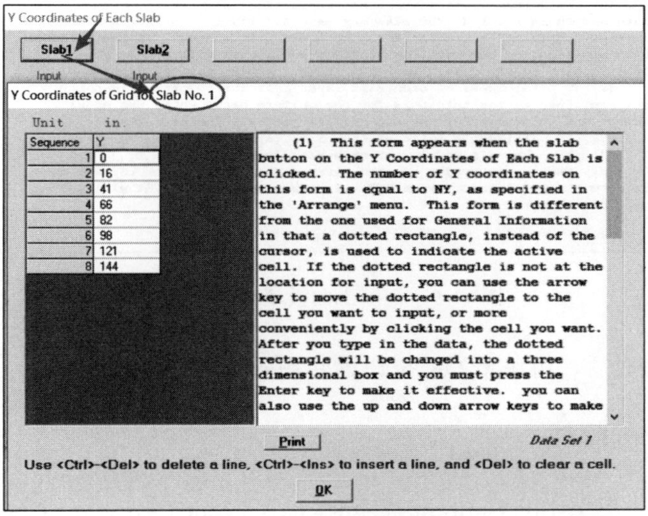

(a) Slab No.1

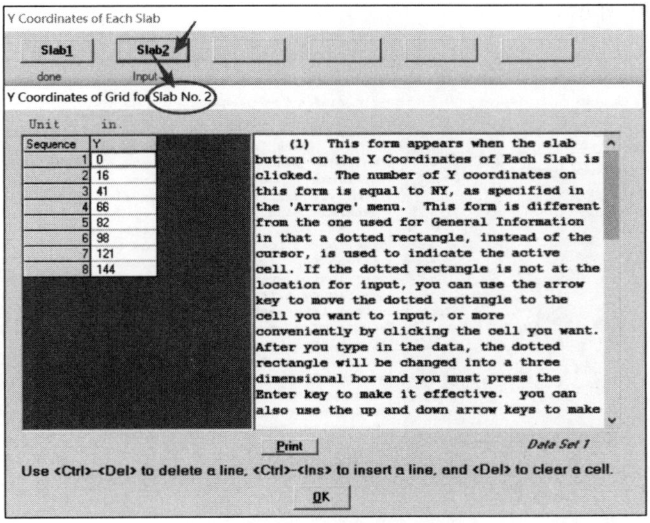

(b) Slab No.2

图 11-8 y 方向网格线的 y 坐标

(4) 水泥混凝土路面板属性。单击 Properties 选项，将本章问题给出的参数输入程序中即可，面板厚度 T 为 7in，泊松比 PR 为 0.15，弹性模量 YM 为 4×10^6psi。如图 11-9 所示，确认完成后单击 OK 按钮返回 Slab Information 界面。

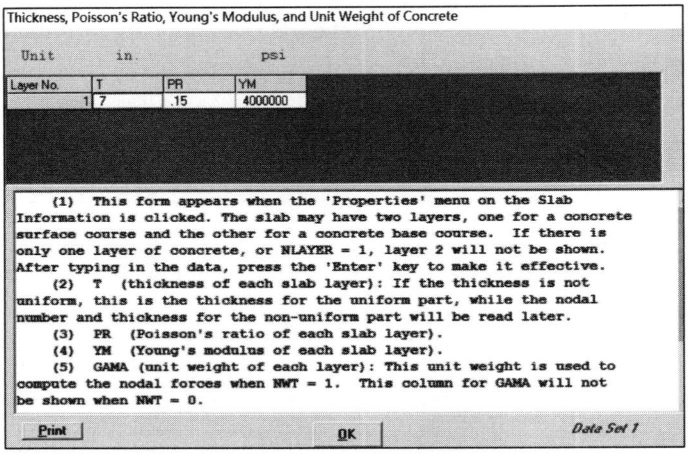

图 11-9 混凝土面板属性参数输入

确认本步骤完成后，再单击 OK 按钮返回输入程序主菜单。

11.2.4 设置均布荷载

单击输入程序主菜单中的 Uniform 选项卡，进入 Loaded Areas and Contact Pressures 菜单。首先，输入每个荷载组均布荷载的个数，本章问题中有一个双轴双轮组，则 NUDL 应为 8，如图 11-10 所示。

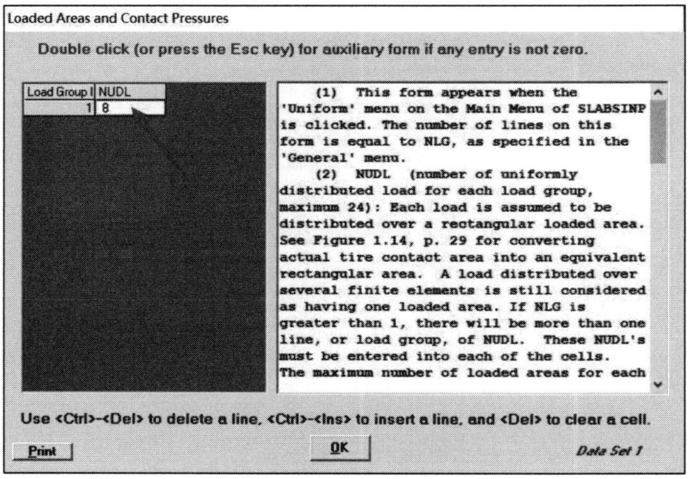

图 11-10 均布荷载定义界面

然后，在图 11-10 界面中按 Enter 键或者双击空白处，进入均布荷载组定义界面。程序中通过定义每一个荷载作用面的左、右、下、上边界坐标来定义荷载作用范围，可以分别定义每一个荷载作用面积上的压力大小，本章问题中均为 90.007psi(约 621kPa)。程序需要用户计算每一个荷载作用面积的尺寸，但本章问题描述中已经过计算给出了相关参数，再经过简单计算即可填入数据表中，详细数据如图 11-11 所示。确认完成后单击 OK 按钮返回上一层，再次单击 OK 按钮返回输入程序主菜单。

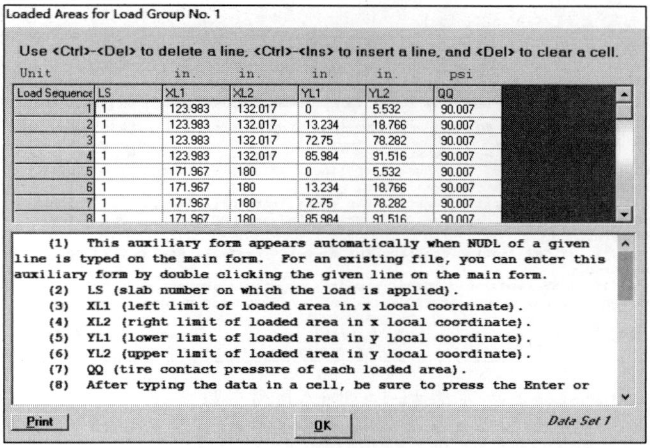

图 11-11　均布荷载组定义

11.2.5　输入地基参数

单击输入程序主菜单中的 Foundation 选项卡，进入 Solid Foundation 菜单。输入问题中的固体地基弹性模量 YMS 为 5000psi(约 34.5MPa)，泊松比 PRS 为 0.45。完成后如图 11-12 所示。

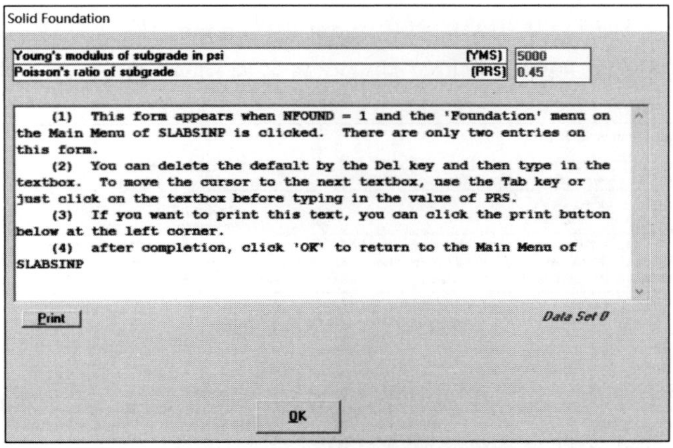

图 11-12　地基参数输入

确认本步骤完成后，单击 OK 按钮返回输入程序主菜单。

11.2.6　输入接缝参数

单击输入程序主菜单中的 Joint 选项卡，进入 Joint Information 菜单。输入问题中定义的接缝参数，完成后如图 11-13 所示。

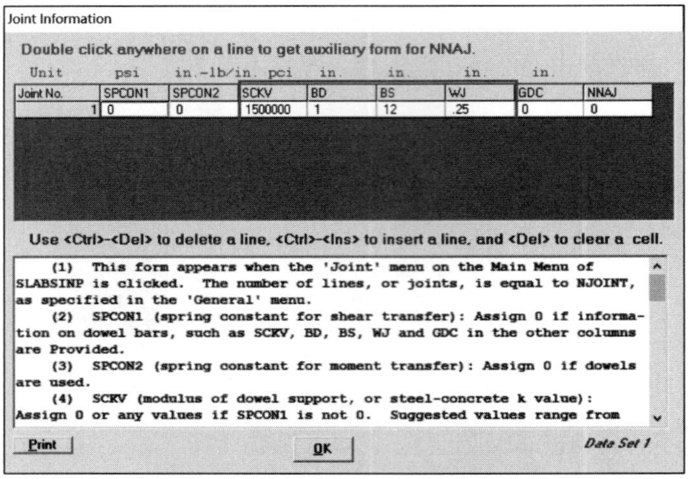

图 11-13 输入接缝参数

注意：传力杆的弹性模量和泊松比暂勿须特别输入，已有默认值可用，即 11.1 问题描述中所给参数。如需特别指定，可在 Optional 选项卡下的 Dowel 选项中修改。

11.2.7 保存与退出

单击输入程序主菜单中的 Save As 按钮，另存为数据文件至 KENPAVE.EXE 程序相同的路径下。注意：如图 11-14 所示，所有需要做出定义的部分都已经查看修改后，每个选项卡对应位置状态标识会从初始的红色 input 变为 done。确认完成后，单击 Exit 按钮，退出输入程序主菜单。本题输入数据文件保存命名为 SLA3.DAT。

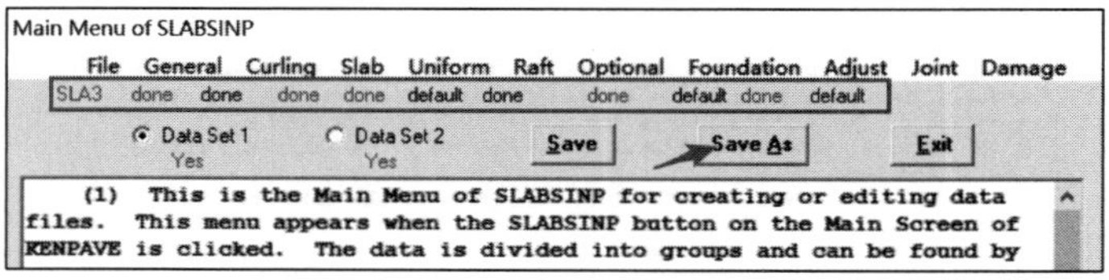

图 11-14 另存为后退出

保存后即在当前工作路径下生成一个“*.DAT”数据文件，此即本章问题的数据输入文件。生成的数据输入文件及其释义详见 11.4.1 节。

11.2.8 计算输出

回到 KENPAVE 程序主界面，按如图 11-15 所示的流程操作完成计算输出。

(1) 确认右上方当前活动文件是否为刚才另存为的数据文件，若不是，则进行手动选取即可。若没有需要的输入文件，则是左上方当前工作路径不正确，切换为输入文件保存路径即可。

(2) 单击 KENSLABS 按钮，即可完成当前输入文件的计算和输出。若没有报错即有如图 11-16 所示提示。

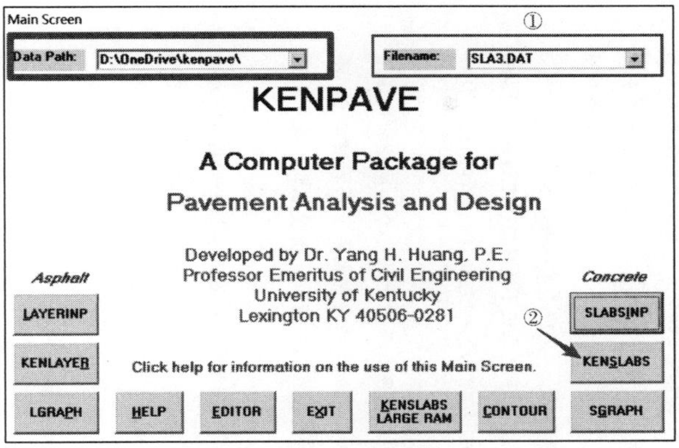

图 11-15　计算输出

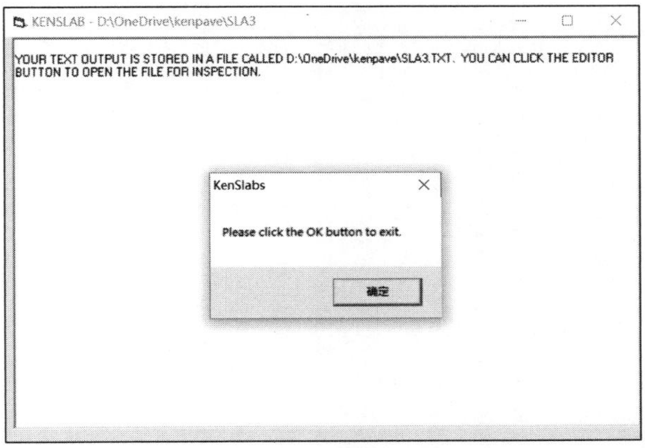

图 11-16　计算输出完成

单击“确定”按钮，即可退出。

计算完成后，即可得到如图 11-17 所示的结果文件(SLA3.TXT)，其为文本格式，方便后续查看处理。

图 11-17　生成结果文件

11.3　计 算 结 果

用文本编辑器打开 SLA3.TXT 文件，计算得到的结果表明，25 号节点处应力最大，为-226.35psi(-1.56MPa)，受拉；而最大挠度为 0.05383in(1.37mm)，发生在 49 号节点。详细的结果输出文件及其释义详见 11.4.2 节。

11.4 数据输入与结果输出文件释义

11.4.1 数据输入文件

1 (1) NPROB //待计算的问题数量为 1

EXAMPLE NO. 3: TWO SLABS ON SOLID FOUNDATION WITH FULL CONTACT //标题或问题描述，不超过 68 个英文字符

1 0 1 1 (3) NFOUND NDAMA NPY NLG //地基类型，1~固体地基；不开展损伤分析；每年划分为 1 个时期；1 个荷载组

2 1 (4) NSLAB NJOINT //2 块板；1 条接缝

7 8 0 1 0 0 (5) NX NY JONO1 JONO2 JONO3 JONO4 //1 号板与网格布置：x 轴上 7 个节点；y 轴上 8 个节点；板的左、下、上边不是接缝，右边为 1 号接缝

6 8 1 0 0 0 (5) NX NY JONO1 JONO2 JONO3 JONO4 //2 号板与网格布置：x 轴上 6 个节点；y 轴上 8 个节点；板的右、下、上边不是接缝，左边为 1 号接缝

1 49 0 0 0 0 0 0 0 1 0 0 0 0 0 1 2 2 (6) NLAYER NNCK NOTCON NGAP NPRINT INPUT NBOND NTEMP NWT NCYCLE NAT1 NAT2 NSX NSY MDPO NUNIT UL TC CL

//面层板为单层板；以 49 号节点为准检查收敛情况；初始情况下与地基不接触的节点数为 0；板与地基间有初始间隙的节点数为 0；打印输出所有节点上的应力；间隙和预压值不从上一问题得到；双层板的黏结方式，单层板时取 0；不考虑温度翘曲；不考虑自重；不需迭代求解时取 1；第 1 层板厚均匀时取 0；第 2 层板厚均匀或无第 2 层板时取 0；不关于 x 轴对称时取 0；不关于 y 轴对称时取 0；不详细打印输出；单位为英制单位；后三个参数由程序自动生成，用于判断是否有均布荷载、温度翘曲、集中荷载

0 0 0 0 0 .000005 .001 1 (7) TEMP GAMA(1) GAMA(2) PMR(1) PMR(2) CT DEL FMAX

//板底与板顶无温度差；第 1 层板重度，不计自重时取 0；第 2 层板重度，不计自重或无第 2 层板时取 0；不开展损伤分析时第 1 层板抗弯拉强度取 0；不开展损伤分析或无第 2 层板时抗弯拉强度取 0；混凝土热膨胀系数为 5×10^{-6}°F^{-1}；用迭代法求解时的允许精度为 0.001；节点 NNCK 处的最大允许竖向位移为 1in

0 0 0 0 (8) F1(1) F1(2) F2(1) F2(2) //两层板的疲劳系数分别为 0，不开展损伤分析可设置任意值

0 60 110 128 146 164 180 0 16 41 66 82 98 121 144 (9) X's and then Y's

//1 号板局部坐标系下，x 轴上 7 个节点的 x 局部坐标与 y 轴上 8 个节点的 y 局部坐标

0 16 40 80 120 180 0 16 41 66 82 98 121 144 (9) X's and then Y's

//2 号板局部坐标系下，x 轴上 6 个节点的 x 局部坐标与 y 轴上 8 个节点的 y 局部坐标

7 .15 4000000 (10) T PR YM //板厚；混凝土的泊松比；混凝土的弹性模量

8 (12) NUDL //荷载组内均布荷载作用面积数量为 8 个

0 (13) NCNF //荷载组内集中力数量为 0

```
0  0  (14) NNMX NNMY                                              //作用有 x 方向力矩的节点数量为 0；作用有 y 方向力矩的节点数量为 0
1  123.983  132.017  0  5.532  90.007  (15) LS XL1 XL2 YL1 YL2 QQ  //荷载作用面积1：作用板块编号；左、右、下、上四个边界的位置；接触压力为 90.007psi
1  123.983  132.017  13.234  18.766  90.007  (15) LS XL1 XL2 YL1 YL2 QQ   //荷载作用面积 2：同上
1  123.983  132.017 72.75 78.282  90.007  (15) LS XL1 XL2 YL1 YL2 QQ      //荷载作用面积 3：同上
1  123.983  132.017  85.984  91.516  90.007  (15) LS XL1 XL2 YL1 YL2 QQ   //荷载作用面积 4：同上
1  171.967  180  0  5.532  90.007  (15) LS XL1 XL2 YL1 YL2 QQ             //荷载作用面积 5：同上
1  171.967  180  13.234  18.766  90.007  (15) LS XL1 XL2 YL1 YL2 QQ       //荷载作用面积 6：同上
1  171.967  180 72.75 78.282  90.007  (15) LS XL1 XL2 YL1 YL2 QQ          //荷载作用面积 7：同上
1  171.967  180  85.984  91.516  90.007  (15) LS XL1 XL2 YL1 YL2 QQ       //荷载作用面积 8：同上
1  (22) FSAF                                                      //时期内的地基季节调整系数为 1
5000  .45  (28) YMS PRS                                           //固体地基的弹性模量为 5000psi；固体地基的泊松比 0.45
29000000  .3  (34) YMSB PRSB                                      //传力杆的弹性模量 29000000psi；传力杆的泊松比 0.3
0  0  1500000  1  12  .25  0  0  (35) SPCON1 SPCON2 SCKV BD BS WJ GDC NNAJ
```

//1 号接缝：剪切弹簧常数，0~由后面参数计算得到；弯矩弹簧常数；传力杆支承模量 1.5×10^6pci；传力杆直径为 1in；传力杆间距为 12in；接缝宽度为 0.25in；传力杆与混凝土间无间隙；每条接缝的节点数量，传力杆非均匀分布时填入

11.4.2　结果输出文件

```
INPUT FILE NAME  -D:\kenpave\SLA3.TXT                             //输入文件的文件路径及文件名

NUMBER OF PROBLEMS TO BE SOLVED =  1                              //待计算的问题数量

TITLE -EXAMPLE NO. 3: TWO SLABS ON SOLID FOUNDATION WITH FULL CONTACT   //标题或问题描述

TYPE OF FOUNDATION (NFOUND)          =          1                 //地基类型，1~固体地基
TYPE OF DAMAGE ANALYSIS (NDAMA)       =          0                //不开展损伤分析
NUMBER OF PERIODS PER YEAR (NPY)      =          1                //每年划分为 1 个时期
NUMBER OF LOAD GROUPS (NLG)          =          1                 //1 个荷载组
```

```
TOTAL NUMBER OF SLABS (NSLAB)          =          2                          //2 块板
TOTAL NUMBER OF JOINTS (NJOINT)        =          1                          //1 条接缝

ARRANGEMENT OF SLABS                                                         //板的布置
SLAB  NO. NODES (NX)  NO. NODES (NY)   JOINT NO. AT FOUR SIDES (JONO)  //板编号; x 方向上节点数量; y 方向上节点数量; 板的左、右、下、上边的接缝编号
 NO.   IN X DIRECTION  IN Y DIRECTION       LEFT  RIGHT  BOTTOM  TOP
  1         7               8                0     1      0       0
                    //第 1 块板及其网格布置: x 轴上 7 个节点; y 轴上 8 个节点; 板的左、下、上边不是接缝, 而右边为 1 号接缝
  2         6               8                1     0      0       0
                    //第 2 块板及其网格布置: x 轴上 6 个节点; y 轴上 8 个节点; 板的右、下、上边均不是接缝, 而左边为 1 号接缝

NUMBER OF LAYERS (NLAYER)--------------------------------------= 1           //单层板
NODAL NUMBER USED TO CHECK CONVERGENCE (NNCK)------------------= 49          //以 49 号节点为准检查收敛情况
NUMBER OF NODES NOT IN CONTACT (NOTCON)------------------------= 0           //初始情况下与地基不接触的节点数为 0
NUMBER OF GAPS (NGAP)------------------------------------------= 0           //已知板与地基间有初始间隙的节点数为 0
NUMBER OF POINTS FOR PRINTOUT (NPRINT)-------------------------= 0           //打印输出所有节点上的应力
CODE FOR INPUT OF GAPS OR PRECOMPRESSIONS (INPUT)- ------------= 0           //间隙和预压值不从上一问题得到
BOND BETWEEN TWO LAYERS (NBOND)--------------------------------= 0           //双层板之间的黏结情况, 单层板时取 0
CONDITION OF WARPING (NTEMP)-----------------------------------= 0           //不考虑温度翘曲
CODE INDICATING WHETHER SLAB WEIGHT IS CONSIDERED (NWT)-------= 0            //不考虑自重
MAX NO. OF CYCLES FOR CHECKING CONTACT (NCYCLE)----------------= 1           //不需要迭代求解时为 1
NUMBER OF ADDITIONAL THICKNESSES FOR SLAB LAYER 1 (NAT1)------= 0            //第 1 层板厚均匀时为 0
NUMBER OF ADDITIONAL THICKNESSES FOR SLAB LAYER 2 (NAT2)------= 0            //第 2 层板厚均匀或无第 2 层板时为 0
NUMBER OF POINTS ON X AXIS OF SYMMETRY (NSX)-------------------= 0           //不关于 x 轴对称时为 0
NUMBER OF POINTS ON Y AXIS OF SYMMETRY (NSY)-------------------= 0           //不关于 y 轴对称时为 0
MORE DETAILED PRINTOUT FOR EACH CONTACT CYCLE (MDPO)----------= 0            //不详细打印输出
TOLERANCE FOR ITERATIONS (DEL)---------------------------------= .001        //用迭代法求解时的允许精度为 0.001
MAXIMUM ALLOWABLE VERTICAL DISPLACEMENT (FMAX)-----------------= 1           //在节点 NNCK 处的最大允许竖向位移为 1in
```

```
SYSTEM OF UNITS (NUNIT)----------------------------------------= 0
            //采用英制单位体系，长度单位为 in，力的单位为 lb，应力单位为 psi，重度单位为 pcf，地基反应模量和传力杆支承模量单位为 pci，温度单位为℉
  (Length in in., force in lb, stress in psi, unit weigh in pcf
   subgrade and dowel K value in pci, and temperature in F)

FOR SLAB NO. 1 COORDINATES OF FINITE ELEMENT GRID ARE:                 //1 号板的有限元网格划分
X =  0  60  110  128  146  164  180                                    //1 号板的 x 方向上网格的 x 局部坐标
Y =  0  16  41  66  82  98  121  144                                   //1 号板的 y 方向上网格的 y 局部坐标

FOR SLAB NO. 2 COORDINATES OF FINITE ELEMENT GRID ARE:                 //2 号板的有限元网格划分
X =  0  16  40  80  120  180                                           //2 号板的 x 方向上网格的 x 局部坐标
Y =  0  16  41  66  82  98  121  144                                   //2 号板的 y 方向上网格的 y 局部坐标

LAYER      THICKNESS (T)      POISSON'S       YOUNG'S
 NO.                          RATIO (PR)      MODULUS (YM)
 1           7.00000           0.15000         4.000E+06               //第 1 层板的厚度为 7in，泊松比为 0.15，弹性模量为 4000000psi

No. OF LOADED AREAS (NUDL) FOR EACH LOAD GROUP ARE:  8                 //荷载组内均布荷载作用面积数量为 8 个
NO. OF NODAL FORCES (NCNF) AND MOMENTS (NCMX AND NCMY) ARE: 0  0  0    //荷载组内集中力以及 x 和 y 方向的集中力矩的数量均为 0

FOR LOAD GROUP NO. 1 LOADS ARE APPLIED AS FOLLOWS:                     //第 1 个荷载组作用位置及接触压力
SLAB NO.   X COORDINATES          Y COORDINATES        INTENSITY
  (LS)    (XL1)       (XL2)      (YL1)       (YL2)       (QQ)          //作用的板块编号；左、右、下、上四个边界的位置；接触压力为 90.007psi
   1   123.98300  132.01700    0.00000     5.53200    90.00700         //荷载作用面积 1：同上
   1   123.98300  132.01700   13.23400    18.76600    90.00700         //荷载作用面积 2：同上
   1   123.98300  132.01700   72.75000    78.28200    90.00700         //荷载作用面积 3：同上
   1   123.98300  132.01700   85.98400    91.51600    90.00700         //荷载作用面积 4：同上
```

```
   1  171.96700  180.00000    0.00000    5.53200   90.00700             //荷载作用面积5: 同上
   1  171.96700  180.00000   13.23400   18.76600   90.00700             //荷载作用面积6: 同上
   1  171.96700  180.00000   72.75000   78.28200   90.00700             //荷载作用面积7: 同上
   1  171.96700  180.00000   85.98400   91.51600   90.00700             //荷载作用面积8: 同上

FOUNDATION ADJUSTMENT FACTOR (FSAF) FOR EACH PERIOD ARE: 1               //时期内的地基季节调整系数为1
YOUNG'S MODULUS OF FOUNDATION (YMS) =  5000                             //固体地基弹性模量为5000psi
POISSON'S RATIO OF FOUNDATION (PRS) =  .45                              //固体地基泊松比为0.45

YOUNG MODULUS OF DOWEL BAR (YMSB)   = 2.900E+07                         //传力杆弹性模量为29000000psi
POISSON RATIO OF DOWEL BAR (PRSB)   =   0.30000                         //传力杆泊松比为0.3

JOINT  SPRING CONSTANT  MODULUS OF  DOWEL   DOWEL   JOINT    GAP   NODE
 NO.  SHEAR     MOMENT   DOWEL SUP.  DIA.  SPACING  WIDTH   DOWEL  JOINT
     (SPCON1)  (SPCON2)    (SCKV)    (BD)    (BS)    (WJ)   (GDC)  (NNAJ)
  1 0.000E+00 0.000E+00 1.500E+06   1.000   12.000   0.250 0.00000    0
```

//1号接缝：剪切弹簧常数，0~由后面参数计算得到；弯矩弹簧常数；传力杆支承模量 1.5×10^6pci；传力杆直径为1in；传力杆间距为12in；接缝宽度为0.25in；传力杆与混凝土间无间隙；每条接缝的节点数量，传力杆非均匀分布时填入

```
JOINT NO.  1  EQUIVALENT SPRING CONSTANT (SPCON) = 3.947E+04            //1号接缝的等效弹簧常数

THE GLOBAL COORDINATES (XO AND YO) OF EACH NODE ARE:                    //所有节点号及其整体坐标
    1     0.000     0.000    2    0.000    16.000    3    0.000    41.000
    4     0.000    66.000    5    0.000    82.000    6    0.000    98.000
    7     0.000   121.000    8    0.000   144.000    9   60.000     0.000
   10    60.000    16.000   11   60.000    41.000   12   60.000    66.000
   13    60.000    82.000   14   60.000    98.000   15   60.000   121.000
```

16	60.000	144.000	17	110.000	0.000	18	110.000	16.000
19	110.000	41.000	20	110.000	66.000	21	110.000	82.000
22	110.000	98.000	23	110.000	121.000	24	110.000	144.000
25	128.000	0.000	26	128.000	16.000	27	128.000	41.000
28	128.000	66.000	29	128.000	82.000	30	128.000	98.000
31	128.000	121.000	32	128.000	144.000	33	146.000	0.000
34	146.000	16.000	35	146.000	41.000	36	146.000	66.000
37	146.000	82.000	38	146.000	98.000	39	146.000	121.000
40	146.000	144.000	41	164.000	0.000	42	164.000	16.000
43	164.000	41.000	44	164.000	66.000	45	164.000	82.000
46	164.000	98.000	47	164.000	121.000	48	164.000	144.000
49	180.000	0.000	50	180.000	16.000	51	180.000	41.000
52	180.000	66.000	53	180.000	82.000	54	180.000	98.000
55	180.000	121.000	56	180.000	144.000	57	180.000	0.000
58	180.000	16.000	59	180.000	41.000	60	180.000	66.000
61	180.000	82.000	62	180.000	98.000	63	180.000	121.000
64	180.000	144.000	65	196.000	0.000	66	196.000	16.000
67	196.000	41.000	68	196.000	66.000	69	196.000	82.000
70	196.000	98.000	71	196.000	121.000	72	196.000	144.000
73	220.000	0.000	74	220.000	16.000	75	220.000	41.000
76	220.000	66.000	77	220.000	82.000	78	220.000	98.000
79	220.000	121.000	80	220.000	144.000	81	260.000	0.000
82	260.000	16.000	83	260.000	41.000	84	260.000	66.000
85	260.000	82.000	86	260.000	98.000	87	260.000	121.000
88	260.000	144.000	89	300.000	0.000	90	300.000	16.000
91	300.000	41.000	92	300.000	66.000	93	300.000	82.000
94	300.000	98.000	95	300.000	121.000	96	300.000	144.000
97	360.000	0.000	98	360.000	16.000	99	360.000	41.000

```
  100   360.000    66.000 101   360.000    82.000 102   360.000    98.000
  103   360.000   121.000 104   360.000   144.000

HALF BAND WIDTH (NB) =  141                                          //刚度矩阵半带宽

PERIOD 1 LOAD GROUP 1 AND CYCLE NO. 1                                //第1个时期，第1个荷载组，第1次迭代的计算结果
ITERATION NO. (IC) = 1 DIFFERENCE IN DEFLECTION =   0.04963357       //检查位移收敛性的迭代次数以及指定节点两次迭代的挠度差
ITERATION NO. (IC) = 3 DIFFERENCE IN DEFLECTION =   0.00396478       //同上
ITERATION NO. (IC) = 5 DIFFERENCE IN DEFLECTION =   0.00020288       //同上
ITERATION NO. (IC) = 7 DIFFERENCE IN DEFLECTION =   0.00000970       //同上
ITERATION NO. (IC) = 9 DIFFERENCE IN DEFLECTION =   0.00000048       //同上

NODAL NUMBERS AND DEFLECTIONS OF SLABS (F) ARE: (DOWNWARD POSITIVE)  //各个节点的竖向挠度，向下为正
    1  0.00988    2  0.01002    3  0.01014    4  0.01004    5  0.00984
    6  0.00954    7  0.00894    8  0.00816    9  0.01995   10  0.02010
   11  0.01997   12  0.01925   13  0.01842   14  0.01727   15  0.01511
   16  0.01255   17  0.03787   18  0.03655   19  0.03439   20  0.03266
   21  0.03101   22  0.02830   23  0.02311   24  0.01761   25  0.04452
   26  0.04240   27  0.03915   28  0.03728   29  0.03556   30  0.03217
   31  0.02576   32  0.01927   33  0.04793   34  0.04584   35  0.04260
   36  0.04038   37  0.03831   38  0.03474   39  0.02784   40  0.02067
   41  0.05085   42  0.04859   43  0.04505   44  0.04285   45  0.04076
   46  0.03691   47  0.02952   48  0.02196   49  0.05381   50  0.05115
   51  0.04687   52  0.04500   53  0.04324   54  0.03892   55  0.03089
   56  0.02317   57  0.04944   58  0.04867   59  0.04617   60  0.04362
   61  0.04117   62  0.03745   63  0.03060   64  0.02367   65  0.03897
   66  0.03881   67  0.03761   68  0.03566   69  0.03368   70  0.03085
   71  0.02565   72  0.01999   73  0.02650   74  0.02686   75  0.02673
```

```
 76  0.02567  77  0.02440  78  0.02262  79  0.01929  80  0.01541
 81  0.01506  82  0.01543  83  0.01567  84  0.01537  85  0.01486
 86  0.01410  87  0.01262  88  0.01080  89  0.01029  90  0.01048
 91  0.01063  92  0.01053  93  0.01032  94  0.00999  95  0.00934
 96  0.00854  97  0.00727  98  0.00731  99  0.00735 100  0.00730
101  0.00723 102  0.00712 103  0.00691 104  0.00664

FOR JOINT NO. 1 SHEAR (FAJ1) AND MOMENT (FAJ2) AT THE NODES ARE:      //接缝 1 上各个节点的剪力以及弯矩
  49 -1381.7     0.0   50 -2008.0     0.0   51  -690.2     0.0
  52 -1120.1     0.0   53 -1310.9     0.0   54 -1132.7     0.0
  55  -268.0     0.0   56   226.7     0.0

FOR JOINT NO. 1 SHEAR IN ONE DOWEL BAR (FAJPD) AT THE NODES IS:      //接缝 1 各节点处一根传力杆的剪力
  49  -2072.5  50  -1175.4  51   -331.3  52   -655.7  53   -983.2
  54   -697.1  55   -139.8  56    236.5

FOR JOINT NO. 1 BEARING STRESS (BEARS) OF CONCRETE AND SHEAR STRESS
(SHEARS) OF DOWELS AT THE NODES ARE:      //接缝 1 上传力杆与混凝土之间的支承应力以及传力杆的剪应力
  49 -3237.1 -2638.8   50 -1835.9 -1496.6   51  -517.4  -421.8
  52 -1024.1  -834.8   53 -1535.6 -1251.8   54 -1088.7  -887.5
  55  -218.4  -178.1   56   369.5   301.2

NODAL NUMBER AND REACTIVE PRESSURE (SUBR) ARE: (COMPRESSION POSITIVE)      //各个节点的地基反力，压为正
   1  -0.386   2  -0.164   3  -0.188   4  -0.156   5  -0.073
   6  -0.138   7  -0.113   8  -0.579   9   1.441  10   0.222
  11   0.319  12   0.264  13   0.154  14   0.216  15   0.154
  16  -0.130  17   4.948  18   1.104  19   0.982  20   0.866
  21   0.766  22   0.722  23   0.472  24   0.164  25   8.005
```

```
 26    1.799   27    1.325   28    1.300   29    1.338   30    1.119
 31    0.656   32    0.301   33    8.905   34    2.058   35    1.675
 36    1.538   37    1.458   38    1.302   39    0.843   40    0.493
 41   10.163   42    2.402   43    1.899   44    1.803   45    1.755
 46    1.547   47    0.992   48    0.741   49   14.526   50    4.285
 51    3.369   52    3.272   53    3.374   54    2.852   55    1.892
 56    2.198   57   10.671   58    3.278   59    3.096   60    2.710
 61    2.421   62    2.240   63    1.774   64    2.588   65    5.012
 66    1.219   67    1.164   68    1.012   69    0.858   70    0.812
 71    0.620   72    0.625   73    1.995   74    0.416   75    0.427
 76    0.374   77    0.303   78    0.296   79    0.196   80   -0.150
 81    0.145   82   -0.017   83   -0.010   84    0.001   85    0.003
 86   -0.004   87   -0.030   88   -0.375   89   -0.138   90   -0.054
 91   -0.059   92   -0.046   93   -0.029   94   -0.041   95   -0.041
 96   -0.211   97   -0.160   98   -0.057   99   -0.072  100   -0.063
101   -0.031  102   -0.057  103   -0.048  104   -0.177

SUM OF FORCES (FOSUM) = 32000.2   SUM OF REACTIONS (SUBSUM) = 31974.7          //总的作用力为32000.21b；总的反作用力为31974.71b

NODE LAYER STRESS X   STRESS Y  STRESS XY  MAX.SHEAR    MAJOR     MINOR
                                          //各个节点在各层位的x方向应力、y方向应力、xy平面剪应力、最大剪应力、最大主应力、最小主应力
  1    1     0.000     0.000     0.000     0.000     0.000     0.000
  2    1     0.000    -1.882     0.000     0.941     0.000    -1.882
  3    1     0.000    -5.496     0.000     2.748     0.000    -5.496
  4    1     0.000    -5.871     0.000     2.936     0.000    -5.871
  5    1     0.000    -4.949     0.000     2.474     0.000    -4.949
  6    1     0.000    -6.211     0.000     3.105     0.000    -6.211
  7    1     0.000    -5.131     0.000     2.565     0.000    -5.131
```

8	1	0.000	0.000	0.000	0.000	0.000	0.000
9	1	74.556	0.000	0.000	37.278	74.556	0.000
10	1	62.841	0.366	10.841	33.065	64.669	-1.461
11	1	51.311	-5.630	9.049	29.874	52.715	-7.033
12	1	44.789	-10.145	8.638	28.793	46.115	-11.471
13	1	40.481	-11.180	14.480	29.613	44.263	-14.962
14	1	34.825	-11.423	20.963	31.212	42.913	-19.511
15	1	22.779	-7.936	23.710	28.249	35.670	-20.827
16	1	10.269	0.000	0.000	5.135	10.269	0.000
17	1	18.513	0.000	0.000	9.256	18.513	0.000
18	1	-6.746	-12.091	33.149	33.257	23.838	-42.675
19	1	-26.398	20.394	18.973	30.123	27.121	-33.124
20	1	-17.129	-32.347	2.819	8.114	-16.624	-32.852
21	1	-4.309	-68.009	17.498	36.340	0.180	-72.499
22	1	-12.852	-48.365	36.251	40.366	9.758	-70.974
23	1	-14.588	-3.357	36.642	37.070	28.098	-46.043
24	1	-8.815	0.000	0.000	4.407	0.000	-8.815
25	1	-226.281	0.000	0.000	113.141	0.000	-226.281
26	1	-159.931	-44.808	16.448	59.865	-42.504	-162.234
27	1	-56.879	51.255	10.433	55.064	52.252	-57.876
28	1	-97.063	-41.132	5.978	28.597	-40.500	-97.694
29	1	-144.680	-142.460	13.401	13.447	-130.123	-157.017
30	1	-90.831	-62.605	22.574	26.623	-50.095	-103.341
31	1	-27.325	5.763	25.782	30.634	19.852	-41.415
32	1	-12.302	0.000	0.000	6.151	0.000	-12.302
33	1	18.885	0.000	0.000	9.443	18.885	0.000
34	1	-10.947	-14.343	-0.190	1.709	-10.936	-14.353
35	1	-38.955	40.320	2.327	39.706	40.388	-39.023

```
 36   1   -24.637   -41.561     6.962    10.958   -22.141   -44.057
 37   1    -7.198   -97.733     8.465    46.052    -6.414   -98.518
 38   1   -16.919   -66.799     9.530    26.699   -15.161   -68.558
 39   1   -17.907     1.652    13.397    16.587     8.459   -24.715
 40   1    -5.410     0.000     0.000     2.705     0.000    -5.410
 41   1    25.857     0.000     0.000    12.928    25.857     0.000
 42   1     7.881   -15.775    16.943    20.663    16.716   -24.611
 43   1    -5.674    56.560     5.983    31.687    57.130    -6.244
 44   1    -5.678   -40.193   -10.880    20.401    -2.535   -43.336
 45   1    -0.426  -117.017     4.239    58.450    -0.272  -117.171
 46   1    -3.863   -66.325    20.451    37.331     2.237   -72.426
 47   1    -2.867     8.273    12.771    13.933    16.636   -11.230
 48   1     7.071     0.000     0.000     3.536     7.071     0.000
 49   1     0.000     0.000     0.000     0.000     0.000     0.000
 50   1     0.000   -35.775    25.369    31.041    13.154   -48.928
 51   1     0.000   100.854     7.129    50.929   101.356    -0.501
 52   1     0.000   -24.536   -23.678    26.667    14.399   -38.935
 53   1     0.000  -197.224     2.023    98.633     0.021  -197.245
 54   1     0.000   -51.702    30.057    39.645    13.793   -65.496
 55   1     0.000    29.330    14.087    20.335    35.000    -5.670
 56   1     0.000     0.000     0.000     0.000     0.000     0.000

MAXIMUM STRESS (SMAX) IN LAYER 1  IS   -226.281 ( NODE 25 )                //计算出的最大应力及其节点号

MAXIMUM NEGATIVE STRESS IN X DIRECTION =      -226.3 ( NODE 25 )          //x 方向最大拉应力及其节点号
MAXIMUM POSITIVE STRESS IN X DIRECTION =        74.6 ( NODE 9 )           //x 方向最大压应力及其节点号
MAXIMUM NEGATIVE STRESS IN Y DIRECTION =      -197.2 ( NODE 53 )          //y 方向最大拉应力及其节点号
MAXIMUM POSITIVE STRESS IN Y DIRECTION =       100.9 ( NODE 51 )          //y 方向最大压应力及其节点号
```

第 12 章　承受三个荷载组并分为两个时期的损伤分析

12.1　问 题 描 述

图 12-1 为固体地基上的单块板体系，承受 18000lb(80kN) 单轴双轮组、36000lb (160kN) 双轴双轮组和 54000lb(240kN) 三轴双轮组 3 个不同的荷载组的作用，每个荷载组每天重复作用 20 次。混凝土的弹性模量取 4×10^6psi(约 27.6GPa)，泊松比取 0.15，面板厚度为 8in(203.2mm)，抗弯拉强度为 600psi(约 4.1MPa)。土基弹性模量为 5000psi(约 34.5MPa)，泊松比为 0.4。假定接触压力为 100psi(约 690kPa)，每个接触面积的大小为 8.084in×5.567in(205mm×141mm)，双轮距为 14.433in(约 0.367m)，双轮迹间距为 77in(约 1.956m)，双联轴和三联轴的轴距为 48in(约 1.219m)。将一年(以 365 天计)分为两个时期，各时期的地基季节调整系数 FSAF 分别为 1.0 和 0.8。

考虑问题的对称性，仅取半结构进行建模分析。图中阿拉伯数字如 10 等表示节点编号，带圆圈的数字如⑩等表示单元编号。假设板与地基完全接触，求基于 PCA 疲劳准则的设计寿命。

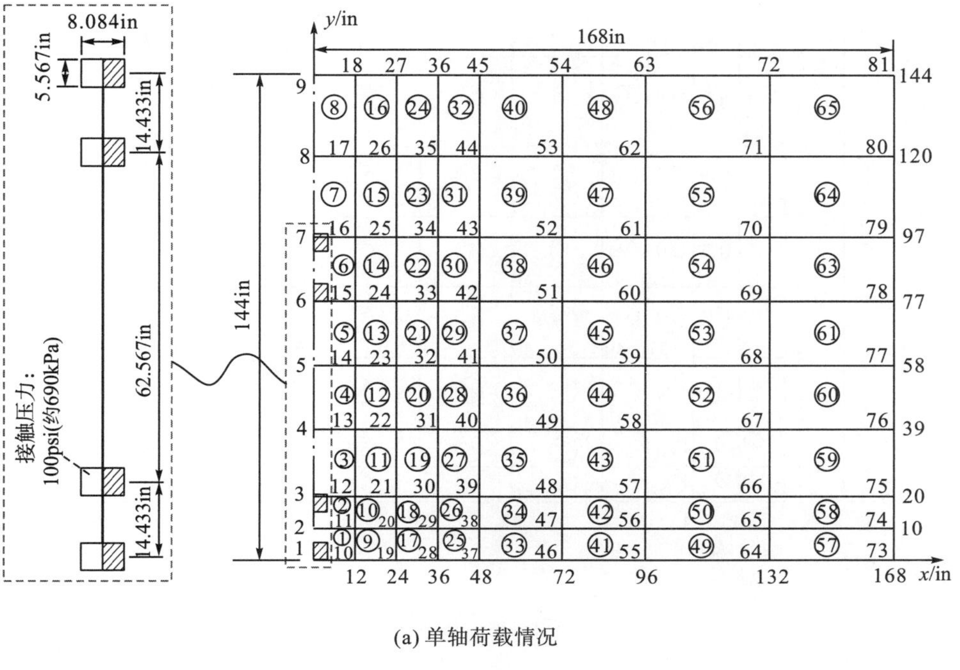

(a) 单轴荷载情况

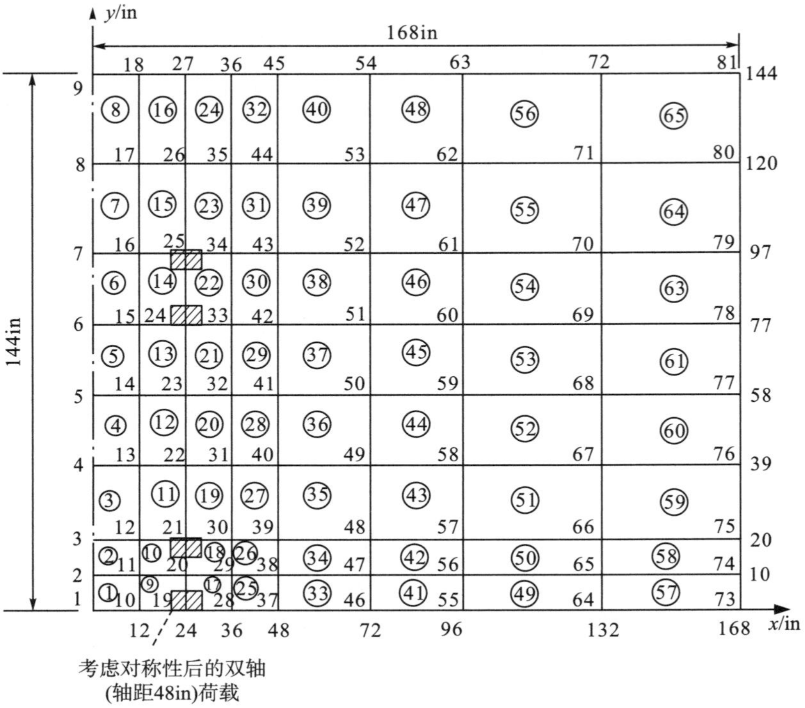

(b) 双轴荷载情况

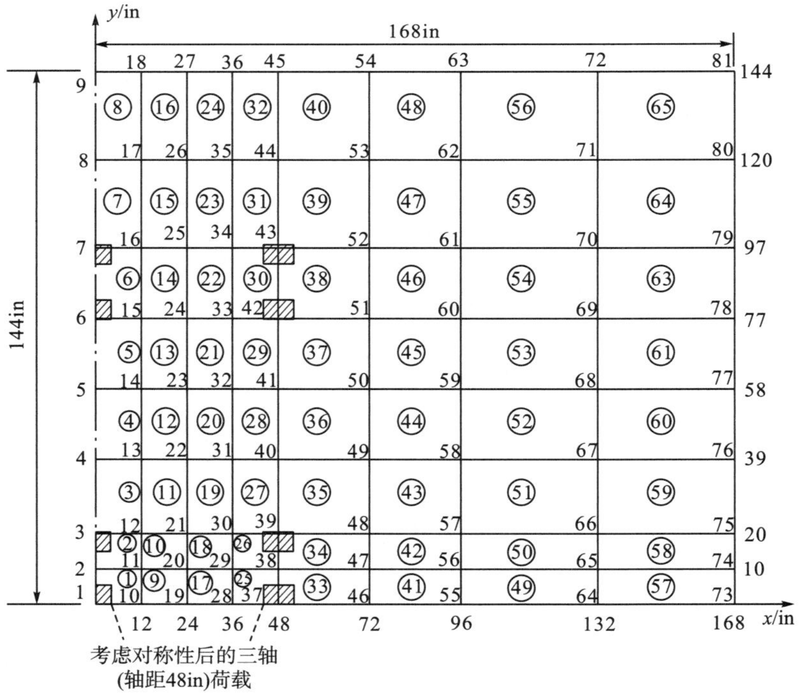

(c) 三轴荷载情况

图 12-1 有限元模型示意图

12.2　KENSLABS 计算实现

单击 KENPAVE 主界面上的 SLABSINP 按钮，进入 SLABSINP 输入程序主菜单。图 12-2 为本章问题的主要操作流程示意。

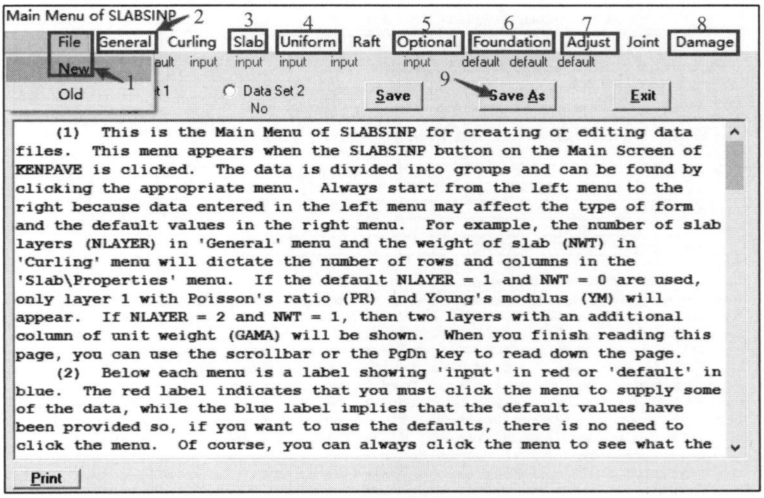

图 12-2　主要操作流程示意图

12.2.1　新建数据文件

单击输入程序主菜单中的 File 选项卡，选择 New 选项，以新建一个数据文件。新建完成后 File 选项卡下方的状态标识会从红色 input 变成红色 Untitled，如图 12-3 所示。

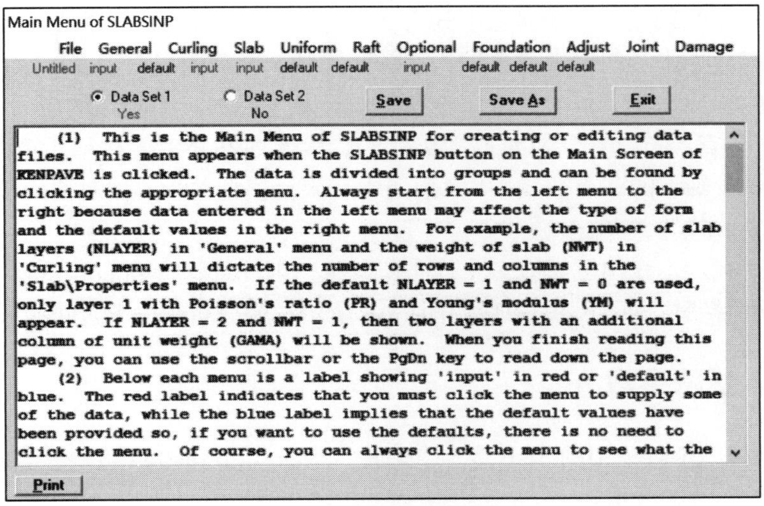

图 12-3　完成新建数据文件

12.2.2 输入基本参数

单击输入程序主菜单中的 General 选项卡，设置相关基本参数，程序中有部分默认值与模型是一致的，可直接采用，仅需做如图 12-4 所示的修改。

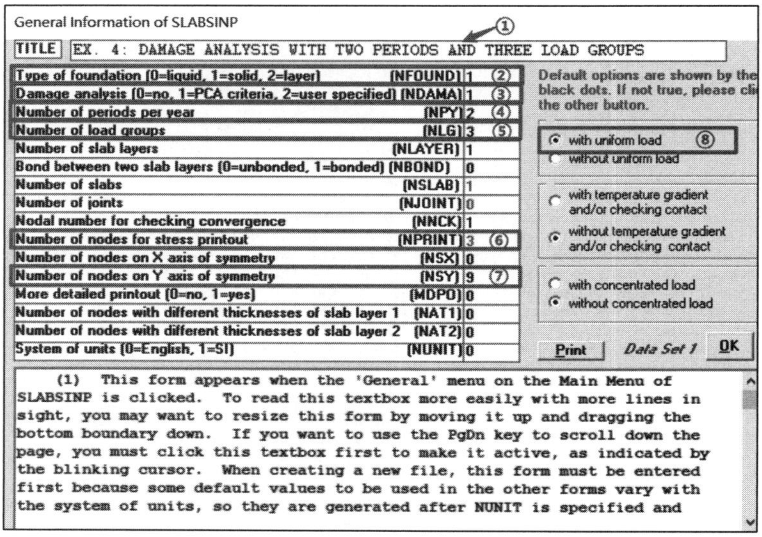

图 12-4 基本参数输入

(1) 标题。可以根据需要对当前数据文件进行一定描述，本程序中标题不能为空。

(2) 地基类型。本章问题中为固体地基，因此需要修改 NFOUND 为 1。

(3) 损伤分析开关。本章问题中需开展损伤分析，并采用 PCA 疲劳准则，因此修改 NDAMA 为 1。

(4) 一年内的时期数。本章问题中分为 2 个时期，因此 NPY 一栏填入 2。

(5) 荷载组数。本章问题中有单轴、双轴和三轴 3 个荷载组，因此 NLG 一栏填入 3。

(6) 计算输出应力的节点数量。每个荷载组计算可能的最不利点的应力，本章问题中应共计有 3 个节点，节点号分别为 1、19 和 37，因此 NPRINT 一栏填入 3。

(7) 对称轴 y 轴上的节点数量。本章问题中有限元模型关于 y 轴对称，y 轴上有 9 个节点，因此 NSY 一栏输入 9。

(8) 均布荷载。本章问题中有多个均布荷载组，因此选择 with uniform load。

其余选项保持默认即可，完成后如图 12-4 所示。单击 OK 按钮返回输入程序主菜单。

12.2.3 输入板块参数

单击输入程序主菜单中的 Slab 选项卡，进入 Slab Information 板块参数设置界面，参数输入流程如图 12-5 所示。

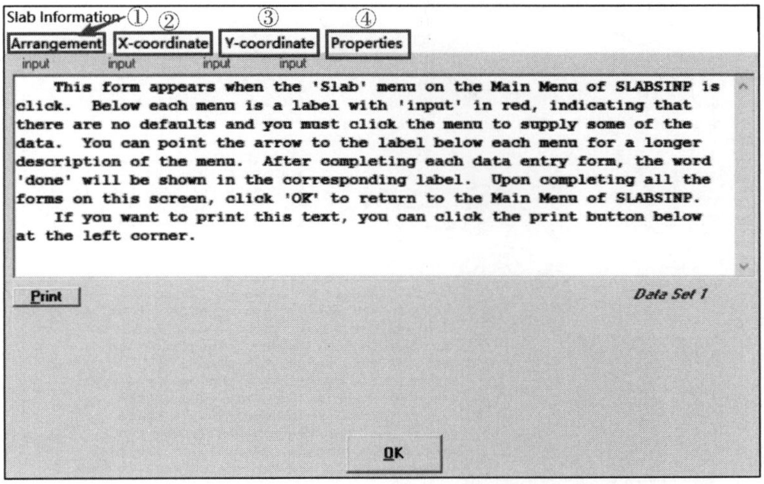

图 12-5　板块参数输入

(1) 定义网格与接缝。单击 Arrangement 选项，进入 Arrangement of Slabs and Joints 界面，如图 12-6 所示。

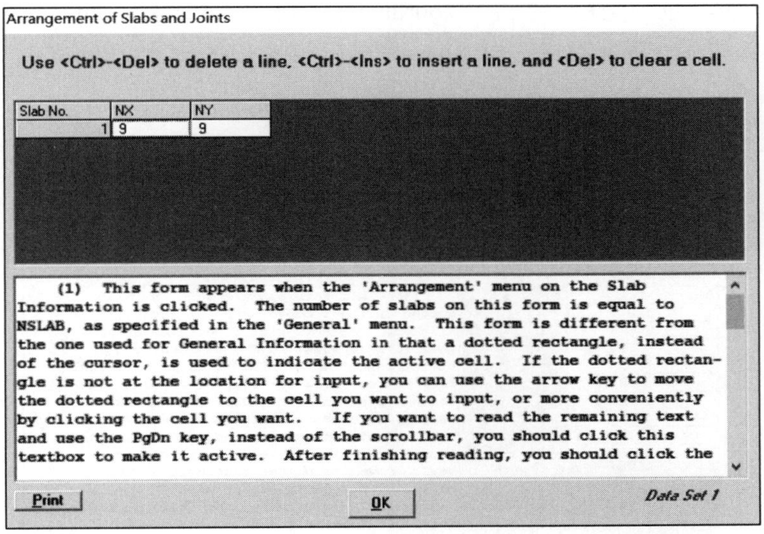

图 12-6　网格参数输入

按如图 12-1 所示的有限元模型，输入 NX 和 NY，分别为 9 和 9，如图 12-6 所示。完成后单击 OK 按钮返回上一层。

(2) 有限元网格的 x 坐标。单击 X-coordinate 选项，进入 X Coordinates of Each Slab 界面，单击 Slab1 按钮，即可进入板的 x 坐标界面，输入相应有限元网格的 x 坐标，完成后如图 12-7 所示。单击 OK 按钮返回 Slab Information 界面。

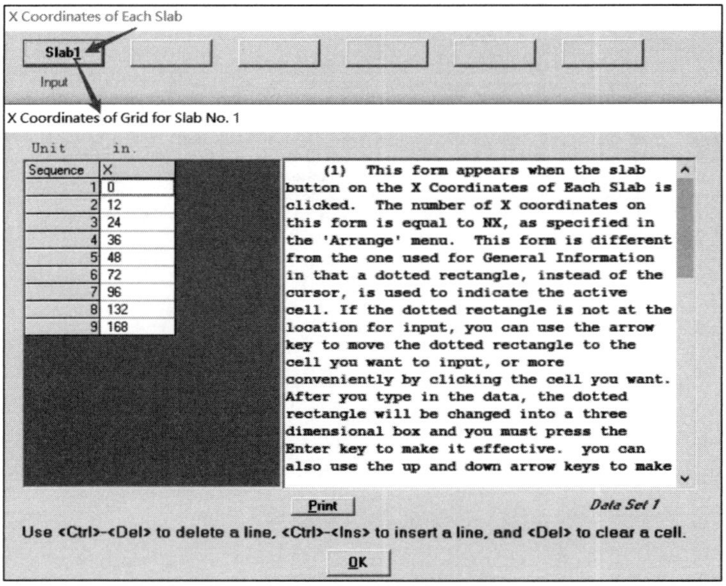

图 12-7 x 方向网格线的 x 坐标

(3) 有限元网格的 y 坐标。单击 Y-coordinate 选项，进入 Y Coordinates of Each Slab 界面。同理，输入相应有限元网格的 y 坐标，完成后如图 12-8 所示。单击 OK 按钮返回 Slab Information 界面。

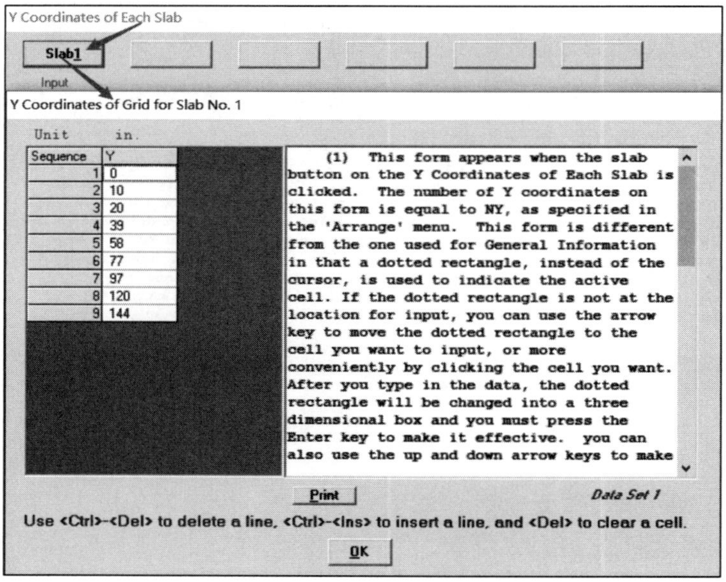

图 12-8 y 方向网格线的 y 坐标

(4) 水泥混凝土路面板属性。单击 Properties 选项。将题设给出的参数输入程序中即可，面板厚度 T 为 8in，泊松比 PR 为 0.15，弹性模量 YM 为 4×10^6psi，完成后如图 12-9 所示。

单击 OK 按钮返回 Slab Information 界面。

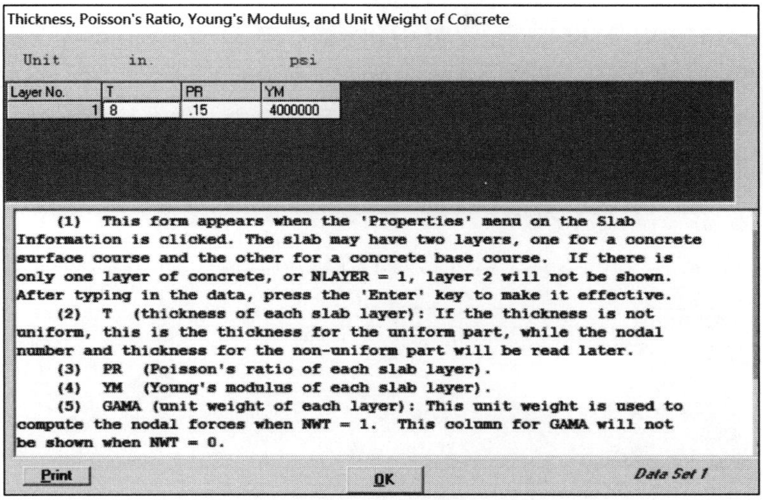

图 12-9　混凝土面板属性参数输入

确认本步骤完成后，再单击 OK 按钮返回输入程序主菜单。

12.2.4　设置均布荷载

单击输入程序主菜单中的 Uniform 选项卡，进入 Loaded Areas and Contact Pressures 菜单。

首先，输入每个荷载组均布荷载的个数，本章问题中有 3 个荷载组，分别为单轴双轮组、双轴双轮组和三轴双轮组，考虑模型的对称性，则 3 个荷载组的 NUDL 分别应为 4、4 和 8。完成后如图 12-10 所示。

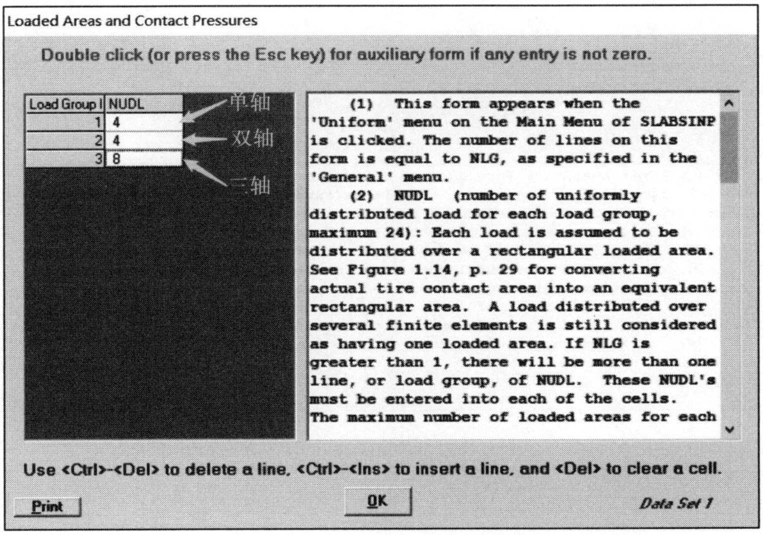

图 12-10　均布荷载定义界面

然后，在图 12-10 界面中选中一个荷载组按 Enter 键或者双击表格，进入如图 12-11 所示的均布荷载组定义界面。程序中通过定义每一个荷载作用面的左、右、下、上边界坐标来定义荷载作用范围，可以分别定义每一个荷载作用面上的压力大小，本章问题中均为 100psi（约 690kPa）。程序需要用户计算每一个荷载作用面的尺寸，但本章问题描述中已经计算给出了相关参数，再经过简单计算即可填入数据表中，详细数据如图 12-11 所示。确认完成后单击 OK 按钮返回上一层，再次单击 OK 按钮返回输入程序主菜单。

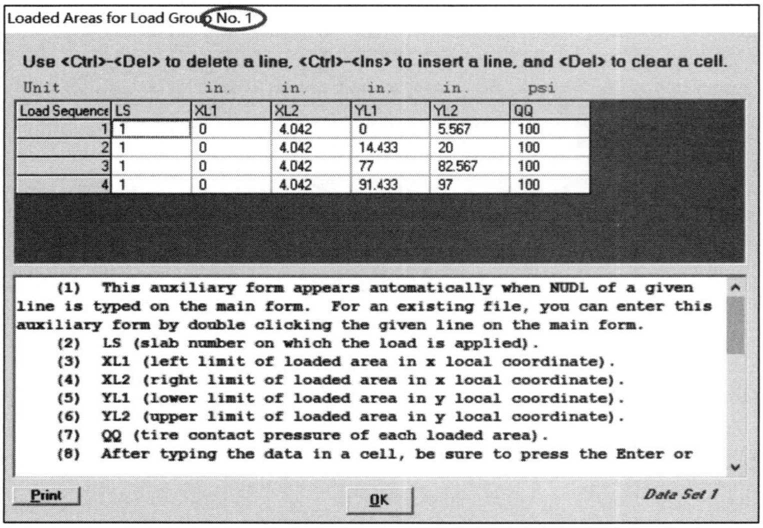

(a) Load Group No.1

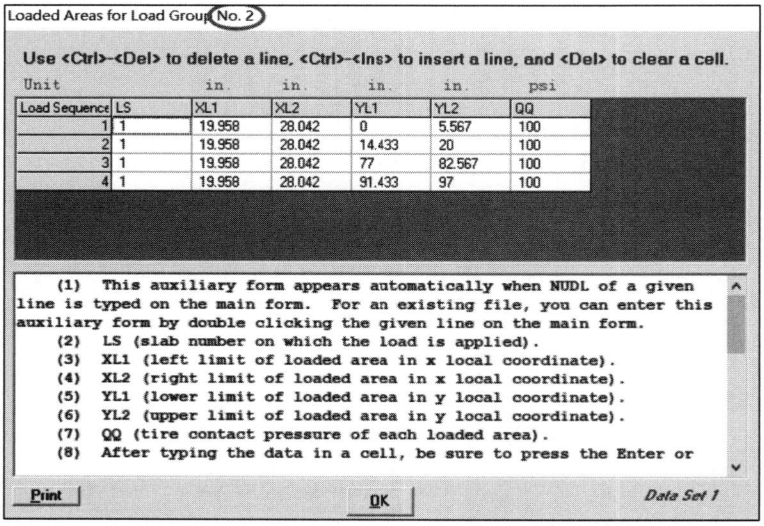

(b) Load Group No.2

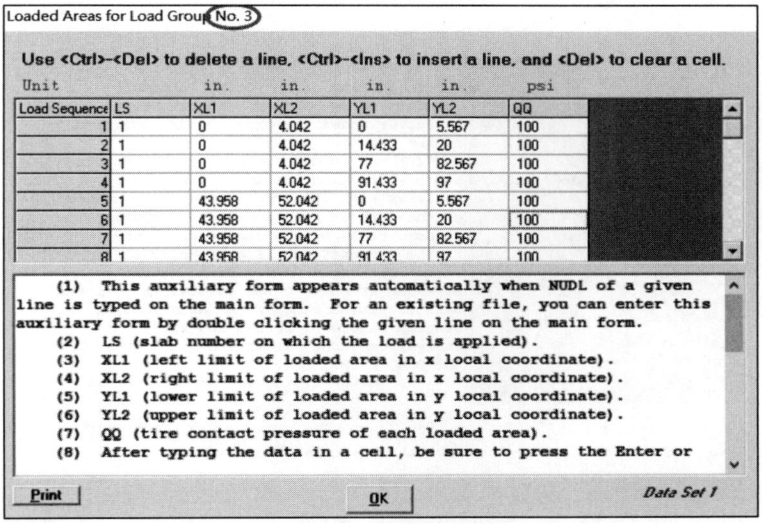

(c) Load Group No.3

图 12-11　荷载组定义

12.2.5　输入其他可选参数

单击输入程序主菜单中的 Optional 选项卡，进入 Other Optional Information 菜单。参数输入流程如图 12-12 所示。

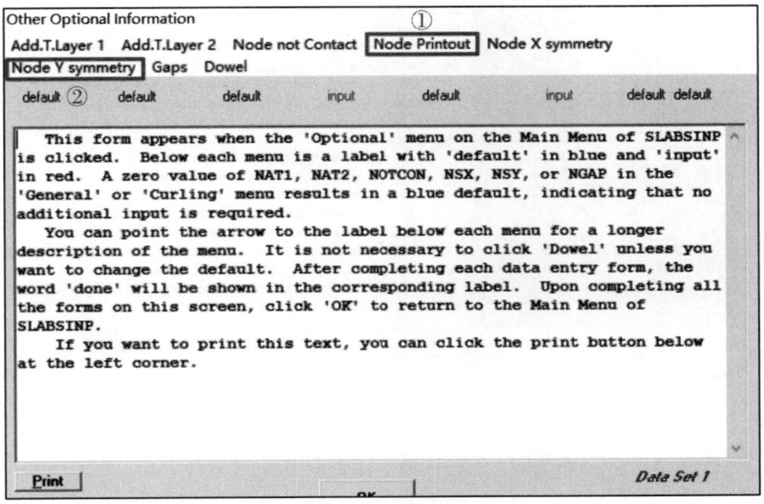

图 12-12　其他可选参数输入

(1) 需计算输出应力的节点号。如前文 12.2.2 节所述，需计算输出应力的节点数为 3 个，节点号分别为 1、19 和 37，因此分别输入 1、19 和 37。完成后如图 12-13 所示。单击 OK 按钮返回 Other Optional Information 菜单。

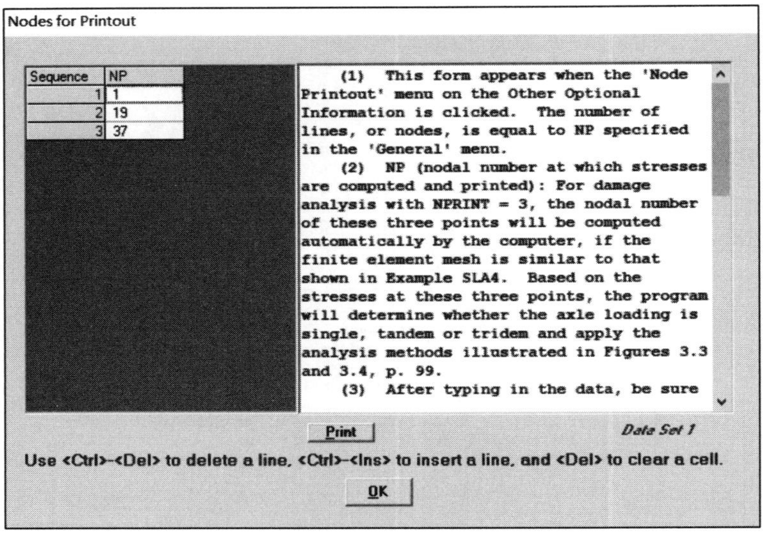

图 12-13 需计算输出的节点号

(2) 对称轴 y 轴上的节点号。单击 Node Y symmetry 选项，进入 Nodes on Y Axis of Symmetry 界面，输入图 12-1 模型中 y 轴上的节点号。完成后如图 12-14 所示。单击 OK 按钮返回 Other Optional Information 菜单。

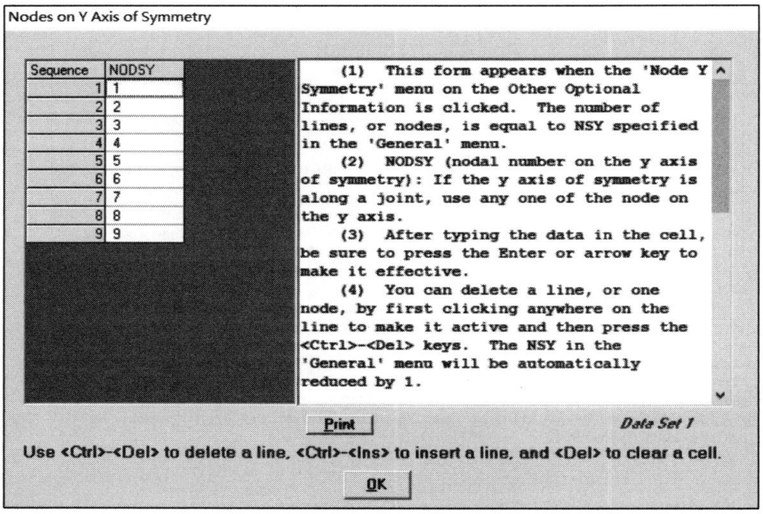

图 12-14 对称轴 y 轴上的节点号输入

确认本步骤完成后，再单击 OK 按钮返回输入程序主菜单。

12.2.6 输入地基参数

单击输入程序主菜单中的 Foundation 选项卡，进入 Solid Foundation 菜单。输入问题中的固体地基弹性模量 YMS 为 5000psi（约 34.5MPa），泊松比 PRS 为 0.4。完成后如图 12-15 所示。

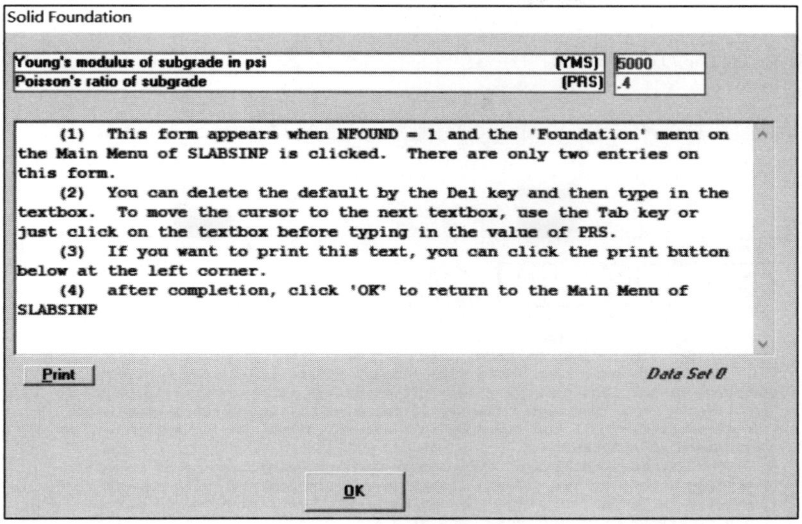

图 12-15　地基参数输入

确认本步骤完成后，单击 OK 按钮返回输入程序主菜单。

12.2.7　输入地基季节调整系数

单击输入程序主菜单中的 Adjust 选项卡，进入 Foundation Seasonal Adjustment Factor 菜单。输入问题中定义的地基季节调整系数，完成后如图 12-16 所示。

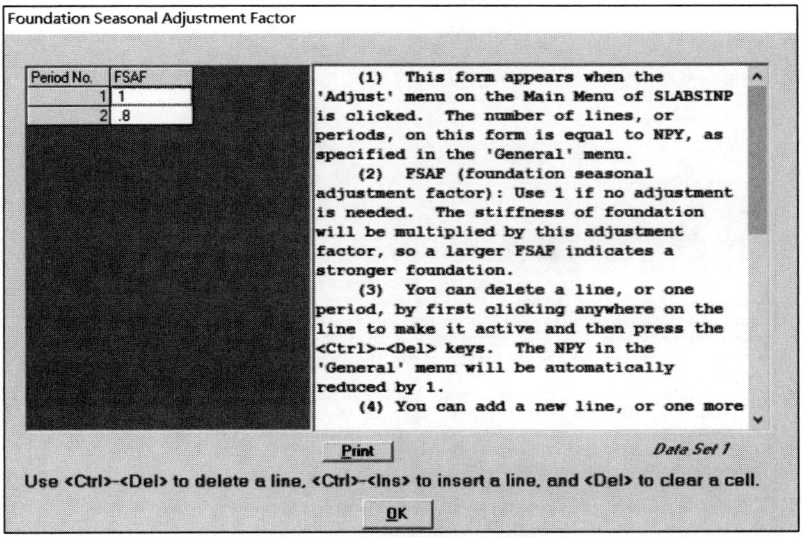

图 12-16　地基季节调整系数输入

12.2.8　输入损伤分析参数

单击输入程序主菜单中的 Damage 选项卡，进入 Damage Analysis 菜单。图 12-17 为输入流程示意图。

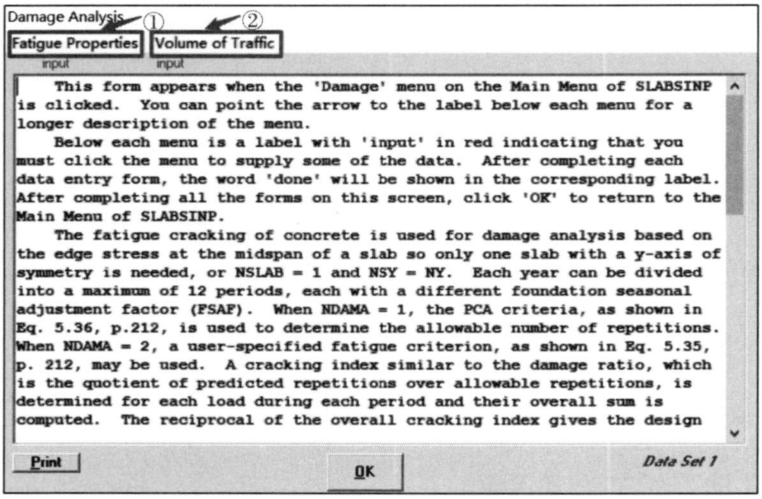

图 12-17　输入损伤分析参数

(1)损伤分析参数。本章问题中损伤分析采用 PCA 疲劳准则，因此仅需输入面板的抗弯拉强度 PMR 即可。本章问题中为 600psi(约 4.1MPa)，完成后如图 12-18 所示。

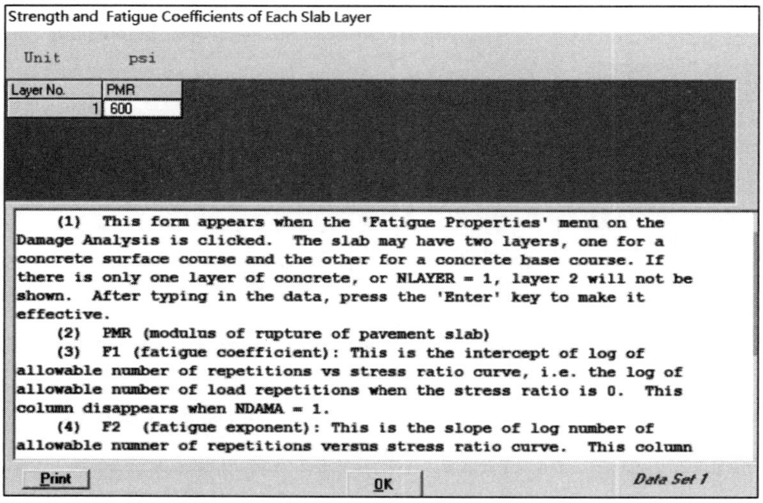

图 12-18　输入板的抗弯拉强度

(2) 交通量参数。本章问题中每个荷载组每天重复作用次数均为 20 次，故每个时期每个荷载组总的作用次数均为 3650。因此，分别输入 Period No.1 和 Period No.2 的累计作用次数，如图 12-19 所示。

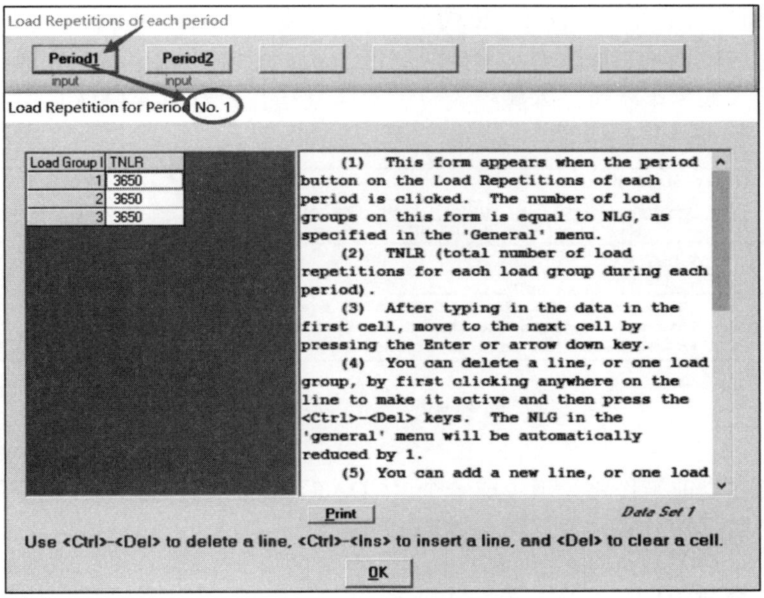

(a) Period No.1

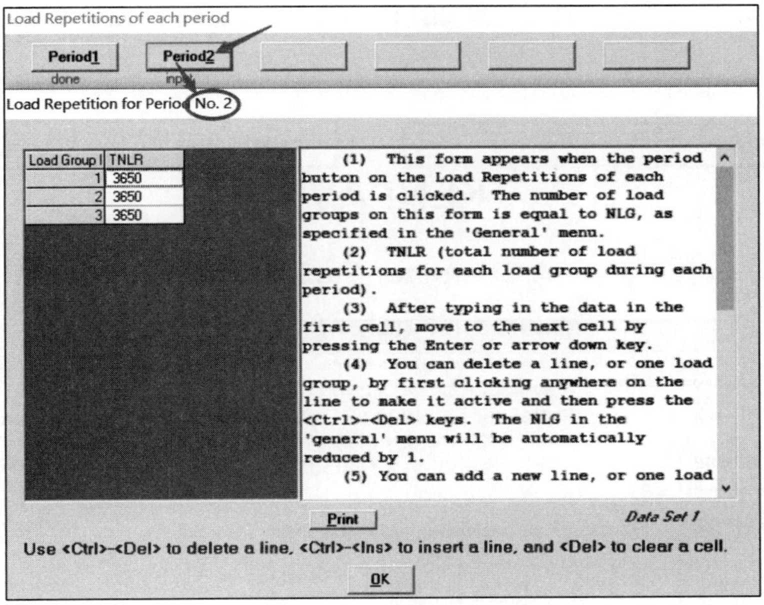

(b) Period No.2

图 12-19　交通量参数输入

12.2.9 保存与退出

单击输入程序主菜单中的 Save As 按钮，将其另存为数据文件至与 KENPAVE.EXE 程序相同的路径下。注意：如图 12-20 所示，所有需要做出定义的部分都已经查看修改后，每个选项卡对应位置状态标识会从初始的红色 input 变为 done。确认完成后，单击 Exit 按钮，退出输入程序主菜单。本题输入数据文件保存命名为 SLA4.DAT。

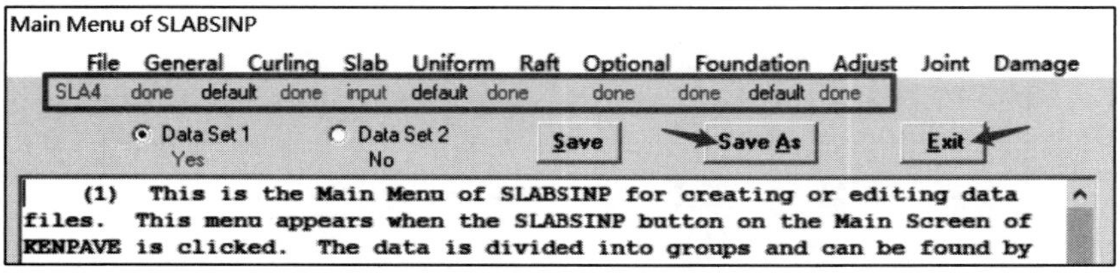

图 12-20　另存为后退出

保存后即在当前工作路径下生成一个“*.DAT”数据文件，此即本章问题的数据输入文件。生成的数据输入文件及其释义详见 12.4.1 节。

12.2.10 计算输出

回到 KENPAVE 程序主界面，按如图 12-21 所示的流程操作完成计算输出。

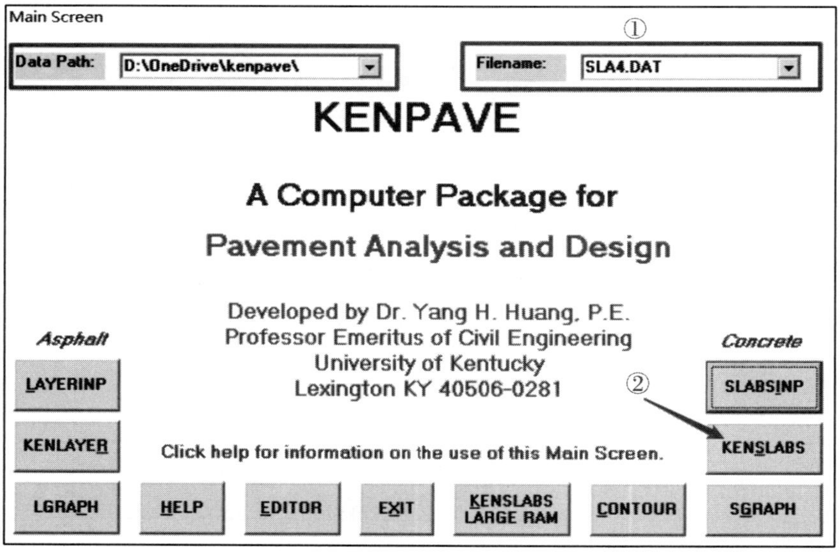

图 12-21　计算输出

(1) 确认右上方当前活动文件是否为刚才另存为的数据文件，若不是，则进行手动选取即可。若没有需要的输入文件，则是左上方当前工作路径不正确，切换为输入文件保存路径即可。

(2) 单击 KENSLABS 按钮，即可完成当前输入文件的计算和输出。若没有报错即有如图 12-22 所示提示。

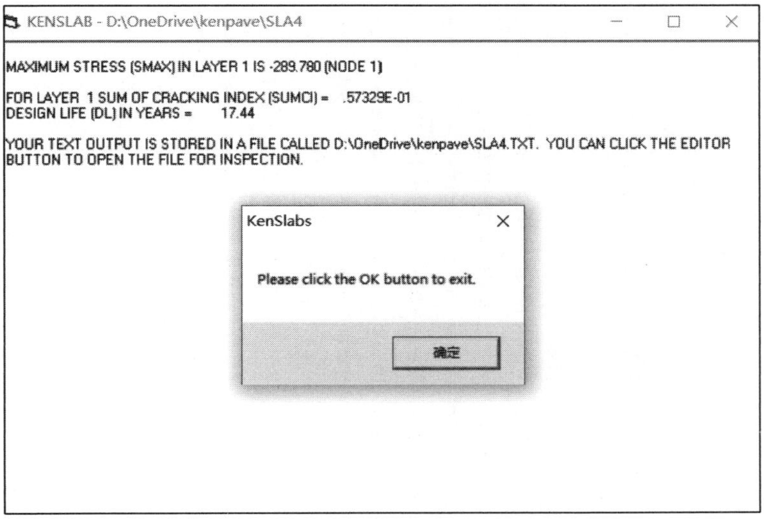

图 12-22　计算输出完成

单击“确定”按钮，即可退出。

计算完成后，即可得到如图 12-23 所示的结果文件(SLA4.TXT)，其为文本格式，方便后续查看处理。

图 12-23　生成结果文件

12.3　计 算 结 果

用文本编辑器打开 SLA4.TXT 文件，计算得到的结果表明，三个荷载组两个时期内的开裂指数总和为 0.057329，疲劳开裂寿命为 17.44 年。详细的结果输出文件及其释义详见 12.4.2 节。如果需要更多节点各个时期的应力，则将 DAMA 改为 0，NPRINT 改为需要的值即可。

12.4 数据输入与结果输出文件释义

12.4.1 数据输入文件

1 (1) NPROB //待计算的问题数量为 1

EX. 4: DAMAGE ANALYSIS WITH TWO PERIODS AND THREE LOAD GROUPS //标题或问题描述，不超过 68 个英文字符

1 1 2 3 (3) NFOUND NDAMA NPY NLG //地基类型，1~固体地基；采用 PCA 疲劳准则开展损伤分析；每年划分为 2 个时期；3 个荷载组

1 0 (4) NSLAB NJOINT //单块板；无接缝

9 9 0 0 0 0 (5) NX NY JONO1 JONO2 JONO3 JONO4

//第 1 块板及其网格布置：x 轴上 9 个节点；y 轴上 9 个节点；板的左、右、下、上边均不是接缝

1 1 0 0 3 0 0 0 0 1 0 0 0 9 0 0 1 2 2 (6) NLAYER NNCK NOTCON NGAP NPRINT INPUT NBOND NTEMP NWT NCYCLE NAT1 NAT2 NSX NSY MDPO NUNIT UL TC CL

//面层板为单层板；以 1 号节点为准检查收敛情况；初始情况下与地基不接触的节点数为 0；板与地基间有初始间隙的节点数为 0；打印输出 3 个节点的应力；间隙和预压值不从上一问题得到；双层板的黏结方式，单层板时取 0；不考虑温度翘曲；不考虑自重；不需迭代，取 1；第 1 层板厚均匀时取 0；第 2 层板厚均匀或无第 2 层板时取 0；不关于 x 轴对称，取 0；对称轴 y 轴上有 9 个节点；不详细打印输出；单位为英制单位；后三个参数由程序自动生成，用于判断是否有均布荷载、温度翘曲、集中荷载

0 0 0 600 0 0.000005 0.001 1 (7) TEMP GAMA(1) GAMA(2) PMR(1) PMR(2) CT DEL FMAX

//板底与板顶无温度差；第 1 层板重度，不计自重时取 0；第 2 层板重度，不计自重或无第 2 层板时取 0；第 1 层板抗弯拉强度为 600psi；不开展损伤分析或无第 2 层板时抗弯拉强度取 0；混凝土热膨胀系数为 5×10^{-6}°F^{-1}；用迭代法求解时的允许精度为 0.001；节点 NNCK 处的最大允许竖向位移为 1in

0 0 0 0 (8) F1(1) F1(2) F2(1) F2(2) //两层板的疲劳系数分别为 0，采用 PCA 疲劳准则开展损伤分析可设置任意值

0 12 24 36 48 72 96 132 168 0 10 20 39 58 77 97 120 144 (9) X's and then Y's

//1 号板局部坐标系下，x 轴上 9 个节点的 x 局部坐标与 y 轴上 9 个节点的 y 局部坐标

8 0.15 4000000 (10) T PR YM //板厚；混凝土的泊松比；混凝土的弹性模量

4 4 8 (12) NUDL //3 个荷载组内分别有 4 个、4 个、8 个均布荷载作用面积

0 (13) NCNF //3 个荷载组内集中力数量均为 0

0 0 (14) NNMX NNMY //作用有 x 方向力矩的节点数量为零；作用有 y 方向力矩的节点数量为零

1 0 4.042 0 5.567 100 (15) LS XL1 XL2 YL1 YL2 QQ //荷载组 1，作用面积 1：作用板块编号；左、右、下、上四个边界的位置；接触压力为 100psi

```
1  0  4.042  14.433  20  100  (15) LS XL1 XL2 YL1 YL2 QQ              //荷载组 1，作用面积 2
1  0  4.042  77  82.567  100  (15) LS XL1 XL2 YL1 YL2 QQ              //荷载组 1，作用面积 3
1  0  4.042  91.433  97  100  (15) LS XL1 XL2 YL1 YL2 QQ              //荷载组 1，作用面积 4
1  19.958  28.042  0  5.567  100  (15) LS XL1 XL2 YL1 YL2 QQ          //荷载组 2，作用面积 1
1  19.958  28.042  14.433  20  100  (15) LS XL1 XL2 YL1 YL2 QQ        //荷载组 2，作用面积 2
1  19.958  28.042  77  82.567  100  (15) LS XL1 XL2 YL1 YL2 QQ        //荷载组 2，作用面积 3
1  19.958  28.042  91.433  97  100  (15) LS XL1 XL2 YL1 YL2 QQ        //荷载组 2，作用面积 4
1  0  4.042  0  5.567  100  (15) LS XL1 XL2 YL1 YL2 QQ                //荷载组 3，作用面积 1
1  0  4.042  14.433  20  100  (15) LS XL1 XL2 YL1 YL2 QQ              //荷载组 3，作用面积 2
1  0  4.042  77  82.567  100  (15) LS XL1 XL2 YL1 YL2 QQ              //荷载组 3，作用面积 3
1  0  4.042  91.433  97  100  (15) LS XL1 XL2 YL1 YL2 QQ              //荷载组 3，作用面积 4
1  43.958  52.042  0  5.567  100  (15) LS XL1 XL2 YL1 YL2 QQ          //荷载组 3，作用面积 5
1  43.958  52.042  14.433  20  100  (15) LS XL1 XL2 YL1 YL2 QQ        //荷载组 3，作用面积 6
1  43.958  52.042  77  82.567  100  (15) LS XL1 XL2 YL1 YL2 QQ        //荷载组 3，作用面积 7
1  43.958  52.042  91.433  97  100  (15) LS XL1 XL2 YL1 YL2 QQ        //荷载组 3，作用面积 8
1  19  37  (18) NP                                                    //需要打印输出应力的节点号
1  2  3  4  5  6  7  8  9  (20) NODSY                                 //对称轴 y 轴上节点的节点号
1  0.8  (22) FSAF                                                     //两个时期内的地基季节调整系数分别为 1.0 和 0.8
5000  0.4  (28) YMS PRS                                               //固体地基的弹性模量为 5000psi；固体地基的泊松比为 0.4
3650  3650  3650  (37) TNLR                                           第 1 个时期内 3 个荷载组分别的预期荷载重复作用次数
3650  3650  3650  (37) TNLR                                           第 2 个时期内 3 个荷载组分别的预期荷载重复作用次数
```

12.4.2 结果输出文件

```
INPUT FILE NAME  -D:\kenpave\SLA4.TXT                                 //输入文件的文件路径及文件名

NUMBER OF PROBLEMS TO BE SOLVED =  1                                  //待计算的问题数量
```

```
TITLE -EX. 4: DAMAGE ANALYSIS WITH TWO PERIODS AND THREE LOAD GROUPS          //标题或问题描述

TYPE OF FOUNDATION (NFOUND)            =        1                             //地基类型，1~固体地基
TYPE OF DAMAGE ANALYSIS (NDAMA)         =        1                            //采用 PCA 疲劳准则开展损伤分析
NUMBER OF PERIODS PER YEAR (NPY)        =        2                            //每年划分为 2 个时期
NUMBER OF LOAD GROUPS (NLG)            =        3                             //3 个荷载组
TOTAL NUMBER OF SLABS (NSLAB)           =        1                            //单块板
TOTAL NUMBER OF JOINTS (NJOINT)         =        0                            //无接缝

ARRANGEMENT OF SLABS                                                          //板的布置
SLAB  NO. NODES (NX)  NO. NODES (NY)  JOINT NO. AT FOUR SIDES (JONO)  //板编号；x 方向上节点数量；y 方向上节点数量；板的左、右、下、上边的接缝编号
 NO.   IN X DIRECTION   IN Y DIRECTION      LEFT  RIGHT  BOTTOM  TOP
 1          9               9                0      0      0      0
                       //第 1 块板及其网格布置：x 轴上 9 个节点；y 轴上 9 个节点；板的左、右、下、上边均不是接缝

NUMBER OF LAYERS (NLAYER)--------------------------------------= 1            //单层板
NODAL NUMBER USED TO CHECK CONVERGENCE (NNCK)------------------= 1            //以 1 号节点为准检查收敛情况
NUMBER OF NODES NOT IN CONTACT (NOTCON)------------------------= 0            //初始情况下与地基不接触的节点数为 0
NUMBER OF GAPS (NGAP)------------------------------------------= 0            //已知板与地基间有初始间隙的节点数为 0
NUMBER OF POINTS FOR PRINTOUT (NPRINT)-------------------------= 3            //打印输出 3 个节点的应力
CODE FOR INPUT OF GAPS OR PRECOMPRESSIONS (INPUT)- ------------= 0            //间隙和预压值不从上一问题得到
BOND BETWEEN TWO LAYERS (NBOND)--------------------------------= 0            //双层板之间的黏结情况，单层板时取 0
CONDITION OF WARPING (NTEMP)-----------------------------------= 0            //不考虑温度翘曲
CODE INDICATING WHETHER SLAB WEIGHT IS CONSIDERED (NWT)--------= 0            //不考虑自重
MAX NO. OF CYCLES FOR CHECKING CONTACT (NCYCLE)----------------= 1            //不需要迭代求解时为 1
NUMBER OF ADDITIONAL THICKNESSES FOR SLAB LAYER 1 (NAT1)-------= 0            //第 1 层板厚均匀时为 0
NUMBER OF ADDITIONAL THICKNESSES FOR SLAB LAYER 2 (NAT2)-------= 0            //第 2 层板厚均匀或无第 2 层板时为 0
NUMBER OF POINTS ON X AXIS OF SYMMETRY (NSX)-------------------= 0            //不关于 x 轴对称时为 0
```

```
NUMBER OF POINTS ON Y AXIS OF SYMMETRY (NSY)------------------=  9        //关于 y 轴对称，且 y 轴上有 9 个节点
MORE DETAILED PRINTOUT FOR EACH CONTACT CYCLE (MDPO)----------=  0        //不详细打印输出
TOLERANCE FOR ITERATIONS (DEL)--------------------------------=  0.001    //用迭代法求解时的允许精度为 0.001
MAXIMUM ALLOWABLE VERTICAL DISPLACEMENT (FMAX)----------------=  1        //在节点 NNCK 处的最大允许竖向位移为 1in

SYSTEM OF UNITS (NUNIT)---------------------------------------=  0
        //采用英制单位体系，长度单位为 in，力的单位为 lb，应力单位为 psi，重度单位为 pcf，地基反应模量和传力杆支承模量单位为 pci，温度单位为℉
   (Length in in., force in lb, stress in psi, unit weigh in pcf
    subgrade and dowel K value in pci, and temperature in F)

MODULUS OF RUPTURE OF LAYER 1 (PMR(1))------------------------=  600      //第 1 层板的抗弯拉强度为 600psi
MODULUS OF RUPTURE OF LAYER 2 (PMR(2))------------------------=  0        //无第 2 层板，抗弯拉强度为 0，采用 PCA 疲劳准则开展损伤分析时可为任意值

FOR SLAB NO. 1 COORDINATES OF FINITE ELEMENT GRID ARE:                    //1 号板的有限元网格划分
X =  0  12  24  36  48  72  96  132  168                                   //1 号板的 x 方向上网格的 x 局部坐标
Y =  0  10  20  39  58  77  97  120  144                                   //1 号板的 y 方向上网格的 y 局部坐标

LAYER       THICKNESS (T)       POISSON'S        YOUNG'S
 NO.                            RATIO (PR)      MODULUS (YM)
 1            8.00000            0.15000         4.000E+06                //第 1 层板的厚度为 8in，泊松比为 0.15，弹性模量为 4000000psi

No. OF LOADED AREAS (NUDL) FOR EACH LOAD GROUP ARE:  4  4  8              //3 个荷载组内分别有 4 个、4 个、8 个均布荷载作用面积
NO. OF NODAL FORCES (NCNF) AND MOMENTS (NCMX AND NCMY) ARE: 0  0  0       //3 个荷载组内集中力以及 x 和 y 方向的集中力矩的数量均为 0

FOR LOAD GROUP NO. 1 LOADS ARE APPLIED AS FOLLOWS:                        //第 1 个荷载组作用位置及接触压力
SLAB NO.   X COORDINATES            Y COORDINATES        INTENSITY
  (LS)    (XL1)       (XL2)       (YL1)       (YL2)        (QQ)           //作用的板块编号；左、右、下、上四个边界的位置；接触压力，单位为 psi
   1     0.00000     4.04200     0.00000     5.56700    100.00000         //荷载作用面积 1
```

```
    1     0.00000     4.04200    14.43300    20.00000   100.00000          //荷载作用面积2
    1     0.00000     4.04200    77.00000    82.56700   100.00000          //荷载作用面积3
    1     0.00000     4.04200    91.43300    97.00000   100.00000          //荷载作用面积4

FOR LOAD GROUP NO. 2 LOADS ARE APPLIED AS FOLLOWS:                         //第2个荷载组作用位置及接触压力
SLAB NO.    X COORDINATES              Y COORDINATES       INTENSITY
  (LS)     (XL1)       (XL2)       (YL1)       (YL2)        (QQ)        //作用的板块编号；左、右、下、上四个边界的位置；接触压力，单位为psi
    1    19.95800    28.04200     0.00000     5.56700   100.00000          //荷载作用面积1
    1    19.95800    28.04200    14.43300    20.00000   100.00000          //荷载作用面积2
    1    19.95800    28.04200    77.00000    82.56700   100.00000          //荷载作用面积3
    1    19.95800    28.04200    91.43300    97.00000   100.00000          //荷载作用面积4

FOR LOAD GROUP NO. 3 LOADS ARE APPLIED AS FOLLOWS:                         //第3个荷载组作用位置及接触压力
SLAB NO.    X COORDINATES              Y COORDINATES       INTENSITY
  (LS)     (XL1)       (XL2)       (YL1)       (YL2)        (QQ)        //作用的板块编号；左、右、下、上四个边界的位置；接触压力，单位为psi
    1     0.00000     4.04200     0.00000     5.56700   100.00000          //荷载作用面积1
    1     0.00000     4.04200    14.43300    20.00000   100.00000          //荷载作用面积2
    1     0.00000     4.04200    77.00000    82.56700   100.00000          //荷载作用面积3
    1     0.00000     4.04200    91.43300    97.00000   100.00000          //荷载作用面积4
    1    43.95800    52.04200     0.00000     5.56700   100.00000          //荷载作用面积5
    1    43.95800    52.04200    14.43300    20.00000   100.00000          //荷载作用面积6
    1    43.95800    52.04200    77.00000    82.56700   100.00000          //荷载作用面积7
    1    43.95800    52.04200    91.43300    97.00000   100.00000          //荷载作用面积8

NODES FOR STRESS PRINTOUT (NP) ARE:  1  19  37                             //打印输出1号、19号和37号节点的应力

NODES ON Y AXIS OF SYMMETRY (NODSY) ARE: 1  2  3  4  5  6  7  8  9         //对称轴y轴上的节点号
```

```
FOUNDATION ADJUSTMENT FACTOR (FSAF) FOR EACH PERIOD ARE: 1  0.8       //第 1 个时期内地基季节调整系数为 1.0, 第 2 个时期内地基季节调整系数为 0.8
YOUNG'S MODULUS OF FOUNDATION (YMS) =  5000                          //固体地基弹性模量为 5000psi
POISSON'S RATIO OF FOUNDATION (PRS) =  0.4                           //固体地基泊松比为 0.4

FOR PERIOD 1 TOTAL NO. OF LOAD REPETITIONS (TNLR) FOR EACH LOAD GROUP ARE:     //第 1 个时期内 3 个荷载组的预期重复作用次数
 3650  3650  3650

FOR PERIOD 2 TOTAL NO. OF LOAD REPETITIONS (TNLR) FOR EACH LOAD GROUP ARE:     //第 2 个时期内 3 个荷载组的预期重复作用次数
 3650  3650  3650

THE GLOBAL COORDINATES (XO AND YO) OF EACH NODE ARE:                           //所有节点号及其整体坐标
    1    0.000     0.000    2    0.000    10.000    3    0.000    20.000
    4    0.000    39.000    5    0.000    58.000    6    0.000    77.000
    7    0.000    97.000    8    0.000   120.000    9    0.000   144.000
   10   12.000     0.000   11   12.000    10.000   12   12.000    20.000
   13   12.000    39.000   14   12.000    58.000   15   12.000    77.000
   16   12.000    97.000   17   12.000   120.000   18   12.000   144.000
   19   24.000     0.000   20   24.000    10.000   21   24.000    20.000
   22   24.000    39.000   23   24.000    58.000   24   24.000    77.000
   25   24.000    97.000   26   24.000   120.000   27   24.000   144.000
   28   36.000     0.000   29   36.000    10.000   30   36.000    20.000
   31   36.000    39.000   32   36.000    58.000   33   36.000    77.000
   34   36.000    97.000   35   36.000   120.000   36   36.000   144.000
   37   48.000     0.000   38   48.000    10.000   39   48.000    20.000
   40   48.000    39.000   41   48.000    58.000   42   48.000    77.000
   43   48.000    97.000   44   48.000   120.000   45   48.000   144.000
   46   72.000     0.000   47   72.000    10.000   48   72.000    20.000
   49   72.000    39.000   50   72.000    58.000   51   72.000    77.000
```

```
  52    72.000    97.000  53    72.000   120.000  54    72.000   144.000
  55    96.000     0.000  56    96.000    10.000  57    96.000    20.000
  58    96.000    39.000  59    96.000    58.000  60    96.000    77.000
  61    96.000    97.000  62    96.000   120.000  63    96.000   144.000
  64   132.000     0.000  65   132.000    10.000  66   132.000    20.000
  67   132.000    39.000  68   132.000    58.000  69   132.000    77.000
  70   132.000    97.000  71   132.000   120.000  72   132.000   144.000
  73   168.000     0.000  74   168.000    10.000  75   168.000    20.000
  76   168.000    39.000  77   168.000    58.000  78   168.000    77.000
  79   168.000    97.000  80   168.000   120.000  81   168.000   144.000

HALF BAND WIDTH (NB) =  192                                   //刚度矩阵半带宽

PERIOD 1 LOAD GROUP 1 AND CYCLE NO. 1          //第 1 个时期，第 1 个荷载组，第 1 次迭代的计算结果

NODE LAYER STRESS X   STRESS Y  STRESS XY  MAX.SHEAR    MAJOR     MINOR
          //各个打印输出节点在各层位的 x 方向应力、y 方向应力、xy 平面剪应力、最大剪应力、最大主应力、最小主应力
  1    1   -314.515     0.000     0.000    157.257     0.000  -314.515
 19    1    -47.734     0.000     0.000     23.867     0.000   -47.734
 37    1     26.496     0.000     0.000     13.248    26.496     0.000

MAXIMUM STRESS (SMAX) IN LAYER 1  IS    -314.515 ( NODE 1 )   //计算出的此种情况下的最大应力以及节点号

FOR PERIOD 1 LOAD GROUP 1 CRACKING INDEX (CI) FOR LAYER 1 IS  .13033E-01   //计算得到开裂指数

PERIOD 1 LOAD GROUP 2 AND CYCLE NO. 1          //第 1 个时期，第 2 个荷载组，第 1 次迭代的计算结果

NODE LAYER STRESS X   STRESS Y  STRESS XY  MAX.SHEAR    MAJOR     MINOR
```

```
                                                  //各个打印输出节点在各层位的x方向应力、y方向应力、xy平面剪应力、最大剪应力、最大主应力、最小主应力
  1    1    -95.328     0.000     0.000    47.664     0.000    -95.328
 19    1   -288.689     0.000     0.000   144.344     0.000   -288.689
 37    1     -3.843     0.000     0.000     1.922     0.000     -3.843

MAXIMUM STRESS (SMAX) IN LAYER 1  IS   -288.689 ( NODE 19 )          //计算出的此种情况下的最大应力以及节点号

FOR PERIOD 1 LOAD GROUP 2 CRACKING INDEX (CI) FOR LAYER 1 IS  .16424E-02       //计算得到开裂指数

PERIOD 1 LOAD GROUP 3 AND CYCLE NO. 1                  //第1个时期，第3个荷载组，第1次迭代的计算结果

NODE LAYER STRESS X   STRESS Y  STRESS XY  MAX.SHEAR    MAJOR     MINOR
                                                  //各个打印输出节点在各层位的x方向应力、y方向应力、xy平面剪应力、最大剪应力、最大主应力、最小主应力
  1    1   -263.264     0.000     0.000   131.632     0.000   -263.264
 19    1    -54.562     0.000     0.000    27.281     0.000    -54.562
 37    1   -243.355     0.000     0.000   121.678     0.000   -243.355

MAXIMUM STRESS (SMAX) IN LAYER 1  IS   -263.264 ( NODE 1 )           //计算出的此种情况下的最大应力以及节点号

FOR PERIOD 1 LOAD GROUP 3 CRACKING INDEX (CI) FOR LAYER 1 IS  .00000E+00       //计算得到开裂指数

PERIOD 2 LOAD GROUP 1 AND CYCLE NO. 1                  //第2个时期，第1个荷载组，第1次迭代的计算结果

NODE LAYER STRESS X   STRESS Y  STRESS XY  MAX.SHEAR    MAJOR     MINOR
                                                  //各个打印输出节点在各层位的x方向应力、y方向应力、xy平面剪应力、最大剪应力、最大主应力、最小主应力
  1    1   -331.006     0.000     0.000   165.503     0.000   -331.006
 19    1    -60.063     0.000     0.000    30.032     0.000    -60.063
 37    1     21.237     0.000     0.000    10.618    21.237      0.000
```

```
MAXIMUM STRESS (SMAX) IN LAYER 1  IS    -331.006 ( NODE 1 )                //计算出的此种情况下的最大应力以及节点号

FOR PERIOD 2 LOAD GROUP 1 CRACKING INDEX (CI) FOR LAYER 1 IS  .30753E-01   //计算得到开裂指数

PERIOD 2 LOAD GROUP 2 AND CYCLE NO. 1                                      //第 2 个时期，第 2 个荷载组，第 1 次迭代的计算结果

NODE LAYER STRESS X   STRESS Y  STRESS XY  MAX.SHEAR     MAJOR      MINOR
                    //各个打印输出节点在各层位的 x 方向应力、y 方向应力、xy 平面剪应力、最大剪应力、最大主应力、最小主应力
  1    1   -119.830      0.000      0.000     59.915      0.000   -119.830
 19    1   -310.308      0.000      0.000    155.154      0.000   -310.308
 37    1    -15.859      0.000      0.000      7.929      0.000    -15.859

MAXIMUM STRESS (SMAX) IN LAYER 1  IS    -310.308 ( NODE 19 )               //计算出的此种情况下的最大应力以及节点号

FOR PERIOD 2 LOAD GROUP 2 CRACKING INDEX (CI) FOR LAYER 1 IS  .10050E-01   //计算得到开裂指数

PERIOD 2 LOAD GROUP 3 AND CYCLE NO. 1                                      //第 2 个时期，第 3 个荷载组，第 1 次迭代的计算结果

NODE LAYER STRESS X   STRESS Y  STRESS XY  MAX.SHEAR     MAJOR      MINOR
                    //各个打印输出节点在各层位的 x 方向应力、y 方向应力、xy 平面剪应力、最大剪应力、最大主应力、最小主应力
  1    1   -289.780      0.000      0.000    144.890      0.000   -289.780
 19    1    -78.468      0.000      0.000     39.234      0.000    -78.468
 37    1   -261.670      0.000      0.000    130.835      0.000   -261.670

MAXIMUM STRESS (SMAX) IN LAYER 1  IS    -289.780 ( NODE 1 )                //计算出的此种情况下的最大应力以及节点号

FOR PERIOD 2 LOAD GROUP 3 CRACKING INDEX (CI) FOR LAYER 1 IS  .18516E-02   //计算得到开裂指数
```

```
FOR LAYER 1 SUM OF CRACKING INDEX (SUMCI) =    .57329E-01          //所有开裂指数之和
DESIGN LIFE (DL) IN YEARS =                   17.44                //疲劳开裂设计寿命，为开裂指数的倒数，单位为年
```

第 13 章　层状地基上部分接触的四块板

13.1　问 题 描 述

图 13-1 为层状地基上的四块板体系，受温度翘曲、板边唧泥和双轮荷载的作用。板底与板顶的温度差为−20℉(−11.1℃)。面板长边边缘下由于唧泥的作用，产生了 0.05in(约 1.3mm)的脱空，这些节点号分别为 1、4、7、12、15、18、19、22、25、30、33、36。横缝采用传力杆，纵缝采用剪切弹簧常数。所有接缝均不传递弯矩。传力杆的弹性模量取 29×10^6psi(约 200GPa)，泊松比取 0.3，支承模量取 1×10^6pci(约 271GN/m^3)，直径为 1in(25.4mm)，间距为 12in(304.8mm)，接缝宽度为 0.125in(3.175mm)，纵缝的剪切弹簧常数为 40000psi(约 275.8MPa)。混凝土的弹性模量取 4×10^6psi(约 27.6GPa)，泊松比取 0.15，重度为 150pcf(0.0868pci，约 23.56kN/m^3)，面板厚度为 10in(254mm)，面板抗弯拉强度为 600psi(约 4.1MPa)。地基第一层的弹性模量为 20000psi(约 137.9MPa)，泊松比为 0.3，厚度为 8in(203.2mm)。地基第二层的弹性模量为 5000psi(约 34.5MPa)，泊松比为 0.4，厚度为无穷大。图中阿拉伯数字如 10 等表示节点编号，带圆圈的数字如⑩等表示单元编号。若考虑问题的对称性，可以仅取上面或者下面一半进行分析，不过在本章中仍用四块板的全结构进行计算。求板的应力和挠度。

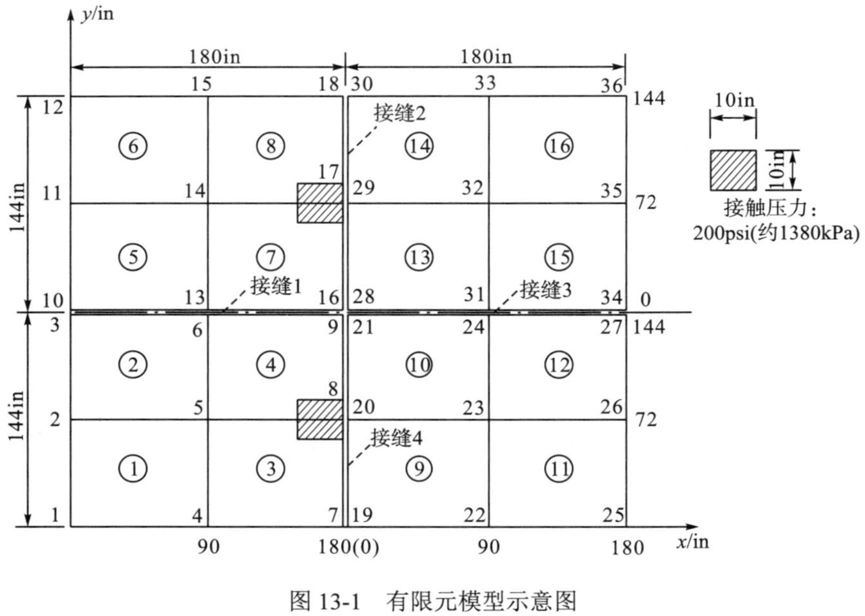

图 13-1　有限元模型示意图

13.2 KENSLABS 计算实现

本章问题属于较为复杂的情况，可以分成两步来求解，即同时激活 Data Set 1 和 Data Set 2。首先，Data Set 1 采用 without uniform load、NGAP=12、INPUT=0、NTEMP=1、NWT=1、NCYCLE=10 和 TEMP=−20℉(−11.1℃)，求算由面板自重、温度翘曲和初始间隙产生的间隙和预压值。然后，Data Set 2 采用 with uniform load、NGAP=0、INPUT=1、NTEMP=0、NWT=0、NCYCLE=10 和 TEMP=0，计算轮载作用下的应力和挠度。

单击 KENPAVE 主界面上的 SLABSINP 按钮，进入 SLABSINP 输入程序主菜单。图 13-2 为本章问题的主要操作流程示意图。

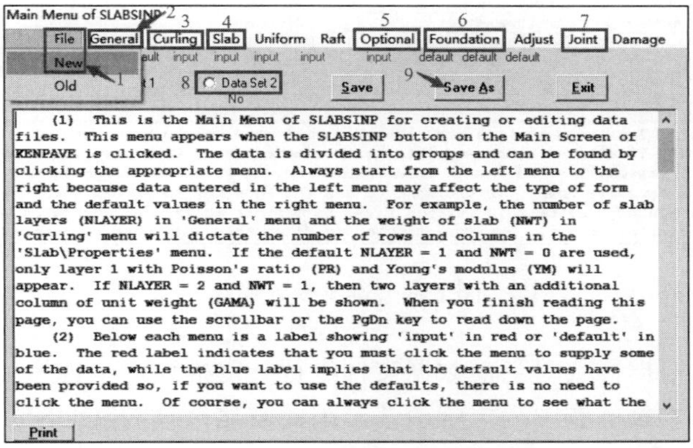

图 13-2 本章问题主要操作流程示意图

13.2.1 新建数据文件

单击输入程序主菜单中的 File 选项卡，选择 New 选项，以新建一个数据文件。新建完成后 File 选项卡下方的状态标识会从红色 input 变成红色 Untitled，如图 13-3 所示。

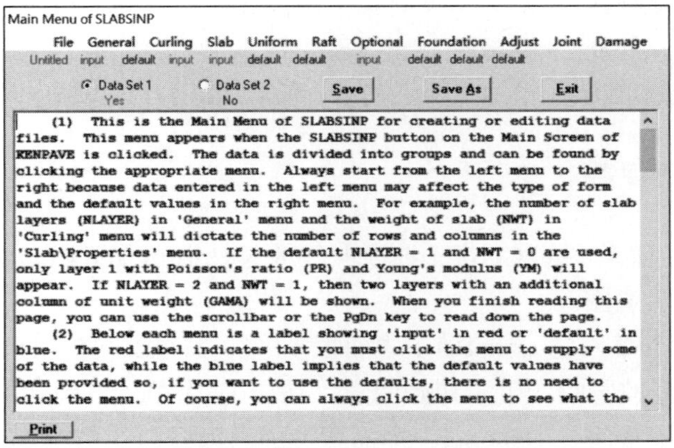

图 13-3 完成新建数据文件

13.2.2 输入基本参数

单击输入程序主菜单中的 General 选项卡，设置相关基本参数，程序中有部分默认值与模型是一致的，可直接采用，仅需做如图 13-4 所示的修改。

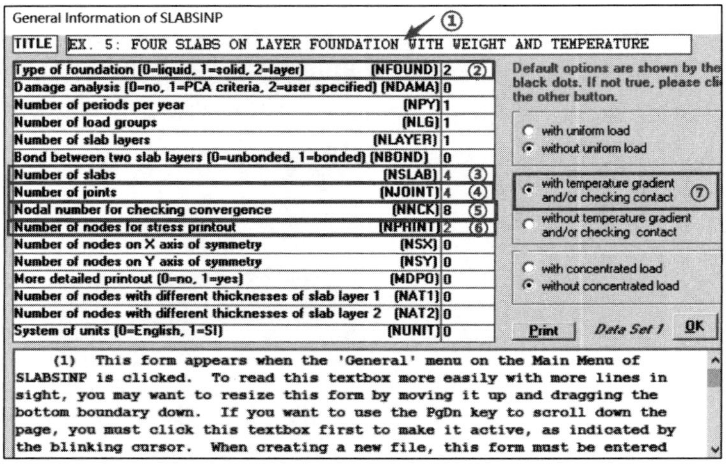

图 13-4 基本参数输入

(1) 标题。可以根据需要对当前数据文件进行一定描述，本程序中标题不能为空。

(2) 地基类型。本章问题中为层状地基，因此需要修改 NFOUND 为 2。

(3) 板块数量。本章问题中有 4 块板，因此 NSLAB 一栏填入 4。

(4) 接缝数量。本章问题中有 4 个接缝，因此 NJOINT 一栏填入 4。

(5) 用于检查收敛情况的节点号。尽量采用荷载最重的节点号，本章问题中采用 8 号节点，即 NNCK=8。

(6) 计算输出应力的节点数量。每个荷载组计算可能的最不利点的应力，本章问题中应共计有 2 个节点，节点号分别为 8 和 17，因此 NPRINT 一栏填入 2。

(7) 温度翘曲和/或检查接触。本章问题中需要计算温度翘曲或进行接触判识，因此选择 with temperature gradient and/ or checking contact。

其余选项保持默认即可，完成后如图 13-4 所示。单击 OK 按钮返回输入程序主菜单。

13.2.3 输入翘曲参数

单击输入程序主菜单中的 Curling 选项卡，进入 Curling and Contact Conditions 菜单。图 13-5 为参数输入示意图。

(1) 初始间隙。本章问题 Data Set 1 中面板 1、4、7、12、15、18、19、22、25、30、33、36 号节点受唧泥的影响产生了初始间隙，共计 12 个节点，因此 NGAP 一栏输入 12。

(2) 温度翘曲。本章问题 Data Set 1 中需要考虑温度翘曲的影响，因此将 NTEMP 修改为 1。

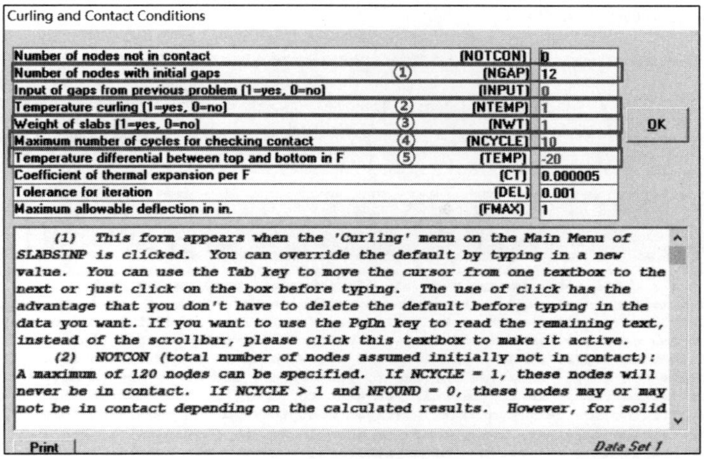

图 13-5　翘曲参数输入

(3) 板的自重。本章问题 Data Set 1 中需要考虑板的自重，因此将 NWT 修改为 1。

(4) 接触判别最大循环次数。本章问题中取 10 即可，即 NCYCLE=10。

(5) 温度差。输入板底温度减板顶温度的温度差，根据问题描述应修改为−20，即 TEMP=−20℉。

其余选项保持默认即可，完成后如图 13-5 所示。单击 OK 按钮返回输入程序主菜单。

13.2.4　输入板块参数

单击输入程序主菜单中的 Slab 选项卡，进入 Slab Information 板块参数设置界面，参数输入流程如图 13-6 所示。

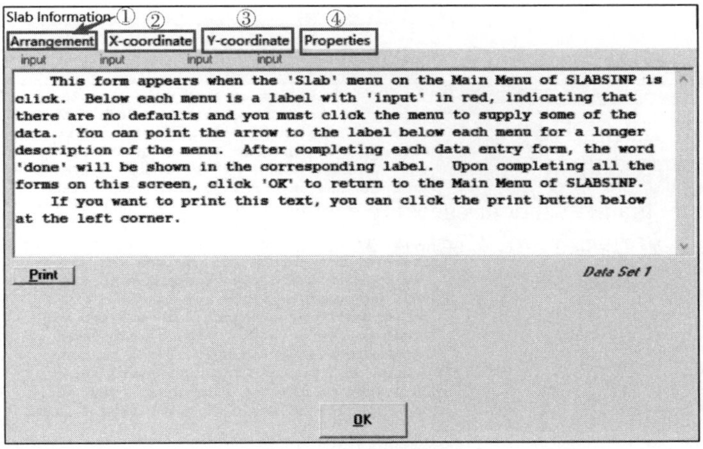

图 13-6　板块参数输入

(1) 定义网格与接缝。单击 Arrangement 选项，进入如图 13-7 所示的 Arrangement of Slabs and Joints 界面。

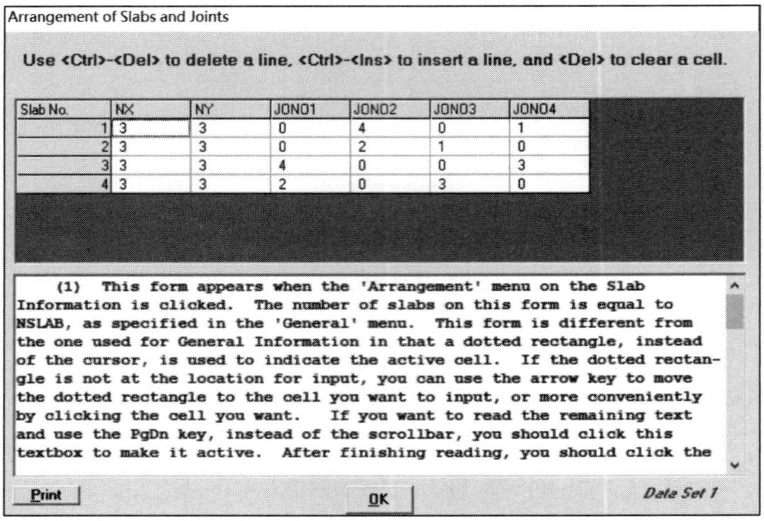

图 13-7 设置网格与接缝

按如图 13-1 所示的有限元模型，输入每块板的 NX 和 NY，均为 3 和 3。左下方板块 1 的右方是接缝 4，上方是接缝 1，因此第一行 JONO2 输入 4、JONO4 输入 1。同理，其余板块均按这种方式输入正确的值。完成后如图 13-7 所示。单击 OK 按钮返回上一层。

(2) 有限元网格的 x 坐标。单击 X-coordinate 选项，进入 X Coordinates of Each Slab 界面，分别单击 Slab1、Slab2、Slab3 和 Slab4 按钮，即可进入各板 x 坐标输入界面，输入相应的有限元网格的 x 坐标，完成后如图 13-8 所示。单击 OK 按钮返回 Slab Information 界面。

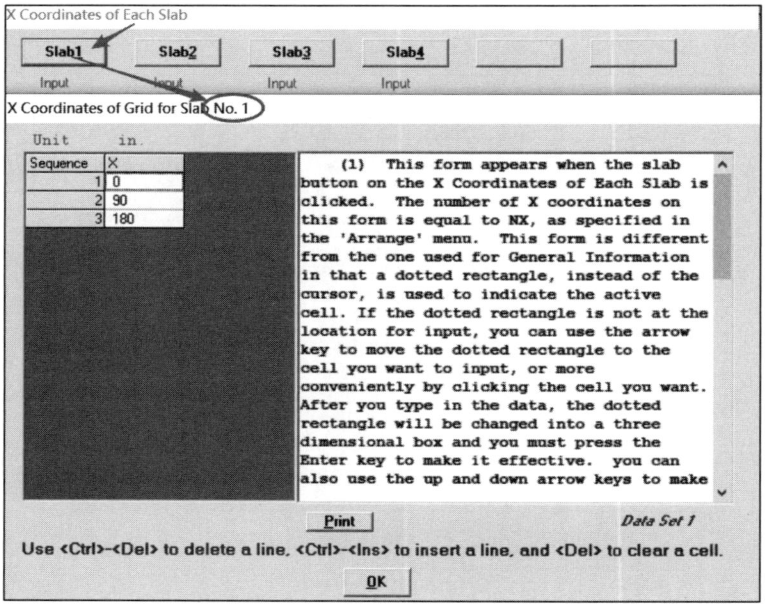

(a) Slab1

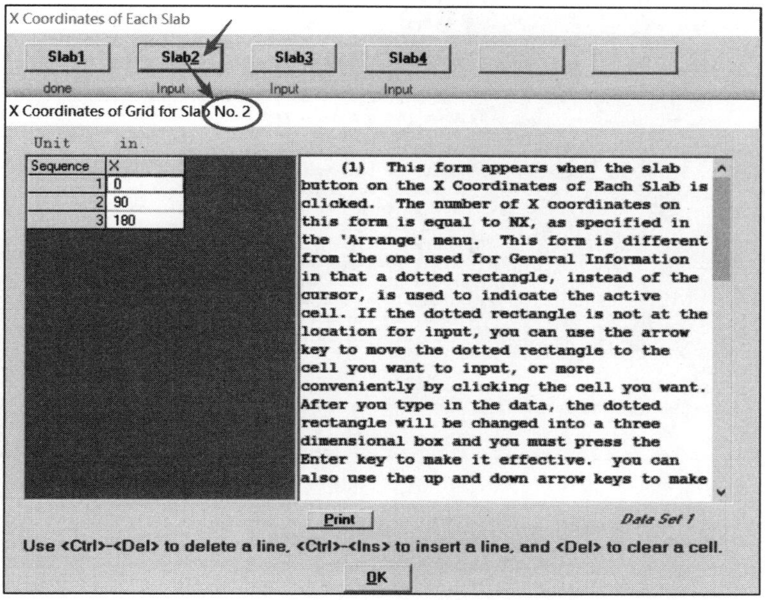

(b) Slab2

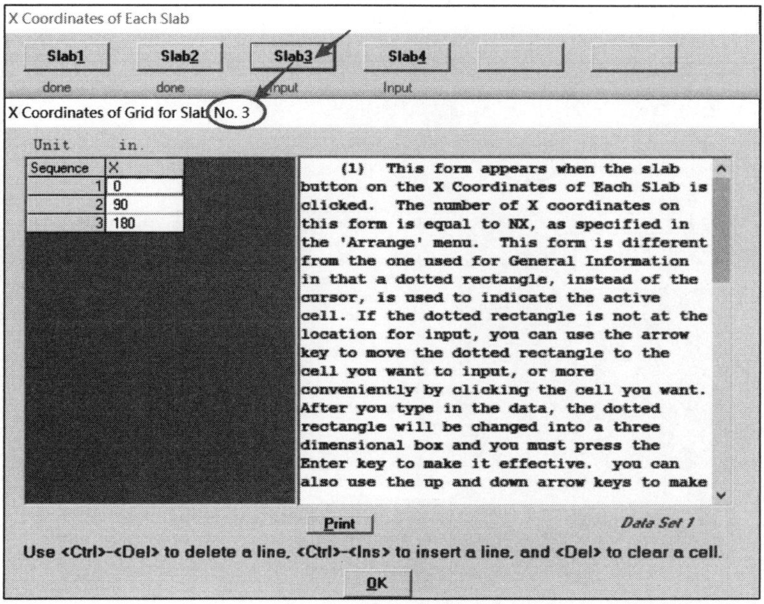

(c) Slab3

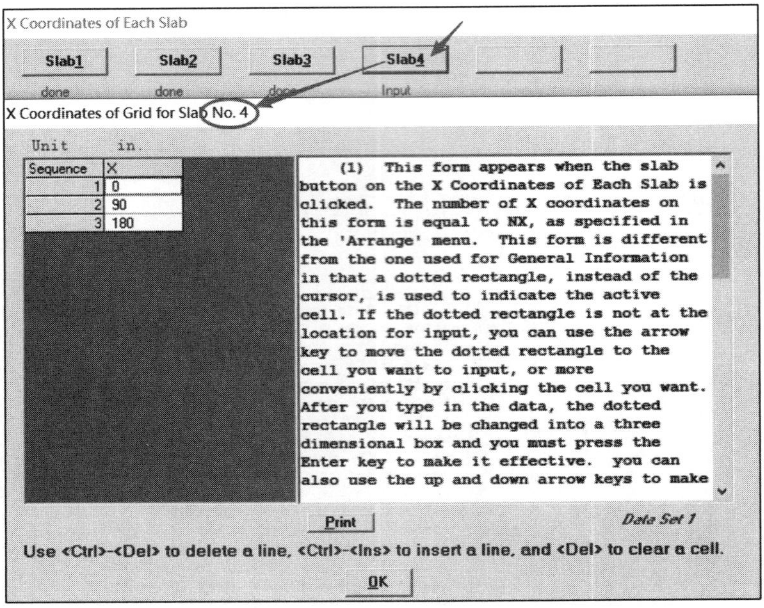

(d) Slab4

图 13-8 x 方向网格线的 x 坐标

(3) 有限元网格的 y 坐标。单击 Y-coordinate 选项，进入 Y Coordinates of Each Slab 界面，分别单击 Slab1、Slab2、Slab3 和 Slab4 按钮，即可进入板的 y 坐标输入界面，输入相应的有限元网格的 y 坐标，完成后如图 13-9 所示。单击 OK 按钮返回 Slab Information 界面。

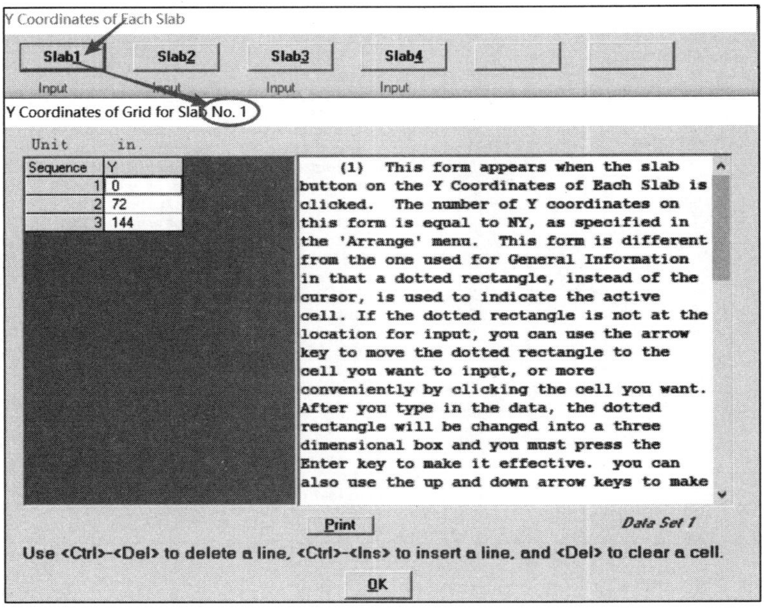

(a) Slab1

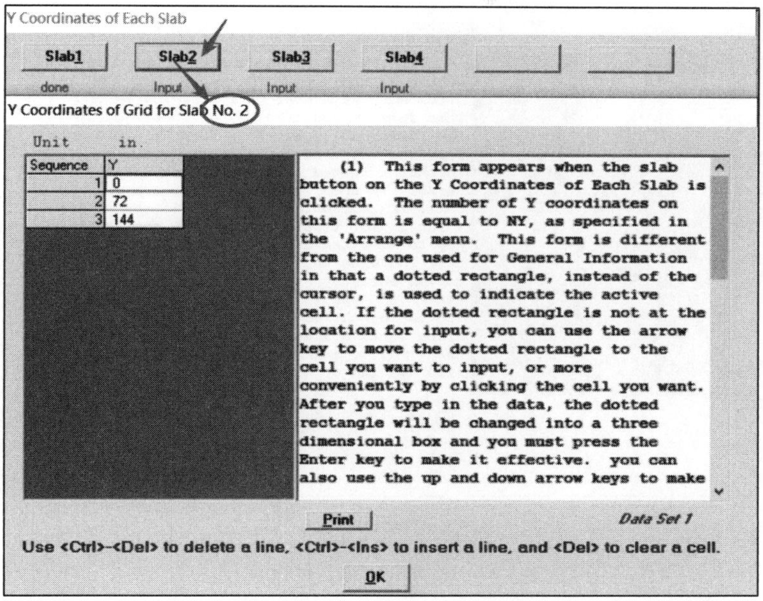

(b) Slab2

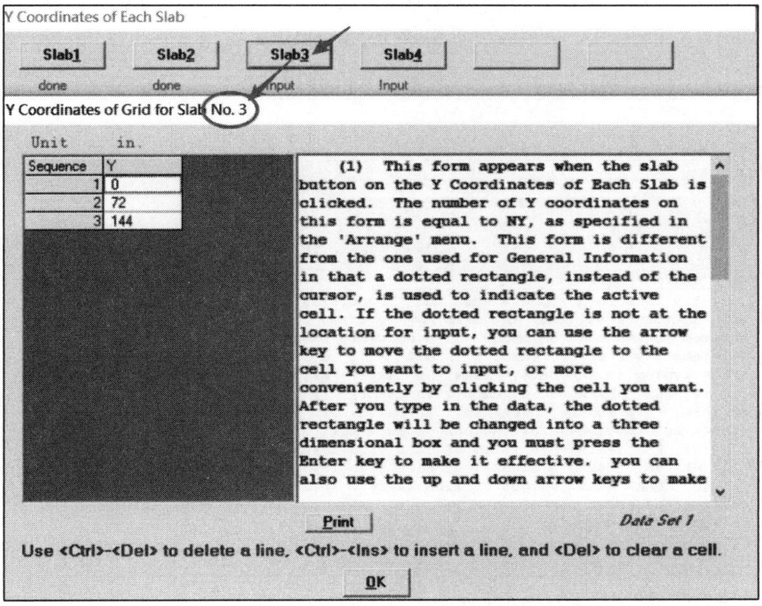

(c) Slab3

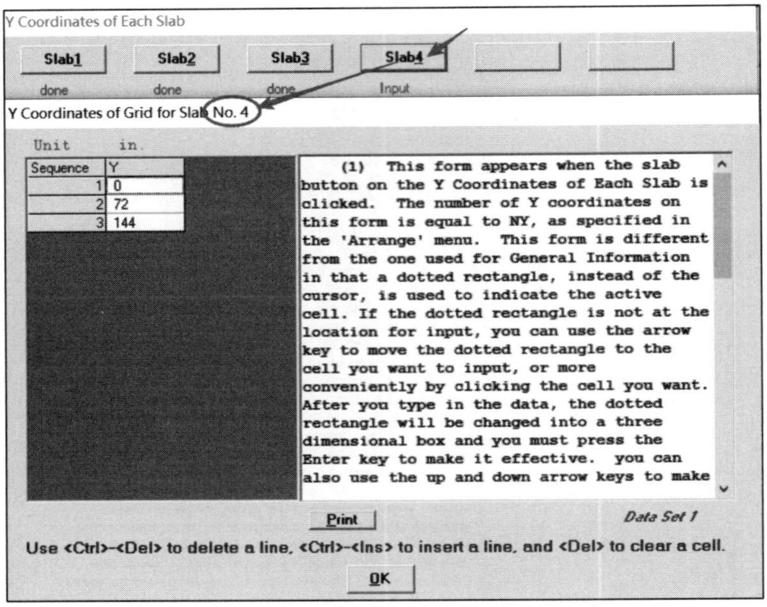

(d) Slab4

图 13-9　y 方向网格线的 y 坐标

(4) 水泥混凝土面板属性。单击 Properties 选项，将题设给出的参数输入程序中即可，面板厚度 T 为 10in，泊松比 PR 为 0.15，弹性模量 YM 为 4×10^6psi，重度为 150pcf。完成后如图 13-10 所示，单击 OK 按钮返回 Slab Information 界面。

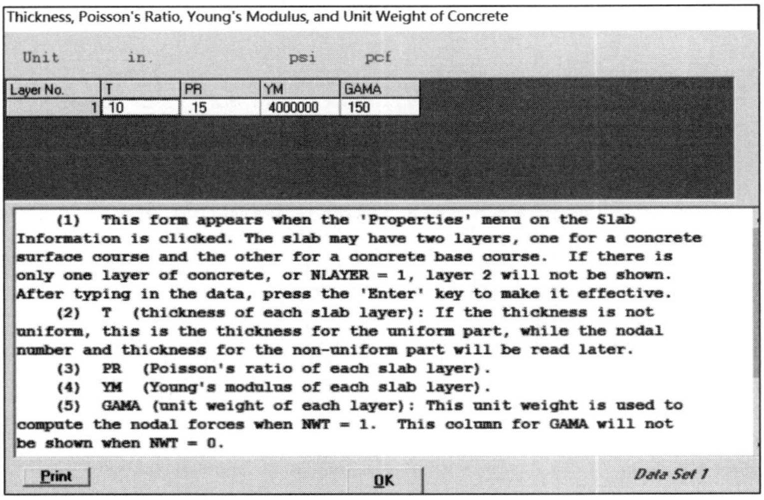

图 13-10　混凝土面板属性参数输入

确认本步骤完成后，再单击 OK 按钮返回输入程序主菜单。

13.2.5　输入其他可选参数

单击输入程序主菜单中的 Optional 选项卡，进入 Other Optional Information 菜单。参数输入流程如图 13-11 所示。

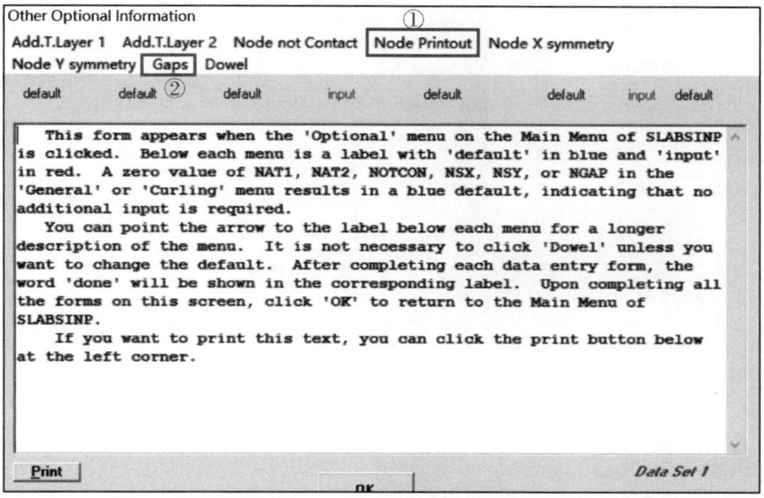

图 13-11　其他可选参数输入

(1) 需计算输出应力的节点号。如 13.2.2 节所述，需计算输出应力的节点数为 2 个，节点号分别为 8 和 17，因此单击 Node Printout 选项，分别输入 8 和 17。完成后如图 13-12 所示。单击 OK 按钮返回 Other Optional Information 菜单。

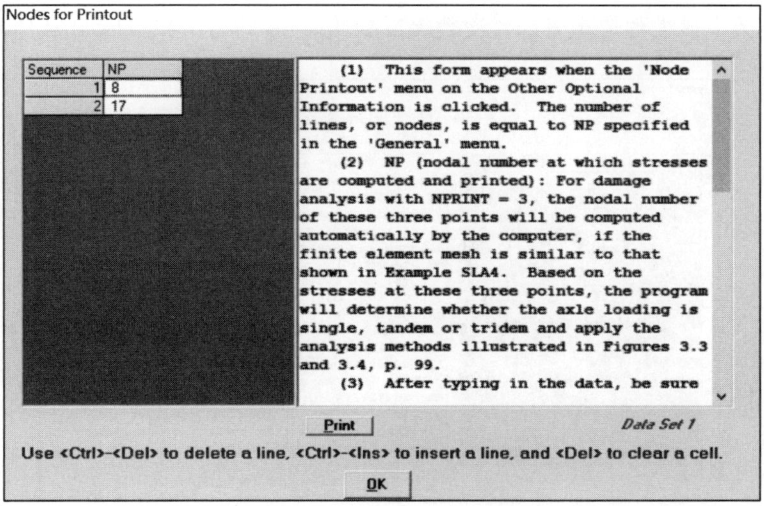

图 13-12　需计算输出的节点号

(2)有初始间隙的节点号和间隙值。单击 Gaps 选项，进入 Gap at Specified Nodes for Layer 2 界面，输入有初始间隙的节点号和对应的间隙值。完成后如图 13-13 所示。单击 OK 按钮返回 Other Optional Information 菜单。

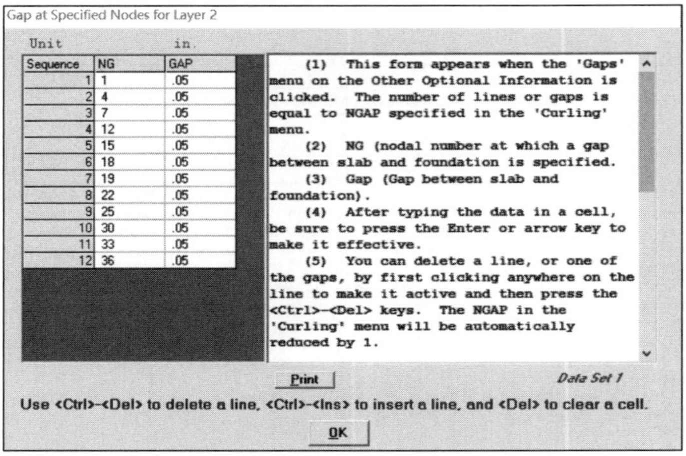

图 13-13 有初始间隙的节点号及初始间隙值输入

再查看 Dowel 选项，因传力杆弹性模量 YMSB、泊松比 PRSB 的默认值分别均与题设一致，故无须修改。

确认本步骤完成后，再单击 OK 按钮返回输入程序主菜单。

13.2.6 输入地基参数

单击输入程序主菜单中的 Foundation 选项卡，进入 Layered Foundation 菜单。输入问题中层状地基的层数，最大数值积分迭代次数保持默认值 30 即可，完成后如图 13-14 所示。

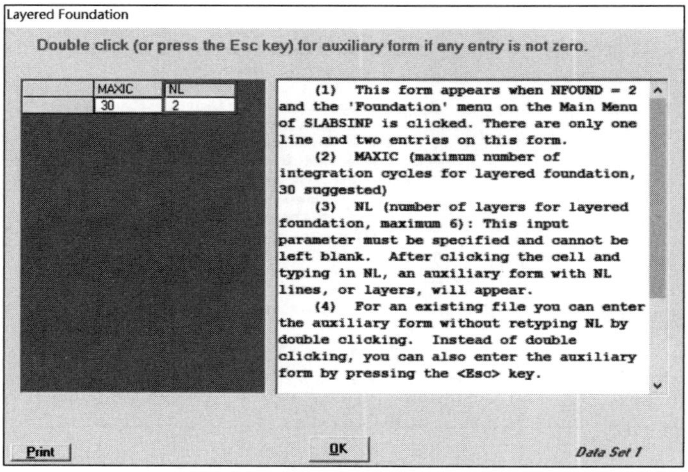

图 13-14 设置层状地基

双击输入的层数 2，进入如图 13-15 所示的 Properties of Layered Foundation 界面，输入各层地基的属性，包括厚度 TH，弹性模量 E 和泊松比 PRBF。

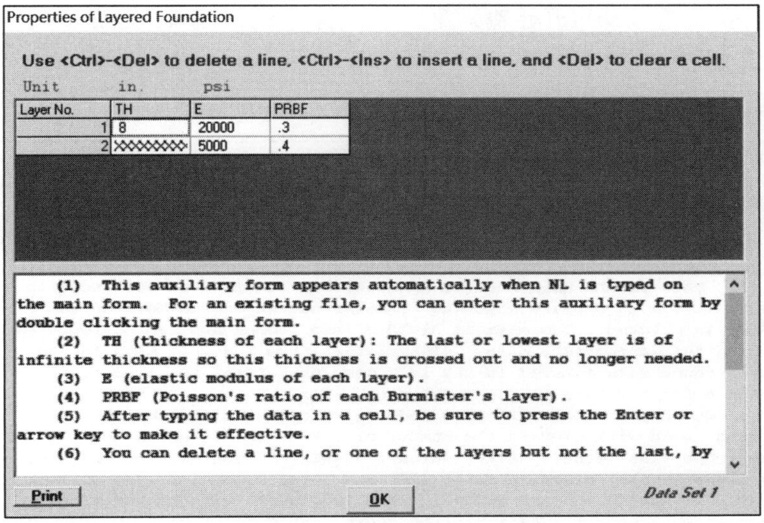

图 13-15　地基参数输入

确认本步骤完成后，单击 OK 按钮返回输入程序主菜单。

13.2.7　输入接缝参数

单击输入程序主菜单中的 Joint 选项卡，进入 Joint Information 菜单。输入问题中定义的接缝参数，完成后如图 13-16 所示。

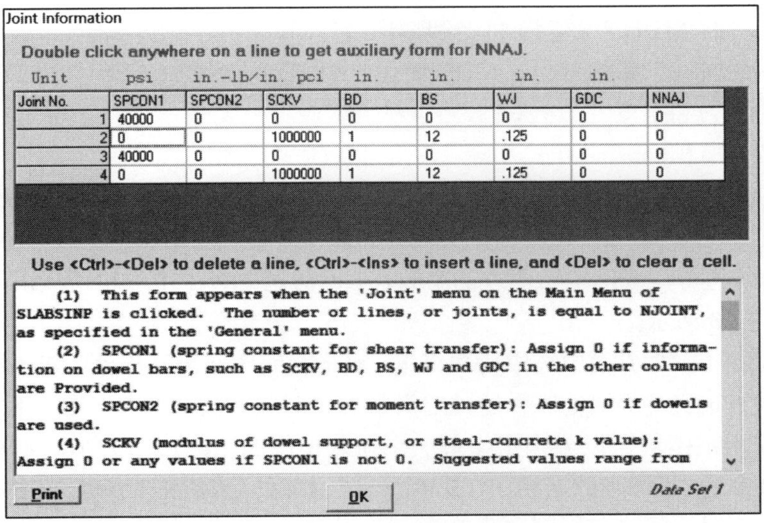

图 13-16　输入接缝参数

13.2.8 输入 Data Set 2 参数

激活 Data Set 2 选项即可开始输入第二个问题的参数。Data Set 2 多数参数与 Data Set 1 保持一致，需要修改的步骤如图 13-17 所示。

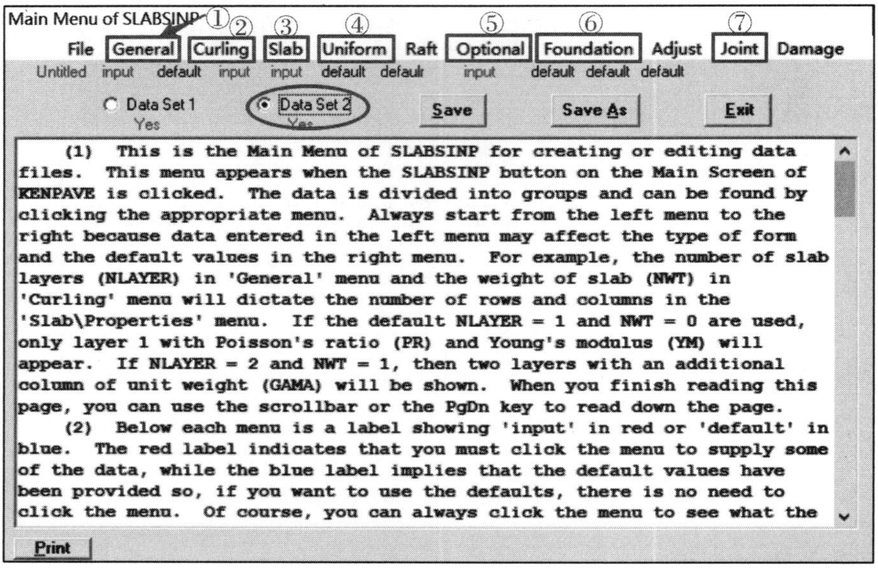

图 13-17 Data Set 2 参数输入流程示意图

①由于第二个问题需要计算双轮荷载的作用，因此需要选择 with uniform load，同时修改 TITLE，并将 MDPO 赋值为 1(详细输出)。

②设定 NGAP=0、INPUT=1、NTEMP=0、NWT=0、NCYCLE=10 和 TEMP=0，计算轮载作用下的应力和挠度。

③与 13.2.4 节相同。

④单击输入程序主菜单中的 Uniform 选项卡，进入 Loaded Areas and Contact Pressures 菜单。

首先，输入每个荷载组均布荷载的个数，本章问题中有 1 个双轮荷载组，NUDL 为 2。完成后如图 13-18 所示。

然后，在图 13-18 界面中选中荷载组按 Enter 键或者双击空白处，进入如图 13-19 所示的均布荷载组定义界面。程序中通过定义每一个荷载作用面的左、右、下、上边界坐标来定义荷载作用范围，可以分别定义每一个荷载作用面上的压力大小，本章问题中均为 200psi(约 1380kPa)。详细数据如图 13-19 所示。确认完成后单击 OK 按钮返回上一层，再次单击 OK 按钮返回输入程序主菜单。

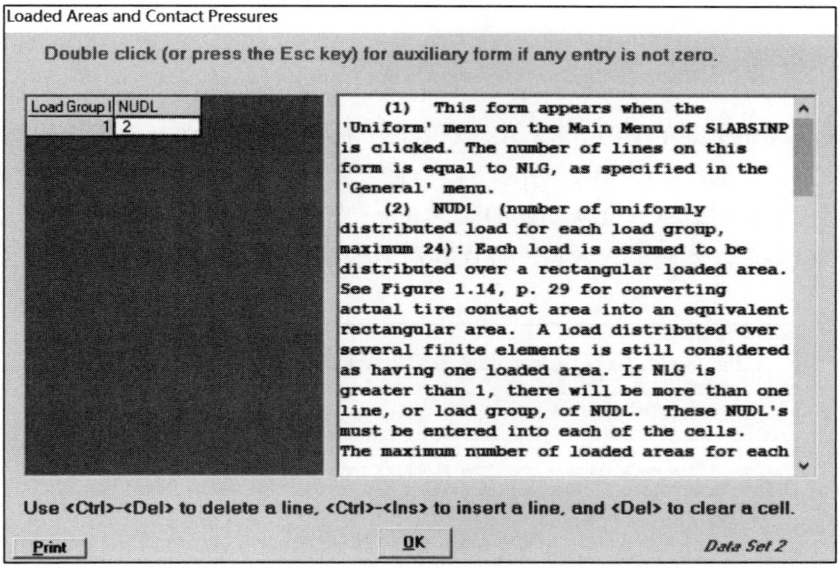

图 13-18　设置荷载组

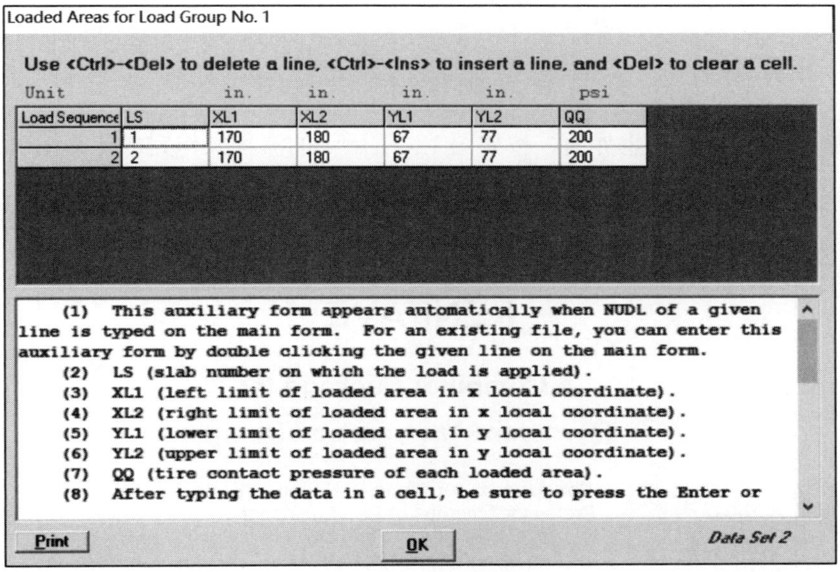

图 13-19　输入均布荷载参数

⑤中由于有初始间隙的计算已经在第一个问题中完成，因此不再需要输入有初始间隙的节点号和间隙值。

⑥、⑦中参数与 Data Set 1 保持一致。

确认本步骤完成后，返回输入程序主菜单。

13.2.9 保存与退出

单击输入程序主菜单中的 Save As 按钮，另存为数据文件至与 KENPAVE.EXE 程序相同的路径下。注意：如图 13-20 所示，所有需要做出定义的部分都已经查看修改后，每个选项卡对应位置状态标识会从初始的红色 input 变为 done。确认完成后单击 Exit 按钮退出输入程序主菜单。本题输入数据文件保存命名为 SLA5.DAT。

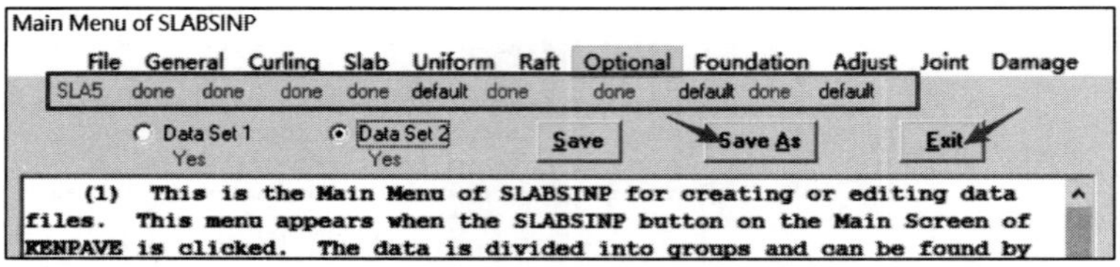

图 13-20 另存为后退出

保存后即在当前工作路径下生成一个“*.DAT”的数据文件，此即本章问题的数据输入文件。生成的数据输入文件及其释义详见 13.4.1 节。

13.2.10 计算输出

回到 KENPAVE 程序主界面，按如图 13-21 所示的流程操作完成计算输出。

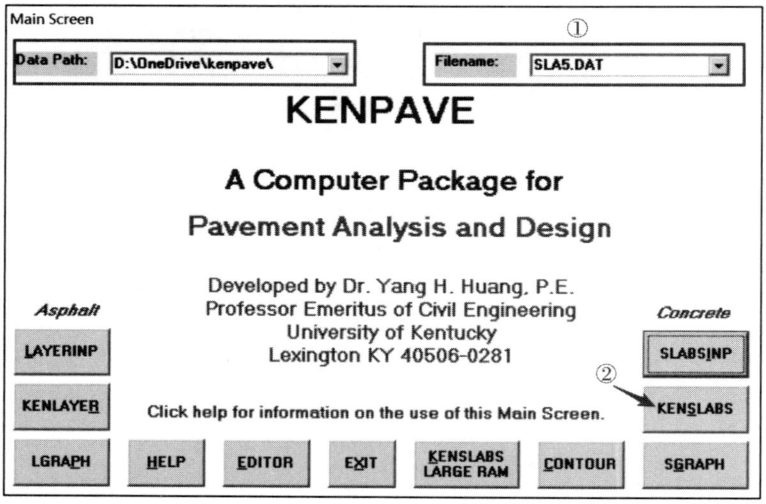

图 13-21 计算输出

(1) 确认右上方当前活动文件是否为刚才另存为的数据文件，若不是，则进行手动选取即可。若没有需要的输入文件，则是左上方当前工作路径不正确，切换为输入文件保存

路径即可。

(2)单击 KENSLABS 按钮，即可完成当前输入文件的计算和输出。若没有报错即有如图 13-22 所示提示。

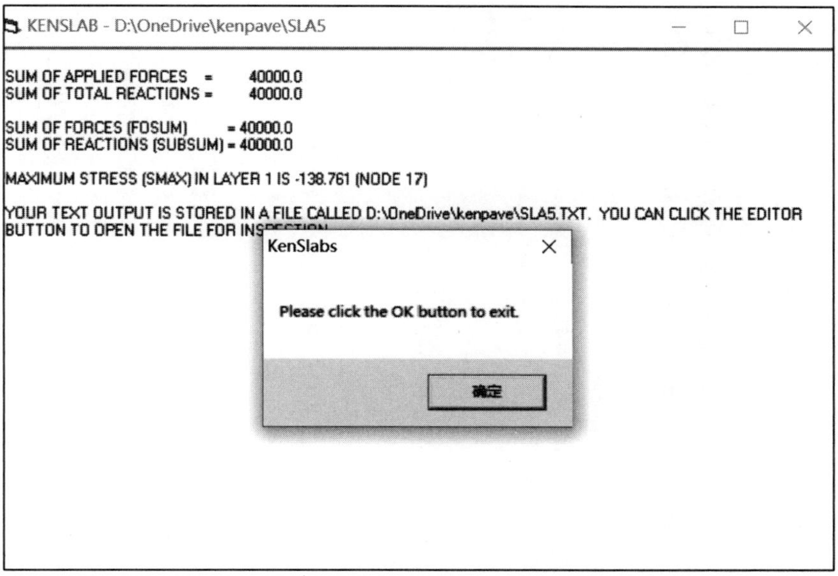

图 13-22　计算输出完成

单击“确定”按钮，即可退出。

计算完成后即可得到如图 13-23 所示的结果文件(SLA5.TXT)，其为文本格式，方便后续查看处理。

图 13-23　生成结果文件

13.3　计 算 结 果

用文本编辑器打开 SLA5.TXT 文件，计算得到的结果表明，第一步板的最大应力为-28.14psi(-194.03kPa)，最大挠度为 0.05021in(1.28mm)，均位于 8 号和 17 号节点处；第二步板的最大应力为-138.76psi(-956.75kPa)，最大挠度为 0.04072in(1.03mm)，同样都位于 8 号和 17 号节点处。详细的结果输出文件及其释义详见 13.4.2 节。

13.4 数据输入与结果输出文件释义

13.4.1 数据输入文件

2 (1) NPROB //待计算的问题数量为 2

EX. 5: FOUR SLABS ON LAYER FOUNDATION WITH WEIGHT AND TEMPERATURE //问题 1 的标题或问题描述，不超过 68 个英文字符

2 0 1 1 (3) NFOUND NDAMA NPY NLG //地基类型，2~层状地基；不开展损伤分析；每年划分为 1 个时期；1 个荷载组

4 4 (4) NSLAB NJOINT //4 块板；4 条接缝

3 3 0 4 0 1 (5) NX NY JONO1 JONO2 JONO3 JONO4

//第 1 块板及其网格布置：x 轴上 3 个节点；y 轴上 3 个节点；板的左、下边均不是接缝，而右边是接缝 4，上边是接缝 1

3 3 0 2 1 0 (5) NX NY JONO1 JONO2 JONO3 JONO4 第 2 块板，参数含义同上

3 3 4 0 0 3 (5) NX NY JONO1 JONO2 JONO3 JONO4 第 3 块板，参数含义同上

3 3 2 0 3 0 (5) NX NY JONO1 JONO2 JONO3 JONO4 第 4 块板，参数含义同上

1 8 0 12 2 0 0 1 1 10 0 0 0 0 0 0 2 1 2 (6) NLAYER NNCK NOTCON NGAP NPRINT INPUT NBOND NTEMP NWT NCYCLE NAT1 NAT2 NSX NSY MDPO NUNIT UL TC CL

//面层板为单层板；以 8 号节点为准检查收敛情况；初始情况下与地基不接触的节点数为 0；已知板与地基间有初始间隙的节点数为 12 个；打印输出 2 个节点的应力；间隙和预压值不从上一问题得到；双层板的黏结方式，单层板时取 0；考虑温度翘曲；考虑自重；最大迭代次数为 10 次；第 1 层板厚均匀时取 0；第 2 层板厚均匀或无第 2 层板时取 0；

不关于 x 轴对称；不关于 y 轴对称；不详细打印输出；单位为英制单位；后三个参数由程序自动生成，用于判断是否有均布荷载、温度翘曲、集中荷载

-20 150 0 0 0 0.000005 0.001 1 (7) TEMP GAMA(1) GAMA(2) PMR(1) PMR(2) CT DEL FMAX

//板底与板顶的温度差为-20℉；第 1 层板重度为 150pcf；第 2 层板重度，不计自重或无第 2 层板时取 0；不开展损伤分析时第 1 层板抗弯拉强度取 0；不开展损伤分析或无第

2 层板时抗弯拉强度取 0；混凝土热膨胀系数为 5×10^{-6}℉$^{-1}$；用迭代法求解时的允许精度为 0.001；节点 NNCK 处的最大允许竖向位移为 1in

0 0 0 0 (8) F1(1) F1(2) F2(1) F2(2) //两层板的疲劳系数分别为 0，不开展损伤分析时可为任意值

0 90 180 0 72 144 (9) X's and then Y's //1 号板局部坐标系下，x 轴上 3 个节点的 x 局部坐标与 y 轴上 3 个节点的 y 局部坐标

0 90 180 0 72 144 (9) X's and then Y's //2 号板局部坐标系下，x 轴上 3 个节点的 x 局部坐标与 y 轴上 3 个节点的 y 局部坐标

0 90 180 0 72 144 (9) X's and then Y's //3 号板局部坐标系下，x 轴上 3 个节点的 x 局部坐标与 y 轴上 3 个节点的 y 局部坐标

0 90 180 0 72 144 (9) X's and then Y's //4 号板局部坐标系下，x 轴上 3 个节点的 x 局部坐标与 y 轴上 3 个节点的 y 局部坐标

```
10   0.15   4000000   (10) T PR YM              //板厚为10in; 混凝土的泊松比0.15; 混凝土的弹性模量4000000psi
0   (12) NUDL                                   //荷载组内无均布荷载作用面积
0   (13) NCNF                                   //荷载组内无集中力作用
0   0   (14) NNMX NNMY                          //作用有x方向力矩的节点数量为0; 作用有y方向力矩的节点数量为0
8   17   (18) NP                                //需打印输出应力的节点号
1   0.05   4   0.05   7   0.05   12   0.05   15   0.05   18   0.05   19   0.05   22   0.05   25   0.05   30   0.05   33   0.05   36   0.05
(21) NG CURL                                    //已知初始间隙的节点号与间隙值

1   (22) FSAF                                   //时期内的地基季节调整系数为1
2   30   (30) NL MAXIC                          //层状地基的层数; 层状地基数值积分最大循环次数, 程序建议取30
8   (31) TH                                     //地基各层层厚, 第1层为8in, 最下层为无穷大, 免输入
20000   5000   (32) E                           //各层地基的弹性模量, 第1层为20000psi, 第2层为5000psi
0.3   0.4   (33) PRBF                           //各层地基的泊松比, 第1层为0.3, 第2层为0.4
29000000  0.3  (34) YMSB PRSB                   //传力杆的弹性模量为29000000psi; 传力杆的泊松比为0.3
40000   0   0   0   0   0   0   0   (35) SPCON1 SPCON2 SCKV BD BS WJ GDC NNAJ
//1号接缝: 剪切弹簧常数为非零固定值, 后面的参数应当均为0; 弯矩弹簧常数; 传力杆支承模量; 传力杆直径; 传力杆间距; 接缝宽度; 传力杆与混凝土间的间隙; 每条接缝的节点数量, 传力杆非均匀分布时填入
0   0   1000000   1   12   0.125   0   0   (35) SPCON1 SPCON2 SCKV BD BS WJ GDC NNAJ     //接缝2, 参数含义同上
40000   0   0   0   0   0   0   0   (35) SPCON1 SPCON2 SCKV BD BS WJ GDC NNAJ           //接缝3, 参数含义同上
0   0   1000000   1   12   0.125   0   0   (35) SPCON1 SPCON2 SCKV BD BS WJ GDC NNAJ     //接缝4, 参数含义同上
EX. 5: FOUR SLABS ON LAYER FOUNDATION WITH UNIFORM LOAD                                     //问题2的标题或问题描述
2  0  1  1  (3) NFOUND NDAMA NPY NLG            //地基类型, 2~层状地基; 不开展损伤分析; 每年划分为1个时期; 1个荷载组
4  4  (4) NSLAB NJOINT                          //4块板; 4条接缝
3   3   0   4   0   1   (5) NX NY JONO1 JONO2 JONO3 JONO4
        //第1块板及其网格布置: x轴上3个节点; y轴上3个节点; 板的左、下边均不是接缝, 而右边是接缝4, 上边是接缝1
3   3   0   2   1   0   (5) NX NY JONO1 JONO2 JONO3 JONO4      第2块板, 参数含义同上
3   3   4   0   0   3   (5) NX NY JONO1 JONO2 JONO3 JONO4      第3块板, 参数含义同上
3   3   2   0   3   0   (5) NX NY JONO1 JONO2 JONO3 JONO4      第4块板, 参数含义同上
```

1 8 0 0 2 1 0 0 0 10 0 0 0 0 1 0 1 2 2 (6) NLAYER NNCK NOTCON NGAP NPRINT INPUT NBOND NTEMP NWT NCYCLE NAT1 NAT2 NSX NSY MDPO NUNIT UL TC CL

//面层板为单层板；以 8 号节点为准检查收敛情况；初始情况下与地基不接触的节点数为 0；板与地基间有初始间隙的节点数为 0；打印输出 2 个节点的应力；间隙和预压值需从上一问题得到；双层板的黏结方式，单层板时取 0；不考虑温度翘曲；不考虑自重；最大迭代次数为 10 次；第 1 层板厚均匀时取 0；第 2 层板厚均匀或无第 2 层板时取 0；不关于 x 轴对称；不关于 y 轴对称；详细打印输出；单位为英制单位；后三个参数由程序自动生成，用于判断是否有均布荷载、温度翘曲、集中荷载

0 0 0 0 0 0.000005 0.001 1 (7) TEMP GAMA(1) GAMA(2) PMR(1) PMR(2) CT DEL FMAX

//板底与板顶无温度差；第 1 层板重度不计；第 2 层板重度，不计自重或无第 2 层板时取 0；不开展损伤分析时第 1 层板抗弯拉强度取 0；不开展损伤分析或无第 2 层板时抗弯拉强度取 0；混凝土热膨胀系数为 $5\times10^{-6}\mathrm{°F}^{-1}$；用迭代法求解时的允许精度为 0.001；节点 NNCK 处的最大允许竖向位移为 1in

0 0 0 0 (8) F1(1) F1(2) F2(1) F2(2) //两层板的疲劳系数分别为 0，不开展损伤分析时可为任意值

0 90 180 0 72 144 (9) X's and then Y's //1 号板局部坐标系下，x 轴上 3 个节点的 x 局部坐标与 y 轴上 3 个节点的 y 局部坐标

0 90 180 0 72 144 (9) X's and then Y's //2 号板局部坐标系下，x 轴上 3 个节点的 x 局部坐标与 y 轴上 3 个节点的 y 局部坐标

0 90 180 0 72 144 (9) X's and then Y's //3 号板局部坐标系下，x 轴上 3 个节点的 x 局部坐标与 y 轴上 3 个节点的 y 局部坐标

0 90 180 0 72 144 (9) X's and then Y's //4 号板局部坐标系下，x 轴上 3 个节点的 x 局部坐标与 y 轴上 3 个节点的 y 局部坐标

10 0.15 4000000 (10) T PR YM //板厚为 10in；混凝土的泊松比为 0.15；混凝土的弹性模量为 4000000psi

2 (12) NUDL //荷载组内有 2 个均布荷载作用面积

0 (13) NCNF //荷载组内无集中力作用

0 0 (14) NNMX NNMY //作用有 x 方向力矩的节点数量为 0；作用有 y 方向力矩的节点数量为 0

1 170 180 67 77 200 (15) LS XL1 XL2 YL1 YL2 QQ //第 1 个荷载作用面积：作用板块编号；左、右、下、上四个边界的位置；接触压力为 200psi

2 170 180 67 77 200 (15) LS XL1 XL2 YL1 YL2 QQ //第 2 个荷载作用面积：作用板块编号；左、右、下、上四个边界的位置；接触压力为 200psi

8 17 (18) NP //需打印输出应力的节点号

1 (22) FSAF //时期内的地基季节调整系数为 1

2 30 (30) NL MAXIC //层状地基的层数；层状地基数值积分最大循环次数，程序建议取 30

8 (31) TH //各层地基层厚，第 1 层为 8in，最下层为无穷大，免输入

20000 5000 (32) E //各层地基的弹性模量，第 1 层为 20000psi，第 2 层为 5000psi

0.3 0.4 (33) PRBF //各层地基的泊松比，第 1 层为 0.3，第 2 层为 0.4

29000000 0.3 (34) YMSB PRSB //传力杆的弹性模量为 29000000psi；传力杆的泊松比为 0.3

40000 0 0 0 0 0 0 0 (35) SPCON1 SPCON2 SCKV BD BS WJ GDC NNAJ

//1 号接缝：剪切弹簧常数为非零固定值，后面的参数应当均为 0；弯矩弹簧常数；传力杆支承模量；传力杆直径；传力杆间距；接缝宽度；传力杆与混凝土间的间隙；每条接缝

的节点数量，传力杆非均匀分布时填入

```
0  0  1000000  1  12  0.125  0  0  (35) SPCON1 SPCON2 SCKV BD BS WJ GDC NNAJ     //接缝 2，参数含义同上
40000  0  0  0  0  0  0  0  (35) SPCON1 SPCON2 SCKV BD BS WJ GDC NNAJ          //接缝 3，参数含义同上
0  0  1000000  1  12  0.125  0  0  (35) SPCON1 SPCON2 SCKV BD BS WJ GDC NNAJ     //接缝 4，参数含义同上
```

13.4.2　结果输出文件

```
INPUT FILE NAME  -D:\kenpave\SLA5.TXT                                      //输入文件的文件路径及文件名

NUMBER OF PROBLEMS TO BE SOLVED =  2                                       //待计算的问题数量

TITLE -EX. 5: FOUR SLABS ON LAYER FOUNDATION WITH WEIGHT AND TEMPERATURE    //问题 1 的标题或问题描述

TYPE OF FOUNDATION (NFOUND)          =      2                              //地基类型，2~层状地基
TYPE OF DAMAGE ANALYSIS (NDAMA)      =      0                              //不开展损伤分析
NUMBER OF PERIODS PER YEAR (NPY)     =      1                              //每年划分为 1 个时期
NUMBER OF LOAD GROUPS (NLG)          =      1                              //1 个荷载组
TOTAL NUMBER OF SLABS (NSLAB)        =      4                              //4 块板
TOTAL NUMBER OF JOINTS (NJOINT)      =      4                              //4 条接缝

ARRANGEMENT OF SLABS                                                       //板的布置
SLAB  NO. NODES (NX)  NO. NODES (NY)   JOINT NO. AT FOUR SIDES (JONO)  //板编号；x 方向上节点数量；y 方向上节点数量；板块左、右、下、上边的接缝编号
 NO.   IN X DIRECTION  IN Y DIRECTION      LEFT  RIGHT  BOTTOM   TOP
  1        3              3                 0     4      0       1
                                   //第 1 块板及其网格布置：x 轴上 3 个节点；y 轴上 3 个节点；板的左、下边均不是接缝，而右边是接缝 4，上边是接缝 1
  2        3              3                 0     2      1       0      第 2 块板，参数含义同上
  3        3              3                 4     0      0       3      第 3 块板，参数含义同上
  4        3              3                 2     0      3       0      第 4 块板，参数含义同上
```

```
NUMBER OF LAYERS (NLAYER)--------------------------------------= 1                //单层板
NODAL NUMBER USED TO CHECK CONVERGENCE (NNCK)------------------= 8                //以 8 号节点为准检查收敛情况
NUMBER OF NODES NOT IN CONTACT (NOTCON)------------------------= 0                //初始情况下与地基不接触的节点数为 0
NUMBER OF GAPS (NGAP)------------------------------------------= 12               //已知板与地基间有初始间隙的节点数量为 12 个
NUMBER OF POINTS FOR PRINTOUT (NPRINT)-------------------------= 2                //打印输出 2 个节点的应力
CODE FOR INPUT OF GAPS OR PRECOMPRESSIONS (INPUT)- ------------= 0                //间隙和预压值不从上一问题得到
BOND BETWEEN TWO LAYERS (NBOND)--------------------------------= 0                //双层板之间的黏结情况，单层板时取 0
CONDITION OF WARPING (NTEMP)-----------------------------------= 1                //考虑温度翘曲
CODE INDICATING WHETHER SLAB WEIGHT IS CONSIDERED (NWT)--------= 1                //考虑自重
MAX NO. OF CYCLES FOR CHECKING CONTACT (NCYCLE)----------------= 10               //最大迭代次数为 10 次
NUMBER OF ADDITIONAL THICKNESSES FOR SLAB LAYER 1 (NAT1)-------= 0                //第 1 层板厚均匀时为 0
NUMBER OF ADDITIONAL THICKNESSES FOR SLAB LAYER 2 (NAT2)-------= 0                //第 2 层板厚均匀或无第 2 层板时为 0
NUMBER OF POINTS ON X AXIS OF SYMMETRY (NSX)-------------------= 0                //不关于 x 轴对称时为 0
NUMBER OF POINTS ON Y AXIS OF SYMMETRY (NSY)-------------------= 0                //不关于 y 轴对称时为 0
MORE DETAILED PRINTOUT FOR EACH CONTACT CYCLE (MDPO)-----------= 0                //不详细打印输出
TOLERANCE FOR ITERATIONS (DEL)---------------------------------= 0.001            //用迭代法求解时的允许精度为 0.001
MAXIMUM ALLOWABLE VERTICAL DISPLACEMENT (FMAX)-----------------= 1                //在节点 NNCK 处的最大允许竖向位移为 1in
DIFFERENCE IN TEMP. BETWEEN TOP AND BOTTOM OF SLAB (TEMP)------= -20              //板底与板顶的温度差为-20℉
COEFFICIENT OF THERMAL EXPANSION (CT)--------------------------= 0.000005         //混凝土的热膨胀系数，单位为℉-1

SYSTEM OF UNITS (NUNIT)----------------------------------------= 0
          //采用英制单位体系，长度单位为 in，力的单位为 lb，应力单位为 psi，重度单位为 pcf，地基反应模量和传力杆支承模量单位为 pci，温度单位为℉
  (Length in in., force in lb, stress in psi, unit weigh in pcf
   subgrade and dowel K value in pci, and temperature in F)

UNIT WEIGHT OF LAYER 1 (GAMA(1))-------------------------------= 150              //第 1 层板的重度为 150pcf
UNIT WEIGHT OF LAYER 2 (GAMA(2))-------------------------------= 0                //第 2 层板的重度，无第 2 层板时取 0
```

```
FOR SLAB NO. 1 COORDINATES OF FINITE ELEMENT GRID ARE:                //1 号板的有限元网格划分
X =  0  90  180                                       //1 号板局部坐标系下，x 轴上 3 个节点的 x 局部坐标
Y =  0  72  144                                       //1 号板局部坐标系下，y 轴上 3 个节点的 y 局部坐标

FOR SLAB NO. 2 COORDINATES OF FINITE ELEMENT GRID ARE:                //2 号板的有限元网格划分
X =  0  90  180                                       //2 号板局部坐标系下，x 轴上 3 个节点的 x 局部坐标
Y =  0  72  144                                       //2 号板局部坐标系下，y 轴上 3 个节点的 y 局部坐标

FOR SLAB NO. 3 COORDINATES OF FINITE ELEMENT GRID ARE:                //3 号板的有限元网格划分
X =  0  90  180                                       //3 号板局部坐标系下，x 轴上 3 个节点的 x 局部坐标
Y =  0  72  144                                       //3 号板局部坐标系下，y 轴上 3 个节点的 y 局部坐标

FOR SLAB NO. 4 COORDINATES OF FINITE ELEMENT GRID ARE:                //4 号板的有限元网格划分
X =  0  90  180                                       //4 号板局部坐标系下，x 轴上 3 个节点的 x 局部坐标
Y =  0  72  144                                       //4 号板局部坐标系下，y 轴上 3 个节点的 y 局部坐标

LAYER      THICKNESS (T)       POISSON'S         YOUNG'S
 NO.                          RATIO (PR)      MODULUS (YM)
 1          10.00000           0.15000         4.000E+06      //第 1 层板的厚度为 10in，泊松比为 0.15，弹性模量为 4000000psi

No. OF LOADED AREAS (NUDL) FOR EACH LOAD GROUP ARE:  0                //每个荷载组的均布荷载作用面积数量为 0
NO. OF NODAL FORCES (NCNF) AND MOMENTS (NCMX AND NCMY) ARE: 0  0  0    //每个荷载组内集中力以及 x 和 y 方向的集中力矩的数量均为 0

NODES FOR STRESS PRINTOUT (NP) ARE:  8  17                           //8 号和 17 号节点需要打印输出应力

NODAL NUMBERS AND INITIAL GAPS (GAP) ARE TABULATED AS FOLLOWS:        //已知初始间隙值的节点号和对应的初始间隙值
   1 0.05000   4 0.05000   7 0.05000  12 0.05000  15 0.05000  18 0.05000
```

```
  19 0.05000  22 0.05000  25 0.05000  30 0.05000  33 0.05000  36 0.05000

FOUNDATION ADJUSTMENT FACTOR (FSAF) FOR EACH PERIOD ARE: 1                     //时期内的地基季节调整系数为1

NUMBER OF LAYERS IN BURMISTER FOUNDATION (NL) IS : 2                           //层状地基为2层

MAXIMUM NO. OF INTEGRATION CYCLES (MAXIC) IS     : 30                          //层状地基数值积分最大循环次数，程序建议取30

THICKNESSES OF LAYERS (TH) ARE: 8                                              //层状地基各层的厚度，第1层为8in，最下层为无穷大，免输入

YOUNG MODULUS OF LAYERS ARE (E):  20000  5000                                  //各层地基的弹性模量，第1层为20000psi，第2层为5000psi

POISSON RATIOS OF LAYERS (PRBF) ARE: 0.3  0.4                                  //各层地基的泊松比，第1层为0.3，第2层为0.4

AMOUNT OF INITIAL CURLING AND GAP (CURL) AT THE NODES IS                       //所有节点的初始翘曲和间隙值
   1  -0.01642   2  -0.04050   3  -0.06642   4   0.02408   5   0.00000
   6  -0.02592   7  -0.01642   8  -0.04050   9  -0.06642  10  -0.06642
  11  -0.04050  12  -0.01642  13  -0.02592  14   0.00000  15   0.02408
  16  -0.06642  17  -0.04050  18  -0.01642  19  -0.01642  20  -0.04050
  21  -0.06642  22   0.02408  23   0.00000  24  -0.02592  25  -0.01642
  26  -0.04050  27  -0.06642  28  -0.06642  29  -0.04050  30  -0.01642
  31  -0.02592  32   0.00000  33   0.02408  34  -0.06642  35  -0.04050
  36  -0.01642

YOUNG MODULUS OF DOWEL BAR (YMSB)   = 2.900E+07                                //传力杆弹性模量为29000000psi
POISSON RATIO OF DOWEL BAR (PRSB)   =   0.30000                                //传力杆泊松比为0.3

JOINT  SPRING CONSTANT  MODULUS OF  DOWEL   DOWEL   JOINT    GAP   NODE
```

```
 NO.  SHEAR      MOMENT    DOWEL SUP.  DIA.  SPACING  WIDTH    DOWEL  JOINT
    (SPCON1)  (SPCON2)    (SCKV)      (BD)    (BS)     (WJ)    (GDC)  (NNAJ)
//接缝编号；剪切弹簧常数，0～由后面参数计算得到；弯矩弹簧常数；传力杆支承模量；传力杆直径；传力杆间距；接缝宽度；传力杆与混凝土间的间隙；每条接缝的节点数量，
                                                                                      传力杆非均匀分布时填入
  1 4.000E+04 0.000E+00 0.000E+00  0.000   0.000  0.000  0.00000   0                  //1 号接缝
  2 0.000E+00 0.000E+00 1.000E+06  1.000  12.000  0.125  0.00000   0                  //2 号接缝
  3 4.000E+04 0.000E+00 0.000E+00  0.000   0.000  0.000  0.00000   0                  //3 号接缝
  4 0.000E+00 0.000E+00 1.000E+06  1.000  12.000  0.125  0.00000   0                  //4 号接缝

JOINT NO.  2  EQUIVALENT SPRING CONSTANT  (SPCON) = 3.075E+04          //2 号接缝的等效弹簧常数，单位为 psi
JOINT NO.  4  EQUIVALENT SPRING CONSTANT  (SPCON) = 3.075E+04          //4 号接缝的等效弹簧常数，单位为 psi

THE GLOBAL COORDINATES (XO AND YO) OF EACH NODE ARE:                   //所有节点号及其整体坐标
    1     0.000     0.000   2     0.000    72.000    3     0.000   144.000
    4    90.000     0.000   5    90.000    72.000    6    90.000   144.000
    7   180.000     0.000   8   180.000    72.000    9   180.000   144.000
   10     0.000   144.000  11     0.000   216.000   12     0.000   288.000
   13    90.000   144.000  14    90.000   216.000   15    90.000   288.000
   16   180.000   144.000  17   180.000   216.000   18   180.000   288.000
   19   180.000     0.000  20   180.000    72.000   21   180.000   144.000
   22   270.000     0.000  23   270.000    72.000   24   270.000   144.000
   25   360.000     0.000  26   360.000    72.000   27   360.000   144.000
   28   180.000   144.000  29   180.000   216.000   30   180.000   288.000
   31   270.000   144.000  32   270.000   216.000   33   270.000   288.000
   34   360.000   144.000  35   360.000   216.000   36   360.000   288.000

HALF BAND WIDTH (NB) =  108                                            //刚度矩阵半带宽
```

```
PERIOD 1 LOAD GROUP 1 AND CYCLE NO. 1                                        //第 1 个时期，第 1 个荷载组，第 1 次迭代的计算结果

SUM OF REACTION FORCE AND PRECOMPRESSION (SUMP) IS:(COMPRESSION +, TENSION 0) //地基反力与预压之和，压为正，为负表示板与地基不接触，需置为 0
   1    3549.9    2    4674.9    3    3307.6    4    -235.4    5   -1108.1
   6     778.8    7    3866.2    8    4571.9    9    3094.2   10    3307.6
  11    4674.9   12    3549.9   13     778.8   14   -1108.1   15    -235.4
  16    3094.2   17    4571.9   18    3866.2   19    3866.2   20    4571.9
  21    3094.2   22    -235.4   23   -1108.1   24     778.8   25    3549.9
  26    4674.9   27    3307.6   28    3094.2   29    4571.9   30    3866.2
  31     778.8   32   -1108.1   33    -235.4   34    3307.6   35    4674.9
  36    3549.9

PERIOD 1 LOAD GROUP 1 AND CYCLE NO. 2                                        //第 1 个时期，第 1 个荷载组，第 2 次迭代的计算结果

SUM OF REACTION FORCE AND PRECOMPRESSION (SUMP) IS:(COMPRESSION +, TENSION 0) //地基反力与预压之和，压为正，为负表示板与地基不接触，需置为 0
   1    3277.5    2    4414.3    3    3371.0    4       0.0    5       0.0
   6     374.4    7    3598.9    8    4332.9    9    3131.0   10    3371.0
  11    4414.3   12    3277.5   13     374.4   14       0.0   15       0.0
  16    3131.0   17    4332.9   18    3598.8   19    3598.9   20    4332.9
  21    3131.0   22       0.0   23       0.0   24     374.4   25    3277.5
  26    4414.3   27    3371.0   28    3131.0   29    4332.9   30    3598.8
  31     374.4   32       0.0   33       0.0   34    3371.0   35    4414.3
  36    3277.5

NODAL NUMBERS AND DEFLECTIONS OF SLABS (F) ARE: (DOWNWARD POSITIVE)          //板各个节点的竖向挠度，向下为正
   1  0.02779    2  0.03408    3  0.03892    4  0.02249    5  0.02751
   6  0.03541    7  0.04056    8  0.05021    9  0.05797   10  0.03892
  11  0.03408   12  0.02779   13  0.03541   14  0.02751   15  0.02249
```

```
16   0.05797   17   0.05021   18   0.04056   19   0.04056   20   0.05021
21   0.05797   22   0.02249   23   0.02751   24   0.03541   25   0.02779
26   0.03408   27   0.03892   28   0.05797   29   0.05021   30   0.04056
31   0.03541   32   0.02751   33   0.02249   34   0.03892   35   0.03408
36   0.02779

NODAL NUMBERS AND DEFLECTIONS OF SUBGRADE (SUBD) ARE:(DOWNWARD POSITIVE)      //层状地基各个节点的竖向位移，向下为正
 1   0.02779    2   0.03408    3   0.03892    4   0.02680    5   0.03213
 6   0.03541    7   0.04056    8   0.05021    9   0.05797   10   0.03892
11   0.03408   12   0.02779   13   0.03541   14   0.03213   15   0.02680
16   0.05797   17   0.05021   18   0.04056   19   0.04056   20   0.05021
21   0.05797   22   0.02680   23   0.03213   24   0.03541   25   0.02779
26   0.03408   27   0.03892   28   0.05797   29   0.05021   30   0.04056
31   0.03541   32   0.03213   33   0.02680   34   0.03892   35   0.03408
36   0.02779

FOR JOINT NO. 1 SHEAR (FAJ1) AND MOMENT (FAJ2) AT THE NODES ARE:      //1 号接缝上各个节点的剪力以及弯矩
  3     0.0     0.0    6     0.0     0.0    9     0.0     0.0

FOR JOINT NO. 2 SHEAR (FAJ1) AND MOMENT (FAJ2) AT THE NODES ARE:      //2 号接缝上各个节点的剪力以及弯矩
 16     0.0     0.0   17     0.0     0.0   18     0.0     0.0

FOR JOINT NO. 2 SHEAR IN ONE DOWEL BAR (FAJPD) AT THE NODES IS:      //接缝 2 各节点处一根传力杆的剪力
 16     0.0  17     0.0  18     0.0

FOR JOINT NO. 2 BEARING STRESS (BEARS) OF CONCRETE AND SHEAR STRESS      //2 号接缝上传力杆与混凝土之间的支承应力以及传力杆的剪应力
(SHEARS) OF DOWELS AT THE NODES ARE:
 16     0.0     0.0   17     0.0     0.0   18     0.0     0.0
```

```
FOR JOINT NO. 3 SHEAR (FAJ1) AND MOMENT (FAJ2) AT THE NODES ARE:            //3 号接缝上各个节点的剪力以及弯矩
   21     0.0     0.0   24     0.0     0.0   27     0.0     0.0

FOR JOINT NO. 4 SHEAR (FAJ1) AND MOMENT (FAJ2) AT THE NODES ARE:            //4 号接缝上各个节点的剪力以及弯矩
    7     0.0     0.0    8     0.0     0.0    9     0.0     0.0

FOR JOINT NO. 4 SHEAR IN ONE DOWEL BAR (FAJPD) AT THE NODES IS:             //接缝 4 各节点处一根传力杆的剪力
    7     0.0    8     0.0    9     0.0

FOR JOINT NO. 4 BEARING STRESS (BEARS) OF CONCRETE AND SHEAR STRESS         //4 号接缝上传力杆与混凝土之间的支承应力以及传力杆的剪应力
(SHEARS) OF DOWELS AT THE NODES ARE:
    7     0.0     0.0    8     0.0     0.0    9     0.0     0.0

NODAL NUMBER AND REACTIVE PRESSURE (SUBR) ARE: (COMPRESSION POSITIVE)       //各个节点的地基反力，压为正
    1   2.023    2   1.362    3   2.081    4   0.000    5   0.000
    6   0.116    7   2.222    8   1.337    9   1.933   10   2.081
   11   1.362   12   2.023   13   0.116   14   0.000   15   0.000
   16   1.933   17   1.337   18   2.222   19   2.222   20   1.337
   21   1.933   22   0.000   23   0.000   24   0.116   25   2.023
   26   1.362   27   2.081   28   1.933   29   1.337   30   2.222
   31   0.116   32   0.000   33   0.000   34   2.081   35   1.362
   36   2.023

SUM OF FORCES (FOSUM) = 90000.0   SUM OF REACTIONS (SUBSUM) = 90000.0     //总的作用力为 90000.0lb；总的反作用力为 90000.0lb

NODE LAYER STRESS X   STRESS Y  STRESS XY  MAX.SHEAR    MAJOR     MINOR
                 //各个打印输出节点在各层位的 x 方向应力、y 方向应力、xy 平面剪应力、最大剪应力、最大主应力、最小主应力
```

```
  8   1     0.000    -26.595     -6.603     14.846      1.549    -28.144
 17   1     0.000    -26.595      6.603     14.846      1.549    -28.144

MAXIMUM STRESS (SMAX) IN LAYER 1  IS    -28.144 ( NODE 17 )        //计算出的最大应力以及节点号


PROBLEM NO. 2                                                      //第 2 个问题

TITLE -EX. 5: FOUR SLABS ON LAYER FOUNDATION WITH UNIFORM LOAD     //第 2 个问题的标题或问题描述

TYPE OF FOUNDATION (NFOUND)              =        2                //地基类型，2~层状地基
TYPE OF DAMAGE ANALYSIS (NDAMA)          =        0                //不开展损伤分析
NUMBER OF PERIODS PER YEAR (NPY)         =        1                //每年划分为 1 个时期
NUMBER OF LOAD GROUPS (NLG)              =        1                //1 个荷载组
TOTAL NUMBER OF SLABS (NSLAB)            =        4                //4 块板
TOTAL NUMBER OF JOINTS (NJOINT)          =        4                //4 条接缝

ARRANGEMENT OF SLABS                                               //板的布置
SLAB  NO. NODES (NX)  NO. NODES (NY)   JOINT NO. AT FOUR SIDES (JONO)  //板编号；x 方向上节点数量；y 方向上节点数量；板的左、右、下、上边的接缝编号
 NO.   IN X DIRECTION  IN Y DIRECTION      LEFT  RIGHT  BOTTOM   TOP
  1         3              3                0     4       0       1
  2         3              3                0     2       1       0
  3         3              3                4     0       0       3
  4         3              3                2     0       3       0

NUMBER OF LAYERS (NLAYER)------------------------------------= 1  //单层板
NODAL NUMBER USED TO CHECK CONVERGENCE (NNCK)-----------------= 8  //以 8 号节点为准检查收敛情况
```

```
NUMBER OF NODES NOT IN CONTACT (NOTCON)-----------------------= 0        //初始情况下与地基不接触的节点数为 0
NUMBER OF GAPS (NGAP)-----------------------------------------= 0        //已知板与地基间有初始间隙的节点数为 0
NUMBER OF POINTS FOR PRINTOUT (NPRINT)------------------------= 2        //打印输出 2 个节点的应力
CODE FOR INPUT OF GAPS OR PRECOMPRESSIONS (INPUT)- -----------= 1        //间隙和预压值需从上一问题得到
BOND BETWEEN TWO LAYERS (NBOND)-------------------------------= 0        //双层板之间的黏结情况，分离式板时取 0
CONDITION OF WARPING (NTEMP)----------------------------------= 0        //不考虑温度翘曲
CODE INDICATING WHETHER SLAB WEIGHT IS CONSIDERED (NWT)-------= 0        //不考虑自重
MAX NO. OF CYCLES FOR CHECKING CONTACT (NCYCLE)---------------= 10       //最大迭代次数为 10 次
NUMBER OF ADDITIONAL THICKNESSES FOR SLAB LAYER 1 (NAT1)------= 0        //第 1 层板厚均匀时为 0
NUMBER OF ADDITIONAL THICKNESSES FOR SLAB LAYER 2 (NAT2)------= 0        //第 2 层板厚均匀或无第 2 层板时为 0
NUMBER OF POINTS ON X AXIS OF SYMMETRY (NSX)------------------= 0        //不关于 x 轴对称时为 0
NUMBER OF POINTS ON Y AXIS OF SYMMETRY (NSY)------------------= 0        //不关于 y 轴对称时为 0
MORE DETAILED PRINTOUT FOR EACH CONTACT CYCLE (MDPO)----------= 1        //详细打印输出
TOLERANCE FOR ITERATIONS (DEL)--------------------------------= 0.001    //用迭代法求解时的允许精度
MAXIMUM ALLOWABLE VERTICAL DISPLACEMENT (FMAX)----------------= 1        //在节点 NNCK 处的最大允许竖向位移，单位为 in

SYSTEM OF UNITS (NUNIT)---------------------------------------= 0
        //采用英制单位体系，长度单位为 in，力的单位为 lb，应力单位为 psi，重度单位为 pcf，地基反应模量和传力杆支承模量单位为 pci，温度单位为℉
  (Length in in., force in lb, stress in psi, unit weigh in pcf
   subgrade and dowel K value in pci, and temperature in F)

FOR SLAB NO. 1 COORDINATES OF FINITE ELEMENT GRID ARE:                   //1 号板的有限元网格划分
X =  0  90  180                                                          //1 号板局部坐标系下，x 轴上 3 个节点的 x 局部坐标
Y =  0  72  144                                                          //1 号板局部坐标系下，y 轴上 3 个节点的 y 局部坐标

FOR SLAB NO. 2 COORDINATES OF FINITE ELEMENT GRID ARE:                   //2 号板的有限元网格划分
X =  0  90  180                                                          //2 号板局部坐标系下，x 轴上 3 个节点的 x 局部坐标
Y =  0  72  144                                                          //2 号板局部坐标系下，y 轴上 3 个节点的 y 局部坐标
```

```
FOR SLAB NO. 3 COORDINATES OF FINITE ELEMENT GRID ARE:                //3 号板的有限元网格划分
X =  0  90  180                                                       //3 号板局部坐标系下，x 轴上 3 个节点的 x 局部坐标
Y =  0  72  144                                                       //3 号板局部坐标系下，y 轴上 3 个节点的 y 局部坐标

FOR SLAB NO. 4 COORDINATES OF FINITE ELEMENT GRID ARE:                //4 号板的有限元网格划分
X =  0  90  180                                                       //4 号板局部坐标系下，x 轴上 3 个节点的 x 局部坐标
Y =  0  72  144                                                       //4 号板局部坐标系下，y 轴上 3 个节点的 y 局部坐标

LAYER      THICKNESS (T)      POISSON'S       YOUNG'S
 NO.                          RATIO (PR)      MODULUS (YM)
 1          10.00000           0.15000        4.000E+06               //第 1 层板的厚度为 10in，泊松比为 0.15，弹性模量为 4000000psi

No. OF LOADED AREAS (NUDL) FOR EACH LOAD GROUP ARE:  2                //荷载组内有 2 个均布荷载作用面积
NO. OF NODAL FORCES (NCNF) AND MOMENTS (NCMX AND NCMY) ARE: 0  0  0   //荷载组内集中力以及 x 和 y 方向的集中力矩的数量均为 0

FOR LOAD GROUP NO. 1 LOADS ARE APPLIED AS FOLLOWS:                    //荷载组 1 的作用位置及接触压力
SLAB NO.    X COORDINATES            Y COORDINATES        INTENSITY
  (LS)     (XL1)       (XL2)       (YL1)       (YL2)        (QQ)      //作用的板块编号；左、右、下、上四个边界的位置；接触压力，单位为 psi
   1   170.00000   180.00000    67.00000    77.00000   200.00000      //荷载作用面积 1
   2   170.00000   180.00000    67.00000    77.00000   200.00000      //荷载作用面积 2

NODES FOR STRESS PRINTOUT (NP) ARE:  8  17                            //打印输出 8 号和 17 号节点的应力

NODAL NUMBERS AND GAPS (GAP) OR PRECOMPRESSIONS (SUMP) ARE:           //从上一问题导入的所有节点的间隙或层状地基反力与预压值之和
   1    3277.5    2    4414.3    3    3371.0    4   0.00431    5   0.00462
   6     374.4    7    3598.9    8    4332.9    9    3131.0   10    3371.0
  11    4414.3   12    3277.5   13     374.4   14   0.00462   15   0.00431
```

```
   16    3131.0   17    4332.9   18    3598.8   19    3598.9   20    4332.9
   21    3131.0   22   0.00431   23   0.00462   24     374.4   25    3277.5
   26    4414.3   27    3371.0   28    3131.0   29    4332.9   30    3598.8
   31     374.4   32   0.00462   33   0.00431   34    3371.0   35    4414.3
   36    3277.5

FOUNDATION ADJUSTMENT FACTOR (FSAF) FOR EACH PERIOD ARE: 1          //时期内地基季节调整系数为1

NUMBER OF LAYERS IN BURMISTER FOUNDATION (NL) IS : 2                 //层状地基为2层
MAXIMUM NO. OF INTEGRATION CYCLES (MAXIC) IS     : 30                //层状地基数值积分最大循环次数，程序建议取30

THICKNESSES OF LAYERS (TH) ARE: 8                                   //层状地基各层的厚度，第1层为8in，最下层为无穷大，免输入

YOUNG MODULUS OF LAYERS ARE (E):  20000  5000                       //各层地基的弹性模量，第1层为20000psi，第2层为5000psi

POISSON RATIOS OF LAYERS (PRBF) ARE: 0.3  0.4                       //各层地基的泊松比，第1层为0.3，第2层为0.4

SLAB NO., INITIAL NODAL NUMBER(INITNP), LAST NODAL NUMBER(LASTNP),  //板编号；起始节点号；最大节点号；起始单元号；最大单元号
INITIAL ELEMENT NO.(INITEN), AND LAST ELEMENT NO.(LASTEN) ARE:
 1  1  9  1  4     2  10  18  5  8     3  19  27  9  12     4  28  36  13  16

JOINT NO.,INITIAL STARTING NODAL NO.(ISNN) AND LAST FINAL NODAL NO.(LFNN)
INITIAL STARTING ELEMENT NO.(ISEN),LAST FINAL ELEMENT NO.(LFEN) ON BOTH
SIDES OF THE JOINT ARE:
     1   3  10   9  16   2   5   4   7     2  16  28  18  30   7  13   8  14
     3  21  28  27  34  10  13  12  15     4   7  19   9  21   3   9   4  10
                                          //接缝编号；接缝两侧起始节点号；最终节点号；起始单元号；最终单元号
```

```
LOADS ARE APPLIED ON THE ELEMENT NO.(NE) WITH COORDINATES(XDA AND YDA)
                    //作用有均布荷载的单元号；荷载作用面积左右边界在单元上的相对位置；荷载作用面积下上边界在单元上的相对位置；接触压力
    3     0.778    1.000       0.861     1.000   200.000
    4     0.778    1.000      -1.000    -0.861   200.000
    7     0.778    1.000       0.861     1.000   200.000
    8     0.778    1.000      -1.000    -0.861   200.000

YOUNG MODULUS OF DOWEL BAR (YMSB)   = 2.900E+07                    //传力杆弹性模量为 29000000psi
POISSON RATIO OF DOWEL BAR (PRSB)   =   0.30000                    //传力杆泊松比为 0.3

JOINT  SPRING CONSTANT  MODULUS OF  DOWEL   DOWEL   JOINT    GAP   NODE
 NO.  SHEAR     MOMENT  DOWEL SUP.  DIA.   SPACING  WIDTH   DOWEL  JOINT
    (SPCON1)  (SPCON2)   (SCKV)     (BD)    (BS)    (WJ)    (GDC)  (NNAJ)
//接缝编号；剪切弹簧常数，0～由后面参数计算得到；弯矩弹簧常数；传力杆支承模量；传力杆直径；传力杆间距；接缝宽度；传力杆与混凝土间的间隙；每条接缝的节点数量，
                                                                                  传力杆非均匀分布时填入
  1 4.000E+04 0.000E+00 0.000E+00  0.000    0.000   0.000  0.00000    0          //1 号接缝
  2 0.000E+00 0.000E+00 1.000E+06  1.000   12.000   0.125  0.00000    0          //2 号接缝
  3 4.000E+04 0.000E+00 0.000E+00  0.000    0.000   0.000  0.00000    0          //3 号接缝
  4 0.000E+00 0.000E+00 1.000E+06  1.000   12.000   0.125  0.00000    0          //4 号接缝

JOINT NO.  2  EQUIVALENT SPRING CONSTANT (SPCON) = 3.075E+04    //计算得到的 2 号接缝的等效弹簧常数，单位为 psi
JOINT NO.  4  EQUIVALENT SPRING CONSTANT (SPCON) = 3.075E+04    //计算得到的 4 号接缝的等效弹簧常数，单位为 psi

THE GLOBAL COORDINATES (XO AND YO) OF EACH NODE ARE:                               //节点号及其对应的整体坐标
    1      0.000      0.000    2     0.000     72.000    3      0.000    144.000
    4     90.000      0.000    5    90.000     72.000    6     90.000    144.000
    7    180.000      0.000    8   180.000     72.000    9    180.000    144.000
   10      0.000    144.000   11     0.000    216.000   12      0.000    288.000
```

```
  13    90.000   144.000   14    90.000   216.000   15    90.000   288.000
  16   180.000   144.000   17   180.000   216.000   18   180.000   288.000
  19   180.000     0.000   20   180.000    72.000   21   180.000   144.000
  22   270.000     0.000   23   270.000    72.000   24   270.000   144.000
  25   360.000     0.000   26   360.000    72.000   27   360.000   144.000
  28   180.000   144.000   29   180.000   216.000   30   180.000   288.000
  31   270.000   144.000   32   270.000   216.000   33   270.000   288.000
  34   360.000   144.000   35   360.000   216.000   36   360.000   288.000

NO. OF TIMES FOUR  SLABS MEET (NTSM) 1                                   //四板交会次数为 1 次
THE NODAL NUMBERS WHEN FOUR SLABS MEET (NPSM) ARE: 9  16  21  28          //四板交会的节点号
NO. OF TIMES THREE SLABS MEET (NTSM3) 0                                  //三板交会的次数为 0 次

NODAL NUMBER AND TYPE OF NODES (NDTY) ARE:
    //节点类型，2 表示节点在接缝处且有 2 块板，3 和 4 同理，为初级节点，0 表示节点在接缝处但比接缝另一侧节点号大，为次级节点；若节点不在接缝上，NDTY 赋值 1
   1  1     2  1     3  2     4  1     5  1     6  2     7  2     8  2
   9  4    10  0    11  1    12  1    13  0    14  1    15  1    16  0
  17  2    18  2    19  0    20  0    21  0    22  1    23  1    24  2
  25  1    26  1    27  2    28  0    29  0    30  0    31  0    32  1
  33  1    34  0    35  1    36  1

NODAL NUMBERS AND OPPOSITE NODES (NPOP) ARE:          //接缝另一侧的节点号，0 表示节点不在接缝上，三板或四板交会时赋值初级节点号
   1  0     2  0     3 10     4  0     5  0     6 13     7 19     8 20
   9  9    10  3    11  0    12  0    13  6    14  0    15  0    16  9
  17 29    18 30    19  7    20  8    21  9    22  0    23  0    24 31
  25  0    26  0    27 34    28  9    29 17    30 18    31 24    32  0
  33  0    34 27    35  0    36  0
```

```
HALF BAND WIDTH (NB) =  108                                                  //刚度矩阵半带宽

PERIOD 1 LOAD GROUP 1 AND CYCLE NO. 1                                        //第 1 个时期，第 1 个荷载组，第 1 次迭代的计算结果

SUM OF REACTION FORCE AND PRECOMPRESSION (SUMP) IS:(COMPRESSION +, TENSION 0)  //层状地基反力与预压之和，压为正，为负表示板与地基不接触，需置为 0
   1    3210.9    2    4461.2    3    3243.3    4      19.3    5     538.4
   6    1222.5    7    5836.8    8   10555.0    9    4560.7   10    3243.3
  11    4461.2   12    3210.9   13    1222.5   14     538.4   15      19.3
  16    4560.7   17   10555.0   18    5836.8   19    5737.2   20    9472.1
  21    4502.2   22    -105.0   23    -273.5   24    1159.1   25    3224.8
  26    4398.7   27    3236.2   28    4502.2   29    9472.1   30    5737.2
  31    1159.1   32    -273.5   33    -105.0   34    3236.2   35    4398.7
  36    3224.8

PERIOD 1 LOAD GROUP 1 AND CYCLE NO. 2                                        //第 1 个时期，第 1 个荷载组，第 2 次迭代的计算结果

SUM OF REACTION FORCE AND PRECOMPRESSION (SUMP) IS:(COMPRESSION +, TENSION 0)  //层状地基反力与预压之和，压为正，为负表示板与地基不接触，需置为 0
   1    3211.1    2    4461.8    3    3244.3    4      14.2    5     536.6
   6    1225.8    7    5798.1    8   10516.9    9    4566.0   10    3244.3
  11    4461.8   12    3211.1   13    1225.8   14     536.6   15      14.2
  16    4566.0   17   10516.9   18    5798.1   19    5691.8   20    9447.7
  21    4509.5   22       0.0   23       0.0   24    1052.1   25    3138.0
  26    4330.6   27    3255.4   28    4509.5   29    9447.7   30    5691.8
  31    1052.1   32       0.0   33       0.0   34    3255.4   35    4330.6
  36    3138.0

NODAL NUMBERS AND DEFLECTIONS OF SLABS (F) ARE: (DOWNWARD POSITIVE)         //各个节点处板的竖向挠度，向下为正
   1  0.00916    2  0.01060    3  0.01079    4  0.01387    5  0.01824
```

```
  6   0.02081    7   0.02453    8   0.04072    9   0.03417   10   0.01079
 11   0.01060   12   0.00916   13   0.02081   14   0.01824   15   0.01387
 16   0.03417   17   0.04072   18   0.02453   19   0.02414   20   0.03707
 21   0.03379   22   0.01209   23   0.01566   24   0.01957   25   0.00868
 26   0.00989   27   0.01022   28   0.03379   29   0.03707   30   0.02414
 31   0.01957   32   0.01566   33   0.01209   34   0.01022   35   0.00989
 36   0.00868

NODAL NUMBERS AND DEFLECTIONS OF SUBGRADE (SUBD) ARE:(DOWNWARD POSITIVE)          //各个节点处地基的竖向挠度，向下为正
  1   0.00916    2   0.01060    3   0.01079    4   0.01387    5   0.01824
  6   0.02081    7   0.02433    8   0.03889    9   0.03398   10   0.01079
 11   0.01060   12   0.00916   13   0.02081   14   0.01824   15   0.01387
 16   0.03398   17   0.03889   18   0.02433   19   0.02433   20   0.03889
 21   0.03398   22   0.01345   23   0.01689   24   0.01957   25   0.00868
 26   0.00989   27   0.01022   28   0.03398   29   0.03889   30   0.02433
 31   0.01957   32   0.01689   33   0.01345   34   0.01022   35   0.00989
 36   0.00868

FOR JOINT NO. 1 SHEAR (FAJ1) AND MOMENT (FAJ2) AT THE NODES ARE:          //1 号接缝上各个节点的剪力以及弯矩
   3      0.0      0.0    6      0.0      0.0    9      0.0      0.0

FOR JOINT NO. 2 SHEAR (FAJ1) AND MOMENT (FAJ2) AT THE NODES ARE:          //2 号接缝上各个节点的剪力以及弯矩
  16   -419.7      0.0   17  -8072.9      0.0   18   -432.5      0.0

FOR JOINT NO. 2 SHEAR IN ONE DOWEL BAR (FAJPD) AT THE NODES IS:          //接缝 2 各节点处一根传力杆的剪力
  16   -139.9   17   -1345.5   18    -144.2

FOR JOINT NO. 2 BEARING STRESS (BEARS) OF CONCRETE AND SHEAR STRESS          //2 号接缝传力杆与混凝土之间的支承应力以及传力杆的剪应力
```

```
(SHEARS) OF DOWELS AT THE NODES ARE:
  16  -188.6  -178.1   17 -1813.3 -1713.1   18  -194.3  -183.5

FOR JOINT NO. 3 SHEAR (FAJ1) AND MOMENT (FAJ2) AT THE NODES ARE:      //3 号接缝上各个节点的剪力以及弯矩
  21     0.0     0.0   24     0.0     0.0   27     0.0     0.0

FOR JOINT NO. 4 SHEAR (FAJ1) AND MOMENT (FAJ2) AT THE NODES ARE:      //4 号接缝上各个节点的剪力以及弯矩
   7  -432.5     0.0    8 -8072.9     0.0    9  -419.7     0.0

FOR JOINT NO. 4 SHEAR IN ONE DOWEL BAR (FAJPD) AT THE NODES IS:       //接缝 4 各节点处一根传力杆的剪力
   7  -144.2   8  -1345.5   9   -139.9

FOR JOINT NO. 4 BEARING STRESS (BEARS) OF CONCRETE AND SHEAR STRESS   //4 号接缝传力杆与混凝土之间的支承应力以及传力杆的剪应力
(SHEARS) OF DOWELS AT THE NODES ARE:
   7  -194.3  -183.5    8 -1813.3 -1713.1    9  -188.6  -178.1

NODAL NUMBER AND REACTIVE PRESSURE (SUBR) ARE: (COMPRESSION POSITIVE) //各个节点的地基反力，压为正
   1   -0.041   2    0.015   3   -0.078   4    0.004   5    0.083
   6    0.263   7    1.358   8    1.909   9    0.886  10   -0.078
  11    0.015  12   -0.041  13    0.263  14    0.083  15    0.004
  16    0.886  17    1.909  18    1.358  19    1.292  20    1.579
  21    0.851  22    0.000  23    0.000  24    0.209  25   -0.086
  26   -0.026  27   -0.071  28    0.851  29    1.579  30    1.292
  31    0.209  32    0.000  33    0.000  34   -0.071  35   -0.026
  36   -0.086

 NODE  ROTAT.X    ROTAT.Y  NODE  ROTAT.X    ROTAT.Y  NODE  RORAT.X    ROTAT.Y     //各个节点在各层位的板绕 x 轴的转角、绕 y 轴的转角
  1 -2.616E-05  1.006E-04  2 -1.158E-05  1.272E-04  3  3.803E-06  1.001E-04
```

```
 4 -9.081E-05  8.240E-05  5 -1.889E-05  1.636E-04  6  5.762E-05  1.269E-04
 7 -2.950E-04  7.768E-05  8 -6.723E-05  2.266E-04  9  1.614E-04  1.672E-04
10 -3.803E-06  1.001E-04 11  1.158E-05  1.272E-04 12  2.616E-05  1.006E-04
13 -5.762E-05  1.269E-04 14  1.889E-05  1.636E-04 15  9.081E-05  8.240E-05
16 -1.614E-04  1.672E-04 17  6.723E-05  2.266E-04 18  2.950E-04  7.768E-05
19 -2.297E-04 -9.684E-05 20 -6.726E-05 -2.132E-04 21  9.582E-05 -1.783E-04
22 -7.232E-05 -8.375E-05 23 -2.249E-05 -1.484E-04 24  3.106E-05 -1.288E-04
25 -2.101E-05 -8.027E-05 26 -1.092E-05 -1.025E-04 27 -1.875E-07 -8.893E-05
28 -9.582E-05 -1.783E-04 29  6.726E-05 -2.132E-04 30  2.297E-04 -9.684E-05
31 -3.106E-05 -1.288E-04 32  2.249E-05 -1.484E-04 33  7.232E-05 -8.375E-05
34  1.874E-07 -8.893E-05 35  1.092E-05 -1.025E-04 36  2.101E-05 -8.027E-05

SUM OF FORCES (FOSUM) = 40000.0    SUM OF REACTIONS (SUBSUM) = 40000.0              //总的作用力为40000.0lb，总的反作用力为40000.0lb

NODE LAYER STRESS X   STRESS Y  STRESS XY  MAX.SHEAR    MAJOR     MINOR
                                    //各个打印输出节点在各层位的x方向应力、y方向应力、xy平面剪应力、最大剪应力、最大主应力、最小主应力
  8    1      0.000   -137.931    -10.729     69.795     0.830   -138.761
 17    1      0.000   -137.932     10.729     69.795     0.830   -138.761

MAXIMUM STRESS (SMAX) IN LAYER 1  IS    -138.761 ( NODE 17 )                        //计算得到板的最大应力以及节点号
```

第 14 章　受均布力、集中力和力矩作用的筏板基础

14.1　问 题 描 述

有固体地基上的单块筏板基础，地基的弹性模量为 7500psi（约 51.71MPa），泊松比为 0.45。板的整体几何尺寸为 1200in（30.48m）长×460in（11.68m）宽×20in（508mm）厚。由于整个模型是关于 y 轴对称的，因此取半结构进行分析，具体如图 14-1 所示。

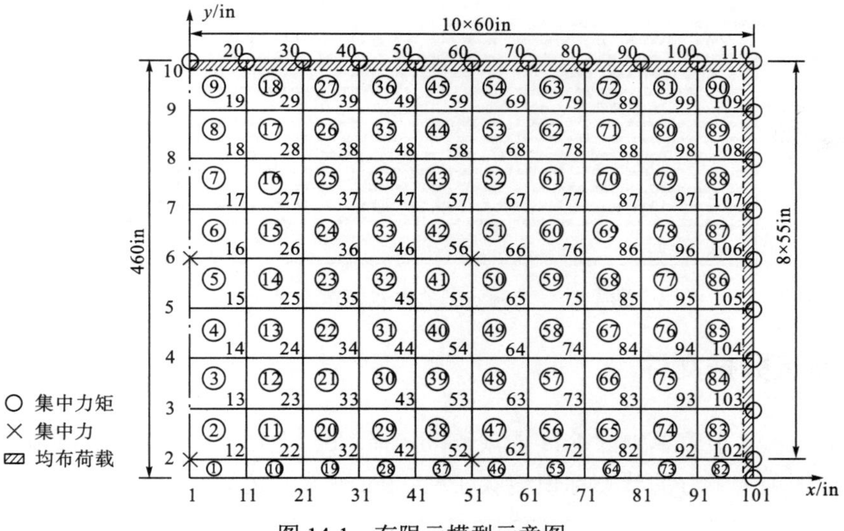

图 14-1　有限元模型示意图

半结构受 4 个垂直向下集中力的作用，分别作用于第 2、6、52 和 56 号节点，大小分别为 100000lb（约 444.80kN）、195000lb（约 867.36kN）、200000lb（约 889.60kN）和 390000lb（约 1734.72kN）。同时，还受到多个集中力矩的作用，第 10、20、30、40、50、60、70、80、90、100 和 110 号节点有 y 方向的力矩作用，分别为 2700000lb·in（约 305.1kN·m）、5400000lb·in（约 610.2kN·m）、5400000lb·in、5400000lb·in、5400000lb·in、5400000lb·in、5400000lb·in、5400000lb·in、5400000lb·in、5400000lb·in 和 2700000lb·in；第 101、102、103、104、105、106、107、108、109 和 110 号节点上有 x 轴方向的力矩，分别为−900000lb·in（约−101.7kN·m）、−3375000lb·in（约−381.38kN·m）、−4950000lb·in（约−559.35kN·m）、−4950000lb·in、−4950000lb·in、−4950000lb·in、−4950000lb·in、−4950000lb·in、−4950000lb·in、−2475000lb·in（约−279.68kN·m）。还在筏板边缘（如图 14-1 中阴影所示）受到均布荷载的作用，其作用宽度为 10in（254mm），接触压力为 125psi（约 861.88kPa）。

混凝土的弹性模量取 4×10^{6}psi(约 27.6GPa)，泊松比取 0.15，热膨胀系数取 5×10^{-6}°F^{-1}(9×10^{-6}℃$^{-1}$)。图中阿拉伯数字如 10 等表示节点编号，带圆圈的数字如⑩等表示单元编号。求筏板的应力和挠度。

14.2 KENSLABS 计算实现

单击 KENPAVE 主界面上的 SLABSINP 按钮，进入 SLABSINP 输入程序主菜单。图 14-2 为本章问题的主要操作流程示意。

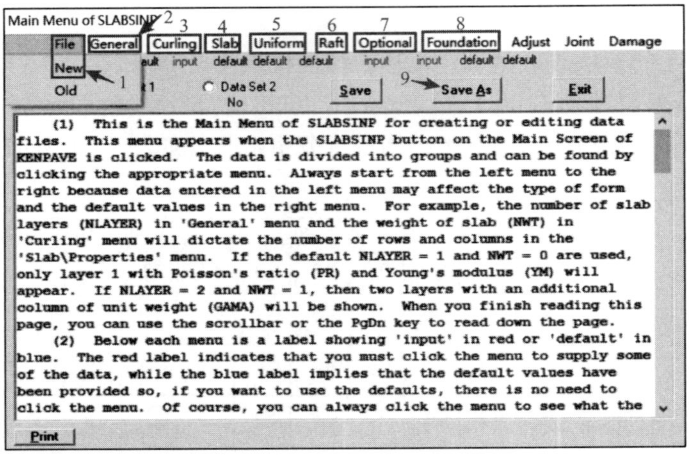

图 14-2 本章问题的主要操作流程示意图

14.2.1 新建数据文件

单击输入程序主菜单中的 File 选项卡，选择 New 选项，以新建一个数据文件。新建完成后 File 选项卡下方的状态标识会从红色 input 变成红色 Untitled，如图 14-3 所示。

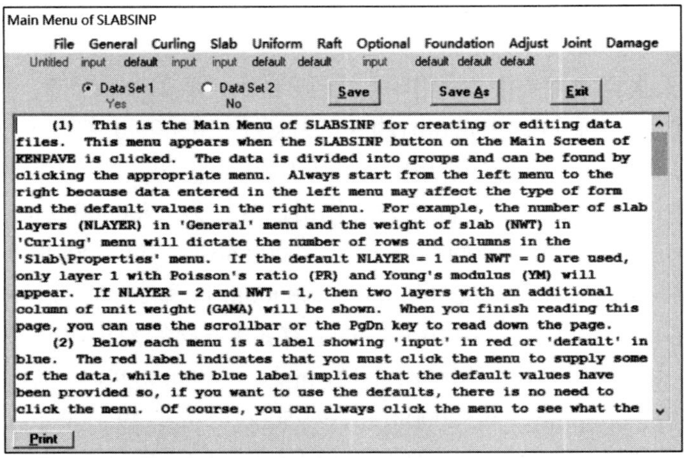

图 14-3 完成新建数据文件

14.2.2　输入基本参数

单击输入程序主菜单中的 General 选项卡，设置相关基本参数，程序中有部分默认值与模型是一致的，可直接采用，仅需做如图 14-4 所示的修改。

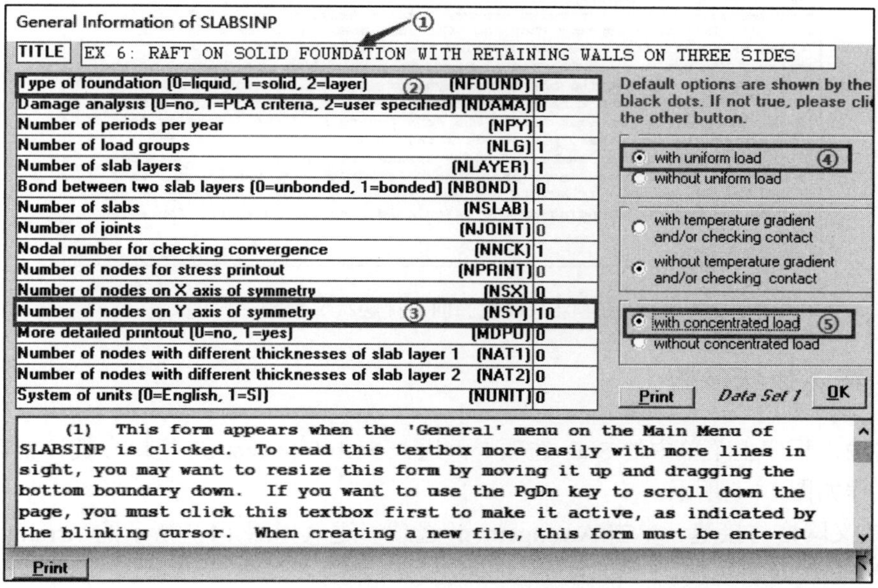

图 14-4　基本参数输入

(1) 标题。可以根据需要对当前数据文件进行一定描述，本程序中标题不能为空。

(2) 地基类型。本章问题中为固体地基，因此需要修改 NFOUND 为 1。

(3) 对称轴 y 轴上的节点数量。本章问题中有限元模型关于 y 轴对称，y 轴上有 10 个节点，因此修改 NSY=10。

(4) 均布荷载。本章问题中有一个均布荷载组，因此选择 with uniform load。

(5) 集中力荷载。本章问题中有多个集中力荷载，因此选择 with concentrated load。

其余选项保持默认即可，完成后如图 14-4 所示。单击 OK 按钮返回输入程序主菜单。

14.2.3　输入翘曲与接触状况参数

单击输入程序主菜单中的 Curling 选项卡，进入 Curling and Contact Conditions 翘曲与接触状况参数设置界面，只需将 FMAX 一栏由默认值 1in(2.54cm) 修改为 10in(25.4cm) 即可，其他默认值均符合本题题意，不予改动，具体见图 14-5。

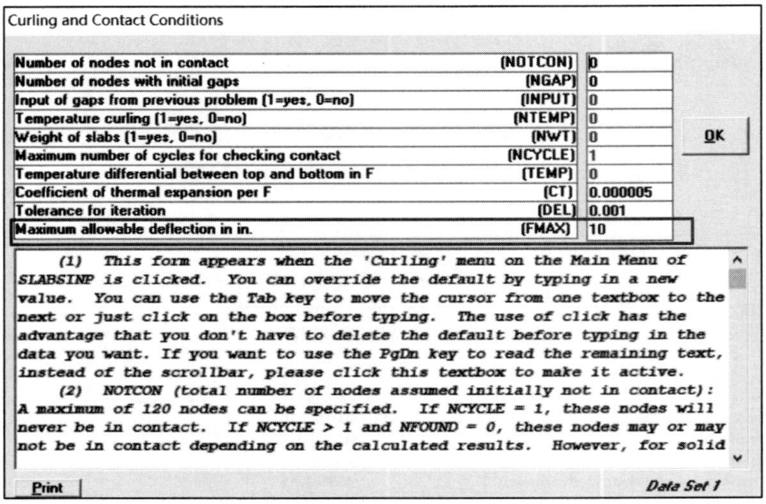

图 14-5 设置翘曲与接触状况参数

14.2.4 输入板块参数

单击输入程序主菜单中的 Slab 选项卡，进入 Slab Information 板块参数设置界面，参数输入流程如图 14-6 所示。

(1) 定义网格与接缝。单击 Arrangement 选项，进入如图 14-7 所示的 Arrangement of Slabs and Joints 界面。

按如图 14-1 所示的有限元模型，输入 NX 和 NY，分别为 11 和 10。完成后单击 OK 按钮返回上一层。

(2) 有限元网格的 x 坐标。单击 X-coordinate 选项，进入 X Coordinates of Each Slab 界面，单击 Slab1 按钮，即可进入板的 x 坐标输入界面，输入相应的有限元网格的 x 坐标，完成后如图 14-8 所示。单击 OK 按钮返回 Slab Information 界面。

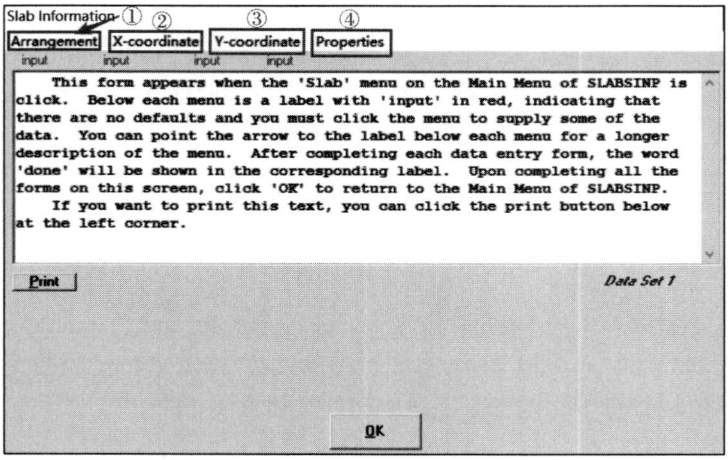

图 14-6 板块参数输入

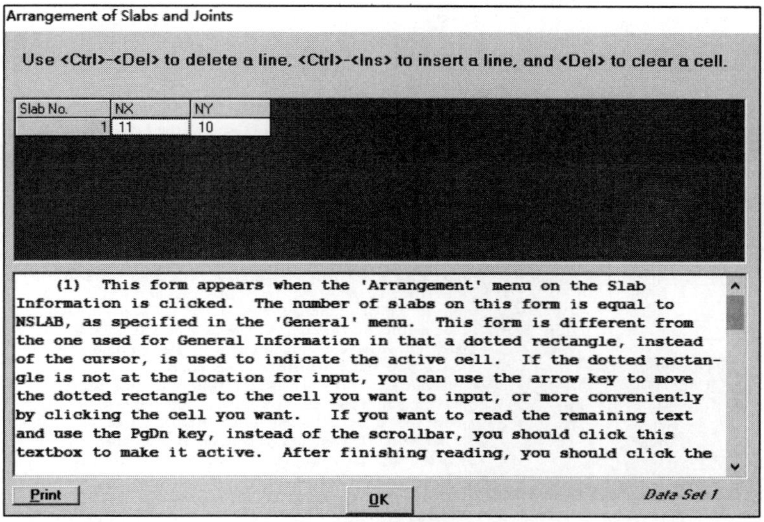

图 14-7　网格参数输入

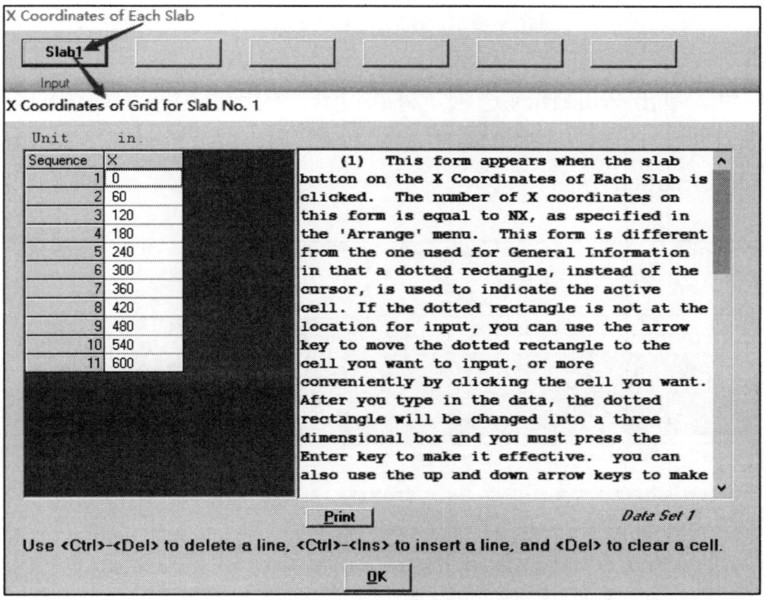

图 14-8　x 方向网格线的 x 坐标

(3) 有限元网格的 y 坐标。单击 Y-coordinate 选项，进入 Y Coordinates of Each Slab 界面。同理，输入相应的有限元网格的 y 坐标，完成后如图 14-9 所示。单击 OK 按钮返回 Slab Information 界面。

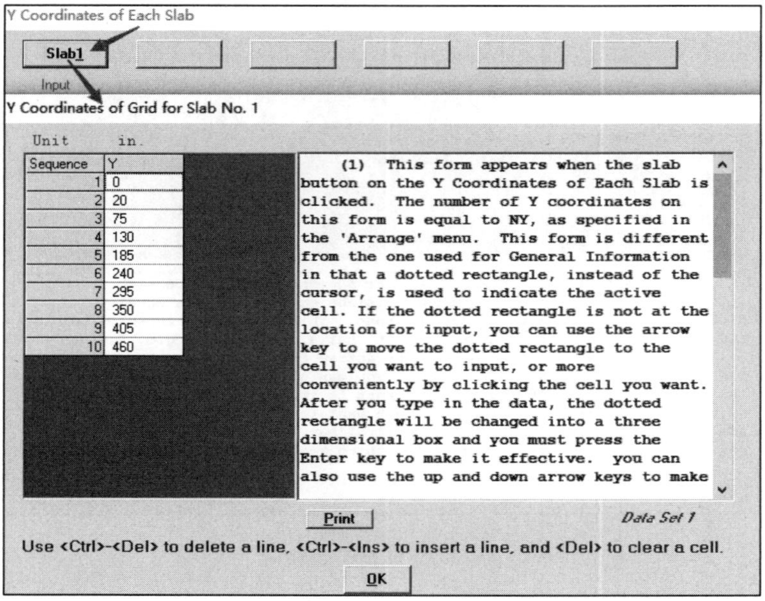

图 14-9　y 方向网格线的 y 坐标

(4) 筏板属性。单击 Properties 选项，将题设给出的参数输入程序中即可，筏板厚度 T 为 20in，泊松比 PR 为 0.15，弹性模量 YM 为 4×10^6psi，完成后如图 14-10 所示。单击 OK 按钮返回 Slab Information 界面。

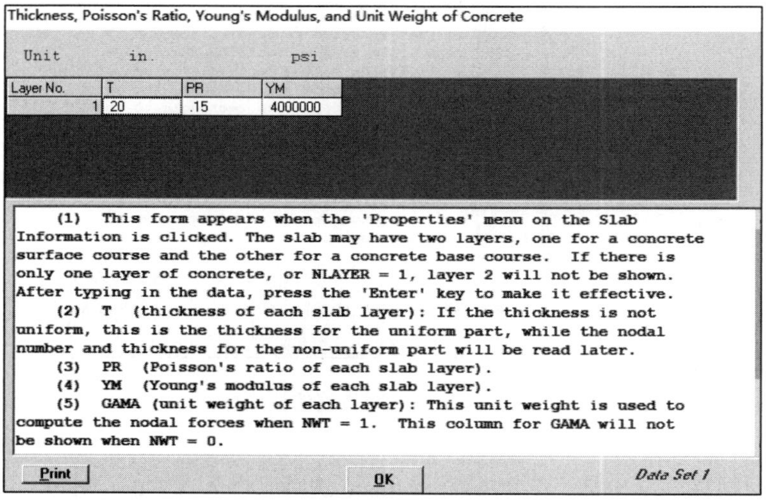

图 14-10　筏板属性参数输入

确认本步骤完成后，再单击 OK 按钮返回输入程序主菜单。

14.2.5　设置均布荷载

单击输入程序主菜单中的 Uniform 选项卡，进入 Loaded Areas and Contact Pressures 菜单。

首先，输入每个荷载组均布荷载的个数，本章问题中均布荷载由两个矩形组成，因此 NUDL 应为 2，如图 14-11 所示。

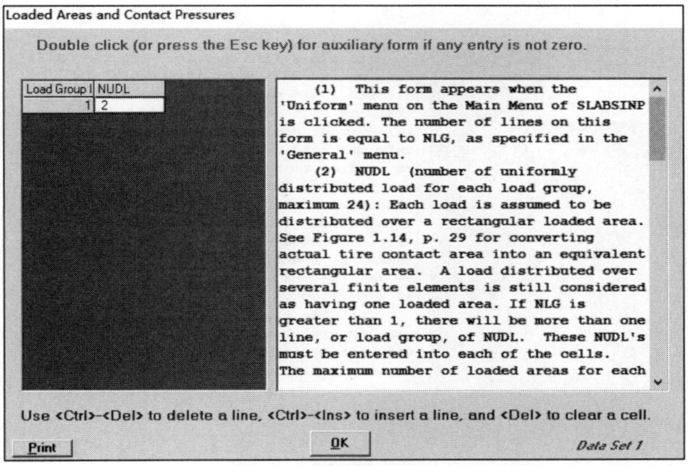

图 14-11　设置均布荷载构成

然后，在图 14-11 界面中按 Enter 键或者双击空白处，进入如图 14-12 所示的均布荷载组定义界面。程序中通过定义每一个荷载作用面的左、右、下、上边界坐标来定义荷载作用范围，可以分别定义每一个荷载作用面上的压力大小，本章问题中均为 125psi(约 861.88kPa)。经过简单计算即可填入数据表中，详细数据如图 14-12 所示。确认完成后单击 OK 按钮返回上一层，再次单击 OK 按钮返回输入程序主菜单。

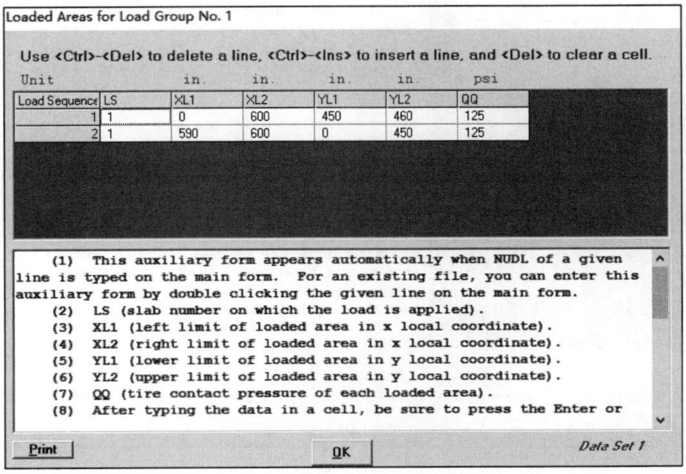

图 14-12　均布荷载组定义

14.2.6 设置集中力和力矩

单击输入程序主菜单中的 Raft 选项卡，进入 Number of Concentrated Forces and Moments 菜单。图 14-13 为参数输入流程示意图。

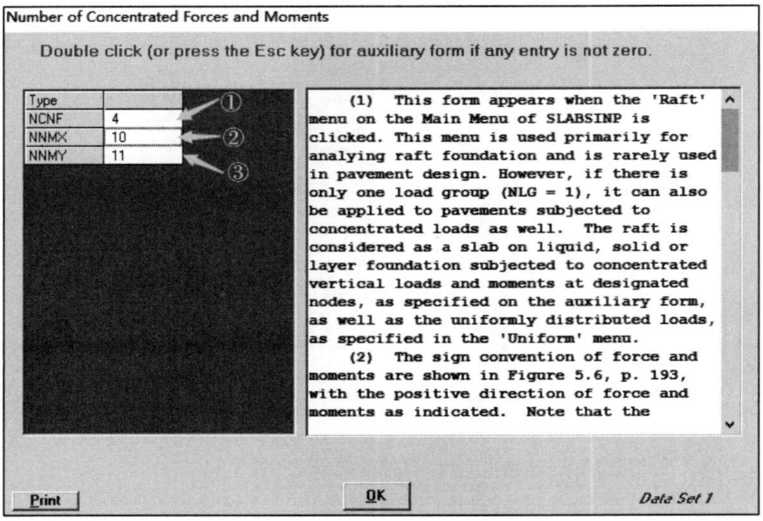

图 14-13 设置集中力和力矩数量

(1)集中力的数量。本章问题中有 4 个垂直向下的集中作用力，因此 NCNF 一栏输入 4。然后双击此表格或者按 Enter 键，即可进入 Vertical Loads at Designated nodes 界面，输入各个节点号及其对应的集中力大小，详细数据如图 14-14 所示。

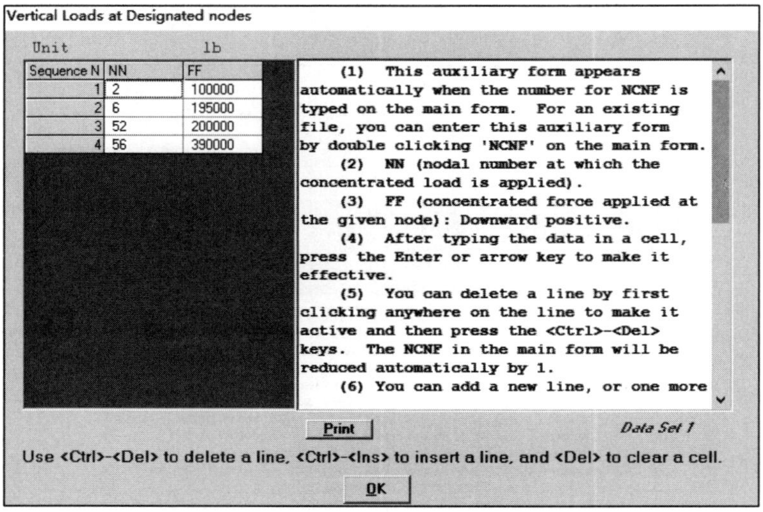

图 14-14 输入集中力

(2) x 轴方向集中力矩的数量。本章问题中有 10 个 x 轴方向的集中力矩，因此应在 NNMX 一栏输入 10。然后双击此表格或者按 Enter 键，即可进入 Moments about X-axis at Designated Nodes 界面，输入各个节点号及其对应的集中力矩的大小，详细数据如图 14-15 所示。

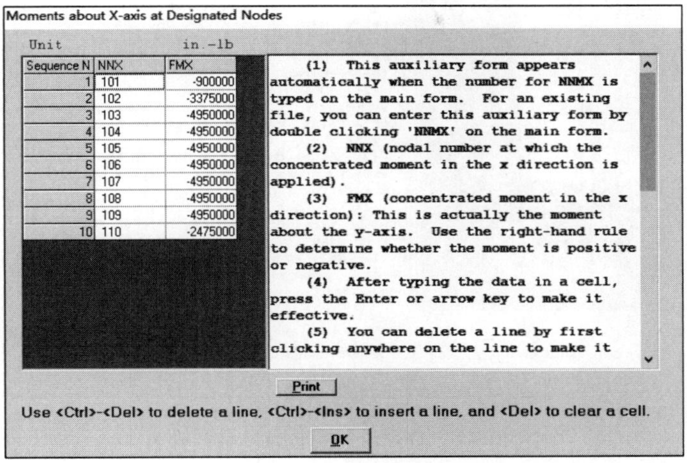

图 14-15 输入 x 轴方向集中力矩

(3) y 轴方向集中力矩的数量。本章问题中有 11 个 y 轴方向的集中力矩，因此应在 NNMY 一栏输入 11。然后双击此表格或者按 Enter 键，即可进入 Moments about Y-axis at Designated Nodes 界面，输入各个节点号及其对应的集中力矩的大小，详细数据如图 14-16 所示。

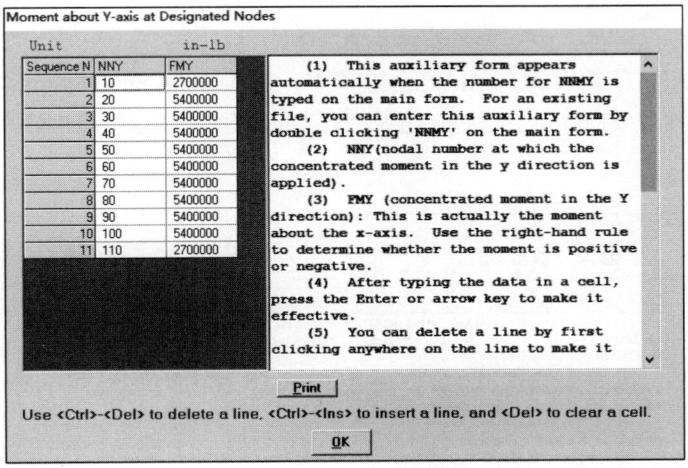

图 14-16 输入 y 轴方向集中力矩

14.2.7 输入其他可选参数

单击输入程序主菜单中的 Optional 选项卡，进入 Other Optional Information 菜单。参数输入示意图如图 14-17 所示。

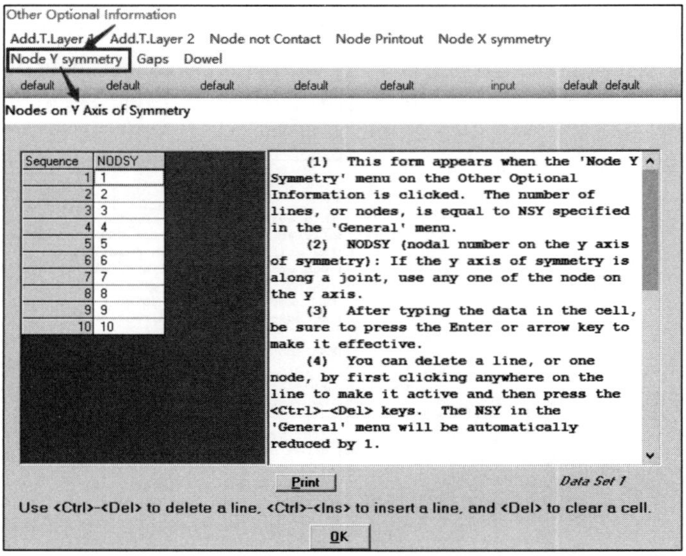

图 14-17 对称轴 y 轴上的节点号输入

输入对称轴 y 轴上的节点号。单击 Node Y symmetry 选项，进入 Nodes on Y Axis of Symmetry 界面，输入图 14-1 模型中 y 轴上的节点号，完成后如图 14-17 所示。单击 OK 按钮返回 Other Optional Information 菜单。

确认本步骤完成后，再单击 OK 按钮返回输入程序主菜单。

14.2.8 输入地基参数

单击输入程序主菜单中的 Foundation 选项卡，进入 Solid Foundation 菜单。输入问题中的固体地基弹性模量 YMS 为 7500psi（约 51.71MPa），泊松比 PRS 为 0.45，完成后如图 14-18 所示。

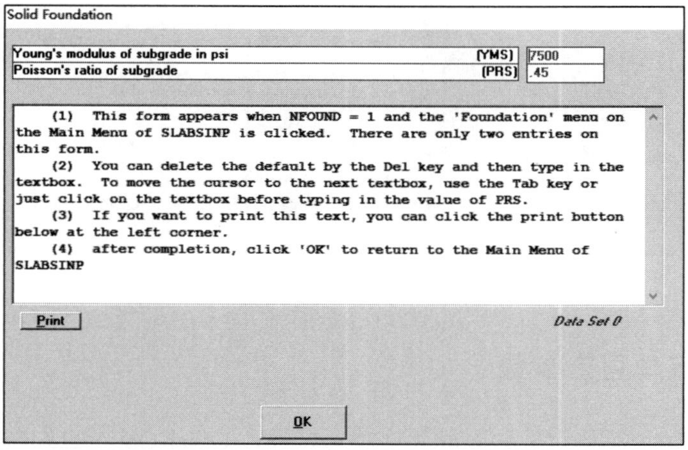

图 14-18 地基参数输入

确认本步骤完成后，单击 OK 按钮返回输入程序主菜单。

14.2.9　保存与退出

单击输入程序主菜单中的 Save As 按钮，另存为数据文件至与 KENPAVE.EXE 程序相同的路径下。注意：如图 14-19 所示，所有需要做出定义的部分都已经查看修改后，每个选项卡对应位置状态标识会从初始的红色 input 变为 done。确认完成后单击 Exit 按钮退出输入程序主菜单。本题输入数据文件保存命名为 SLA6.DAT。

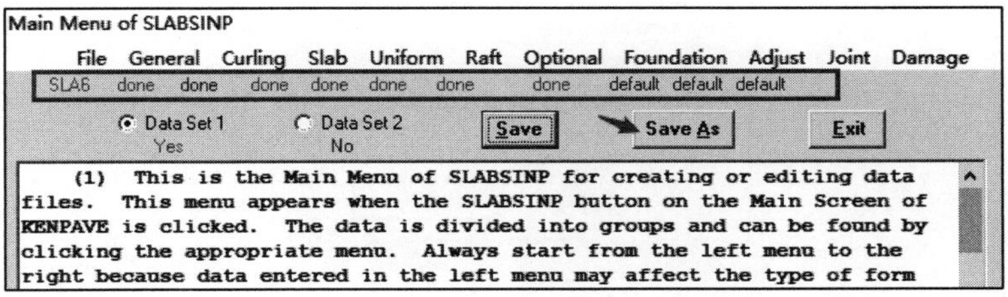

图 14-19　另存为后退出

保存后即在当前工作路径下生成一个“*.DAT”数据文件，此即本章问题的数据输入文件。生成的数据输入文件及其释义详见 14.4.1 节。

14.2.10　计算输出

回到 KENPAVE 程序主界面，按如图 14-20 所示的流程操作完成计算输出。

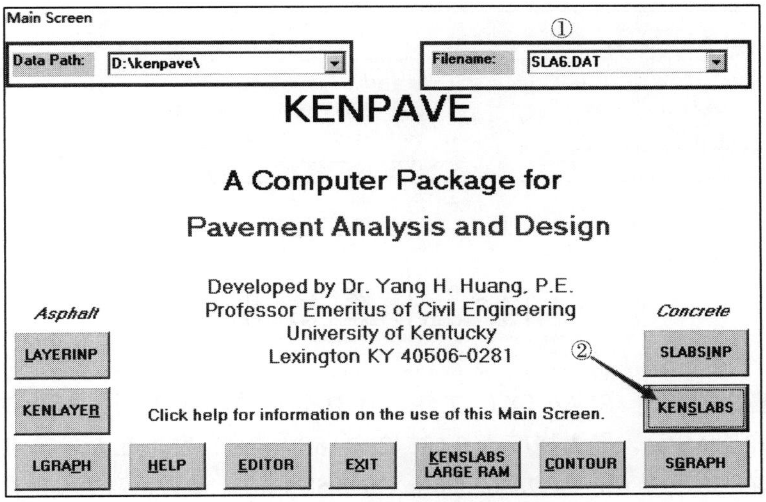

图 14-20　计算输出

(1) 确认右上方当前活动文件是否为刚才另存为的数据文件，若不是，则进行手动选取即可。若没有需要的输入文件，则是左上方当前工作路径不正确，切换为输入文件保存

路径即可。

(2)单击 KENSLABS 按钮即可完成当前输入文件的计算和输出。若没有报错即有如图 14-21 所示提示。

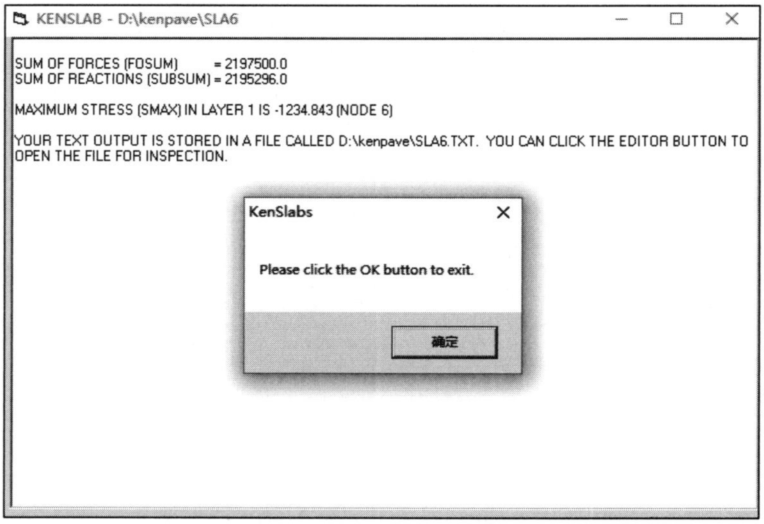

图 14-21 计算输出完成

单击“确定”按钮，即可退出。

计算完成后即可得到如图 14-22 所示的结果文件(SLA6.TXT)，其为文本格式，方便后续查看处理。

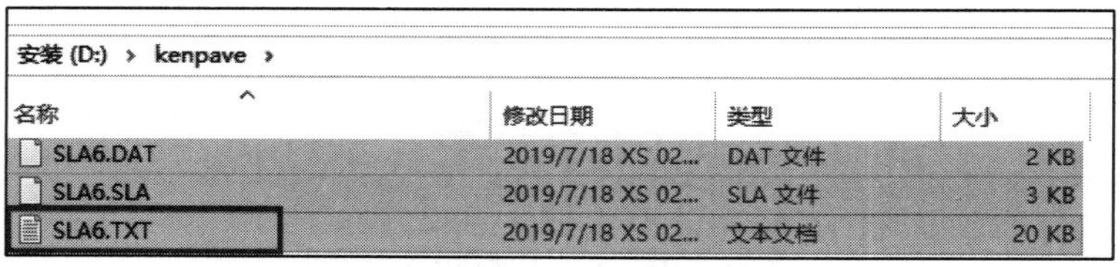

图 14-22 生成结果文件

14.3 计 算 结 果

用文本编辑器打开 SLA6.TXT 文件，计算得到的结果表明，筏板的最大应力为−1238.81psi(−8.54MPa)，最大挠度为 0.63542in(16.14mm)，发生在 6 号节点处；x 方向最大负弯矩发生在 56 号节点，为−78802.5lb·in(−8.905kN·m)，最大正弯矩发生在 21 号节点，为 24090.5lb·in(2.72kN·m)；y 方向最大负弯矩发生在 6 号节点，为−82587.5lb·in(−9.332kN·m)，最大正弯矩发生 53 号节点，为 18372lb·in(2.076kN·m)。详细的结果输出文件及其释义详见 14.4.2 节。

14.4　数据输入与结果输出文件释义

14.4.1　数据输入文件

1 (1) NPROB //待计算的问题数量为 1

EX 6: RAFT ON SOLID FOUNDATION WITH RETAINING WALLS ON THREE SIDES //标题或问题描述，不超过 68 个英文字符

1 0 1 1 (3) NFOUND NDAMA NPY NLG //地基类型，1~固体地基；不开展损伤分析；每年划分为 1 个时期；1 个荷载组

1 0 (4) NSLAB NJOINT //单块板；无接缝

11 10 0 0 0 0 (5) NX NY JONO1 JONO2 JONO3 JONO4 //板与网格布置：x 轴上 11 个节点；y 轴上 10 个节点；板的左、右、下、上边均不是接缝

1 1 0 0 0 0 0 0 0 1 0 0 0 10 0 0 1 2 1 (6) NLAYER NNCK NOTCON NGAP NPRINT INPUT NBOND NTEMP NWT NCYCLE NAT1 NAT2 NSX NSY MDPO NUNIT UL TC CL

//单层板；以 1 号节点为准检查收敛情况；初始情况下与地基不接触的节点数为 0；板与地基间有初始间隙的节点数为 0；打印输出所有节点上的应力；间隙和预压值不从上一问题得到；双层板的黏结方式，单层板时取 0；不考虑温度翘曲；不考虑自重；不需迭代，取 1；第 1 层板厚均匀时取 0；第 2 层板厚均匀或无第 2 层板时取 0；不关于 x 轴对称；对称轴 y 轴上有 10 个节点；不详细打印输出；单位为英制单位；后三个参数由程序自动生成，用于判断是否有均布荷载、温度翘曲、集中荷载

0 0 0 0 0 .000005 .001 10 (7) TEMP GAMA(1) GAMA(2) PMR(1) PMR(2) CT DEL FMAX

//板底与板顶无温度差；第 1 层板重度，不计自重时取 0；第 2 层板重度，不计自重或无第 2 层板时取 0；不开展损伤分析时第 1 层板抗弯拉强度可为 0 或默认值；不开展损伤分析或无第 2 层板时抗弯拉强度取 0；混凝土热膨胀系数为 5×10^{-6}°F^{-1}；用迭代法求解时的允许精度为 0.001；节点 NNCK 处的最大允许竖向位移为 10in

0 0 0 0 (8) F1(1) F1(2) F2(1) F2(2) //两层板的疲劳系数分别为 0，不开展损伤分析可设置任意值

0 60 120 180 240 300 360 420 480 540 600 0 20 75 130 185 240 295 350 405 460 (9) X's and then Y's

//每块板局部坐标系下，x 轴上 11 个节点的 x 局部坐标与 y 轴上 10 个节点的 y 局部坐标

20 .15 4000000 (10) T PR YM //板厚；混凝土的泊松比；混凝土的弹性模量

2 (12) NUDL //荷载组内均布荷载作用面积数量为 2 个

4 (13) NCNF //荷载组内集中力数量为 4 个

10 11 (14) NNMX NNMY //作用有 x 方向力矩的节点数量为 10 个；作用有 y 方向力矩的节点数量为 11 个

1 0 600 450 460 125 (15) LS XL1 XL2 YL1 YL2 QQ //荷载作用面积 1：作用板块编号；左、右、下、上四个边界的位置；接触压力，单位为 psi

1 590 600 0 450 125 (15) LS XL1 XL2 YL1 YL2 QQ //荷载作用面积 2：同上

```
2   100000   6   195000   52   200000   56   390000   (16) NN FF                    //作用有集中力的节点号及集中力的大小
101  -900000   102  -3375000   103  -4950000   104  -4950000   105  -4950000   106  -4950000   107  -4950000   108  -4950000   109
-4950000   110  -2475000   (16) NNX FMX                                           //作用有x方向集中力矩的节点号及集中力矩的大小
10   2700000   20   5400000   30   5400000   40   5400000   50   5400000   60   5400000   70   5400000   80   5400000   90   5400000
100   5400000   110   2700000   (16) NNY FMY                                        //作用有y方向集中力矩的节点号及集中力矩的大小
1  2  3  4  5  6  7  8  9  10   (20) NODSY                                       //对称轴y轴上节点的节点号
1   (22) FSAF                                                                     //时期内的地基季节调整系数为1
7500   .45   (28) YMS PRS                                     //固体地基弹性模量为7500psi；固体地基泊松比为0.45
```

14.4.2 结果输出文件

```
INPUT FILE NAME  -D:\kenpave\SLA6.TXT                                                //输入文件的文件路径及文件名

NUMBER OF PROBLEMS TO BE SOLVED =  1                                                 //待计算的问题数量

TITLE -EX 6: RAFT ON SOLID FOUNDATION WITH RETAINING WALLS ON THREE SIDES             //标题或问题描述

TYPE OF FOUNDATION (NFOUND)          =          1                                    //地基类型，1~固体地基
TYPE OF DAMAGE ANALYSIS (NDAMA)      =          0                                    //不开展损伤分析
NUMBER OF PERIODS PER YEAR (NPY)     =          1                                    //每年划分为1个时期
NUMBER OF LOAD GROUPS (NLG)          =          1                                    //1个荷载组
TOTAL NUMBER OF SLABS (NSLAB)        =          1                                    //单块板
TOTAL NUMBER OF JOINTS (NJOINT)      =          0                                    //无接缝

ARRANGEMENT OF SLABS                                                                 //板的布置
SLAB  NO. NODES (NX)  NO. NODES (NY)  JOINT NO. AT FOUR SIDES (JONO)  //板编号；x方向上节点数量；y方向上节点数量；板的左、右、下、上边的接缝编号
 NO.  IN X DIRECTION  IN Y DIRECTION      LEFT  RIGHT  BOTTOM  TOP
 1        11              10               0      0      0      0  //第1块板及其网格布置：x轴上11个节点；y轴上10个节点；板的左、右、下、上边均不是接缝
```

```
NUMBER OF LAYERS (NLAYER)--------------------------------------= 1        //单层板
NODAL NUMBER USED TO CHECK CONVERGENCE (NNCK)------------------= 1        //以 1 号节点为准检查收敛情况
NUMBER OF NODES NOT IN CONTACT (NOTCON)------------------------= 0        //初始情况下与地基不接触的节点数为 0
NUMBER OF GAPS (NGAP)------------------------------------------= 0        //已知板与地基间有初始间隙的节点数为 0
NUMBER OF POINTS FOR PRINTOUT (NPRINT)-------------------------= 0        //打印输出所有节点上的应力
CODE FOR INPUT OF GAPS OR PRECOMPRESSIONS (INPUT)- -----------= 0        //间隙和预压值不从上一问题得到
BOND BETWEEN TWO LAYERS (NBOND)--------------------------------= 0        //双层板之间的黏结情况，单层板时为 0
CONDITION OF WARPING (NTEMP)-----------------------------------= 0        //不考虑温度翘曲
CODE INDICATING WHETHER SLAB WEIGHT IS CONSIDERED (NWT)--------= 0        //不考虑自重
MAX NO. OF CYCLES FOR CHECKING CONTACT (NCYCLE)----------------= 1        //不需要迭代求解时为 1
NUMBER OF ADDITIONAL THICKNESSES FOR SLAB LAYER 1 (NAT1)-------= 0        //第 1 层板厚均匀时为 0
NUMBER OF ADDITIONAL THICKNESSES FOR SLAB LAYER 2 (NAT2)-------= 0        //第 2 层板厚均匀或无第 2 层板时为 0
NUMBER OF POINTS ON X AXIS OF SYMMETRY (NSX)-------------------= 0        //不关于 x 轴对称时为 0
NUMBER OF POINTS ON Y AXIS OF SYMMETRY (NSY)-------------------= 10       //关于 y 轴对称，且 y 轴上有 10 个节点
MORE DETAILED PRINTOUT FOR EACH CONTACT CYCLE (MDPO)-----------= 0        //不详细打印输出
TOLERANCE FOR ITERATIONS (DEL)---------------------------------= .001     //用迭代法求解时的允许精度为 0.001
MAXIMUM ALLOWABLE VERTICAL DISPLACEMENT (FMAX)-----------------= 10       //在节点 NNCK 处的最大允许竖向位移为 10in

SYSTEM OF UNITS (NUNIT)----------------------------------------= 0
        //采用英制单位体系，长度单位为 in，力的单位为 lb，应力单位为 psi，重度单位为 pcf，地基反应模量和传力杆支承模量单位为 pci，温度单位为°F
  (Length in in., force in lb, stress in psi, unit weigh in pcf
   subgrade and dowel K value in pci, and temperature in F)

FOR SLAB NO. 1 COORDINATES OF FINITE ELEMENT GRID ARE:           //1 号板的有限元网格划分
X =  0  60  120  180  240  300  360  420  480  540  600          //1 号板局部坐标系下，x 轴上 11 个节点的 x 局部坐标
Y =  0  20  75  130  185  240  295  350  405  460                //1 号板局部坐标系下，y 轴上 10 个节点的 y 局部坐标
```

```
LAYER       THICKNESS (T)       POISSON'S        YOUNG'S
 NO.                            RATIO (PR)      MODULUS (YM)
 1          20.00000            0.15000         4.000E+06              //第 1 层板的厚度为 20in，泊松比为 0.15，弹性模量为 4000000psi

No. OF LOADED AREAS (NUDL) FOR EACH LOAD GROUP ARE:  2                                         //荷载组内均布荷载作用面积数量为 2 个
NO. OF NODAL FORCES (NCNF) AND MOMENTS (NCMX AND NCMY) ARE: 4  10  11  //荷载组内有集中力 4 个，x 方向集中力矩数量为 10 个，y 方向集中力矩数量为 11 个

FOR LOAD GROUP NO. 1 LOADS ARE APPLIED AS FOLLOWS:                                             //第 1 个荷载组作用位置及接触压力
SLAB NO.   X COORDINATES          Y COORDINATES        INTENSITY
  (LS)    (XL1)       (XL2)       (YL1)       (YL2)       (QQ)         //作用的板块编号：左、右、下、上四个边界的位置；接触压力，单位为 psi
   1     0.00000   600.00000   450.00000   460.00000   125.00000                                    //荷载作用面积 1
   1   590.00000   600.00000     0.00000   450.00000   125.00000                                    //荷载作用面积 2

NODAL NUMBER AND ASSIGNED VERTICAL FORCES ARE:   2  1.000E+05   6  1.950E+05        //作用有垂向集中力的节点号以及对应的集中力大小，单位为 lb
  52  2.000E+05  56  3.900E+05

NODAL NUMBER AND ASSIGNED MOMENTS IN X DIRECTION (ABOUT Y AXIS) ARE:      //作用有 x 方向集中力矩的节点号以及对应的集中力矩大小，单位为 lb·in
 101 -9.000E+05 102 -3.375E+06 103 -4.950E+06 104 -4.950E+06 105 -4.950E+06
 106 -4.950E+06 107 -4.950E+06 108 -4.950E+06 109 -4.950E+06 110 -2.475E+06

NODAL NUMBER AND ASSIGNED MOMENTS IN Y DIRECTION (ABOUT X AXIS) ARE:      //作用有 y 方向集中力矩的节点号以及对应的集中力矩大小，单位为 lb·in
  10  2.700E+06  20  5.400E+06  30  5.400E+06  40  5.400E+06  50  5.400E+06
  60  5.400E+06  70  5.400E+06  80  5.400E+06  90  5.400E+06 100  5.400E+06
 110  2.700E+06

NODES ON Y AXIS OF SYMMETRY (NODSY) ARE: 1  2  3  4  5  6  7  8  9  10     //y 轴是对称轴，且不是接缝，y 轴上的节点号有 1、2、3、4、5、6、7、8、9、10
```

```
FOUNDATION ADJUSTMENT FACTOR (FSAF) FOR EACH PERIOD ARE: 1          //时期内的地基季节调整系数为1
YOUNG'S MODULUS OF FOUNDATION (YMS) =  7500                          //固体地基弹性模量为7500psi
POISSON'S RATIO OF FOUNDATION (PRS) =  .45                           //固体地基泊松比为0.45

THE GLOBAL COORDINATES (XO AND YO) OF EACH NODE ARE:                 //所有节点号及其整体坐标
   1    0.000    0.000   2    0.000   20.000   3    0.000   75.000
   4    0.000  130.000   5    0.000  185.000   6    0.000  240.000
   7    0.000  295.000   8    0.000  350.000   9    0.000  405.000
  10    0.000  460.000  11   60.000    0.000  12   60.000   20.000
  13   60.000   75.000  14   60.000  130.000  15   60.000  185.000
  16   60.000  240.000  17   60.000  295.000  18   60.000  350.000
  19   60.000  405.000  20   60.000  460.000  21  120.000    0.000
  22  120.000   20.000  23  120.000   75.000  24  120.000  130.000
  25  120.000  185.000  26  120.000  240.000  27  120.000  295.000
  28  120.000  350.000  29  120.000  405.000  30  120.000  460.000
  31  180.000    0.000  32  180.000   20.000  33  180.000   75.000
  34  180.000  130.000  35  180.000  185.000  36  180.000  240.000
  37  180.000  295.000  38  180.000  350.000  39  180.000  405.000
  40  180.000  460.000  41  240.000    0.000  42  240.000   20.000
  43  240.000   75.000  44  240.000  130.000  45  240.000  185.000
  46  240.000  240.000  47  240.000  295.000  48  240.000  350.000
  49  240.000  405.000  50  240.000  460.000  51  300.000    0.000
  52  300.000   20.000  53  300.000   75.000  54  300.000  130.000
  55  300.000  185.000  56  300.000  240.000  57  300.000  295.000
  58  300.000  350.000  59  300.000  405.000  60  300.000  460.000
  61  360.000    0.000  62  360.000   20.000  63  360.000   75.000
  64  360.000  130.000  65  360.000  185.000  66  360.000  240.000
  67  360.000  295.000  68  360.000  350.000  69  360.000  405.000
```

```
  70   360.000   460.000   71   420.000     0.000   72   420.000    20.000
  73   420.000    75.000   74   420.000   130.000   75   420.000   185.000
  76   420.000   240.000   77   420.000   295.000   78   420.000   350.000
  79   420.000   405.000   80   420.000   460.000   81   480.000     0.000
  82   480.000    20.000   83   480.000    75.000   84   480.000   130.000
  85   480.000   185.000   86   480.000   240.000   87   480.000   295.000
  88   480.000   350.000   89   480.000   405.000   90   480.000   460.000
  91   540.000     0.000   92   540.000    20.000   93   540.000    75.000
  94   540.000   130.000   95   540.000   185.000   96   540.000   240.000
  97   540.000   295.000   98   540.000   350.000   99   540.000   405.000
 100   540.000   460.000  101   600.000     0.000  102   600.000    20.000
 103   600.000    75.000  104   600.000   130.000  105   600.000   185.000
 106   600.000   240.000  107   600.000   295.000  108   600.000   350.000
 109   600.000   405.000  110   600.000   460.000

HALF BAND WIDTH (NB) =  132                                        //刚度矩阵半带宽

PERIOD 1 LOAD GROUP 1 AND CYCLE NO. 1                              //第 1 个时期，第 1 个荷载组，第 1 次迭代的计算结果
ITERATION NO. (IC) = 1 DIFFERENCE IN DEFLECTION =  0.34672310     //检查位移收敛性的迭代次数以及指定节点两次迭代的挠度差
ITERATION NO. (IC) = 3 DIFFERENCE IN DEFLECTION =  0.14762960     //同上
ITERATION NO. (IC) = 5 DIFFERENCE IN DEFLECTION =  0.01074073     //同上
ITERATION NO. (IC) = 7 DIFFERENCE IN DEFLECTION =  0.00078738     //同上
ITERATION NO. (IC) = 9 DIFFERENCE IN DEFLECTION =  0.00005746     //同上
ITERATION NO. (IC) =11 DIFFERENCE IN DEFLECTION =  0.00000447     //同上
ITERATION NO. (IC) =13 DIFFERENCE IN DEFLECTION =  0.00000030     //同上

NODAL NUMBERS AND DEFLECTIONS OF SLABS (F) ARE: (DOWNWARD POSITIVE)  //各个节点的竖向挠度，向下为正
   1   0.50594    2   0.51124    3   0.52086    4   0.54659    5   0.59124
```

```
  6   0.63542    7   0.63034    8   0.61216    9   0.57973   10   0.49996
 11   0.48192   12   0.48909   13   0.50966   14   0.53840   15   0.57723
 16   0.60948   17   0.61729   18   0.60704   19   0.57748   20   0.49873
 21   0.45527   22   0.46542   23   0.49350   24   0.52482   25   0.55812
 26   0.58539   27   0.59977   28   0.59838   29   0.57325   30   0.49615
 31   0.45303   32   0.46326   33   0.49150   34   0.52294   35   0.55631
 36   0.58360   37   0.59798   38   0.59657   39   0.57138   40   0.49420
 41   0.47552   42   0.48290   43   0.50396   44   0.53304   45   0.57203
 46   0.60436   47   0.61220   48   0.60195   49   0.57230   50   0.49336
 51   0.49612   52   0.50174   53   0.51211   54   0.53830   55   0.58313
 56   0.62744   57   0.62256   58   0.60463   59   0.57237   60   0.49258
 61   0.46895   62   0.47653   63   0.49805   64   0.52717   65   0.56592
 66   0.59827   67   0.60678   68   0.59770   69   0.56927   70   0.49136
 71   0.43676   72   0.44745   73   0.47684   74   0.50810   75   0.54026
 76   0.56721   77   0.58346   78   0.58564   79   0.56411   80   0.49006
 81   0.41875   82   0.43010   83   0.46124   84   0.49200   85   0.52091
 86   0.54600   87   0.56483   88   0.57245   89   0.55568   90   0.48554
 91   0.39847   92   0.40863   93   0.43816   94   0.46708   95   0.49343
 96   0.51662   97   0.53528   98   0.54423   99   0.52935  100   0.46236
101   0.32905  102   0.33775  103   0.36495  104   0.39135  105   0.41486
106   0.43559  107   0.45295  108   0.46211  109   0.44879  110   0.38455

NODAL NUMBER AND REACTIVE PRESSURE (SUBR) ARE: (COMPRESSION POSITIVE)      //各个节点的地基反力，压为正
  1    34.091    2    7.642    3    5.883    4    4.809    5    7.469
  6    11.902    7    9.377    8    8.430    9    9.133   10    9.435
 11    25.003   12    5.081   13    4.716   14    4.262   15    6.026
 16     7.829   17    7.989   18    8.088   19    9.015   20    9.314
 21    15.743   22    3.188   23    3.256   24    3.315   25    4.283
```

```
  26    5.329  27    6.339  28    7.502  29    8.818  30    9.123
  31   15.817  32    3.213  33    3.288  34    3.349  35    4.319
  36    5.364  37    6.370  38    7.527  39    8.836  40    9.170
  41   25.368  42    5.191  43    4.851  44    4.401  45    6.170
  46    7.968  47    8.116  48    8.197  49    9.105  50    9.570
  51   35.171  52    7.949  53    6.248  54    5.169  55    7.835
  56   12.258  57    9.713  58    8.737  59    9.409  60   10.279
  61   27.389  62    5.767  63    5.527  64    5.043  65    6.805
  66    8.588  67    8.730  68    8.808  69    9.708  70   11.482
  71   19.744  72    4.444  73    4.787  74    4.778  75    5.694
  76    6.692  77    7.719  78    8.943  79   10.289  80   13.724
  81   19.973  82    4.983  83    5.678  84    5.706  85    6.391
  86    7.255  87    8.424  88    9.981  89   11.502  90   17.221
  91   22.930  92    6.276  93    7.521  94    7.561  95    8.170
  96    8.946  97   10.062  98   11.566  99   12.928 100   19.882
 101   17.276 102    3.802 103    5.469 104    6.742 105    8.400
 106   10.401 107   13.206 108   16.715 109   18.923 110   16.441

SUM OF FORCES (FOSUM) = 2197500.0   SUM OF REACTIONS (SUBSUM) = 2195296.0        //总的作用力为2197500.0lb; 总的反作用力为2195296.0lb

NODE LAYER STRESS X   STRESS Y     MAJOR     MINOR   MOMENT X  MOMENT  Y
                                     //各个打印输出节点在各层位的x方向应力、y方向应力、最大主应力、最小主应力、x方向弯矩、y方向弯矩
  1    1  -866.657     0.000      0.000   -866.657 -57777.120     0.000
  2    1  -866.105  -423.986   -423.986   -866.105 -57740.340 -28265.760
  3    1  -301.557   277.771    277.771   -301.557 -20103.770  18518.090
  4    1  -193.241   235.174    235.174   -193.240 -12882.700  15678.280
  5    1  -424.099   126.397    126.397   -424.099 -28273.230   8426.438
  6    1 -1182.311 -1234.843  -1182.311  -1234.843 -78820.710 -82322.880
```

7	1	-419.669	-21.468	-21.468	-419.669	-27977.930	-1431.225
8	1	-166.113	-161.173	-161.173	-166.113	-11074.210	-10744.890
9	1	-150.974	-601.356	-150.974	-601.356	-10064.950	-40090.400
10	1	-233.823	0.000	0.000	-233.823	-15588.220	0.000
11	1	89.752	0.000	89.752	0.000	5983.477	0.000
12	1	111.228	5.537	171.840	-55.075	7415.180	369.146
13	1	-28.158	118.447	167.236	-76.948	-1877.229	7896.434
14	1	-47.856	175.164	177.221	-49.913	-3190.409	11677.600
15	1	-47.559	-82.525	63.673	-193.757	-3170.570	-5501.688
16	1	160.710	-381.191	160.823	-381.304	10713.980	-25412.720
17	1	-59.451	-221.744	32.408	-313.603	-3963.416	-14782.960
18	1	-77.437	-195.967	-34.658	-238.746	-5162.482	-13064.460
19	1	-118.582	-615.648	-116.629	-617.601	-7905.491	-41043.210
20	1	-218.932	0.000	0.000	-218.932	-14595.460	0.000
21	1	318.091	0.000	318.091	0.000	21206.090	0.000
22	1	270.886	31.253	277.992	24.148	18059.070	2083.565
23	1	207.629	85.501	215.454	77.675	13841.920	5700.040
24	1	177.628	70.923	178.334	70.217	11841.850	4728.193
25	1	228.405	-50.946	233.287	-55.828	15227.020	-3396.424
26	1	238.539	-144.879	238.602	-144.942	15902.560	-9658.598
27	1	188.095	-172.429	195.551	-179.884	12539.690	-11495.270
28	1	59.891	-255.357	64.766	-260.232	3992.731	-17023.770
29	1	-61.508	-644.422	-60.967	-644.963	-4100.529	-42961.500
30	1	-193.040	0.000	0.000	-193.040	-12869.340	0.000
31	1	321.790	0.000	321.790	0.000	21452.660	0.000
32	1	274.587	31.350	280.342	25.595	18305.810	2090.002
33	1	211.098	85.275	217.398	78.975	14073.170	5685.025
34	1	180.890	70.663	181.886	69.667	12059.350	4710.897

35	1	231.543	-50.977	236.585	-56.019	15436.170	-3398.469
36	1	241.712	-144.726	241.768	-144.783	16114.110	-9648.402
37	1	191.625	-172.167	199.056	-179.598	12775.020	-11477.820
38	1	63.993	-255.094	68.964	-260.065	4266.169	-17006.270
39	1	-56.770	-644.195	-56.153	-644.812	-3784.682	-42946.320
40	1	-187.745	0.000	0.000	-187.745	-12516.320	0.000
41	1	99.401	0.000	99.401	0.000	6626.706	0.000
42	1	120.441	5.378	175.543	-49.725	8029.369	358.519
43	1	-19.852	117.392	166.001	-68.460	-1323.453	7826.154
44	1	-40.404	174.033	176.425	-42.796	-2693.576	11602.190
45	1	-40.719	-82.729	68.014	-191.462	-2714.577	-5515.269
46	1	167.715	-380.573	167.810	-380.668	11181.020	-25371.550
47	1	-51.088	-220.925	37.901	-309.913	-3405.853	-14728.300
48	1	-66.767	-195.358	-26.766	-235.359	-4451.111	-13023.850
49	1	-105.153	-615.079	-103.289	-616.942	-7010.169	-41005.230
50	1	-203.056	0.000	0.000	-203.056	-13537.080	0.000
51	1	-859.463	0.000	0.000	-859.463	-57297.530	0.000
52	1	-859.828	-425.181	-425.162	-859.846	-57321.840	-28345.390
53	1	-296.658	274.129	274.133	-296.663	-19777.230	18275.260
54	1	-190.455	231.676	231.677	-190.456	-12697.000	15445.070
55	1	-423.372	125.678	125.679	-423.373	-28224.810	8378.503
56	1	-1181.613	-1233.197	-1181.567	-1233.243	-78774.220	-82213.130
57	1	-415.636	-19.885	-19.833	-415.687	-27709.060	-1325.648
58	1	-155.958	-160.902	-152.234	-164.626	-10397.170	-10726.820
59	1	-133.602	-601.395	-133.548	-601.449	-8906.828	-40093.020
60	1	-209.394	0.000	0.000	-209.394	-13959.610	0.000
61	1	73.030	0.000	73.030	0.000	4868.683	0.000
62	1	92.988	1.099	160.372	-66.284	6199.185	73.297

63	1	-47.455	106.450	154.206	-95.211	-3163.692	7096.694
64	1	-71.495	164.582	167.561	-74.474	-4766.323	10972.130
65	1	-76.897	-84.432	52.171	-213.500	-5126.469	-5628.805
66	1	129.442	-376.347	129.670	-376.575	8629.460	-25089.800
67	1	-83.890	-218.406	27.779	-330.075	-5592.657	-14560.380
68	1	-88.094	-198.511	-28.887	-257.718	-5872.946	-13234.060
69	1	-113.213	-619.692	-108.955	-623.950	-7547.505	-41312.800
70	1	-197.893	0.000	0.000	-197.893	-13192.860	0.000
71	1	222.066	0.000	222.066	0.000	14804.400	0.000
72	1	177.312	17.963	192.705	2.570	11820.780	1197.554
73	1	119.742	49.888	134.299	35.331	7982.824	3325.849
74	1	85.271	38.766	95.717	28.320	5684.716	2584.413
75	1	119.113	-55.122	136.384	-72.392	7940.896	-3674.809
76	1	122.075	-128.608	122.358	-128.891	8138.337	-8573.831
77	1	81.688	-163.314	108.245	-189.871	5445.862	-10887.620
78	1	-17.556	-269.032	5.775	-292.363	-1170.391	-17935.480
79	1	-111.138	-663.368	-106.520	-667.986	-7409.202	-44224.530
80	1	-216.257	0.000	0.000	-216.257	-14417.110	0.000
81	1	35.526	0.000	35.526	0.000	2368.399	0.000
82	1	9.048	0.311	11.644	-2.286	603.168	20.732
83	1	-28.355	-6.093	-5.090	-29.358	-1890.326	-406.227
84	1	-44.660	-30.801	-13.437	-62.024	-2977.330	-2053.386
85	1	-45.432	-56.921	-22.123	-80.231	-3028.815	-3794.766
86	1	-57.573	-86.655	-56.805	-87.422	-3838.180	-5776.966
87	1	-94.079	-145.335	-83.918	-155.496	-6271.939	-9688.995
88	1	-165.049	-309.868	-157.108	-317.808	-11003.250	-20657.840
89	1	-261.352	-703.881	-259.072	-706.161	-17423.480	-46925.400
90	1	-366.043	0.000	0.000	-366.043	-24402.850	0.000

第三篇

KENSLABS 软件应用的再思考

第 15 章　KENSLABS 应用的进一步说明

前面第 2～14 章以 KENSLABS 软件所附标准算例，分别详细介绍了 DOS 版本、Windows 版本的应用流程。下面结合这些算例开展进一步的说明。

15.1　前处理中需要注意的一些问题

与其他有限元程序类似，KENSLABS 在前处理时要考虑模型范围、单元剖分、材料模型及其参数、边界条件、初始条件、荷载、有限元求解策略等，下面予以进一步的详细说明。同时需要注意的是，KENSLABS 基于板块有限元而开发，并非三维有限元软件，程序无法获得应力沿板厚的分布。

15.1.1　模型范围

对于一般问题，按照准备分析的板块实际平面尺寸取定模型范围；对于模拟无限大板，板的边界或板边距离荷载需要至少 10ft(3.05m)，以 *Pavement Analysis and Design* 中图 5.26 为例，大板 7.3m(24ft)长、7.3m(24ft)宽，轮胎-路面接触面积为边长 278mm (10.95in)的正方形，板中受荷，则板边距离荷载 144−10.95/2=138.525in(3.52m)，大于 10ft(3.05m)。在有限元法中，无限大板还可近似取长 $20l$、宽 $20l$ 的大板，其中 l 为相对刚度半径。若结构与荷载对称，则只需考虑板体系的 1/2 或 1/4，从而减少单元剖分等前处理工作量，同时节省机时和存储空间。需要注意的是，当对称轴恰为接缝时，需要特别处理。选取任意的 1/2 或 1/4 结构皆可，因坐标原点始终置于左下角，均可保证节点坐标全部为正值。当模型平面范围确定后，模型范围则由各板最右侧、最上侧的有限元网格坐标 x、y 在 KENSLABS 中予以界定。

板厚按照实际尺寸输入。层状地基除最下一层，其他均按实际厚度输入。固体地基和层状地基最下一层均视为半无限体，无须输入固体地基或层状地基最下一层的厚度。

15.1.2　坐标体系

如图 15-1 所示，KENSLABS 程序严格规定每块板的左下角为坐标原点，若考虑对称性(取板体系的 1/2 或 1/4)，则坐标原点相应地移动即可(仍置于左下角)，坐标的正方向示于图中。坐标体系主要用于确定每块板上节点的平面坐标、矩形均布荷

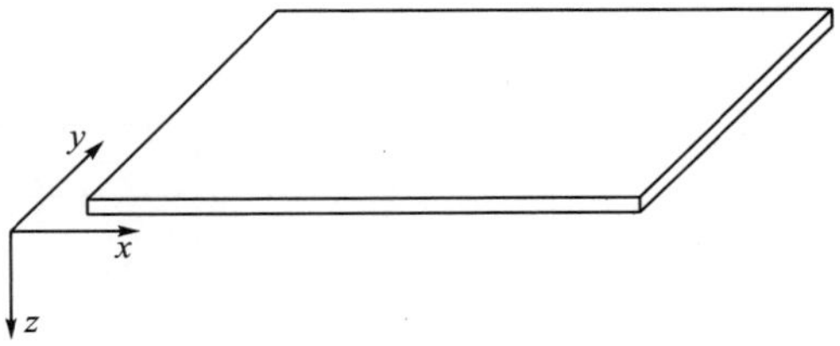

图 15-1　坐标系定义

载的位置与范围。

15.1.3 单元剖分

KENSLABS 程序使用规则的四节点矩形平板单元离散板块，如图 15-2 所示，每一个节点有 F_{ω}、$F_{\theta x}$、$F_{\theta y}$ 三个节点力和 ω、θ_x、θ_y 三个相应的位移。

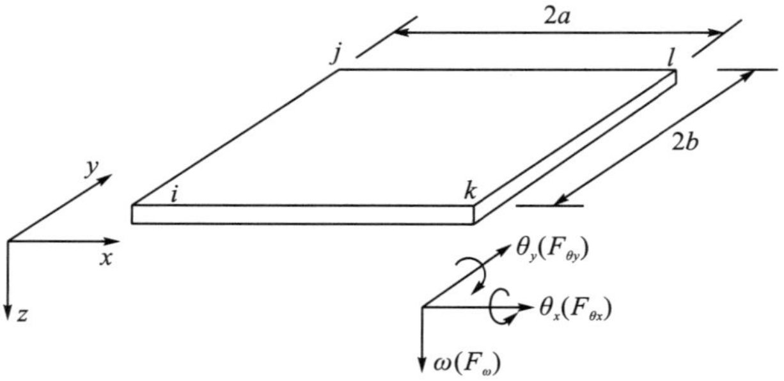

图 15-2 矩形平板单元

地基、传力杆均不需剖分单元。KENSLABS 未使用梁单元、杆单元等结构性单元来模拟传力杆。

划分板的四节点矩形单元时，不必划分得过细。一般来说，靠近荷载或重要的位置，单元宽 10～12in(254～304.8mm)便已足够。大一点的单元可用于远离荷载的区域。为了得到较为精确的结果，所有单元的长宽比都不应大于 5。确定了有限元网格后，根据程序默认的坐标体系，即可计算出所有网格线的 x 或 y 坐标，在数据输入过程中即可将它们输入 SLABSINP 程序中。此部分工作需要手动实现，软件尚无法自动生成符合要求的有限元网格，用户可适当借助 AutoCAD 等软件实现。

如有两层板，软件并不需要针对第 2 层板再剖分单元，第 1 层板的单元将被垂向一一映射到第 2 层板。

在剖分单元时，尚需注意相邻节点的对应吻合，如图 15-3 所示，而类似图 15-4 的网格剖分是错误的。

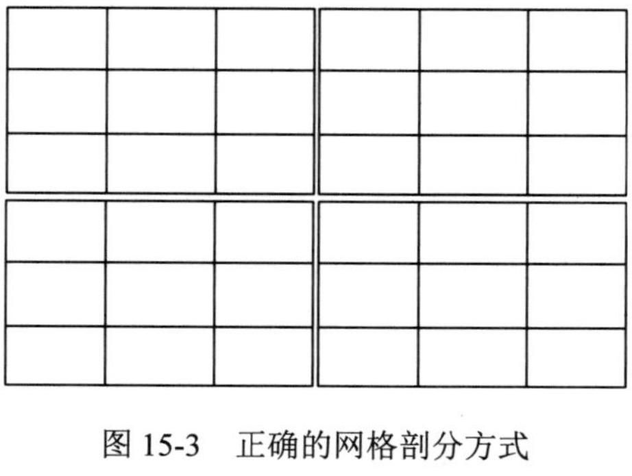

图 15-3 正确的网格剖分方式

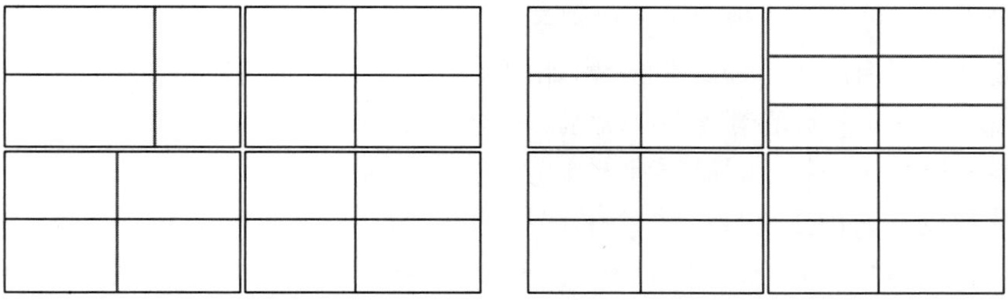

图 15-4　两种错误的网格剖分方式

15.1.4　板块、接缝和单元编号

在运行 KENSLABS 之前，需要用户预先根据面板的平面布置，将板块、接缝按照一定规则分别编号，然后将板块划分成不同大小的矩形有限元，并正确编排单元、节点序号，下面详细阐述。

板块编号规则：首先，将左下角的板编为 1 号，再沿着纵向由下而上继续依次进行编号。当一列板块编号完成后，转至右边的一列，继续由下而上编号，直至将所有的板编号完毕。KENSLABS 所分析的板块必须是规则的矩形，且板块数量不可超过 9 块(Windows 版本调整为 6 块)。

接缝则可按任意方式顺序编号，但接缝数量不多于 12 条(Windows 版本调整为 7 条)。

每一块板的节点编号类似板块编号，均从每块板的左下角开始，顺着纵向排列由下而上连续编号，然后转至右边一列节点，直至板的所有节点编号完毕。再转至下一块板。需要注意的是，尽管节点坐标是以每块板的左下角为准而填入局部平面坐标信息，但节点编号却是由第 1 块板开始整体编排的，且节点编号最大不超过 420(Windows 版本调整为 210，如有两层板，第 2 层板的节点数不计入节点总数的限制)。软件没有注明单元数量的上限，单元数量受最大节点数量限制。

15.1.5　材料模型及其参数

针对地基，程序中内置 3 种不同的地基模型，即液体地基(Winkler 地基)、固体地基(Boussinesq 地基)和层状地基(Burmister 地基)。液体地基虽然与实际不完全相符，但是由于其计算简便，只需少量机时和存储空间，所以应用最为普遍，只需要填入地基反应模量即可。随着计算机计算效率的提高，其他地基模型也可以实现较高效的计算。一般地，若面板直接铺设在地基上，则应采用较符合实际的固体地基；若面板铺设在一层或多层粒状材料上，则建议采用层状地基。对于固体地基或层状地基，需要填入弹性模量、泊松比。

对于由混凝土材料构成的面板，需要填入弹性模量、泊松比、重度、热膨胀系数、抗弯拉强度等参数，程序中设有默认值，可直接采用。需要注意的是，重度需视是否考虑板块自重而输入；热膨胀系数用于计算温度翘曲；抗弯拉强度用于损伤分析。

若模型中设置有接缝，则需要根据是否有传力杆等，确定接缝参数。对于传力杆、拉杆等钢筋类材料，程序中预置了其弹性模量和泊松比，建议直接采用即可，当然也可以根据实际需要修改。确定传力杆布置参数(如间距、直径等)，或根据 Huang(1993)中的相关理论计算出相应的剪切弹簧常数和弯矩弹簧常数后，填入 SLABSINP 中即可。

若需要开展损伤分析，则需要确定疲劳开裂准则及相应的损伤分析参数，以及每个时期的交通量参数。进行损伤分析时，每年最多可划分为 24 个时期(Windows 版本调整为 12 个)，每个时期最多可有 24 个荷载组(Windows 版本调整为 12 个)，每个时期可以定义地基的季节调整系数(FSAF)。液体地基的反应模量或固体和层状地基的刚度矩阵，乘以此系数来模拟地基刚度的季节变化。

15.1.6 初始条件与边界条件

在 KENSLABS 程序中有三种板与地基之间的接触模式，分别为完全接触、无初始间隙的部分接触和有初始间隙的部分接触：

(1)若为完全接触，则设置 NCYCLE=1、NOTCON=0、NGAP=0、NWT=0。

(2)若为无初始间隙的部分接触，则设置 NCYCLE=10、NGAP=0，NOTCON 为假设初始时不接触的节点数量，若 NCYCLE=1，则表示这些节点是一直不接触的。

(3)若为有初始间隙的部分接触，则设置 NCYCLE=10、NOTCON=0，NGAP 为板与地基间有初始间隙的节点数量。与此同时，可以将问题分为两个步骤，Data Set 1 中计算板自重、温度翘曲、初始间隙等的作用下产生的间隙和预压值，Data Set 2 中则设置 INPUT=1，利用计算所得的间隙和预压值确定均布力、集中力作用下产生的力学响应。

KENSLABS 软件无须用户对边界条件予以另外处理。

15.1.7 荷载

KENSLABS 程序可考虑温度梯度、矩形垂向均布轮载或垂向集中力等作用下的力学响应。

对于温度梯度，可考虑正温度梯度或负温度梯度情况下的温度翘曲，注意，KENSLABS 程序仅可考虑线性变化的温度梯度。

对于矩形均布荷载，程序中通过确定每一个荷载作用面积的左、右、下、上的界限，来确定均布荷载的分布位置与范围。因此，需要用户根据轴载、接触压力、轮距、轮迹间距、轴距等参数，计算出垂向均布荷载作用面积的四边在局部坐标系中的位置，以及每个荷载作用面积的接触应力(即每个受荷面积可有不同的压力强度)。多个荷载作用面积即可以组成不同的轮轴组合。单元剖分时，并不需要严格地在均布荷载作用面积边缘处布设节点，如图 15-5 所示。

垂向集中力则需直接施加于节点上。若需施加垂向集中力，则需要在网格剖分时即在拟施加垂向集中力处布设节点。

需要特别注意的是，尽管有的工况需要考虑板块自重，但该重力将转换为节点力，用于计算板块自重作用下的预压值，并非在板块内产生了自重应力。

Windows 版本还可以考虑作用于节点上的力矩。

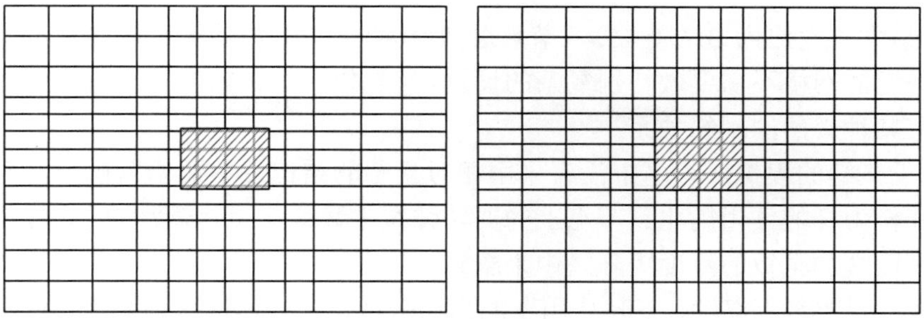

图 15-5　单元剖分与矩形均布荷载作用面积的关系

15.1.8　6 个典型算例前处理再思考

算例 1 是关于液体地基上板的温度翘曲的常规分析，在模型建立、计算分析中需要注意如下几点：

(1) 该算例针对单块板进行分析，考虑了模型的对称性，仅取了 1/4 结构，注意板块数 NSLAB 仍需取为 1，并非 0.25。

(2) 程序默认左下角为板块局部坐标和模型整体坐标的原点，在本算例中取右上方的 1/4 块板开展分析，实际上取左上方、左下方或右下方的 1/4 块板均可，这样处理均可使得所有的有限元节点坐标都不会出现负值，以方便数据输入、模型检查以及计算完成后的数据处理。

(3) 关于荷载组数量(NLG)，如前文所述，若仅有温度翘曲，则此参数也应该为 1，而不应该为 0。

(4) 在设计、划分有限元网格时应判断其是否满足程序要求。本算例单块板模型中 x 方向网格线数量为 7(<15)，y 方向网格线数量为 7(<15)，单元最大长宽比为 3.25(<5)，节点总数 49(<420)，均满足程序的基本要求。在网格疏密分布方面，就本算例而言，可以预见 1 号节点，即板中心的应力最大，且板边中部应力应当也较大，因此考虑中部网格较密、两边较疏。

(5) 是否考虑自重，若考虑自重又以何种方式考虑，都应当取决于实际情况。在液体地基和完全接触的情况下，自重对应力的影响为 0，因此算例中没有考虑板的自重。

算例 2 与算例 1 类似，但因温度翘曲可能使板边与地基发生分离，于是考虑了部分接触。此时应注意：

关于自重的考虑。算例 1 中在液体地基和完全接触的情况下，自重对应力的影响为 0，因此算例 1 中没有考虑板的自重。但算例 2 中为部分接触，自重对应力的影响不明，因此考虑板的自重。

算例 3 中为受双轴双轮组作用下的两块板体系，为固体地基和完全接触的情况。该算例应注意以下几点：

(1) 网格划分应注意在荷载作用区域适当加密，对于非受荷板，由于接缝传荷的影响，也应该在靠近荷载作用区域适当加密。算例 3 中 1 号板 x 方向网格线数量为 7(<15)，y 方向网格数量为 8(<15)，2 号板 x 方向网格线数量为 6(<15)，y 方向网格数量为 8(<

15)，单元最大长宽比为 3.75(<5)，节点总数 104(<420)，均满足程序基本要求。荷载作用面积附近的网格不需要做特别复杂的设置，荷载作用面积的位置和网格划分之间相对独立，没有某种必然的制约关系。

(2) 对于接缝的模拟。程序中没有采用相对复杂的结构性单元予以模拟，而是直接将骨料嵌锁和传力杆的作用简化到节点上的剪切弹簧常数或弯矩弹簧常数。此处理方法便于将接缝的刚度叠加至板的刚度矩阵之中来求解。

算例 4 为受单轴、双轴、三轴作用下的损伤分析，为固体地基和完全接触的情况。开展多个时期多个荷载组的损伤分析时，需要注意以下几点：

(1) 在荷载为单轴、双轴或三轴时，模型均是关于 y 轴对称的，因此可以考虑模型的对称性，本例取右半结构。值得注意的是，仅在单块板时可以开展损伤分析。

(2) 荷载组数量为 3，分别对应单轴、双轴和三轴荷载。由于考虑了模型的对称性，单轴荷载的 4 个作用面积均取右半部分，荷载作用面积数量依然为 4 个，但单个面积减半；双轴荷载的 8 个作用面积取半结构，荷载作用面积数量也为 4 个；三轴荷载的 12 个作用面积取半结构，荷载作用面积数量应为 8 个，其中 4 个为完整的作用面积，另外 4 个作用面积则减半。

(3) 为了得到荷载作用下的最不利应力，从而得到最不利情况下的最短设计寿命，每个荷载组都作用在板的长边边缘中部。

(4) 网格划分方式。根据算例具体情况，荷载作用处板边应力预计会较大，因此除了在近荷区加密，在板边处网格相对也更密集。

算例 5 是四块板的力学分析，为层状地基和部分接触的情况。在开展多块板的力学分析时应注意：

(1) 板块的编号规则是程序默认的，而接缝的编号可以根据用户的习惯自定义，本算例中接缝的编号是其中一种方式，其余编号方式也可，不会影响最终计算结果。

(2) DOS 版本中，本算例采用的是双层板。双层板在网格划分时，第二层板的网格不需要用户划分；同时受层间结合状态的影响，板的刚度矩阵有所改变，从而对力学响应产生影响。

(3) 由于唧泥作用产生的初始间隙，在两个版本的算例中有所区别，DOS 版本共有 8 个节点有初始间隙，而 Windows 版本共有 12 个，多出了上、下板边的 4 个节点。

(4) 模型是关于 x 轴对称的，但是由于模型中网格划分比较稀疏，直接取全结构计算也不复杂。当然，为了得到更精确的结果，有必要将网格适当加密，用上半结构或下半结构进行计算。此时，板块数应为 2，接缝数应为 3，同时由于对称轴 x 轴为接缝，因此 x 轴上的节点数量应为 1，即 NSX=1，NODSX 为 x 轴上任一节点号。

(5) 问题的求解分为两步，第 1 步计算初始间隙、自重、温度翘曲作用下的间隙和预压值，第 2 步读入第 1 步的计算结果(取 INPUT=1)，仅计算荷载产生的应力和挠度。

(6) 关于接缝参数的设置。设置传力杆参数最后结果是转换为弹簧常数，直接输入弹簧常数也是同样的效果。不同的是，前者可以使传力杆非均匀分布，而后者不能。

算例 6 是 Windows 版本新特性的一个示例，计算受集中力、集中力矩和均布荷载同时作用的水泥混凝土筏板基础的内力及应力。

(1)筏板基础与水泥混凝土路面类似，但不尽相同。筏板基础一般面积较大，承受的荷载较大，同时挠度也较大，因此判断模型正确与否的位移上限为 FMAX=10in(254mm)，而对于水泥混凝土路面为 FMAX=1in(25.4mm)。筏板基础更多地受均布荷载、集中力和集中力矩的同时作用。

(2)集中力和集中力矩是在 Raft 选项卡中进行输入的，有没有集中力不影响(均布)荷载组数量，NLG 仅表示均布荷载组的数量。

(3)NNCK 如可能，一般应取最重荷载下的节点号，但本例荷载作用复杂，暂无法直接判定，故暂取 NNCK=1 作为检查收敛情况(当用迭代法求解联立方程时)及检查 FMAX 的节点号。

15.2 计算求解中需要注意的一些问题

计算求解过程一般不需过多关注，重点注意如下几点：

(1)所形成的“*.DAT”数据输入文件应与 EXE 可执行文件放在同一目录文件夹下，且不宜使用特殊字符等命名文件主名。

(2)如运行 Windows 版本主屏幕中的 KENSLABS 后，提示报错，在排除数据输入文件(*.DAT 文件)有误的前提下，可改用主屏幕中的 KENSLABS LARGE RAM 执行运算，这与剖分的网格数量较多、导致计算内存不够有关。实际上，当网格偏少时，同样可以使用 KENSLABS LARGE RAM 执行运算。

(3)对于 DOS 版本，由于结果输出文件仅可命名为 SLABS.TXT，故在开始下一个题目运算前，必须将上一个题目的结果输出文件改名或转移至其他文件夹内，以避免文件被覆盖。Windows 版本对此已做了改进，无须特别处理。

(4)早年因计算机硬件欠发达，计算求解颇费机时，现今电子计算机技术迅猛发展，计算机时和数据存储已经完全不成问题，故在满足软件节点数、单元长宽比不超限等的前提下，宜适当细化有限元网格，以获得更为精确的解答。

15.3 计算结果后处理需要注意的几个问题

15.3.1 计算结果输出形式

对于 DOS 版本，通过执行 KENSLABS.EXE 进行运算后，将在同一目录文件夹下得到 SLABS.TXT 结果输出文件，注意文件主名 SLABS 不可更改，这是一个文本格式的文件，可使用写字板、记事本、UltraEdit 等文本编辑器打开查看。对于 Windows 版本，通过执行 KENSLABS 或者 KENSLABS LARGE RAM 后，将在同一目录文件夹下得到“*.TXT”、“*.SLA”两个文件，这两个文件的主名与输入文件“*.DAT”的文件主名完全相同，且也均为文本文件，程序还可通过主屏幕上的 CONTOUR 生成应力或弯矩分布等值线图。

图 15-6 为 Windows 版本算例 3 运行后得到的 x 向、y 向应力分布等值线图。

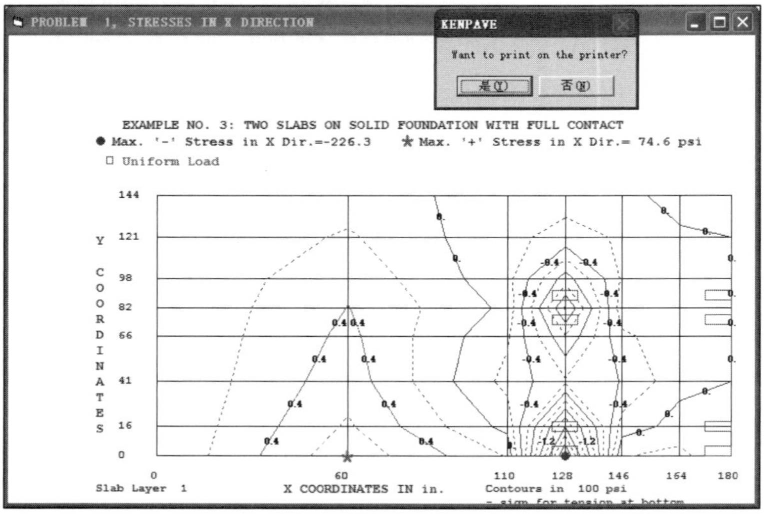

(a) x向应力

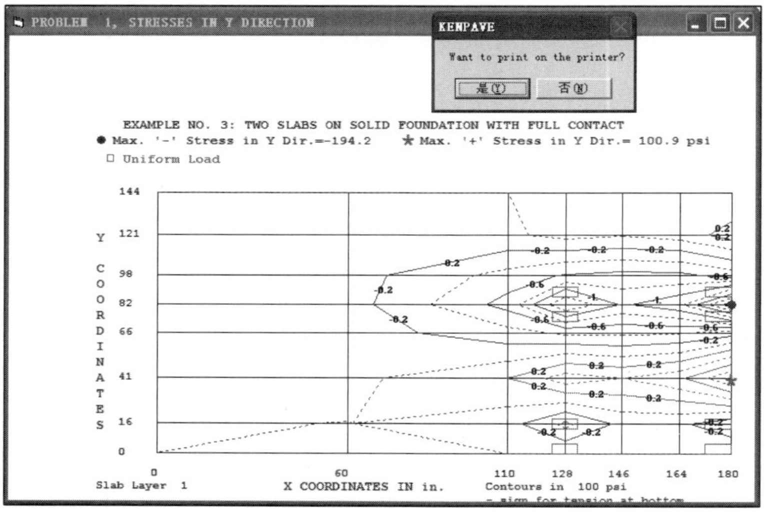

(b) y向应力

图 15-6 应力分布等值线图

关于等值线图，大致有几点需要注意：

(1) 程序仅可直接绘制受荷板的等值线，非受荷板尚无法直接显示；如仅为温度翘曲，则直接显示该板等值线，如算例 1、算例 2。且等值线与有限元网格两者叠加，用户可清楚知晓节点的坐标信息。

(2) 仅可绘制 x 向、y 向的应力或弯矩等值线，尚无法绘制生成弯沉分布等值线。

(3) 等值线的间距可由用户自行设置，间距越大，则等值线越稀疏，反之，间距越小，则等值线越密集。

(4) 图中横、纵坐标为受荷板的局部坐标(坐标原点位于受荷板左下角)，图中还显示了等值线的单位。

(5) 程序仅可显示板的等值线，对于地基、接缝均无法显示。

(6) 并非所有情况下都可产生等值线，以算例 4、5 为例，点击主屏幕 CONTOUR 按钮后，显示图 15-7。这与时期数、荷载组数、损伤分析和打印应力的节点数等有关。

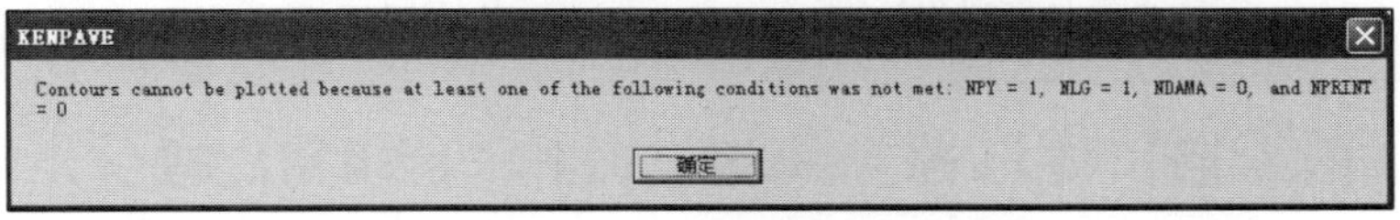

图 15-7 等值线不可绘制产生时的提示信息

(7) 等值线最上方显示标题，分别用不同图例(均为粉红色)显示作用于板或筏板基础上的均布荷载、节点集中力、节点弯矩等，分别用蓝色虚实相间的线条表示受拉、红色虚实相间的线条表示受压，分别用蓝色圆圈、红色星形表示最大拉应力、最大压应力发生位置及具体数值。

不难看出，由主屏幕 CONTOUR 直接产生的等值线图偏粗糙，用户可使用文本编辑器打开 TXT 格式的输出文件后，再利用 ORIGIN、SURFER 等第三方数据处理、图形绘制工具软件进行精细化加工，从而增强计算结果的可视化效果。

15.3.2 计算结果阐释

对计算结果的正确阐释，与用户坚实的理论基础、软件的正确运用密切相关。如算例 1，计算得到的结果表明：液体地基情况下，1 号节点处，即板中心处 x 方向应力最大，为−237.59psi(−1.64MPa)，受压；而板边中心，即 7 号节点处的应力为−216.22psi(−1.49MPa)，受压。这也与前文的预计相符，网格划分方式合理。Windows 版本还计算了固体地基情况下的结果，1 号节点处 x 方向应力为 236.96psi(1.63MPa)，但 x 方向最大应力为 237.78psi(1.64MPa)，发生在 22 号节点；而 7 号节点处 x 方向应力为 204.29psi(1.41MPa)。

算例 2 计算得到的结果表明：液体地基情况下，1 号节点处，即板中心处 x 方向应力最大，为−230.77psi(−1.59MPa)，受压；而板边中心，即 7 号节点处的应力为−211.99psi(−1.46MPa)，受压。Windows 版本还计算了固体地基情况下的结果，1 号节点处 x 方向应力为 224.88psi(1.55MPa)；而 7 号节点处 x 方向应力为 205.23psi(1.42MPa)。相较于算例 1 中出现的不太符合事先预计的情况，算例 2 中的计算结果与预计更加符合，部分接触也更符合实际情况。部分接触情况下，各节点应力都有一定程度减小，这是因为某些节点与地基发生分离，而由于部分接触的假定，此时板不会受到向下的拉力，因此板底的压应力会有一定减小。

算例 4 计算得到的结果表明，三个荷载组两个时期内的开裂指数总和为 0.057329，疲劳开裂寿命为 17.44 年。每个荷载组在每个时期内产生的开裂指数受轮轴构型和地基参数影响，相互之间大小关系差别可能较大，单轴、双轴和三轴荷载都有可能产生最大的开裂指数，应具体问题具体分析。

关于计算结果更深入的讨论，已超出本书范畴，故暂不开展。读者需仔细思考软件应用时的前提、假设、条件及对所分析问题的简化等。

15.4 数据输入卡片填写的再思考

15.4.1 Windows 版本与 DOS 版本数据输入卡片填写比较

仔细对比 Windows 版本与 DOS 版本数据输入参数，即图 8-15 与图 2-13，有几点需要注意：

(1) 在 SLABSINP 程序中，DOS 版本有 15 个主菜单、5 个辅助屏幕；Windows 版本调整为 10 个主菜单、7 个辅助屏幕(增加了 x 向节点弯矩、y 向节点弯矩两个辅助屏幕)。

(2) 在 Windows 版本中，标题 TITLE 已由 DOS 版本的单独设置移至一般信息 General 当中，这是完全可以理解的，TITLE 仅用于标识拟分析的问题，对计算并不发挥直接的实质作用。

(3) Windows 版本一般信息 General 当中增加了 NAT1、NAT2、NUNIT 等 3 个参数，分别用于指示面板第 1 层中厚度不均匀的节点数量、面板第 2 层中厚度不均匀的节点数量、单位制。其中前二者主要分别用于说明第 1 层板、第 2 层板需要填写补充厚度的节点总数；NUNIT 则与 Windows 版本单位制可供选择有关，DOS 版本仅可使用英制单位，而 Windows 版本则可在英制单位、国际单位两者当中进行选择。

(4) DOS 版本将板的布置，各层板的重度、抗弯拉强度和疲劳，各板有限元网格的 x 坐标，各板有限元网格的 y 坐标，各层板的厚度、泊松比和弹性模量等 5 个主菜单均单独设置，这样会造成两个困惑，一方面，显得比较零乱，缺乏系统性、整体性；另一方面，各层板的抗弯拉强度和疲劳仅在损伤分析时方才发挥作用，在常规的附加应力分析时并不需输入，这就造成了逻辑流程上的不清晰。故 Windows 版本将以上 5 项菜单予以整合，并将各层板的重度纳入属性，与各层板的厚度、泊松比和弹性模量并列，而将各层板的抗弯拉强度和疲劳移出，与后续损伤整合。

(5) 因水泥混凝土路面受垂向集中力作用的情况甚少，垂向集中力更多地在筏板基础当中遇到，Windows 版本将垂向集中力与新增加的 x 向弯矩、y 向弯矩功能纳入筏板基础当中。

(6) 在损伤分析方面，DOS 版本未单独设置，Windows 版本则将各层板的抗弯拉强度和疲劳、各时期荷载重复作用次数整合在一块，这样处理无疑逻辑性更强。

另外，DOS 版本所形成的 DAT 文件仅有输入参数具体数值和(1)等字样，缺少输入参数的缩写(或可理解为关键字)，这在理解数据输入文件上带来诸多不便，而 Windows 版本则增补了输入参数的缩写，从而大大提高了数据输入文件的可读性与自说性。

15.4.2 输入参数之间的逻辑关系

1. 地基

首先通过 NFOUND 确定地基类型，若为固体地基，则输入地基弹性模量 YMS、泊松比 PRS；若为层状地基，则输入层状地基的层数 NL、地基各层的厚度 TH(最下一层无须输入)、弹性模量 E 和泊松比 PRBF，在根据 Burmister 层状理论求柔度矩阵时，需用到 32 点高斯求积公式、8 点积分公式，直至达到规定的最大迭代次数，故尚需输入层状地基数值积分最大循环次数 MAXIC；若为液体地基，则输入液体地基的地基反应模量 SUBMOD，若地基非均匀，则需输入读入附加地基模量的数目 NAS、地基模量与给定值不同的节点号 NS 及对应的地基反应模量 SUBMOD。由此可见，地基均被视为线弹性，且若分析非均匀地基，则必须要设置为液体地基。

2. 板

首先通过 NLAYER、NBOUND、NSLAB 分别确定板的层数、第 1 层板与第 2 层板之间的关系(结合式板还是分离式板)、板的总数，然后输入每块板 x 向节点数 NX、y 向节点数 NY、左边接缝号 JONO1、右边接缝号 JONO2、下边接缝号 JONO3、上边接缝号 JONO4，每块板节点 x 向的局部坐标 X、y 向的局部坐标 Y，每块板的厚度 T、泊松比 PR、弹性模量 YM、混凝土重度 GAMA。若采用了对称性，则需输入对称轴 x 上的节点数 NSX、对称轴 y 上的节点数 NSY，此时需要注意，对 x 轴、y 轴在接缝情况下予以特别处理。对于 x 向对称轴、y 向对称轴，尚需输入在对称轴 x、y 上的节点号 NODSX、NODSY。若板厚非均匀，则首先由 NAT1、NAT2 分别确定第 1 层板、第 2 层板厚度不均匀的节点数量(注：DOS 版本无此参数)，然后输入板厚与给定值不同的节点号 NT1、NT2 及相应的厚度 T1、T2。

3. 接缝

首先通过 NJOINT 指定接缝数量，输入传力杆的弹性模量 YMSB、泊松比 PRSB，输入每个接缝的剪切弹簧常数 SPCON1、力矩弹簧常数 SPCON2、传力杆支承模量 SCKV、传力杆直径 BD、传力杆间距 BS、接缝宽度 WJ、传力杆与混凝土之间的间隙 GDC、每条接缝的节点数 NNAJ，若 NNAJ 不是 0，则还需输入沿该接缝节点的传力杆数量 BARNO。

4. 荷载

若为均布荷载，则需确定荷载作用面积数目 NUDL，然后通过 LS、XL1、XL2、YL1、YL2、QQ 分别确定每个均布荷载作用的板号、荷载作用面积在 x 局部坐标中左和右的界限、荷载作用面积在 y 局部坐标中下和上的界限、轮胎接触应力，这主要是用于确定均布荷载作用的位置、范围及大小。若为节点集中力，则输入节点集中力的数目 NCNF、给定集中力的节点号 NN 及相应的所作用的集中力 FF；若为节点弯矩，则输入节点弯矩的数目 NNMX(或 NNMY)、给定弯矩的节点号 NNX(或 NNY)及相应的所作用的弯矩 FMX(或 FMY)。由此可见，因集中力或弯矩施加于节点上，故有限元网格剖分时必须要事先在其作用位置有针对性地设置节点。

5. 损伤分析

首先通过 NDAMA 确定是否开展损伤分析、损伤分析拟采用的疲劳准则(PCA 疲劳准则还是用户自定义)，通过 NPY、NLG 分别确定时期数、荷载组数，若地基性质随季节变化，则需输入地基季节调整系数 FSAF；然后输入各层板的抗弯拉强度 PMR、疲劳系数 F1 和 F2 及每个时期每个荷载组总的或预期的荷载重复作用次数 TNLR。由此可见，软件仅可考虑地基属性的季节调整，对于板、接缝则在各时期均不予考虑其调整。

6. 翘曲和接触

通过 NTEMP 设定有无翘曲，通过 TEMP、CT 分别指定温度差、混凝土的热膨胀系数；通过 NGAP、NG、GAP 分别指定板与地基间有间隙的节点总数、给定板与地基之间间隙的节点号、板与地基间的间隙；通过 NOTCON、NODNC 分别设定假设初始不接触的节点总数、初始假设反力为 0 的节点号；通过 NWT 设定是否考虑板重；通过 INPUT 设定间隙与预压值是否从前面问题得到;通过 NCYCLE 设定检查地基接触情况最大循环次数。

7. 其他

通过 TITLE 设置标题；通过 NUNIT 设定单位制；通过 DEL 设定用迭代法求解联立方程时的允许精度；通过 NNCK 检查收敛(当用迭代法求解联立方程时)；通过 FMAX 检查设定在节点 NNCK 的最大允许竖向位移是否满足要求；通过 NPRINT 设定打印应力的节点数，节点号由 NP 指定，打印输出的详略情况则通过 MDPO 设定。

15.5 软件应用层面若干有待完善之处

从软件应用层面，有下列问题有待完善：

(1) DOS 版本仅可使用英制单位，这给用户带来麻烦，Windows 版本已经对此进行改进，可在英制单位或国际单位制中进行选择。

(2) 如不借助 SLABSINP.EXE，DOS 版本数据输入文件(“*.DAT”文件)完全靠人工编写，需严格遵循程序规定的 Fortran 语法固定格式，要求用户相当细致、耐心。且 DAT 文件缺少输入参数的缩写(即关键字)，不便于查阅。

(3) 有限元网格剖分尚无法自动实现，当网格数量较多，或者需大规模开展参数分析、建立多组模型时，比较费时。直到计算结果以等值线形式输出时，才有机会观察到单元剖分情况，且单元编号、节点编号也无法显示。

(4) 尽管程序具有一定的自我纠错能力，如对于 DOS 版本，设定 NJIONT=0，即无接缝，此时单击控制菜单下的 JOINT INFORMATION，将显示图 15-8 所示信息。这从逻辑上更为严密，既然无接缝，自然不需要填入接缝的相关信息。然而，程序对于某些参数，却未注意到此方面，如对于 DOS 版本，当填入 NDAMA=0，即不开展损伤分析时，仍可在 SLAB LAYERS AND FATIGUE 中输入抗弯拉强度 PMR、疲劳系数 F1 和 F2。Windows 版本对此进行了较好的完善，若 NDAMA=0，则后续单击 DAMAGE 工具栏时显示无须单击此工具栏，具体如图 15-9 所示。

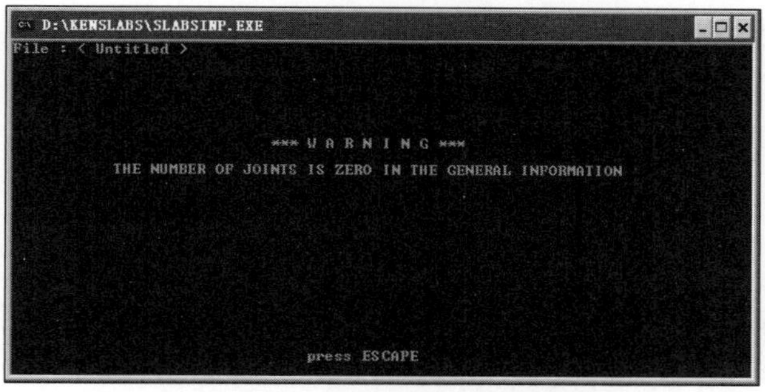

图 15-8　KENSLABS 中的警告提示

图 15-9　KENPAVE 中的提示

(5) Windows 版本结果等值线输出功能非常有限，如仅限于显示受荷板，仅为应力或弯矩，无法显示挠度。

(6) 结果输出文件已进行了一定程度的排版，这虽然方便用户直接查看，却不便于用其他程序进行后处理。

(7) 对于 DOS 版本，程序在结果输出时错误地将作用有均布荷载的单元号 NE、均布作用接触压力 QQ 分别写为 NL、Q，具体详见第 7 章“层状地基上部分接触的四块板”之 7.4.2 节“结果输出文件”；Windows 版本则已无此错误。

(8) 对于 DOS 版本，使用同一个变量符号 T 同时表示均匀部分、非均匀部分的板厚，这很容易引起混淆。Windows 版本对此进行了改进，分别使用 T、T1 (或 T2) 表示均匀部分、非均匀部分的板厚。

(9) 对于 Huang (2004) 第 5 章末的习题 5-5，按照所提供的有限元网格，DOS 版本可执行运算，但 Windows 版本则提示单元长宽比大于 5 而无法执行计算，如图 15-10 所示，这表明 Windows 版本或已可自动检测并判识单元长宽比是否满足要求，而 DOS 版本则尚无此功能。具体的阐述详见本书附录 B。

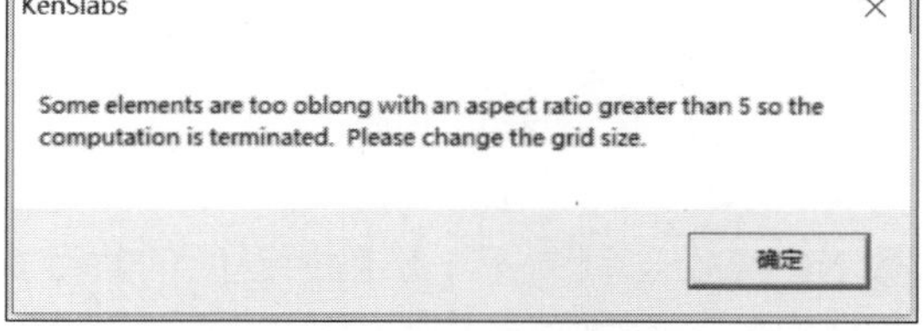

图 15-10　程序提示单元长宽比超过 5

附录 A　KENSLABS DOS 版本数据输入文件编写说明

数据输入文件可由 SLABSINP.EXE 自动形成，或按给定格式手工输入。如下所述为输入文件的编写格式说明，用户可以根据固定的格式编写输入文件，也可以根据此格式对已经形成的输入文件进行部分修改，从而快速形成新的输入文件。输入文件每行字符数不可超过 80，若超过 80，则应在下一行续写。每个参数需用空格隔开，行尾括号中的行号不可省略。

附图 A-1 为 DOS 版本输入文件构成框图。实线框中的内容为必填项，虚线框中的内容在满足一定条件时可以省略。“4I5”表示此处应含 4 个整型数据，每个数据限长为 5 位。“8F10.5”表示此处应含 8 个浮点型数据，限长为 10 位，且不超过 5 位小数，如 123.12345。“3E10.3”表示此处应含 3 个指数型数据，限长为 10 位，且不超过 3 位小数，如 1.234E+06，也可以直接输入整型的 1234000。附图 A-1 中部分行号并不连续，如(14)、(23)、(26)和(27)行，这是由于这些行均为空行，输入文件中并不需要，因此已将其隐去。

下面结合 DOS 版本的算例 1“液体地基上完全接触板的翘曲”，介绍该算例数据输入文件的具体含义。计算模型详见图 3-1。

(1)行：仅 1 行，求解的问题数目 NPROB，该算例取为 1。

(2)行：仅 1 行(不超过 80 列)，标题 TITLE，该算例取为“EX 1：CURLING OF SLAB ON LIQUID FOUNDATION WITH FULL CONTACT”。

(3)行：仅 1 行，分别为地基类型 NFOUND、损伤分析指示 NDAMA、每年时期数 NPY、荷载组数 NLG，该算例分别取为 0(液体地基)、0(不作损伤分析)、1(每年仅 1 个时期)、1(1 个荷载组，即仅考虑温度翘曲)。

(4)行：仅 1 行，分别为板的总数 NSLAB、接缝总数 NJOINT，该算例分别取为 1(单块板)、0(无接缝赋值 0)。

(5)行：NSLAB 行(该算例为 1 行)，分别为每块板 x 方向节点数 NX、每块板 y 方向节点数 NY、每块板四边接缝号 JONO，该算例分别取为 7(x 方向 7 个节点)、7(y 方向 7 个节点)、0(板左边无接缝)、0(板右边无接缝)、0(板下边无接缝)、0(板上边无接缝)。

(6)行：1 行，分别为板的层数 NLAYER、当用迭代法求解联立方程时检查收敛情况的节点号 NNCK、假设初始不接触的节点总数 NOTCON、板与地基间有间隙的节点总数 NGAP、打印应力的节点数 NPRINT、表示间隙和预压值是否从前面问题得到的代码 INPUT、两层板结合情况 NBOND、翘曲情况 NTEMP、是否考虑板重代码 NWT、检查地基接触情况最大循环次数 NCYCLE、读入第 1 层附加厚度的数目 NAT(1)、读入第 2 层附加厚度的数目 NAT(2)、对称轴 x 上的节点数 NSX、对称轴 y 上的节点数 NSY、是否详

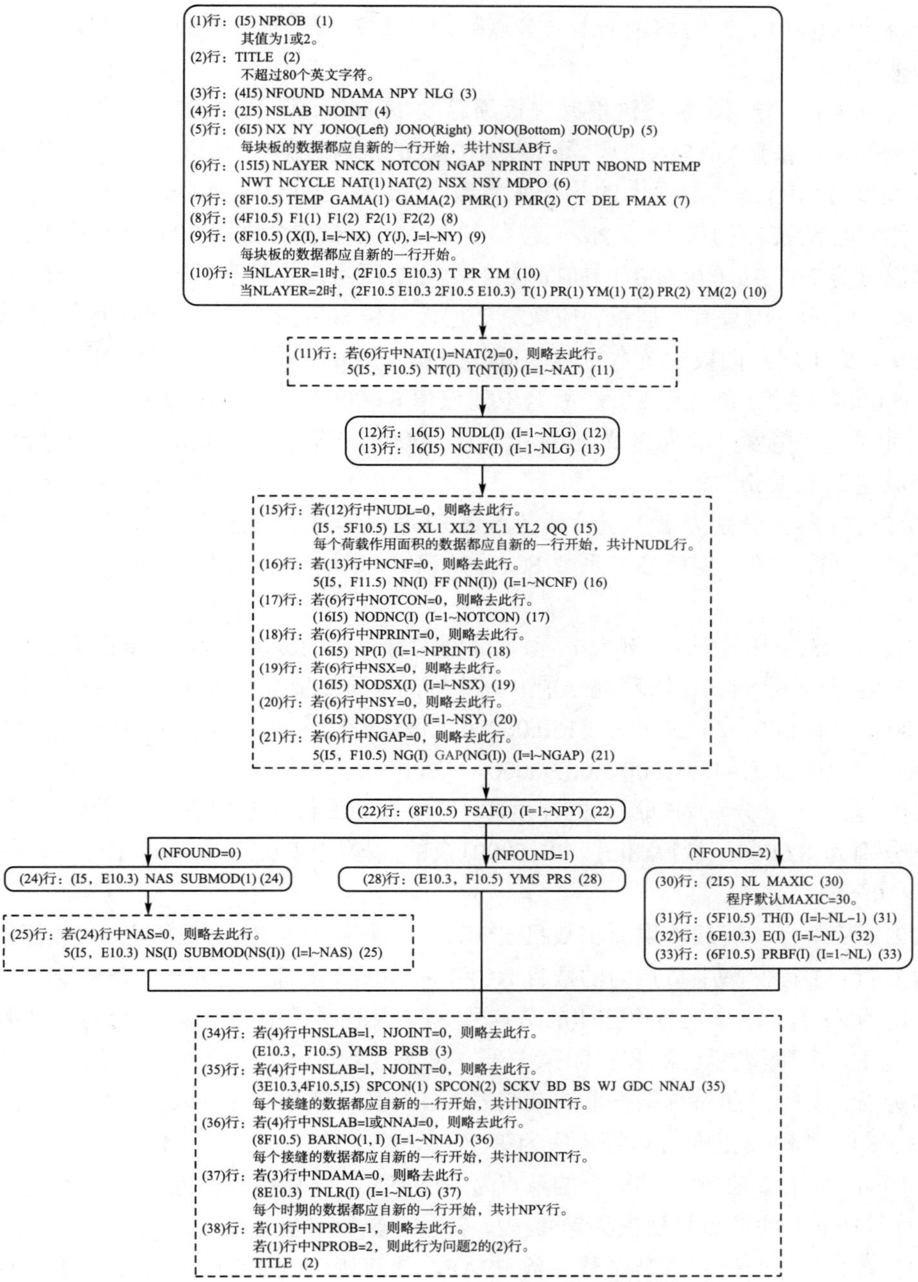

附图 A-1 KENSLABS 程序输入文件构成

细打印输出代码 MDPO，该算例分别为 1(单层板)、1(使用第 1 号节点作为当用迭代法求解联立方程时检查收敛情况的节点)、0(完全接触，假设初始不接触的节点总数为 0)、0(板与地基间有间隙的节点总数为 0)、2(打印应力的节点数为 2，即题设要求中的第 1 号、第 7 号节点)、0(间隙和预压值不从前面问题得到)、0(只有一层板，取 0)、1(有翘曲)、0(不考虑板重量，完全接触)、1(完全接触取 1)、0(第 1 层板厚度均匀，赋值 0)、0(无第 2

层板，直接赋值 0)、7(对称轴 x 上的节点数为 7)、7(对称轴 y 上的节点数为 7)、0(不详细打印输出)。

(7)行：1 行，分别为板底温度减去板顶温度 TEMP、第 1 层板的单位重量 GAMA(1)、第 2 层板的单位重量 GAMA(2)、第 1 层路面板的抗弯拉强度 PMR(1)、第 2 层路面板的抗弯拉强度 PMR(2)、混凝土的热膨胀系数 CT、用迭代法求解联立方程时的允许精度 DEL、在节点 NNCK 的最大允许竖向位移 FMAX，该算例分别取 20.00000℉(板底温度减去板顶温度为 20℉)、0.00000(因前面取 NWT=0，不考虑板重量，故第 1 层板的单位重量赋值 0)、0.00000(因只有一层板，应取第 2 层板单位重量为 0)、0.00000(因该算例未开展损伤分析，第 1 层路面板的抗弯拉强度可取为 0)、0.00000(第 2 层路面板的抗弯拉强度取为 0)、5.000E-06(混凝土的热膨胀系数取建议值 0.000005$℉^{-1}$)、0.00100(用迭代法求解联立方程时的允许精度，取为建议值 0.001)、1.00000(在第 1 号节点的最大允许竖向位移，对路面取建议值 1.0in)。

(8)行：1 行，分别为第 1 层板疲劳系数 F1(1)、第 2 层板疲劳系数 F1(2)、第 1 层板疲劳系数 F2(1)、第 2 层板疲劳系数 F2(2)，该算例因未开展损伤分析，故 4 个参数均为 0.00000。

(9)行：NSLAB 行(该算例为 1 行)，分别为每块板的 x 局部坐标(单位为 in)、每块板的 y 局部坐标(单位为 in)，该算例分别为每块板的 x 局部坐标 0.00000、12.00000、24.00000、48.00000、72.00000、111.00000、150.00000，每块板的 y 局部坐标 0.00000、12.00000、24.00000、36.00000、48.00000、60.00000、72.00000。

(10)行：1 行，分别为每层板的厚度 T、每层板的泊松比 PR、每层板的弹性模量 YM，该算例分别为 8.00000(板厚 8in)、0.15000(板的泊松比取 0.15)、4.000E+06(板的弹性模量取 4×10^6psi)。

(12)行：1 行，荷载作用面积数目 NUDL，该算例没有矩形均布荷载，该值取为 0。

(13)行：1 行，集中节点力的数目 NCNF，该算例没有垂向集中力，该值取为 0。

(18)行：1 行，计算应力和打印的节点号 NP，因前面已指定打印的节点数 NPRINT=2，此处取为 1、7，即表示计算和打印第 1 号、第 7 号节点。

(19)行：1 行，在对称轴 x 上的节点号 NODSX，该算例应输入 1、8、15、22、29、36、43，即对称轴 x 上的节点号依次为第 1、8、15、22、29、36、43 号节点。

(20)行：1 行，在对称轴 y 上的节点号 NODSY，该算例应输入 1、2、3、4、5、6、7，即对称轴 y 上的节点号依次为第 1、2、3、4、5、6、7 号节点。

(22)行：1 行，地基季节调整系数 FSAF，该算例取为 1.00000(地基不需要开展季节修正)。

(24)行：1 行，分别为读入附加地基模量的数目、液体地基的地基模量，该算例分别为 0(模量均匀，赋值 0)、200.00000(液体地基的地基模量取 200pci)

至于 DOS 版本的结果输出文件，Windows 版本的数据输入文件、结果输出文件，均具有良好的自说性，这些文件前部分为相关输入参数，便于检查核实；后部分为输出的应力、挠度等力学响应(当 MDPO=1 时，结果输出将更为详尽)，读者结合输入、输出参数说明，能很容易知晓其具体含义，此处不再赘述。相应的算例文件具体释义如前文所述。

附录B *Pavement Analysis and Design* KENSLABS 程序习题输入文件

Pavement Analysis and Design 一书中在介绍 KENSLABS 计算机程序(即第 5 章)时给出了一些需应用 KENSLABS 程序求解的习题，但书中仅列了答案，未提供相应的数据输入文件。以 Windows 版本为例，为与 Huang(2004)保持一致，仍采用英制单位，本附录给出这些习题完整的输入文件，以资参考。西南交通大学 2019 级硕士研究生曾林茂参与了这些输入文件的调试工作。有限元网格剖分与 Huang(2004)严格保持一致，但针对习题 5.5，按 Huang(2004)所提供的有限元网格剖分，执行计算时程序提示单元长宽比大于 5，故此处进行了一定调整。

1. 习题 5.3

```
1  (1) NPROB
5-3
 0  0  1  1  (3) NFOUND NDAMA NPY NLG
 1  0  (4) NSLAB NJOINT
 9   6   0   0   0   0   (5) NX NY JONO1 JONO2 JONO3 JONO4
 1  54  0  0  0  0  0  1  0  1  0  0  9  6  1  0  2  1  2  (6) NLAYER
NNCK NOTCON NGAP NPRINT INPUT NBOND NTEMP NWT NCYCLE NAT1 NAT2 NSX
NSY MDPO NUNIT UL TC CL
-24  0   0   0   0   .000005  .001  1  (7) TEMP GAMA(1) GAMA(2) PMR(1)
PMR(2)  CT  DEL  FMAX
 0   0   0   0   (8)  F1(1)  F1(2)  F2(1)  F2(2)
 0   12   28   44   60   76   92   108   120   0   12   28   44   60
72   (9)  X's and then Y's
 8   .15   4000000   (10)  T  PR  YM
 0   (12)  NUDL
 0   (13)  NCNF
 0   0   (14)  NNMX  NNMY
 6   12   18   24   30   36   42   48   54   (19)  NODSX
 49   50   51   52   53   54   (20)  NODSY
 1   (22)  FSAF
 0   50   (24)  NAS  SUBMOD
```

注：按照上述输入文件，求解后答案为：A 点节点号为 54，σ_x=−214.269psi，B 点节

点号为 49，σ_x=−207.423psi，C 点节点号为 6，σ_y=−57.865psi。Huang(2004)所列答案为：A 点节点号为 54，σ_x=214.2psi，B 点节点号为 49，σ_x=207.4psi，C 点节点号为 6，σ_y=57.8psi。需特别注意的是，Huang(2004)所列答案均未明确应力数值的正负。

2. 习题 5.4

```
1  (1) NPROB
5-4
 0  0  1  1  (3) NFOUND NDAMA NPY NLG
 1  0  (4) NSLAB NJOINT
 7   6   0   0   0   0   (5) NX NY JONO1 JONO2 JONO3 JONO4
 1  2  0  0  0  0  0  0  0  1  0  0  0  0  1  0  1  2  2 (6) NLAYER NNCK
NOTCON NGAP NPRINT INPUT NBOND NTEMP NWT NCYCLE NAT1 NAT2 NSX NSY
MDPO NUNIT UL TC CL
 0  0   0   0   0   .000005  .001  1  (7) TEMP GAMA(1) GAMA(2) PMR(1)
PMR(2) CT DEL FMAX
 0   0   0   0   (8) F1(1) F1(2) F2(1) F2(2)
 0   12   24   36   54   78   120   0   17.6   36   54   78   120   (9)
X's and then Y's
 10   .15   4000000   (10) T PR YM
 2   (12) NUDL
 0   (13) NCNF
 0   0   (14) NNMX NNMY
1 0 10.42  0 7.2 80  (15) LS XL1 XL2 YL1 YL2 QQ
1 0 10.42 14 21.2 80  (15) LS XL1 XL2 YL1 YL2 QQ
 1   (22) FSAF
 0   200   (24) NAS SUBMOD
```

注：按照上述输入文件，求解后答案为：最大应力在节点 20 发生，为 174.679psi。Huang(2004)所列答案为：最大应力在节点 20 发生，为 174.6psi。

3. 习题 5.5

```
1  (1) NPROB
5-5
 0  0  1  1  (3) NFOUND NDAMA NPY NLG
 1  0  (4) NSLAB NJOINT
 8   8   0   0   0   0   (5) NX NY JONO1 JONO2 JONO3 JONO4
 1  2  0  0  0  0  0  0  0  1  0  0  8  8  1  0  1  2  2 (6) NLAYER NNCK
NOTCON NGAP NPRINT INPUT NBOND NTEMP NWT NCYCLE NAT1 NAT2 NSX NSY
MDPO NUNIT UL TC CL
```

```
 0  0   0   0   0   .000005  .001  1  (7) TEMP GAMA(1) GAMA(2) PMR(1)
PMR(2)  CT  DEL  FMAX
 0   0   0   0   (8)  F1(1)  F1(2)  F2(1)  F2(2)
 0   7   14   26   48   72   96   120   0   7   14   26   48   72   96
120   (9)  X's and then Y's
 10   .15   4000000   (10)  T  PR  YM
 1   (12)  NUDL
 0   (13)  NCNF
 0   0   (14)  NNMX  NNMY
 1  0  5.21  3.4  10.6  80  (15)  LS  XL1  XL2  YL1  YL2  QQ
 1   9   17   25   33   41   49   57   (19)  NODSX
 1   2   3   4   5   6   7   8   (20)  NODSY
 1   (22)  FSAF
 0   200   (24)  NAS  SUBMOD
```

注：按照上述输入文件，求解后答案为：在 1/4 结构中，最大应力在节点 2 发生，为 −129.079psi。Huang (2004) 所列答案为：在 1/4 结构中，最大应力在节点 2 发生，为 128.4psi。

4. 习题 5.6

```
1  (1)  NPROB
5-6
 0  0  1  1  (3)  NFOUND  NDAMA  NPY  NLG
 1  0  (4)  NSLAB  NJOINT
 7   7   0   0   0   0   (5)  NX  NY  JONO1  JONO2  JONO3  JONO4
 1  1  0  0  0  0  0  0  0  1  0  0  0  7  1  0  1  2  2 (6) NLAYER NNCK
NOTCON  NGAP  NPRINT  INPUT  NBOND  NTEMP  NWT  NCYCLE  NAT1  NAT2  NSX  NSY
MDPO  NUNIT  UL  TC  CL
 0  0   0   0   0   .000005  .001  1  (7) TEMP GAMA(1) GAMA(2) PMR(1)
PMR(2)  CT  DEL  FMAX
 0   0   0   0   (8)  F1(1)  F1(2)  F2(1)  F2(2)
 0   8   18   30   54   84   120   0   8   17.6   30   54   84   120
(9)  X's and then Y's
 10   .15   4000000   (10)  T  PR  YM
 2   (12)  NUDL
 0   (13)  NCNF
 0   0   (14)  NNMX  NNMY
1  0  5.21  0  7.2  80  (15)  LS  XL1  XL2  YL1  YL2  QQ
1  0  5.21  14  21.2  80  (15)  LS  XL1  XL2  YL1  YL2  QQ
 1   2   3   4   5   6   7   (20)  NODSY
```

```
 1   (22) FSAF
 0   200   (24) NAS SUBMOD
```

注：按照上述输入文件，求解后答案为：半结构板内，最大应力在节点 1 发生，为 −251.506psi。Huang(2004)所列答案为：半结构板内，最大应力在节点 1 发生，为 251.4psi。

5. 习题 5.7

```
1  (1) NPROB
5-7
 0  0  1  1  (3) NFOUND NDAMA NPY NLG
 1  0  (4) NSLAB NJOINT
 7   7   0   0   0   0   (5) NX NY JONO1 JONO2 JONO3 JONO4
 1  16  0  0  0  0  0  0  0  1  0  0  7  7  1  0  1  2  2 (6) NLAYER
NNCK NOTCON NGAP NPRINT INPUT NBOND NTEMP NWT NCYCLE NAT1 NAT2 NSX
NSY MDPO NUNIT UL TC CL
 0  0  0  0  0  .000005  .001  1  (7) TEMP GAMA(1) GAMA(2) PMR(1)
PMR(2) CT DEL FMAX
 0   0   0   0   (8) F1(1) F1(2) F2(1) F2(2)
 0   10   20   40   60   90   120   0   10   20   40   60   90   120
(9) X's and then Y's
 8   .15   4000000   (10) T PR YM
 1   (12) NUDL
 0   (13) NCNF
 0   0   (14) NNMX NNMY
 1  14  26 5.8504 14.1496  100  (15) LS XL1 XL2 YL1 YL2 QQ
 1   8   15   22   29   36   42   (19) NODSX
 1   2   3   4   5   6   7   (20) NODSY
 1   (22) FSAF
 0   100   (24) NAS SUBMOD
```

注：按照上述输入文件，求解后答案为：在 1/4 结构中，A 即为节点 1，节点 1：σ_y =−297.999psi。Huang(2004)所列答案为：在 1/4 结构中，A 即为节点 1，节点 1：σ_y=299.3psi。

6. 习题 5.8

```
1  (1) NPROB
5-8
 0  0  1  1  (3) NFOUND NDAMA NPY NLG
 1  0  (4) NSLAB NJOINT
 7   7   0   0   0   0   (5) NX NY JONO1 JONO2 JONO3 JONO4
 1  15  0  0  0  0  0  0  0  1  0  0  0  7  1  0  1  2  2 (6) NLAYER
```

NNCK NOTCON NGAP NPRINT INPUT NBOND NTEMP NWT NCYCLE NAT1 NAT2 NSX NSY MDPO NUNIT UL TC CL

 0 0 0 0 0 .000005 .001 1 (7) TEMP GAMA(1) GAMA(2) PMR(1) PMR(2) CT DEL FMAX

 0 0 0 0 (8) F1(1) F1(2) F2(1) F2(2)

 0 10 20 40 60 90 120 0 12 24.15 36 60 90 120 (9) X's and then Y's

 8 .15 4000000 (10) T PR YM

 2 (12) NUDL

 0 (13) NCNF

 0 0 (14) NNMX NNMY

 1 14 26 0 8.2992 100 (15) LS XL1 XL2 YL1 YL2 QQ

 1 14 26 20 28.3 100 (15) LS XL1 XL2 YL1 YL2 QQ

 1 2 3 4 5 6 7 (20) NODSY

 1 (22) FSAF

 0 100 (24) NAS SUBMOD

注：按照上述输入文件，求解后答案为：在半结构中，A 即为节点 1，节点 1：σ_x =−313.458psi。Huang (2004) 所列答案为：在半结构中，A 即为节点 1，节点 1：σ_x =314.8psi。

7. 习题 5.9

1 (1) NPROB

5-9

 0 0 1 1 (3) NFOUND NDAMA NPY NLG

 1 0 (4) NSLAB NJOINT

 8 6 0 0 0 0 (5) NX NY JONO1 JONO2 JONO3 JONO4

 1 1 0 0 0 0 0 1 0 1 0 0 0 6 1 0 1 1 2 (6) NLAYER NNCK NOTCON NGAP NPRINT INPUT NBOND NTEMP NWT NCYCLE NAT1 NAT2 NSX NSY MDPO NUNIT UL TC CL

 13.5 0 0 0 0 .000005 .001 1 (7) TEMP GAMA(1) GAMA(2) PMR(1) PMR(2) CT DEL FMAX

 0 0 0 0 (8) F1(1) F1(2) F2(1) F2(2)

 0 12 30 54 90 138 186 240 0 12 24 48 84 132 (9) X's and then Y's

 9 .15 4000000 (10) T PR YM

 1 (12) NUDL

 0 (13) NCNF

 0 0 (14) NNMX NNMY

 1 0 5.3 0 8.4 100 (15) LS XL1 XL2 YL1 YL2 QQ

```
 1   2   3   4   5   6   (20) NODSY
 1   (22) FSAF
 0   200   (24) NAS SUBMOD
```

注：按照上述输入文件，求解后答案为：半结构中，荷载作用点即节点 1，节点 1：σ_x =−158.177psi，σ_y=0。Huang(2004)所列答案为：半结构中，荷载作用点即节点 1，节点 1：σ_x =158.3psi。

8. 习题 5.10

```
1  (1) NPROB
5-10
 0  0  1  1  (3) NFOUND NDAMA NPY NLG
 2  1  (4) NSLAB NJOINT
 6   9   0   1   0   0   (5) NX NY JONO1 JONO2 JONO3 JONO4
 6   9   1   0   0   0   (5) NX NY JONO1 JONO2 JONO3 JONO4
 1  46  0  0  0  0  0  0  0  1  0  0  0  0  1  0  1  2  2 (6) NLAYER
NNCK NOTCON NGAP NPRINT INPUT NBOND NTEMP NWT NCYCLE NAT1 NAT2 NSX
NSY MDPO NUNIT UL TC CL
 0  0   0   0   0   .000005  .001  1  (7) TEMP GAMA(1) GAMA(2) PMR(1)
PMR(2) CT DEL FMAX
 0   0   0   0   (8) F1(1) F1(2) F2(1) F2(2)
 0   30   60   90   108   120   0   12   24   42   66   78   90   117
144   (9) X's and then Y's
 0   12   30   60   90   120   0   12   24   42   66   78   90   117
144   (9) X's and then Y's
 10   .15   4000000   (10) T PR YM
 2   (12) NUDL
 0   (13) NCNF
 0   0   (14) NNMX NNMY
 1  108  120  0  12  83.333  (15) LS XL1 XL2 YL1 YL2 QQ
 1  108  120  72  84 83.333  (15) LS XL1 XL2 YL1 YL2 QQ
 1   (22) FSAF
 0   300   (24) NAS SUBMOD
 29000000  .3  (34) YMSB PRSB
 0   0   1500000   1   12   .25   0   0   (35) SPCON1 SPCON2 SCKV BD BS
WJ GDC NNAJ
```

注：按照上述输入文件，求解后答案为：节点 46 所在的混凝土与传力杆间的支承应力最大，为−4529.8psi。Huang(2004)所列答案为：节点 46 所在的混凝土与传力杆间的支承应力最大，为 4530psi。

9. 习题 5.11

```
1  (1) NPROB
5-11
 0  0  1  1  (3) NFOUND NDAMA NPY NLG
 2  1  (4) NSLAB NJOINT
 6   14   0   1   0   0   (5) NX NY JONO1 JONO2 JONO3 JONO4
 6   14   1   0   0   0   (5) NX NY JONO1 JONO2 JONO3 JONO4
 1  71  0  0  0  0  0  0  0  1  0  0  0  0  1  0  1  2  2 (6) NLAYER
NNCK NOTCON NGAP NPRINT INPUT NBOND NTEMP NWT NCYCLE NAT1 NAT2 NSX
NSY MDPO NUNIT UL TC CL
 0  0   0   0   0   .000005  .001  1  (7) TEMP GAMA(1) GAMA(2) PMR(1)
PMR(2) CT DEL FMAX
 0   0   0   0   (8) F1(1) F1(2) F2(1) F2(2)
 0   30   60   90   108   120   0   6   18   30   42   54   66   78
90   102   114   126   138   144   (9) X's and then Y's
 0   12   30   60   90   120   0   6   18   30   42   54   66   78   90
102   114   126   138   144   (9) X's and then Y's
 10   .15   4000000   (10) T PR YM
 2   (12) NUDL
 0   (13) NCNF
 0   0   (14) NNMX NNMY
 1   108   120   0   12   83.333   (15) LS XL1 XL2 YL1 YL2 QQ
 1   108   120   72   84   83.333   (15) LS XL1 XL2 YL1 YL2 QQ
 1   (22) FSAF
 0   300   (24) NAS SUBMOD
 29000000  .3  (34) YMSB PRSB
 0   0   1500000   1   12   .25   0   14   (35) SPCON1 SPCON2 SCKV BD
BS WJ GDC NNAJ
0  1  1  1  1  1  1  1  1  1  1  1  1 0  (36) BARNO
```

注：按照上述输入文件，求解后答案为：节点 72 所在的混凝土与传力杆间的支承应力最大，为-4042.9psi；节点 78 弯曲应力最大，为-170.826psi；节点 71 挠度最大，为 0.02277in。Huang(2004)所列答案为：节点 72 所在的混凝土与传力杆间的支承应力最大，为 4043psi；节点 78 弯曲应力最大，为 170.8psi；节点 71 挠度最大，为 0.0228in。

10. 习题 5.12

```
1  (1) NPROB
5-12
```

```
 0  0  1  1  (3) NFOUND NDAMA NPY NLG
 2  1  (4) NSLAB NJOINT
 6   9   0   1   0   0   (5) NX NY JONO1 JONO2 JONO3 JONO4
 6   9   1   0   0   0   (5) NX NY JONO1 JONO2 JONO3 JONO4
 1  46  0  0  0  0  0  0  0  1  0  0  0  0  1  0  1  2  2 (6) NLAYER
NNCK NOTCON NGAP NPRINT INPUT NBOND NTEMP NWT NCYCLE NAT1 NAT2 NSX
NSY MDPO NUNIT UL TC CL
 0  0   0   0   0   .000005  .001  1  (7) TEMP GAMA(1) GAMA(2) PMR(1)
PMR(2) CT DEL FMAX
 0   0   0   0   (8) F1(1) F1(2) F2(1) F2(2)
 0   30   60   90   108   120   0   12   24   42   66   78   90   117
144   (9) X's and then Y's
 0   12   30   60   90   120   0   12   24   42   66   78   90   117
144   (9) X's and then Y's
 10   .15   4000000   (10) T PR YM
 2   (12) NUDL
 0   (13) NCNF
 0   0   (14) NNMX NNMY
 1   108   120   0   12   83.333   (15) LS XL1 XL2 YL1 YL2 QQ
 1   108   120   72   84   83.333   (15) LS XL1 XL2 YL1 YL2 QQ
 1   (22) FSAF
 0   300   (24) NAS SUBMOD
 29000000  .3  (34) YMSB PRSB
 0   0   1500000   1   12   .25   .01   0   (35) SPCON1 SPCON2 SCKV BD
BS WJ GDC NNAJ
```

注：按照上述输入文件，求解后答案为：节点 46 所在的混凝土与传力杆间的支承应力最大，为-3829.1psi。Huang(2004)所列答案为：节点 46 所在的混凝土与传力杆间的支承应力最大，为 3829psi。

11. 习题 5.13

```
1  (1) NPROB
5-13
 0  0  1  1  (3) NFOUND NDAMA NPY NLG
 2  1  (4) NSLAB NJOINT
 6   6   0   1   0   0   (5) NX NY JONO1 JONO2 JONO3 JONO4
 6   6   1   0   0   0   (5) NX NY JONO1 JONO2 JONO3 JONO4
 1  34  0  0  0  0  0  0  0  1  0  0  12  0  1  0  2  2  1  (6) NLAYER
NNCK NOTCON NGAP NPRINT INPUT NBOND NTEMP NWT NCYCLE NAT1 NAT2 NSX
```

NSY MDPO NUNIT UL TC CL

0 0 0 0 0 .000005 .001 1 (7) TEMP GAMA(1) GAMA(2) PMR(1) PMR(2) CT DEL FMAX

0 0 0 0 (8) F1(1) F1(2) F2(1) F2(2)

0 30 60 90 108 120 0 15 30 42 54 72 (9) X's and then Y's

0 12 30 60 90 120 0 15 30 42 54 72 (9) X's and then Y's

10 .15 4000000 (10) T PR YM

0 (12) NUDL

1 (13) NCNF

0 0 (14) NNMX NNMY

34 12000 (16) NN FF

1 7 13 19 25 31 37 43 49 55 61 67 (19) NODSX

1 (22) FSAF

0 300 (24) NAS SUBMOD

29000000 .3 (34) YMSB PRSB

0 0 1500000 1 12 .25 0 0 (35) SPCON1 SPCON2 SCKV BD BS WJ GDC NNAJ

注：按照上述输入文件，求解后答案为：节点 34 所在的混凝土与传力杆间的支承应力最大，为-2267psi。Huang(2004)所列答案为：节点 34 所在的混凝土与传力杆间的支承应力最大，为 2267psi。

12. 习题 5.14

1 (1) NPROB

5-14

0 0 1 1 (3) NFOUND NDAMA NPY NLG

2 1 (4) NSLAB NJOINT

6 8 0 1 0 0 (5) NX NY JONO1 JONO2 JONO3 JONO4

6 8 1 0 0 0 (5) NX NY JONO1 JONO2 JONO3 JONO4

1 45 0 0 0 0 0 0 0 1 0 0 12 0 1 0 2 2 1 (6) NLAYER NNCK NOTCON NGAP NPRINT INPUT NBOND NTEMP NWT NCYCLE NAT1 NAT2 NSX NSY MDPO NUNIT UL TC CL

0 0 0 0 0 .000005 .001 1 (7) TEMP GAMA(1) GAMA(2) PMR(1) PMR(2) CT DEL FMAX

0 0 0 0 (8) F1(1) F1(2) F2(1) F2(2)

0 30 60 90 108 120 0 6 18 30 42 54 66 72 (9) X's and then Y's

```
 0   12   30   60   90   120   0   6   18   30   42   54   66   72   (9)
X's and then Y's
 10   .15   4000000   (10) T PR YM
 0   (12) NUDL
 1   (13) NCNF
 0   0   (14) NNMX NNMY
 45   12000   (16) NN FF
 1   9   17   25   33   41   49   57   65   73   81   89   (19) NODSX
 1   (22) FSAF
 0   300   (24) NAS SUBMOD
 29000000   .3  (34) YMSB PRSB
 0   0   1500000   1   12   .25   0   8   (35) SPCON1 SPCON2 SCKV BD BS
WJ GDC NNAJ
 0 1 1 1 1 1 1 0  (36) BARNO
```

注：按照上述输入文件，求解后答案为：节点 45 所在的混凝土与传力杆间的支承应力最大，为-2284.2psi。Huang(2004)所列答案为：节点 45 所在的混凝土与传力杆间的支承应力最大，为 2284psi。

13. 习题 5.15

```
1  (1) NPROB
5-15
 0  0  1  1  (3) NFOUND NDAMA NPY NLG
 2  1  (4) NSLAB NJOINT
 6   6   0   1   0   0   (5) NX NY JONO1 JONO2 JONO3 JONO4
 6   6   1   0   0   0   (5) NX NY JONO1 JONO2 JONO3 JONO4
 1  34  0  0  0  0  0  0  0  1  0  0  12  0  1  0  2  2  1 (6) NLAYER
NNCK NOTCON NGAP NPRINT INPUT NBOND NTEMP NWT NCYCLE NAT1 NAT2 NSX
NSY MDPO NUNIT UL TC CL
 0  0   0   0   0   .000005  .001  1  (7) TEMP GAMA(1) GAMA(2) PMR(1)
PMR(2) CT DEL FMAX
 0   0   0   0   (8) F1(1) F1(2) F2(1) F2(2)
 0   30   60   90   108   120   0   15   30   42   54   72   (9) X's
and then Y's
 0   12   30   60   90   120   0   15   30   42   54   72   (9) X's and
then Y's
 10   .15   4000000   (10) T PR YM
 0   (12) NUDL
 1   (13) NCNF
```

```
 0   0   (14) NNMX NNMY
 34   12000   (16) NN FF
 1   7   13   19   25   31   37   43   49   55   61   67   (19) NODSX
 1   (22) FSAF
 0   300   (24) NAS SUBMOD
 29000000  .3  (34) YMSB PRSB
 0   0   1500000   1   12   .25   .01   0   (35) SPCON1 SPCON2 SCKV BD
BS WJ GDC NNAJ
```

注：按照上述输入文件，求解后答案为：节点34所在的混凝土与传力杆间的支承应力最大，为-1655.9psi。Huang(2004)所列答案为：节点34所在的混凝土与传力杆间的支承应力最大，为1656psi。

14. 习题5.16

```
1  (1) NPROB
5-16
 0  0  1  1  (3) NFOUND NDAMA NPY NLG
 1  0  (4) NSLAB NJOINT
 9   6   0   0   0   0   (5) NX NY JONO1 JONO2 JONO3 JONO4
 1  22  0  0  0  0  0  0  0  1  0  0  9  6  1  0  1  2  2 (6) NLAYER
NNCK NOTCON NGAP NPRINT INPUT NBOND NTEMP NWT NCYCLE NAT1 NAT2 NSX
NSY MDPO NUNIT UL TC CL
 0  0   0   0   0   .000005  .001  1  (7) TEMP GAMA(1) GAMA(2) PMR(1)
PMR(2) CT DEL FMAX
 0   0   0   0   (8) F1(1) F1(2) F2(1) F2(2)
 0   14   28   41   54   72   96   132   168   0   10   20   29.5
38.75  48  (9) X's and then Y's
 8  .15  4000000  (10) T PR YM
 1   (12) NUDL
 0   (13) NCNF
 0   0   (14) NNMX NNMY
 1   37.5   44.5   23.5   35.5   150   (15) LS XL1 XL2 YL1 YL2 QQ
 1   7   13   19   25   31   37   43   49   (19) NODSX
 1   2   3   4   5   6   (20) NODSY
 1   (22) FSAF
 0   150   (24) NAS SUBMOD
```

注：按照上述输入文件，求解后答案为：节点 22 的应力最大，为-283.756psi。Huang(2004)所列答案为：节点22的应力最大，为283.8psi。

主要参考文献

冯光乐, 凌天清, 许志鸿. 2004. 基于水泥路面结构功能的桥头引道沉降标准研究[J]. 公路交通科技, 21(4): 33-36.

古含焱. 2020. 半填半挖路基水泥混凝土路面结构力学行为[D]. 成都: 西南交通大学.

黄仰贤. 1998. 路面分析与设计[M]. 余定选, 齐诚, 译. 北京: 人民交通出版社.

蒋鑫, 刘竹君, 曾诚, 等. 2017. 板底脱空对水泥混凝土路面接缝传荷的影响[J]. 中外公路, 37(1): 18-23.

刘竹君. 2015. 板底脱空对水泥混凝土路面接缝传荷及疲劳开裂损伤的影响[D]. 成都: 西南交通大学.

倪富健, 唐伯明, 何兆益, 等. 2002. 车辆超载及超限对水泥混凝土路面使用的影响分析[J]. 华东公路, (5): 3-6.

丘概新. 2012. 传力杆直径对水泥混凝土路面传荷性能影响的数值分析[J]. 黑龙江交通科技, (2): 5, 7.

吴玉. 2017. 基于土基模量衰变的路面结构轮致损伤规律、机理及其防治对策[D]. 成都: 西南交通大学.

吴玉, 蒋鑫, 吴朝阳, 等. 2017. 土基模量对水泥混凝土路面轮载疲劳开裂损伤的影响[J]. 交通运输工程学报, 17(2): 31-40.

杨鑫玮. 2016. 聚丙烯纤维高性能混凝土路用性能及路面结构研究[D]. 天津: 河北工业大学.

Gu H Y. Jiang X, Li Z K, et al. 2019. Comparisons of two typical specialized finite element programs for mechanical analysis of cement concrete pavement[J]. Mathematical Problems in Engineering, Volume 2019, 1-11. DOI: 10. 1155/2019/9178626.

Huang Y H. 1993. Pavement Analysis and Design[M]. Upper Saddle River: Prentice Hall.

Huang Y H. 2004. Pavement Analysis and Design[M]. 2nd ed. Upper Saddle River: Prentice Hall.

Wu Y, Jiang X, Wang D Y. 2017. Subgrade-associated factorial influences on fatigue cracking of cement concrete pavement[J]. International Journal of Science and Engineering Investigations, 6(62): 97-104.